जल थल मल

जल थल मल

सोपान जोशी

चित्रांकन

सोमेश कुमार

राजकमल पेपरबैक्स

नई दिल्ली के गांधी शांति प्रतिष्ठान और बेंगलुरु की संस्था 'अर्घ्यम' ने इस किताब के लिए सन् 2011 में शोधवृत्ति दी थी। सबसे पहले यह जुलाई 2016 में नई दिल्ली के गांधी शांति प्रतिष्ठान से छपी।

राजकमल पेपरबैक्स में
पहला संस्करण : सितंबर, 2018
तीसरा संस्करण : अगस्त, 2025

राजकमल पेपरबैक्स : उत्कृष्ट साहित्य के जनसुलभ संस्करण

राजकमल प्रकाशन प्रा. लि.
1-बी, नेताजी सुभाष मार्ग, दरियागंज
नई दिल्ली-110 002
द्वारा प्रकाशित

शाखाएं : अशोक राजपथ, साइंस कॉलेज के सामने, पटना-800 006
पहली मंजिल, दरबारी बिल्डिंग, महात्मा गांधी मार्ग, प्रयागराज-211 001
1, अनमोल सोराबजी सन्तुक लेन, धोबी तलाव, मरीन लाइंस, मुम्बई-400 002
वेबसाइट : www.rajkamalprakashan.com
ई-मेल : info@rajkamalprakashan.com

यश प्रिंटोग्राफिक्स
नोएडा-201 301 (उत्तर प्रदेश)
द्वारा मुद्रित

मूल्य : ₹399

JAL THAL MAL
Non-Fiction by Sopan Joshi

ISBN : 978-93-88183-36-9

विषय सूची

जल, थल और मल

बात पुराने जमाने की एक विराट क्रांति की है। पर थोड़े ज्यादा पुराने जमाने की, जहां हमारे पंचांग और कैलेंडर तो क्या, हमारी कल्पना भी नहीं जाती है। कोई साढ़े-तीन अरब साल पहले की बात है, यानी 3,50,00,00,000 साल। तब पृथ्वी पर केवल एक कोशिका वाले आदि-जीव पनपते थे, जिन्हें अपना भोजन पैदा करना नहीं आता था। धरती की ऊष्मा से रसायनों को खदका कर ये अपना पोषण करते थे। कुछ वैसे ही जैसे आज कुछ बैक्टीरिया दूध जमा कर दही बना लेते हैं या खमीर उठा कर डबलरोटी, सिरका या शराब तैयार कर लेते हैं। 'फरमेंटेशन' या किण्वन से।

उस सरल जीवन के लिए जो कुछ भी जरूरी था, वह या तो धरती से मिल जाता या हवा से। तभी जीवन की लीला में एक क्रांति आई, जिसके नायक थे साएनोबैक्टीरिया, यानी हरे-नीले रंग के बैक्टीरिया। इन्होंने अपनी रसोई खुद बनाना सीख लिया था, सूरज के प्रकाश और हवा से कार्बन की गैस खींच कर। पोषण की आत्मनिर्भरता की इस क्रांति से ये बैक्टीरिया न जाने कितने हजार एकड़ में फैल गए थे, विशाल सौर पटलों के रूप में। आज भी पेड़-पौधे ऐसे ही अपना भोजन बनाते हैं।

जीवन का, प्राण का ईंधन यही था। इस ईंधन को जलाने से कुछ धुआं सा भी निकलता था। एक विषैली गैस निकलती थी। हमारे पूर्वज बैक्टीरिया इस गैस को सांस के रास्ते बाहर निकाल देते थे, ठीक उस तरह जिस तरह हमारे फेफड़े कार्बन डाइऑक्साइड गैस छोड़ते हैं। यह विषैली गैस का स्वभाव हमारे वायुमंडल की दूसरी

विभिन्न दर्शनों ने पृथ्वी पर जीवन की उत्पत्ति को अपनी–अपनी तरह से समझा है। विज्ञान की दुनिया इसे आंकती है आज से पौने–चार अरब साल पहले। उनके तथ्य और जानकारी के आधार पर उस देश–काल की एक कल्पना।

गैसों से अलग था। वे सभी स्थिर रहती हैं, पर यह बहुत ही प्रतिक्रियाशील थी। धरती के हर हिस्से पर इसका रासायनिक प्रभाव पड़ने लगा था, हर तरह के पदार्थ के साथ इसकी प्रतिक्रिया होती थी। इस प्रतिक्रिया से यह गैस सोख ली जाती थी। यानी इस कचरे का निपटारा सरल ढंग से हो जाता था।

जीवन की यह रूपरेखा बहुत कामयाब हुई। हरे-नीले बैक्टीरिया बहुत फले-फूले और पृथ्वी पर इनका राज एक अरब साल से ज्यादा चला। फिर इनका राज मिटने लगा, आज से कोई ढाई अरब साल पहले, क्योंकि इनकी संख्या बहुत बढ़ गई थी। उस विषैली गैस का उत्सर्जन भी बढ़ा था जो इनकी सांस से बाहर आती थी। वह अब धरती के तत्वों से प्रतिक्रिया कर के ठिकाने नहीं लग पा रही थी। उसकी मात्रा पृथ्वी के वायुमंडल में लगातार बढ़ती गई। क्रांति अब प्रलय में बदलने लगी। हमारे ग्रह और वायुमंडल पर इसका गहरा प्रभाव पड़ा। जो जीव इस नई गैस को सहन नहीं कर सके वे विलुप्त होने लगे। कुछ वैज्ञानिकों का अनुमान है कि जीवन के इतिहास में यह सबसे विनाशकारी अध्याय था। सबसे बड़ा प्रलय, पृथ्वी का सबसे विशाल प्रदूषण।

लेकिन पृथ्वी पर जीवन खत्म नहीं हुआ, सिर्फ उसका रूप बदल गया। अब वे ही जीव पनप सके जो वायुमंडल में मौजूद इस विषैली गैस को सहन करना जानते थे। जो नहीं सीख पाए वे कुछ ऐसी विशेष जगहों पर सीमित रह गए जहां यह गैस पहुंच नहीं पाती थी, जैसे दलदलों और समुद्र की गहराइयों के नीचे। हम जैसे प्राणियों की आंतों के भीतर ऐसे जीव अब भी मौजूद हैं। दूसरे सभी जीवों ने कालांतर में इस विषैली गैस का इस्तेमाल करना सीख लिया। उनकी हर कोशिका में इस विष को बुझाने वाले तत्व

बनने लगे। हरे-नीले बैक्टीरिया के भी जिन प्रकारों ने इसे सहन करना सीख लिया वे आज भी जीवित हैं। आगे चल कर यही विषैली गैस जीवन का स्रोत बन गई।

यह विषैली गैस थी ऑक्सीजन।

इसे हम अब प्राणवायु कहते हैं। किसी भी ग्रह पर जीवन होने का असली प्रमाण तो उसके वायुमंडल में मुक्त ऑक्सीजन ही माना जाता है। पानी होने के संकेत तो अंतरिक्ष के दूसरे हिस्सों में भी मिलते हैं, पर मुक्त ऑक्सीजन पृथ्वी के वायुमंडल की खासियत है। वैसे तो हमारे ब्रह्मांड के रासायनिक तत्वों में ऑक्सीजन बहुतायत में है और इसका मूल रूप गैस का है। पर इसका स्वभाव चंचल है, प्रतिक्रियाशील है। ऑक्सीजन के बिना आग नहीं लगती। लोहे में भी इससे जंग लग जाता है।

इसी स्वभाव की वजह से यह गैस हमारे शरीर की कोशिकाओं को चलाती तो है ही, लेकिन इसके कुछ बागी अंश उत्पात भी मचाते हैं। इन्हें अंग्रेजी में 'फ्री रैडिकल्स' कहा जाता है। इस उत्पात से बचने के लिए जीवों ने 'एंटी-ऑक्सीडेंट' बनाना सीख लिया है, जो इन बागियों पर काबू करते हैं, प्रत्येक कोशिका में झाड़ू लगाते हैं। हर तरह के प्राणी की हर जीवित कोशिका में ऑक्सीजन के बागी 'फ्री रैडिकल्स' और सैनिक-रूपी 'एंटी-ऑक्सीडेंट' के बीच देवासुर संग्राम सा चलता रहता है। अगर हम जीवित हैं तो इसलिए कि इन बागियों पर हमारे सैनिक भारी पड़ते हैं। लेकिन आखिर में हर शरीर यह लड़ाई हार ही जाता है। बुढ़ापे के कई रोगों और फिर मृत्यु का एक कारण ऑक्सीजन में भी देखा जाता है। इसे 'ऑक्सीडेटिव स्ट्रेस' कहते हैं। मृत्यु भी जीवन की ही तरह ऑक्सीजन की लीला की एक कड़ी है।

मुक्त ऑक्सीजन वायुमंडल में बहुत समय टिकती नहीं है। हम जैसे प्राणी इसे अपनी सांस में इस्तेमाल करते हैं। फिर भी हमारे वायुमंडल का पांचवां हिस्सा मुक्त ऑक्सीजन ही है। इसका कारण है वो वनस्पति जो इसे अपनी श्वास में छोड़ देते हैं। आधी से ज्यादा प्राणवायु तो समुद्री काई और हरे-नीले बैक्टीरिया ही पैदा करते हैं। कुछ अनुमान इस हिस्से को तीन-चौथाई पर रखते हैं। ठीक भाषा में कहें तो ऑक्सीजन वनस्पति का मल है, जिसे वे त्याग देते हैं। यह उनका कूड़ा करकट है, या उनका जूठन। लेकिन हमारे लिए यही प्राणवायु है।

हम हर पल प्राणवायु अपने फेफड़ों से होते हुए शरीर के हर पोर तक खींचते हैं। यही प्राणायाम है। इसे करना सीखने के लिए किसी योग गुरु की जरूरत नहीं होती। सांस टूटते ही जीवन का अंत हो जाता है। प्रकृति में हमेशा ही किसी एक जीव का कूड़ा किसी दूसरे जीव के लिए 'संसाधन' का रूप ले लेता है। हर किस्म के जीव किसी भी तरह के साधन का एक हिस्सा भर इस्तेमाल कर पाते हैं। जो नहीं पुसाता उसे त्याग देते हैं। वही किसी और के काम आता है। इस सृष्टि में कुछ भी बेकार नहीं जाता। जीवन का कोई भी रूप दूसरे जीवों से लेन-देन किए बिना पनप ही नहीं सकता है।

जिधर जितना जीवन, उधर उतना ही आपसी व्यवहार। जीवन का जैसा अपार वैभव भूमध्य रेखा के इर्दगिर्द के वर्षावनों में होता है उतना जमीन पर और कहीं नहीं मिलता। समुद्र के भीतर प्रवालों में भी ऐसा ही सजीव मेला सदा लगा रहता है। दोनों के पीछे जीवों के बीच यही व्यवहार है, यही व्यापार है। इन विलक्षण स्थितियों में जीवन के अनगिनत रूप एक-दूसरे से सट कर रहते हैं, एक दूसरे के विष को अमृत बनाने का काम सतत करते रहते हैं। कुछ भी बरबाद नहीं जाता।

वैसे कचरे की उपयोगिता समझने के लिए इतना दूर जाने की जरूरत नहीं है। हमारे शरीर में ही कई उदाहरण हैं, जैसे कैल्सियम, यानी चूना। हड्डी और दांत तो इस पदार्थ से बनते ही हैं, कैल्सियम शरीर के डाक विभाग की तरह भी काम करता है। यह मांसपेशियों के काम में अनिवार्य है, रक्तचाप पर काबू रखता है, घावों को सुखाता है और कोशिकाओं की दीवारों को मजबूत बनाए रखता है। अगर किसी व्यक्ति के शरीर में कैल्सियम की कमी हो, तो उसकी कोशिकाएं जीवन के रस बांध कर नहीं रख पातीं। उसका रक्तचाप बढ़ने लगता है।

हर जीवित कोशिका से कैल्सियम का कचरा भी निकलता है। आज से कोई 50 करोड़ साल के पहले ही, पानी में रहने वाले छोटे-छोटे प्राणियों ने इस कूड़े को संजो कर इससे अपने शरीर के लिए कवच बनाना सीख लिया था। इस काल के जीवों के अवशेष जमीन और समुद्र के गर्भ से मिलते हैं। उनमें सीपीनुमा कवच दिखते हैं। आज भी घोंघे जैसे जीव सीपी और शंख इसी तरीके से बनाते हैं।

कालांतर में जीवन का क्रमिक विकास हुआ। बड़े-बड़े जीव अवतरित होने लगे। इन जीवों ने सीपियों और शंखों को अपने शरीर के भीतर ढाल लिया, अस्थिपंजर बनाना शुरू कर दिया। कैल्सियम से हड्डी और दांत भी बनने लगे। मनुष्य भी ऐसे ही जीवों की संतति हैं, फिर चाहे हम हर बार सीधे खड़े होने पर अपने उन अनाम पूर्वजों को उनकी कैल्सियम की साधना के लिए श्रद्धांजलि दें, या न दें। चाहे हम अपने पुरखों के प्रति कृतज्ञ हों या कृतघ्न, उनकी चूने से भवन बनाने की योग्यता हमें सहज ही मिल गई है। कोशिकाओं का मैला ही धीरे-धीरे उनकी शरीर-रूपी इमारत का गारा-चूना बन गया, सीमेंट बन गया।

आज बाजार में बिकने वाली सीमेंट जिस चूने के पत्थर से बनती है वह असल में करोड़ों साल पुराने समुद्री जीवों के जीवाश्म ही हैं, जैसे कोयला और पेट्रोलियम लाखों साल पहले भूगर्भ में समा गए पेड़-पौधों के अवशेष हैं। चूने से भरे ये पत्थर भूचाल के कारण समुद्र तल से ऊपर उठ आए। ताजमहल में लगा संगमरमर भी इन जीवाश्मों से बने चूने के पत्थर का ही एक प्रकार है। विशाल भवन और गगनचुंबी अट्टालिकाएं भी उसी कैल्सियम की मजबूती पर खड़ी होती हैं जिस कैल्सियम से मनुष्य की रीढ़ की हड्डी बनती है। एक ऐसा पदार्थ जो हर कोशिका मैले की तरह निकाल देती है।

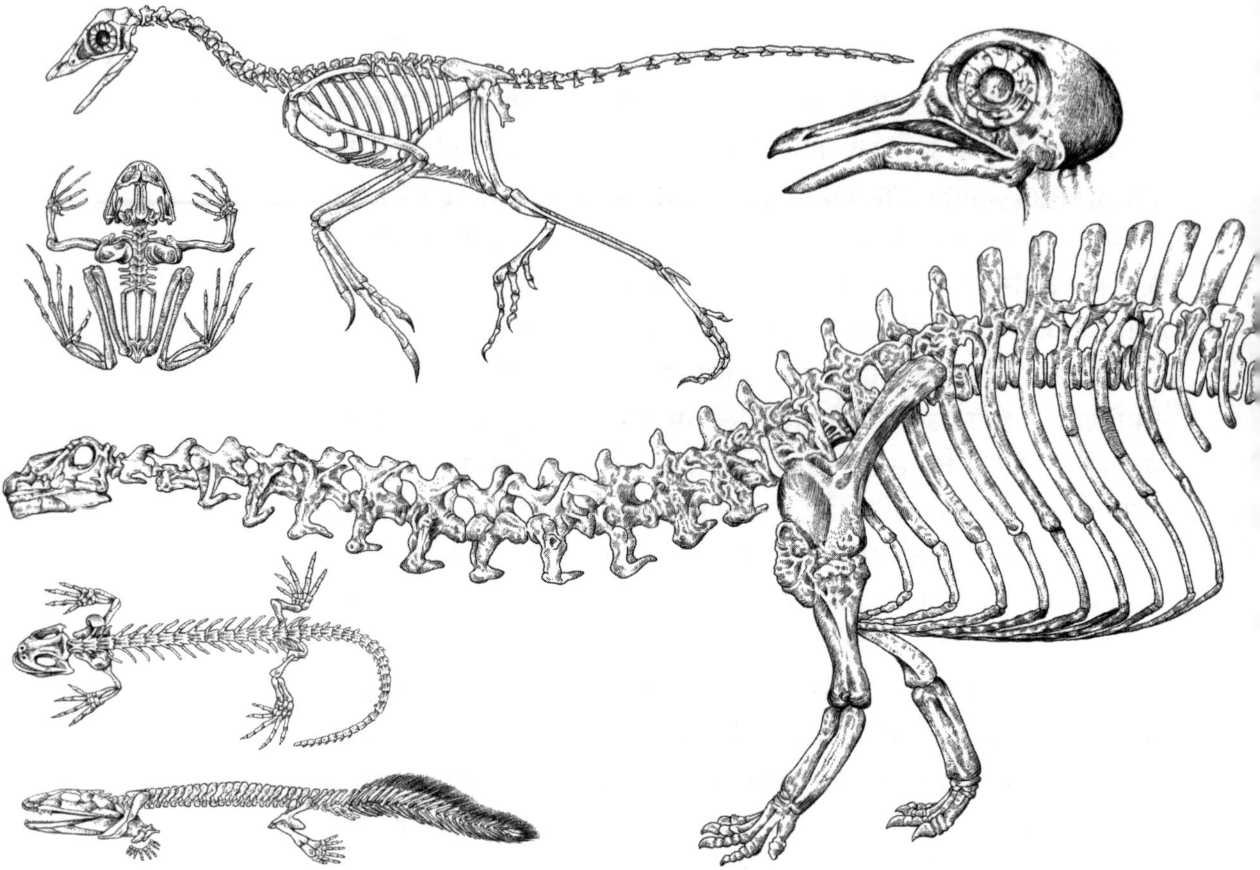

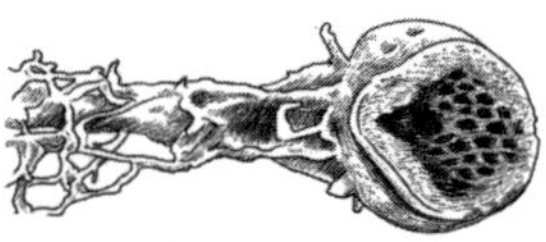

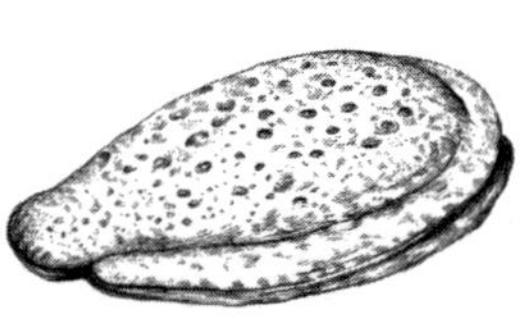

हमारा भोजन भी कचरे और साधन के इसी लेन-देन से आता है। हर जीव का शरीर पृथ्वी के उर्वरकों का एक छोटा सा संग्रह है। मृत्यु होने पर यह रचना जब टूटती है तब ये उर्वरक किसी और जीव के आकार में फिर जन्म लेते हैं। धरती से उगे गेहूं की रोटी हमारे पेट में जाती है। हमारे मरने के बाद चाहे हमें दफनाया जाए या आग के हवाले किया जाए, उर्वरक घूम के फिर वहीं पहुंचते हैं जहां से कभी वे निकले थे। जीवन इसी पुनर्जन्म के सिद्धांत पर चलता रहता है।

मैल को साधन बनाने वाली यह जीवनलीला अनंत नहीं है। उसकी एक सीमा होती है। किसी भी प्राणी को ठीक से यह पता नहीं होता कि वह हद कहां है जिसको पार करने से क्रांति प्रलय में बदल जाती है। जो जीव यह दायरा लांघ जाते हैं उनकी पूरी की पूरी प्रजाति अपने ही कूड़े के ढेर में दब कर समाप्त भी हुई है। जीवन की शुरुआत करने वाले बैक्टीरिया जैसे जीवों को ही ले लीजिए, जो अपनी बनाई ऑक्सीजन के शिकार हुए। आज तक जितनी भी जीव प्रजातियां हुई हैं उनमें से 99 प्रतिशत से ज्यादा काल के गाल में समा चुकी हैं।

पृथ्वी के इतिहास में मनुष्य को आए जुम्मा-जुम्मा चार दिन भी नहीं हुए हैं।

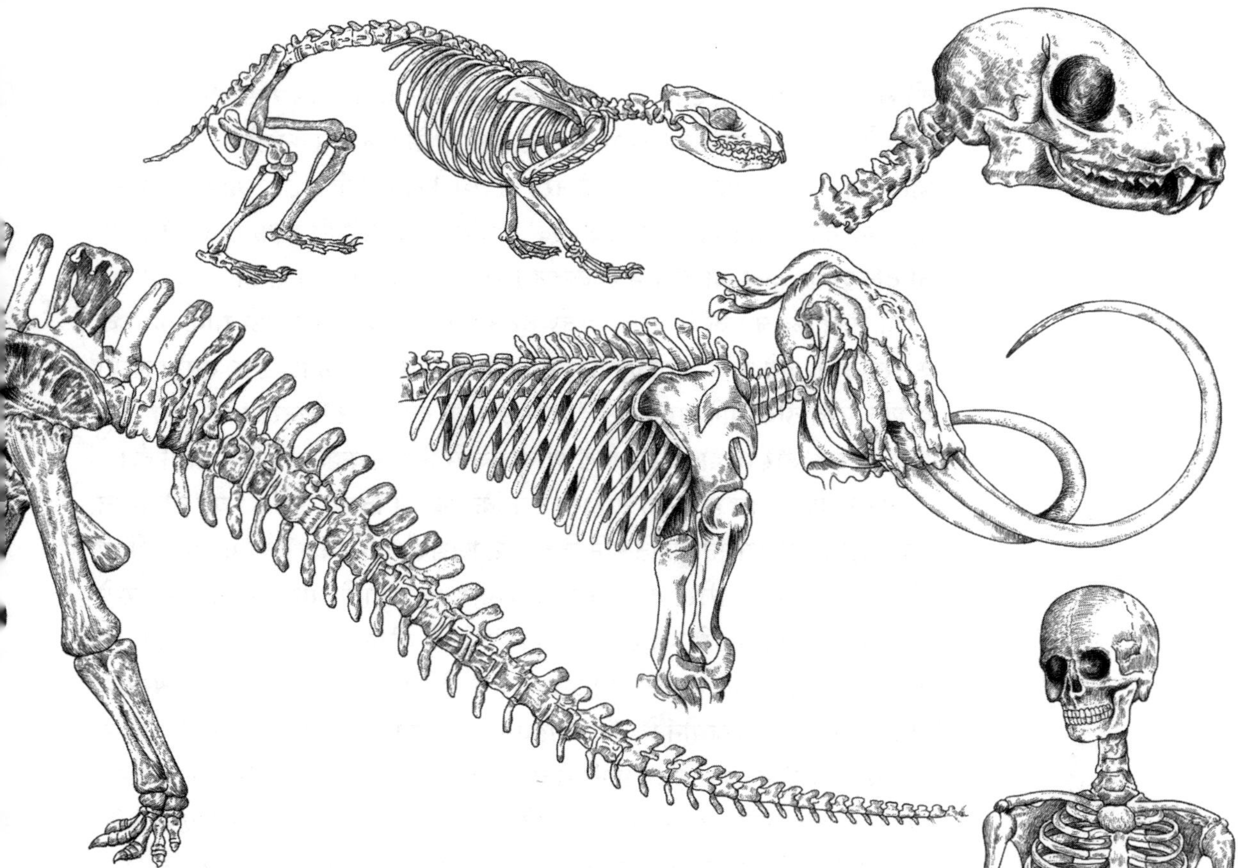

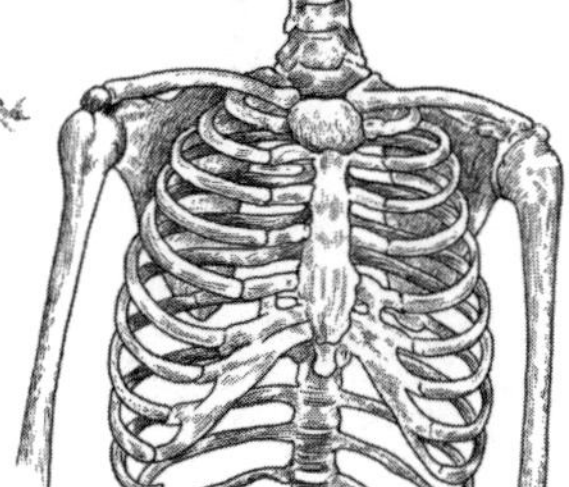

आधुनिक मनुष्य का कोई भी अवशेष दो-तीन लाख साल से पुराना नहीं मिला है। जबकि पत्थरों की उम्र नाप कर पृथ्वी की आयु साढ़े चार अरब साल आंकी गई है। यदि पृथ्वी का इतिहास कैलेंडर के एक साल में पलट दिया जाए, तो मनुष्य प्रजाति का पदार्पण 31 दिसंबर की रात साढ़े-ग्यारह बजे ही हुआ है, आज से पांच मिनट पहले। हमें न अपनी सीमाओं का ठीक अंदाजा है, न हमारे ज्ञान की सीमा का ही।

पिछले दस हजार साल से ही पृथ्वी की जलवायु इतनी अनुकूल बनी हुई है कि हमारी प्रजाति फल-फूल सकी है, खेती कर सकी है। इसी दौरान हमने घनी बस्तियां, गांव और शहर बसाए हैं। उसमें भी पिछले सौ सालों में ही कुछ वैज्ञानिक खोजों की मदद से हमने ढेर सारा भोजन पैदा करना सीख लिया है। कई बीमारियों का उपचार करना भी पिछली शताब्दी में ही संभव हुआ है, जिसके बारे में आप इस किताब के सातवें खंड 'पुतले हम माटी के' में पढ़ेंगे। इससे दुनिया भर में हमारी आबादी सौ साल में चौगुनी बढ़ी है। आज पृथ्वी पर लगभग साढ़े सात अरब से ज्यादा लोग हैं।

हमारी आबादी चौगुनी हुई है तो हमारा कुल मल-मूत्र भी चौगुना बढ़ा है। लेकिन उसे ठिकाने लगाने के तरीके चौगुने नहीं हुए हैं। कोई चार अरब लोगों के पास शौचालय

हर जीव की हर कोशिका कुछ मात्रा में कैल्सियम इस्तेमाल करती है। बचा–खुचा कचरे की तरह निकाल देती है। इसी कचरे को फिर से इस्तेमाल कर के प्राणियों ने सीपी जैसे कवच और फिर अस्थिपंजर बनाने शुरू कर दिए। अगर जीवन इस कचरे को इस खूबसूरती से संजोना नहीं सीखता तो आपके हाथ की उंगलियां इस किताब को पकड़ तक नहीं पातीं।

की सुविधा है ही नहीं, और अगर है भी तो उनके मैले पानी का सुरक्षित निकास नहीं होता है। यानी औसतन दस लोगों में से छह लोगों के मल-मूत्र का ठीक निस्तार नहीं होता। खुले में फैले मल के रास्ते कई तरह के रोग फैलते हैं जो करोड़ों को बीमार करते हैं, लाखों को मारते हैं। सन् 2013 का एक अध्ययन बताता है कि ठीक-ठाक शौचालय तो दुनिया की कुल आबादी में से केवल 110 करोड़ लोगों के पास ही है। यानी छह लोगों में से केवल एक के पास। अच्छे-बुरे हर तरह के मैले पानी को साफ करने के कारखानों से जुड़े शौचालयों को एक साथ गिन लें, तब भी केवल 280 करोड़ लोगों के शौचालय ठीक माने जा सकते हैं। इस समस्या का सबसे विकराल रूप हमारे देश में है, जिसके बारे में आप दूसरे खंड 'शौचालय से निकले कुछ विचार' में पढ़ेंगे ही।

केवल शौचालय होना या न होना इस किताब का विषय नहीं है। यह तो केवल एक कड़ी भर है, शुचिता के तिकोने विचार में, जिसका एक कोण है पानी, दूसरा मिट्टी और तीसरा हमारा शरीर। यानी 'जल, थल और मल'। पानी और मिट्टी के संस्कार से जो भोजन उगता है उसे हमारा शरीर कुछ घंटों के भीतर ही मल-मूत्र बना देता है। उसमें मिट्टी से निकले बेशकीमती उर्वरक होते हैं, जो प्रकृति का नियम के अनुसार खाद बन कर वापस जमीन में जाने चाहिए। यह खाद फिर खाद्य बन जाती है। लेकिन आजकल विकास का मानदंड पानी से चलने वाले फ्लश कमोड में ही पाया जाता है। थल से निकले उर्वरक वापस मिट्टी में जाने की बजाए आजकल जल में बहाए जाते हैं।

इससे मिट्टी की उर्वरता लगातार घट रही है। बहुत महंगे बनावटी उर्वरक डाल कर आज जमीन को उपजाऊ रखा जाता है। यह सौदा बहुत भारी पड़ता है। कुछ बनावटी उर्वरक तो ऐसे हैं जो यहां मिलते ही नहीं हैं। भारत सरकार इन्हें आयात कर, इन पर अनुदान दे कर इन्हें कम दाम पर किसानों को मुहैया कराने की कोशिश करती है। लेकिन ये सस्ते उर्वरक असल में बहुत महंगे पड़ते हैं। सन् 2009 में सरकार का उर्वरकों पर सालाना अनुदान 1,00,000 करोड़ रुपये के पास पहुंच गया था, जिसके बाद से सरकार इसे घटाने की भरसक कोशिश कर रही है। फिर भी सरकारी खजाने में बनावटी उर्वरक की सेंध हर साल कोई 70,000 करोड़ रुपये की तो लगती ही है। किताब का आठवां अध्याय 'खाद्य सुरक्षा की थल सेना' इसकी जानकारी आपको विस्तार से देगा।

केवल शौचालय होना या न होना इस किताब का विषय नहीं है। यह तो केवल एक कड़ी भर है, शुचिता के तिकोने विचार में। इसका एक कोण है पानी, दूसरा मिट्टी और तीसरा हमारा शरीर और उसका अपव्यय। जल, थल और मल।

इतने उर्वरक डालने पर भी हर साल हमारी खेतिहर मिट्टी बंजर होती जा रही है। दस साल पुराना एक अनुमान इस घाटे को हर साल एक करोड़ टन पर आंकता है। फसलें भोजन के रास्ते हमारे शरीर के भीतर पहुंचती हैं। फिर शरीर से निकलने के बाद सीवर से जुड़े शौचालयों के रास्ते ये उर्वरक नालियों में बहाए जाते हैं।

आधुनिक शौचालय और सीवर व्यवस्था पानी की घोर बरबादी तो करती ही है, जल प्रदूषण का सबसे बड़ा कारण भी यही है। एक अध्ययन बताता है कि दुनिया भर में आधे से ज्यादा नदियां और तालाब सीवर के मैले पानी से दूषित हैं, तटवर्ती समुद्र भी। घनी आबादी वाले हमारे देश में जल स्रोतों के हाल तो बहुत ही खराब हैं, चाहे फिर वह गंगा और यमुना जैसी पवित्र नदियां हों, तालाब हों या भूजल। इस पुस्तक का पांचवा हिस्सा 'गोदी में खेलती हैं इसकी हजारों नालियां' इसका वर्णन करता है।

शहरों के मैले पानी को साफ करने का एकमात्र तरीका है 'सीवेज ट्रीटमेंट प्लांट', जो बनाने में महंगे और चलाने में कठिन हैं। किताब का चौथा खंड 'शरीर से नदी की दूरी' बताएगा कि कई विकसित कहे जाने वाले देशों में भी ये ठीक से काम नहीं करते। इसलिए ढेर सा धन खर्च करने के बाद भी इनके जल स्रोत दूषित ही रहते हैं।

मल-मूत्र का बोझा केवल नदियां और तालाब ही नहीं उठाते हैं। इसे हटाने का काम लोगों पर भी डाला जाता रहा है। ऐसे लोगों पर जिनके जन्मजात दुर्भाग्य का फायदा दूसरे उठाते हैं। हमारे यहां पूरी की पूरी जातियों को मैला ढोने के काम में डाले जाने का वर्णन आप तीसरे खंड 'सफाई के मंदिर में बलि प्रथा' में पढ़ सकते हैं। ऐसा दुनिया के कई दूसरे हिस्सों में भी हुआ है, पर एक हमारा ही देश है जहां यह अभी भी होता है। इन जातियों के कुछ लाख लोग आज भी इस काम को करने के लिए अभिशप्त हैं। आजाद भारत में ये आज भी गुलाम हैं, स्वच्छता के नाम पर।

ऐसा भी नहीं है कि सब कुछ गलत ही हो रहा है। कई लोग ठीक काम करने की कोशिश कर रहे हैं और कुछ प्रयोगों का नतीजा अच्छा निकला है। नौवां खंड 'मल का थल विसर्जन' ऐसे ही कुछ प्रयासों का वर्णन है। कुछ ऐसे लोगों से आपका परिचय कराएगा जो जाने-अनजाने, बिना प्रचार के कई सालों से विलक्षण काम चुपचाप करते आ रहे हैं। उसके पहले किताब का छठवां हिस्सा 'मैले पानी का सुनहरा सच' आपको एक विलक्षण प्रयोग दिखाने कोलकाता ले जाएगा। ऐसे कई तरह के लोग मल-मूत्र से सनी अपनी-अपनी दुनिया में सोना बनाने में जुटे हुए हैं। उनकी कहानी उनके आसपास सिमटी हुई है, क्योंकि ये लोग अपने काम का ढोल नहीं बजाते हैं, अपना प्रचार नहीं करते हैं। पर हम सब उनसे बहुत कुछ समझ सकते हैं।

जो कार्यकर्ता हर किसी को शौचालय का अधिकार दिलाने में लगे हैं, उनकी बातचीत उनसे कम ही होती है जो जल प्रदूषण रोकने में लगे हैं। दोनों हलकों का संवाद उनसे और भी कम है जो मिट्टी में उर्वरता लौटाना चाहते हैं। और जो लोग मैला ढोने वाली जातियों को मुक्ति दिलाना चाहते हैं वे तो बिल्कुल ही अकेले पड़े हैं।

यह किताब ऐसे सभी लोगों में परिचय और संबंध बढ़ाने का एक छोटा सा प्रयास है। आशा है कि पीछे 'संदर्भ' में दिए लोगों के नाम और पते देखकर पाठक आपसदारी बढ़ाएंगे। जल, थल और मल का संबंध शाश्वत है। अगर इसे सामाजिक व्यवहार

में सहजता के साथ से निभाया जाए तो सबके लिए जीवन थोड़ा सरल हो जाएगा, जिसका एक विराट उदाहरण आपको आखिरी खंड 'मलदर्शन' में मिलेगा। अगर न निभाया जा सका तो बेशकीमती जमीन उजड़ेगी, नदियां दूषित होंगी, लाखों लोग बीमार पड़ते रहेंगे। मैला ढोने का शाप हर रोज ढो रहे लोगों को गरिमा नहीं मिलेगी।

अपने-अपने जीवन में आंख बंद कर लगे रहने वाले लोग एक भीड़ बन जाते हैं। इस भीड़ की भगदड़ में वही दुर्दशा होने की आशंका है जो ऑक्सीजन बनाने वाले प्रागैतिहासिक जीवाणुओं की हुई। वे अपनी सांस से निकले मैल के इकट्ठा होने से लुप्त हो गए। लेकिन उनके मिटने से जीवन नहीं मिटा। केवल उसका रूप बदल गया।

क्या पता, अगर हमने भी अपने मल को ठिकाने लगाना नहीं सीखा तो हम भी लुप्त हो जाएं? आज नहीं तो कल? सौ साल नहीं तो दो सौ, चार सौ साल में? अगर ऐसा हुआ तो हमारी संतति प्रलय के कगार पर अपने पूर्वजों की बेवकूफी को कोसेगी। हमारी प्रजाति के मिटने का डर किसी परमाणु प्रलय या युद्ध की बजाए उसके अपने कचरे से ज्यादा है। यह अचानक नहीं, धीरे-धीरे होगा।

ऐसा मानना बहुत भारी भूल होगी कि आज पृथ्वी को बचाने की जरूरत है। इस ग्रह पर जीवन हमारे किए-धरे से नहीं आया है, न हमारे मिटाए यह मिट सकेगा। चाहे हम कितनी भी कोशिश कर लें, चाहे हम जाने-अनजाने कितनी ही जीव प्रजातियों का सफाया कर दें। होगा तो यही कि जीवन का रूप बदल जाएगा। ऐसे जीव उभर आएंगे जिनके लिए हमारा मैला, हमारा कचरा ही संसाधन होंगे। ऐसे कीड़े जो हमारे बनाए विष से मरेंगे नहीं, ऐसे रोगाणु जिन पर हमारी बनाई कोई दवा काम नहीं करेगी। गाजर घास और विदेशी बबूल जैसे खरपतवार जो मिटाए नहीं मिटेंगे।

तो मसला पृथ्वी को बचाने का नहीं है। मनुष्य की जात को खुद अपने आप को बचाना है, अपने आप ही से। पुराना किस्सा बताता है कि समुद्र मंथन से विष भी निकलता है और अमृत भी। यह जैसे समुद्र के जल पर लागू होता है वैसे ही थल पर भी होता है और हमारे मल पर भी। हमारा मल-मूत्र या तो विष का रूप ले सकता है या अमृत का। फिर क्रांति होगी या प्रलय? इसका परिणाम किसी सरकार या राजनीतिक पार्टी या किसी नगर निगम की नीति-अनीति भर से तय नहीं होगा।

यह विषय सामाजिक शुचिता का है। जल, थल और मल के संबंध का है।

शौचालय से निकले कुछ विचार

हर रोज लगभग 225 लाख लोग हमारी रेलगाड़ियों में यात्रा करते हैं। इनमें कोई 160 लाख लोग लंबी दूरी के यात्री होते हैं। भारतीय रेल की दस हजार से ज्यादा रेलगाड़ियां हर रोज चलती हैं, पूरे देश भर में। करीबन सात हजार से ज्यादा स्टेशन और 52,000 से अधिक सवारी डिब्बों में देश का एक हिस्सा दूसरे हिस्सों से परिचित होता है। इन डिब्बों में कई जबानें बोली जाती हैं, भांति-भांति का खाना-पीना, रहन-सहन, कपड़ा-लत्ता होता है। तरह-तरह के लोग एक-दूसरे से टकराते हैं। कोई एक लाख किलोमीटर से अधिक लंबाई है रेल पटरियों की, यानी धरती से चांद तक एक पंक्ति में लगा दें तो कोई एक-तिहाई रास्ता नप जाए।

बहुत सी जमीन भी है रेलवे के पास। 11 लाख एकड़ से ज्यादा। गोआ राज्य की कुल जमीन से भी सवाई ज्यादा। इसमें से कई हजार एकड़ तो यूं ही खाली पड़ी रहती है। इतनी जमीन की रखवाली करना कतई आसान नहीं है। वैसे तो हमारे यहां सरकारी जमीन पर कब्जे होते ही रहते हैं, पर रेलवे की जमीन हथियाना खासा आसान होता है। ऐसी ही जमीन उन लोगों का आसरा होती है जो मुसीबत में गांवों और छोटे शहरों को छोड़ कर बड़े शहरों में पहुंचते हैं, रोजगार, सुविधा और बेहतर भविष्य की आशा में। लेकिन उन्हें वे सुविधाएं नहीं मिल पातीं जो उनके पहले आ बसे लोगों को मिली हुई होती हैं। हमारी शहरी आबादी का ज्यादातर हिस्सा दो-चार पीढ़ी पहले गांवों या छोटे शहरों में रहता था। हर शहर की कहानी में कई तरह के शरणार्थी आते हैं।

पुराने शरणार्थी नए शरणार्थियों को पसंद नहीं करते हैं, क्योंकि सीमित साधनों पर आबादी का दबाव बढ़ जाता है। नए शरणार्थियों को जैसी भी परिस्थिति मिले उसे स्वीकार करना पड़ता है। बड़े शहरों में रोजगार आसानी से मिलता है, सो रोटी और कपड़े का इंतजाम तो हो जाता है। लेकिन शहरों में मकान आसानी से नहीं मिलते। ज्यादातर नए लोगों को जैसे-तैसे कर के झोपड़पट्टियों में या दूसरे तंग इलाकों में थोड़ी सी जगह मिलती है। सिर पर छत होना जरूरी होता है, घर में शौचालय के होने का सवाल बाद में आता है। वैसे भी गांव से आए लोगों को तो खुले में शौच जाने की आदत होती है, उन्हें यह उतना अटपटा नहीं लगता। पर घनी आबादी वाले शहरों में खुली जगह मिलना आसान नहीं होता।

रेलवे की जमीन ऐरो गें बहुत काग आती है। पटरियों के इर्दगिर्द शौच निपटते लोग आम बात है। यह दृश्य शहरों के भीतर और आसपास ज्यादा दिखता है। कई जगहों पर तो लोगों के पास शौच जाने की जगह एकदम ही नहीं होती। ऐसे में रेल पटरी के ठीक ऊपर बैठने के सिवा कोई उपाय नहीं होता। रेलवे अधिकारी मानते हैं कि देश भर में कुल पटरी की जमीन का एक प्रतिशत ऐसा है जिस पर घनघोर मलत्याग होता है। कुछ लोगों ने तो भारतीय रेल को एक बहुत बड़े शौचालय की उपमा भी दी है।

एक पटरी पर चलती रेलगाड़ी में बैठे लोग खिड़की से झांकते हुए दूसरी पटरी पर मलत्याग करते लोगों को देखते हैं। कभी-कभी तो बगल की पटरी पर चलती रेलगाड़ी के जाने तक लोग खड़े हो कर अपनी लज्जा ढंक लेते हैं, कभी बैठे-बैठे ही केवल मुंह फेर लेते हैं। अगर ऐसा रोजाना करना पड़े तो लोगों को इस शर्मिंदगी की आदत पड़ जाती है। रेलगाड़ी के यात्री भी ऐसे दृश्यों के आदी हो जाते हैं। महिलाओं के लिए तो यह और भी अपमानजनक होता है। मलत्याग करना आखिर शरीर का दैनिक धर्म ठहरा, सो घूंघट खींच कर बैठ जाती हैं। इन इलाकों में महिलाएं आमतौर से सूरज उगने के पहले शौच निपटने जाती हैं या अंधेरा होने के बाद। अंधेरे में गरिमा तो थोड़ी बचती है, लेकिन जमीन पर रेंगने वाले कीड़ों और जानवरों से खतरा हमेशा रहता है।

इसके कारण एक और खतरा खड़ा हो जाता है: रेल दुर्घटना का। पानी और मल-मूत्र में ऐसे रसायन होते हैं जो धीरे-धीरे इस्पात को गला देते हैं। इसका असर पड़ता है उन कब्जों पर जो पटरी को नीचे बिछे स्लीपर से बांध कर रखते हैं। इन कब्जों को अगर समय-समय पर बदला न जाए तो दुर्घटना का डर बढ़ता जाता है। रेलवे को हर साल इन गले हुए कब्जों को बदलने पर 300-500 करोड़ रुपये खर्च करने पड़ते हैं।

कई और तरह के दैनिक हादसे होते हैं जिनकी चर्चा नहीं होती। पटरी के रखरखाव का काम करने वाले रेलवे कर्मचारी मल-मूत्र और उसकी बदबू के बीच में अपना काम करते हैं। रेलवे को लगभग डेढ़ लाख सफाई कर्मचारी रखने पड़ते हैं, जिनका एक खास काम होता है पटरी से मल-मूत्र साफ करना। लेकिन इनमें से बहुत कम को

पक्का रोजगार मिलता है। ज्यादातर दिहाड़ी मजदूर होते हैं जो किसी ठेकेदार के लिए काम करते हैं। पटरी और स्लीपर से सूखा मल छुड़ाना आसान नहीं होता। उसे पानी, झाड़ू और हाथ की मेहनत ही हटा पाती है।

यह काम कुछ खास जाति और समाज के लोग करते हैं, जिन्हें आए दिन अपमान और अन्याय झेलना पड़ता है। न्यायालयों में हाथ से मैला ढोने की प्रथा पर कुछ अभियोग चलते रहते हैं। आए दिन रेलवे अधिकारियों को न्यायालय आड़े हाथों लेता है, क्योंकि हाथ से मैला ढोने का काम करवाना गैरकानूनी है।

पटरी से लेकर न्यायालय की मेज तक फैली इन विषमताओं का आदर्श समाधान है शौच निपटने की कोई और व्यवस्था। पर निकट भविष्य में तो हर किसी को शौचालय मुहैया होना नामुमकिन है। कई सालों की भरसक और लगातार कोशिशों के बाद भी ऐसा होना आसान नहीं होगा, चाहे इसमें कितने ही हजार करोड़ रुपये डाल दिए जाएं। अगर पटरी के ऊपर और आसपास लोगों का मलत्याग करना बंद हो

मजबूरी में गांव से आकर शहर बसे लोगों के लिए रेलवे की जमीन दिशा मैदान बन जाती है। कुछ लोग भारतीय रेल को एक विशाल शौचालय की उपमा देते हैं।

भी जाए तो भी पटरियों पर मल-मूत्र गिरता ही रहेगा क्योंकि इसका एक और स्रोत है: रेलगाड़ी के भीतर बैठे यात्री। वे चाहे खिड़की से बाहर झांकते हुए खुले में शौच जाने वालों को नीची नजर से देखें, लेकिन सवारी डिब्बों के दोनों ओर बने शौचालयों की नालियां उनके ठीक नीचे खुलती हैं। खुले में पटरी पर मलत्याग तो केवल घनी आबादी वाली बस्तियों में ही होता है, जबकि रेलगाड़ी के शौचालयों के जरिए मल-मूत्र पूरे देश भर में पटरी के ऊपर गिरता है।

तेज चलती रेलगाड़ी के नीचे हवा से मल-मूत्र पटरी के ऊपर और आसपास बिखर जाता है। हवा इतनी तेज होती है कि मल पिछले डिब्बे के नीचे चिपक जाता है। डिब्बों के रखरखाव करने वाले कारीगरों का इस गंदगी से सामना तो होता ही है, डिब्बों का इस्पात भी कमजोर पड़ता है। रेलगाड़ी के शौचालयों से निकला पानी धीरे-धीरे डिब्बे का निचला हिस्सा गलाता है। ऐसे डिब्बों की मरम्मत पर रेलवे का खर्चा भी ज्यादा होता है।

पटरी को स्लीपर से बांध कर रखने वाला कब्जा। सवारी डिब्बों के शौचालयों की नाली से निकलने वाला मल–मूत्र इन पर गिरता है, जिससे ऐसे कब्जे सड़ कर गल जाते हैं।

अगर हर रोज 160 लाख लोग लंबी दूरी की रेलगाड़ी में सफर करते हैं और एक दिन में औसतन एक मनुष्य 200 से 400 ग्राम मल पैदा करता है, तो 20 लाख से 40 लाख किलो मल हर रोज पटरियों पर यात्रियों द्वारा गिराया जाता है। जो कोई भी रेलगाड़ी में शौच जाता है वह हाथ से मैला साफ करवाने की कुरीति को बढ़ावा तो देता ही है, पटरी और उसके कब्जों को गलाने में भी हाथ बंटाता है। क्या पता, भविष्य में होने वाली किसी रेल दुर्घटना में वह छोटा सा योगदान भी दे रहा हो।

इसका मूल कारण है डिब्बों में बने शौचालयों की नाली की बनावट। इसे बदलने की कोशिशें लगभग 40 साल से रेलवे में चल रही हैं। जैसे एक प्रस्ताव आया था कि इन नालियों का मुंह दोनों पटरियों के बीच में खोला जाए, बजाए पटरी और कब्जों के ठीक ऊपर। लेकिन यह बनावट चली नहीं। मल नाली के मोड़ में चिपक कर तेज हवा से सूख जाता था। उसे साफ करना और भी मुश्किल हो जाता। नाली सीधी हो या मुड़ी हुई, स्टेशन पर खड़ी गाड़ियों के शौचालयों से निकलने वाला मल-मूत्र पटरी पर ही गिरता है। वहां से उठ कर मक्खियां प्लेटफॉर्म पर खड़े लोगों पर बैठती हैं।

वैसे शौचालयों में लिखा होता है कि स्टेशन पर खड़ी गाड़ी में उसका इस्तेमाल नहीं होना चाहिए। लेकिन मल-मूत्र को त्यागने की जरूरत शौचालय पर लिखे नोटिस से नहीं चलती। लोग स्टेशन पर खड़ी गाड़ी में भी शौचालय जाते ही हैं, जिसका

नतीजा नीचे गिरता है। इसे साफ करने के लिए रेलवे को ढेर सारे पानी की व्यवस्था करनी पड़ती है, स्टेशन की पटरी पर 'एप्रन' लगाने पड़ते हैं, जो मैले पानी को बहा कर एक निश्चित नाली के जरिए सीवर में डाल दें। हर एक प्लेटफॉर्म पर लगने वाले एप्रन की कीमत 2 करोड़ रुपये होती है। इनमें मैला बहाने के लिए अथाह पानी चाहिए होता है जिसके लिए हर कहीं रेलवे को ट्यूबवेल डालने पड़ते हैं। पानी की किल्लत तो हमारे सभी शहरों में रहती ही है। ऐसे में स्टेशन साफ रखना बहुत कठिन होता है, जो किसी भी स्टेशन पर देखा जा सकता है।

शौचालय से निकले कुछ विचार

इस सब में हम कैसे फंस गए? भारतीय रेल की समस्या दूसरे देशों में चलने वाली रेलगाड़ियों से एकदम अलग है। दूसरे देशों में लोग मलत्याग करने के बाद कागज का इस्तेमाल करते हैं, पानी का नहीं। उन देशों के रेल डिब्बों में बने शौचालयों के नीचे एक टंकी बनी होती है जिसमें मैला इकट्ठा होता है। इसे किसी मुनासिब जगह पर खाली किया जाता है, जहां से मैला सीवर में पहुंचता है। हवाई जहाजों में भी ऐसी ही व्यवस्था होती है। पर हमारे यहां पानी इस्तेमाल होता है, जिसकी वजह से मल-मूत्र के साथ ढेर सारा पानी भी शौचालय की नाली में बहाया जाता है।

भारतीय रेल ने भी ऐसे टैंक आजमाए। लेकिन उनसे केवल स्टेशन पर मैला गिरना रुका, क्योंकि इन टंकियों को चलती रेल में खोलना पड़ता था। मैला पानी फिर भी पटरी पर ही गिरता, उसके कब्जों को गलाता, हवा के साथ फैल कर डिब्बों के नीचे चिपक जाता। रेलगाड़ी के डिब्बों के नीचे बहुत बड़ी टंकी लगाने की जगह नहीं होती है। फिर इतनी बड़ी टंकी को भी साफ तो करना ही पड़ता। तमाम तरह के इंजीनियरी के समाधान रेलवे ने आजमाए लेकिन फिर भी समस्या जस-की-तस बनी रही। फिर एक समाधान निकला, लेकिन वह सिविल इंजीनियरी से नहीं, जीवविज्ञान से आया। उसके पीछे सेना के 'रक्षा अनुसंधान एवं विकास संगठन' के वैज्ञानिकों की 20 साल की साधना थी। इस संगठन को डी.आर.डी.ओ. भी कहते हैं। सेना को इस काम में क्यों जुटना पड़ा? सियाचिन में तैनात सैनिकों की परेशानी के कारण।

सन् 1984 में भारतीय सेना ने एक सैनिक टुकड़ी सियाचिन के हिमनद पर तैनात की थी। जमी हुई बर्फ के इस वीराने में जीना बहुत मुश्किल होता है। इतनी ठंड में मल सड़ कर गलता नहीं है, बर्फ के साथ ही जमा रहता है। मल को गलाने वाले सूक्ष्म बैक्टीरिया इतने कम तापमान पर जीवित ही नहीं रहते। यही कारण है कि दुनिया के सबसे ऊंचे पर्वत एवरेस्ट के आसपास पर्वतारोहियों के मल-मूत्र की वजह से घोर प्रदूषण हो रहा है।

सियाचिन में इससे एक और समस्या आती थी। सैनिक उसी हिमनद पर मलत्याग करते थे जो उनका एकमात्र जल स्रोत था, और जहां की बर्फ गला कर पीने का पानी मिलता था। सेना को जरूरत थी ऐसे शौचालयों की जो इतनी मुश्किल जगह पर काम

कर सकें, पर आकार में छोटे हों और इस्तेमाल में आसान। यह काम डी.आर.डी.ओ. को सौंपा गया। सन् 1989 में जीववैज्ञानिक लोकेंद्र सिंह इस काम में जुट गए।

ठंड में काम करने वाले तरह-तरह के जीवाणुओं के साथ वे सालों-साल प्रयोग करते रहे। उसमें अंटार्कटिका महाद्वीप की ठंड में जीने वाले बैक्टीरिया की खोज से भी मदद मिली। श्री लोकेंद्र और उनके सहयोगियों को समझ आ गया कि समाधान उन्हीं बैक्टीरिया में मिलेगा जो बिना ऑक्सीजन के जीते हैं। श्री लोकेंद्र और उनके सहयोगियों ने ऐसे कई जीवाणुओं को कई सालों तक पाला, उन्हें मुश्किल हालात में जीने लायक बनाया। कुछ वैसे ही जैसे लोग अपने पालतू जानवरों को करतब सिखाते हैं। इन जीवाणुओं को ऑक्सीजन रहित टंकियों में रख कर हिमालय के पार बसे लद्दाख प्रांत गें आजगाया गया।

कई सालों के परीक्षण और विफलताओं के बाद समझ में आया कि किस तरह के जीवाणु क्या करते हैं और उनसे काम कैसे लेना है। यह भी कि इन्हें ठीक काम करने के लिए किस तरह की टंकियां चाहिए। इनमें ऐसे बैक्टीरिया हैं जो पानी के इस्तेमाल से मल को अपना भोजन बना लेते हैं और अम्ल की खटाई के रूप में उसे निष्कासित करते हैं। कुछ ऐसे भी हैं जो इन तेजाबों को गला कर सिरका बना लेते हैं, और ऐसे भी जो इस सिरके को गला कर उससे पोषण लेते हैं और बचे हुए मैल को प्राकृतिक गैस बना देते हैं।

वैज्ञानिक कई साल तक प्रयोग करते रहे ठंड में काम करने वाले तरह-तरह के जीवाणुओं के साथ। उसमें बर्फीले अंटार्कटिका से लाए बैक्टीरिया भी थे। यह साफ था कि समाधान बिना ऑक्सीजन के जीने वाले बैक्टीरिया में ही मिलेगा। कई जीवाणुओं को सालों-साल तक पाल कर उन्हें मुश्किल हालात में जीने लायक बनाया गया, जैसे लोग अपने पालतू जानवरों को करतब सिखाते हैं।

कुछ इसी प्रकार के बैक्टीरिया हमारे पेट में भी बसते हैं, और उनके बिना हम भोजन पचा नहीं सकते। यही कारण है कि मल के साथ हमारी आंत से पाद के रूप में प्राकृतिक गैस भी निकलती है। लेकिन हमारे पेट के तापमान की तुलना सियाचिन की बर्फ से नहीं हो सकती। कई वर्षों के परीक्षण से डी.आर.डी.ओ. ने वहां की कठोर परिस्थिति में कारगर एक 'बायोडाइजेस्टर' शौचालय बना लिया था। इसके भीतर जाता है मनुष्य का मल और मूत्र, बाहर केवल पानी आता है और प्राकृतिक गैस। जिस समय इस शौचालय की रूप-रेखा तैयार हो चुकी थी उसी समय रेलवे अपने यात्री डिब्बों के शौचालय बदलने के परीक्षण कर रहा था। इसके पहले जो कुछ आजमाया गया था वह काम नहीं आ रहा था। ऐसे में डी.आर. डी.ओ. के शौचालय भी लगा कर देखे गए। शुरुआती अनुभव हालांकि कड़वे ही थे।

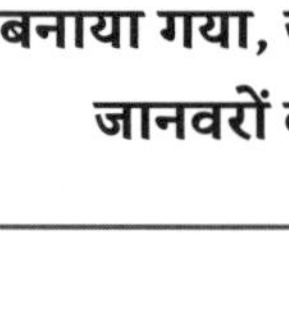

डी.आर.डी.ओ. रक्षा मंत्रालय की संस्था है और उसका काम गुप्त रहता है। रेलवे भी एक सरकारी संस्थान जरूर है, पर है एकदम सार्वजनिक। दोनों में तालमेल धीरे-धीरे बढ़ा। इस साझेदारी में उन लोगों का पत्ता कटा जो दूसरे तरह के शौचालय रेलवे

को बेच कर उनके रखरखाव का ठेका भी चाहते थे। बायोडाइजेस्टर शौचालय में उनकी मुनाफाखोरी की गुंजाइश नहीं थी, सो रेलवे के परीक्षणों में कई तरह के रोड़े डाले गए। लेकिन रेलवे में कुछ अधिकारियों को समझ आ चुका था कि उनके लिए कारगर समाधान तो यही है। सो रेलवे ने ऐसे शौचालय रेलगाड़ी के सवारी डिब्बों में लगाना शुरू किया है।

शौचालय से निकले कुछ विचार

रेल के डिब्बों में काम करने के लिए डी.आर.डी.ओ. के बनाए ढांचों में कुछ फेरबदल भी की गई। खासकर सूखे कचरे को टंकी में जाने से रोकने के लिए, क्योंकि यात्रियों को पुराने शौचालयों में हर तरह की चीजें फेंकने की आदत है। इसमें बोतल और पान मसाले के प्लास्टिक से ले कर शिशुओं के पोतड़े भी आते हैं। इन्हें रोकने के लिए शौचालय के छेद के नीचे विशेष छलनी बनाई गई है।

सन् 2016 के फरवरी महीने तक 10,000 से अधिक डिब्बों में 32,000 से ज्यादा शौचालयों को बायोडाइजेस्टर में बदल दिया गया है। शुरू में हर डिब्बे के चार में से दो शौचालयों को ही बदला जा रहा है क्योंकि ऐसे शौचालय लगाना आसान नहीं है। हर डिब्बे में चार शौचालय लगाने की लागत है कोई चार लाख रुपये। सारे सवारी डिब्बों में बायोडाइजेस्टर शौचालय लगाने का खर्चा आज की कीमत पर कोई 2,000 करोड़ रुपये होगा। सभी सवारी डिब्बों में शौचालय बदलने में आठ से दस साल लग जाएंगे। डिब्बों को रेलगाड़ियों से निकाल कर कारखाने में लाने से रेलवे के संचालन पर असर पड़ता है। फिर भी, रेलवे के कई अधिकारी अब इस पद्धति में पूरा विश्वास रखते हैं। धीरे-धीरे ही सही, लेकिन उन्हें भरोसा है कि रेलवे अपने डिब्बों की गंदगी मिटा सकेगा। कुछ अधिकारी तो इस असंभव काम को संभव कर दिखाने के लिए डी.आर.डी.ओ. के श्री लोकेंद्र को जादूगर पुकारते हैं।

भारत में रेल आने के 150 साल बाद शौचालय की एक व्यावहारिक रूपरेखा तैयार हुई है। शुचिता का विचार आया है। क्या ऐसा जादू हमारे शहरों और गांवों में हो सकता है? इसे समझने के लिए पहले रेलवे पर एक करीबी नजर डालिए। भारतीय रेल अकेली सरकारी संस्था है जिसका बजट अलग से बनता है और जिसके पास स्वशासित ढांचा है। रेलवे बोर्ड बहुत ताकतवर संस्था है जिसका भारतीय रेल पर नियंत्रण है, जो उसे चलाती है, रेल मंत्री और कैबिनेट रेलवे को नहीं चलाते। रेलवे के पास 13 लाख कर्मचारियों की सेना है, खास इंजीनियरिंग कॉलेज हैं, और इंजीनियरों की पूरी फौज भी है। पिछले 40 सालों से रेलवे में कोशिशें चल रही हैं बेहतर शौचालय बनाने की। इस कवायद में उसका साथ निभाया सेना के एक ऐसे संस्थान ने जिसके पास शोध और विकास के लिए ढेर साधन हैं।

अब जरा दृश्य बदलें। रेलवे और उसके विशाल संसार को हटाएं और सामने रखें अपनी गरीब और थकी हुई नगरपालिकाओं को, जिनके लिए स्वच्छता और शुचिता

कोई प्राथमिकता नहीं है। कुछेक बड़े शहरों को छोड़ दें तो हमारे बाकी सभी नगर निगम कंगाल हैं। जो थोड़ा धन होता है वह नागरिकों को पानी पहुंचाने और सड़क-पुल बनाने जैसी कोशिशों में लग जाता है, क्योंकि इन सुविधाओं की मांग बहुत भारी होती है। पीने के पानी की आपूर्ति और मैले पानी का निस्तार आम तौर से नगर निगम की एक ही संस्था करती है। केंद्रीय सरकार में भी पेयजल और स्वच्छता का काम एक ही मंत्रालय के पास है। यहां तक कि संयुक्त राष्ट्र संघ में भी पानी और स्वच्छता की बात एक साथ की जाती है, एक ही संस्था में।

घनी बस्तियों में खुले में मलत्याग करने की जगह ढूंढ़ना बहुत मुश्किल होता है। इससे और बड़ा खतरा होता है ऐसी बीमारियों के संक्रमण का जो लाखों लोगों को मारती हैं।

शासन के हर स्तर पर ज्यादातर पैसा और साधन पानी की आपूर्ति में खर्च होता है, मैले पानी को साफ करने पर नहीं। राजनेताओं की रुचि भी पानी के जुगाड़ में होती है क्योंकि इससे जनता को रिझाना आसान है। हर शहर की सुविधाओं की मांग का कोई अंत ही नहीं है। पानी की आपूर्ति जितनी बढ़ती है उतना ही मैला पानी भी बढ़ता है, क्योंकि जितना भी पानी किसी शहर में इस्तेमाल होता है उसका 80 फीसदी सीवर की नाली में पहुंचता है। पर मैले पानी के निस्तार और उसकी सफाई में किसी की भी गंभीर रुचि नहीं होती है। जब मुश्किल बहुत बढ़ जाती है तभी शहर का ध्यान मैले पानी या कचरे की ओर जाता है, लेकिन तब तक मुश्किल बूते से बाहर हो चुकी होती है।

इस विषय में अनुभव और ज्ञान रखने वाले कहते हैं कि पानी मुहैय्या कराने में मुनाफा भी है और व्यापार के अवसर भी। वे याद दिलाते हैं कि हमारे घरों में पानी साफ करने की मशीनों और बोतलबंद पानी की बिक्री बेतहाशा बढ़ी है। बोतलबंद पानी के बाजार का मूल्य 10,000 करोड़ रुपये से ज्यादा आंका जा रहा है। पीने का पानी साफ करने वाली महंगी मशीने बेचने वाली एक कंपनी ने इस बाजार का मूल्य सन् 2013 में 3,200 करोड़ रुपये बताया था। ये बाजार दो साल में दोगुना हो जाता है और पूरी तरह अनियमित है। पानी साफ करने की मशीनों के लिए कोई मानक तय नहीं हैं। हर कंपनी मनमानी करने के लिए आजाद है।

जितना ज्यादा पानी इस्तेमाल होता है उतना ही ज्यादा मैला पानी सीवर की नालियों में बहता है। मैला पानी साफ करने के लिए ऐसी कोई होड़ नहीं है जैसी पीने का पानी साफ करने में या बेचने में है। जब तक पानी और मैला पानी एक ही तराजू में तुलेंगे, शुचिता का पलड़ा हल्का रहेगा, उसके साथ सौतेला व्यवहार होता ही रहेगा। इससे सेहत, पर्यावरण और जेब को जो नुकसान होता है वह अदृश्य रहता है।

इस आधुनिक युग में हमने बहुत ऊंची इमारतें बना ली हैं, बड़ी-बड़ी नदियों को

बांध लिया है और अंतरिक्ष से ले कर सागर तक की गहराई नाप ली है। परिणामों की चिंता करना जीवन का स्वभाव नहीं है। प्राणी केवल अपने लिए अवसर तलाशते हैं। सहज ही एक तरह के जीव का कचरा दूसरे तरह के जीव का साधन बन जाता है। इसीलिए मनुष्य की बस्तियों के इर्दगिर्द सूअरों जैसे प्राणी न जाने कब से रहते आए हैं। उन्हें मनुष्य के मल में भोजन मिलता रहा है। गाय-बैल और घोड़े जैसे जीवों को फसल की ठूंठ में खाना मिलता है। उनके गोबर की खाद खेतों को उर्वर बनाती है।

प्रकृति के इस सीधे से सिद्धांत को आधुनिक शहर नजरअंदाज करते हैं। घनी आबादी वाले शहरों में मनुष्य के सिवा दूसरे प्राणियों के रहने की जगह नहीं बचती। इसलिए घनी बस्ती से निकले मल-मूत्र का प्राकृतिक संस्कार नहीं हो पाता है। इसका समाधान यही है कि मैले पानी को नदियों और तालाबों में डाल दिया जाए। आधुनिक शहर जल स्रोतों से पानी निकालते हैं और मैला पानी उनमें वापस डाल देते हैं।

चाहे नगर निगम हो, राज्य सरकार, केंद्रीय सरकार या फिर संयुक्त राष्ट्र संघ, मैले पानी की निकासी और उपचार का काम उन्हीं विभागों के जिम्मे होता है जो पीने के पानी की आपूर्ति के लिए बनाए गए हैं। मैले पानी को साफ करने के लिए साधन बचते ही नहीं हैं। पानी की आपूर्ति में ही सब चुक जाता है।

यह तभी होता है जब सभी शौचालय सीवर की नालियों से जुड़े हों। दुनिया के एक बड़े हिस्से में ऐसा भी नहीं होता। ज्यादातर तो फ्लश कमोड का मैला पानी किसी पक्के या कच्चे गड्ढे में डाल दिया जाता है। जमीन के नीचे किसी अंधे कुएं में जाकर उसकी उर्वरता तो बेकार हो ही जाती है, भूजल भी दूषित होता है। यह प्रदूषण दिखता नहीं है। जो अदृश्य हो उसकी चिंता भी कम ही होती है। सीवर के मैले पानी से होने वाला जल प्रदूषण आमतौर पर आंखों से दूर रहता है। जो दिखाई देता है वह है सड़कों और खुले इलाकों के आसपास पड़ा मल, यहां-वहां खुले में मलत्याग करने बैठे लोग। हमारी सरकारों का ध्यान खुले में मलत्याग रोकने के लिए शौचालय बनाने में ज्यादा है, उन शौचालयों से होने वाले जल प्रदूषण की ओर एकदम नहीं है।

पिछले कुछ सालों से केंद्र सरकार भरसक कोशिश कर रही है कि पूरे देश में खुले में मलत्याग बंद हो। इसके दो कारण हैं। जहां एक व्यक्ति का मल दूसरे व्यक्ति से सीधे संपर्क में आता है वहां जानलेवा बीमारियां बहुत तेजी से फैलती हैं। चूंकि लोगों को मलत्याग करने फिर वहीं जा कर बैठना पड़ता है जहां कोई और बैठ कर गया हो, तो रोगाणुओं को नए शिकार आसानी से मिलते जाते हैं। हर नया बीमार रोगाणुओं के लिए कई और लोगों के संक्रमण का माध्यम बनता है। इनके सबसे आसान शिकार बच्चे होते हैं।

इस गंदगी की कीमत कई रपटों और शोध ग्रंथों में बार-बार जताई जा चुकी है। संयुक्त राष्ट्र संघ की फरवरी 2013 की ही एक रपट कहती है कि हमारे देश में हर साल 15 लाख से अधिक बच्चों की मौत दस्त वाले रोगों से होती है। इन बीमारियों

के रोगाणु तभी फैलते हैं जब रोगियों के मल के कण किसी-न-किसी रास्ते होता हुआ नए लोगों के पानी या भोजन में पहुंच जाते हैं। हमारे 100 में से 45 बच्चों के शरीर का विकास ठीक से नहीं हो पाता, जिसका सबसे बड़ा कारण है मल से जुड़ी गंदगी, और निर्मल पानी की किल्लत। बच्चों का शरीर दुर्बल और नाटा रह जाता है, जैसे कि वे कुपोषण के शिकार हों। दूषित पानी से फैलने वाले रोग हर साल तकरीबन चार करोड़ लोगों को बीमार करते हैं।

यही नहीं, घनी आबादी में खुले में शौच जाना बहुत शर्म का सबब होता है। जब मलत्याग करने की हड़बड़ी हो तब लोग शहरी भीड़ से भागते हुए, एकांत ढूंढ़ते फिरते हैं। इससे हर कहीं, रस्ते-बा-रस्ते मल पड़ा रहता है। हमारे शहरों के कुछ हिस्से तो इतने गंदे हैं कि वहां पैदल चलना घिन पैदा करता है। शहरों के ऐन बीच में कीड़ों और मक्खियों से अटे ऐसे इलाके मिलते हैं। इनके आसपास ही घनी बस्तियां भी होती हैं।

अब तो गांवों में भी पहले जैसे खुले मैदान और चारागाह नहीं बचे जहां लोग शांति से शौच जा सकें। पहले गांवों में शामिलाती जमीन इस तरह के काम के लिए छोड़ने का रिवाज था, ऐसी जमीन जो उपजाऊ न हो। ग्रामीण समाज इस जमीन की रक्षा भी करता था। वहां जानवरों को चरने के लिए भी छोड़ा जाता था। पर अब जमीन की होड़ में इन पर कब्जे हो गए हैं और सरकारों ने भी ऐसी जमीन भूमिहीनों को जोतने के लिए बांटी है।

हर साल कोई 15 लाख बच्चों की मौत दस्त वाले रोगों से होती है। इन बीमारियों के रोगाणु तभी फैलते हैं जब रोगियों के मल के कण किसी-न-किसी रास्ते होता हुआ नए लोगों के पानी या भोजन में पहुंच जाते हैं। हमारे 100 में से 45 बच्चों के शरीर का विकास ठीक से नहीं हो पाता, जिसका सबसे बड़ा कारण है मल से जुड़ी गंदगी। बच्चों का शरीर दुर्बल और नाटा रह जाता है, जैसे कि वे कुपोषण के शिकार हों।

आबादी भी बढ़ी है। जहां अभी भी खुले में शौच जाने लायक जमीन खाली है उसे इस्तेमाल करने वाले लोग बहुत हैं। ऐसे गांव मिलना अब कतई मुश्किल नहीं है जहां हर कहीं मल पड़ा मिलता है। वातावरण में मल-मूत्र की बदबू सदा ही रहती है। जहां पैदल चलने के लिए साफ पगडंडी तक नहीं मिलती। सड़क के किनारे ही नहीं, सड़क के ऊपर भी इतना मल पड़ा होता है कि गाड़ियों को भी चलने की जगह नहीं बचती। रोगाणुओं के लिए यही स्वर्ग होता है।

भारत सरकार के लिए यह बहुत शर्मिंदगी की बात है। अंतर्राष्ट्रीय गोष्ठियों में इसे भारत का सबसे निंदनीय पहलू कहा जाता है। बताया जाता है कि भारत से कहीं ज्यादा गरीब देशों ने भी इस मामले में तरक्की की है। वह भी ऐसे समय जब सरकार भरसक कोशिश कर रही है कि भारत की छवि एक शक्तिशाली, महाबली राष्ट्र की हो, जहां ढेर सा आर्थिक विकास हुआ है। पर सरकारी आंकड़ों के मुताबिक दस में से तीन भारतीय नागरिक खुले में ही शौच जाते हैं। सब जानते हैं कि असल में यह अंक कहीं ज्यादा है। पूरी दुनिया में जितने लोग खुले में मलत्याग करने जाते हैं उनमें आधे से

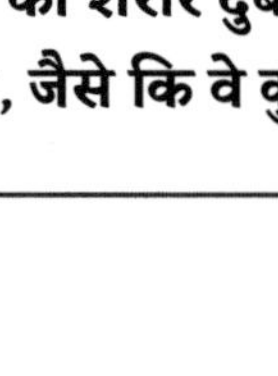

ज्यादा भारतीय हैं। इस तरह के आंकड़े आए दिन राष्ट्रीय अपमान की तरह छपते हैं। विश्व स्वास्थ्य संगठन की रपटें बताती हैं कि नेपाल, बांग्लादेश और पाकिस्तान जैसे पड़ोसी देशों में सफाई और शुचिता का काम भारत से बेहतर हो रहा है।

शौचालय से निकले कुछ विचार

हमारे जैसे बड़े और जटिल देश में यह काम आसान नहीं है। इस तरफ सरकारी कोशिशें नई नहीं हैं। केंद्र सरकार ने 'सेंट्रल रूरल सैनिटेशन प्रोग्राम' सन् 1986 में खोला था। इसमें कमजोर तबके के लोगों के शौचालय बनाने का पूरा खर्च सरकार उठाती थी। यह योजना कोई खास सफल नहीं रही। जनसाधारण को शौचालय बनाने और इस्तेमाल करने की जरूरत महसूस नहीं हो रही थी। सरकार ही शौचालय की बात लगातार कर रही थी और फिर सरकार ही उन्हें बनवा भी रही थी। कोई बारह साल के बाद एक सरकारी सर्वेक्षण से पता लगा कि अनुदान राशि लोगों के लिए पर्याप्त प्रेरणा नहीं थी शौचालय बनाने के लिए। एकांत में सुविधा से शौच जाने की बात करना जरूरी था। सन् 1999 में सरकार ने कार्यक्रम का नाम बदल कर अंग्रेजी में 'टोटल सैनिटेशन कैंपेन' रख दिया, यानी संपूर्ण स्वच्छता अभियान। महत्वाकांक्षा की कमी भारत सरकार की कमजोरी कभी नहीं रही है।

अब यह शौचालय की आपूर्ति करने वाला कार्यक्रम भर नहीं बचा था। इसका जोर था पंचायतों के जरिए लोगों को जानकारी दे कर स्वच्छता के प्रति जागरूक बनाने पर, ताकि पीने के पानी और भोजन में वह रोगाणु न पहुंचे जो खुले में शौच जाने से फैलते हैं। पंचायतों के साथ भागीदारी में जनसंपर्क और जनसंचार के लिए अलग से बजट रखा गया, ताकि जनसाधारण को शौचालय बनाने की जरूरत महसूस हो, लोग खुद से शौचालय बनाएं। सरकारी अनुदान केवल गरीब तबकों के लिए था। कार्यक्रम को लोकप्रिय बनाने के लिए कई नए पहलू जोड़े गए। सरकार ने जताया कि स्वच्छता उसकी प्राथमिकता है। सन् 2011 में केंद्रीय पेयजल और स्वच्छता विभाग को मंत्रालय का दर्जा दिया गया। सन् 2012-13 में इसका बजट 14,000 करोड़ रुपये से ज्यादा था। इसी दौर में 'टोटल सैनिटेशन कैंपेन' का नाम बदल कर 'निर्मल भारत अभियान' कर दिया गया। सन् 2014 में केंद्र में नई सरकार आने के बाद इस कार्यक्रम का नाम फिर बदला गया। अब इसे 'स्वच्छ भारत मिशन' कहते हैं। इन नामांतरणों के साथ ही कई नेताओं और मंत्रियों के झाड़ू चलाते हुए फोटो छपे। एक बार फिर सरकार ने खुले में मलत्याग को पूरी तरह खत्म करने का बीड़ा उठाया, सन् 2019 तक। पुराने वादों को मिला एक नया नाम, एक नई तारीख।

इन सब बदलावों के दौरान 'निर्मल ग्राम पुरस्कार' भी खूब चर्चित रहा। ग्राम पंचायतों को यह पुरस्कार तब दिया जाता है जब गांव में कोई भी खुले में मलत्याग करने नहीं जाता हो। जिस ग्राम पंचायत को यह पुरस्कार मिलता है उसकी प्रसिद्धि तो होती ही है, उसे कई तरह की विकास योजनाओं में प्राथमिकता मिलती है, ग्राम

पंचायतों में स्वच्छता को बढ़ावा देने के लिए। सन् 2003 से 2013 तक 28,000 से ज्यादा गांव यह पुरस्कार पा चुके थे। केंद्रीय पेयजल और स्वच्छता मंत्रालय का कहना था कि इस अभियान में पिछले दशक में 8.7 करोड़ से ज्यादा शौचालय बने। मतलब 12.5 करोड़ शौचालय बनाने के उसके लक्ष्य का 70 प्रतिशत पूरा हो चुका था।

इन चमकदार आंकड़ों के पीछे एक तरह की बदबू थी। इसका कारण सूंघें तो सन् 2011 की जनगणना तक पहुंचेंगे, जिससे पता चला कि वास्तव में केवल 5.16 करोड़ घरों में शौचालय थे। मंत्रालय के आंकड़े राज्य सरकारों द्वारा खर्च की राशि से निकले थे, जबकि जनगणना घर-घर जा कर हुई थी। इसका अर्थ साफ थाः जैसा दूसरी सरकारी योजनाओं में होता है कुछ वैसा ही हुआ था निर्मल भारत अभियान में भी। धन जिस काम पर खर्च हुआ था वह काम पूरा नहीं हुआ। शौचालय सरकारी कागजों में ज्यादा हैं, घरों में कम बने।

निर्मल ग्राम पुरस्कार के आंकड़ों की कहानी भी कुछ ऐसी ही है। सन् 2008 में एक सर्वे ने छह राज्यों के 162 ऐसे गांवों का जायजा लिया जिन्हें कुछ समय पहले ही यह पुरस्कार मिला था। केवल छह गांव ऐसे निकले जिनमें कोई भी खुले में मलत्याग नहीं करता था। बाकी गांवों में एक तिहाई ऐसे थे जिनमें हर दस में से चार लोग खुले में शौच जाते थे। कर्नाटक राज्य में हुए एक सर्वे में भी ऐसी ही परेशानियां दिखीं। कई जगहों पर शौचालय बनने के बाद भी लोग उनका इस्तेमाल नहीं करते मिले। योजना आयोग ने सन् 2013 में एक सर्वेक्षण जारी किया जिसमें लिखा था कि 73 प्रतिशत ग्रामीण घरों से कम-से-कम एक व्यक्ति खुले में मलत्याग करने जाता है।

सन् 2014 में चालू हुए स्वच्छ भारत मिशन के आंकड़े अभी आए नहीं हैं। इसमें शौचालय बनवाने में केंद्र सरकार का हिस्सा कम किया गया है, राज्य सरकारों का हिस्सा बढ़ाया गया है। कॉरपोरेट जगत को यह काम उसकी सामाजिक जिम्मेदारी के तहत करने के लिए कहा गया है। राज्य सरकारों को अपने हिसाब से कार्यक्रम को ढालने की आजादी भी दी गई है। कुछ शोधकर्ताओं ने इसकी कार्यकुशलता समझने की कोशिश की है। उनकी रपटें और जांच परिणाम यही इशारा करते हैं कि शौचालय बनाने के कार्यक्रमों की जो समस्याएं पहले थीं वही अभी भी बनी हुई हैं।

सन् 2014 में जारी हुई दो महत्वपूर्ण रपटें सरकारी स्वच्छता कार्यक्रमों के बारे में कुछ चिंताजनक तथ्य दिखलाती हैं। दोनों ही रपटें कई महीनों के शोध और परीक्षण पर आधारित हैं। एक शोध मंडली ने गांवों में यह पता करने के लिए सर्वेक्षण किए कि लोग शौचालय इस्तेमाल क्यों नहीं करते। पता चला कि अगर हरेक घर में शौचालय बन जाए तो भी खुले में मलत्याग बंद नहीं होगा, क्योंकि बहुत से लोग शौचालय का इस्तेमाल पसंद ही नहीं करते। वे शौचालय को एक गंदा स्थान मानते हैं, और उनके नीचे बनाए गड्ढों के भर जाने पर उन्हें साफ करवाने से डरते हैं। ऐसे बहुत से लोग हैं

शौचालय से निकले कुछ विचार

जिनके घर में शौचालय बना हुआ है, लेकिन वे फिर भी खुले में मलत्याग करना ही स्वच्छ मानते हैं। शोधकर्ताओं का कहना है कि स्वच्छता अभियानों को लोगों का मन समझने और फिर उसमें सकारात्मक अंतर लाने पर ध्यान देना होगा। शौचालय बनाना भर तो कोई समाधान नहीं होगा। इस तरह के कार्यक्रमों को प्रशासनिक जामे से बाहर आ कर सामाजिक रूप अपनाना होगा।

दूसरी शोध मंडली ने ओडीशा में यह पता किया कि शौचालय बनाने से ग्रामीणों के स्वास्थ्य पर क्या असर पड़ा। उन्होंने भी यही पाया कि शौचालय बनाना और उसका इस्तेमाल करना दो एकदम अलग बातें हैं। यह भी कि केवल शौचालय के इस्तेमाल से उन बीमारियों का असर कम नहीं होता जो मल से फैलती हैं। इन बीमारियों की रोकथाम के लिए सफाई के और भी तरीके अपनाने पड़ते हैं। यानी सरकार शौचालय बना कर भी इस समस्या से हाथ नहीं धो सकती है। दोनों ही शोध मंडलियों ने कोई क्रांतिकारी प्रयोग नहीं किए हैं। केवल गांव के लोगों से जा कर बात की है, उनसे उनका मन समझने की कोशिश की है। सन् 1986 से चल रहे स्वच्छता अभियानों ने लोगों का मन टटोलने की कोशिश नहीं की, बस उन्हें गंदा ठहराया और उनसे शौचालय का इस्तेमाल करने की बात बार-बार की। अपने ही लोगों के प्रति इस तरह की बेरुखी हमारे सरकारी तंत्र के मूल में है, चाहे कोई भी राजनीतिक दल सत्ता में हो।

फिर हर सरकार यह बतलाती है कि उसने कितने शौचालय बनाने पर कितना धन खर्च किया है। अब तक सरकारी स्वच्छता अभियानों पर कई निष्पक्ष सर्वे और रपटें आ चुकी हैं। सभी सरकारी आंकड़ों का भुसभुसापन दिखलाती हैं। योजना आयोग की ही एक जरा पुरानी रपट कहती है कि स्वच्छता अभियान सरकारी मानसिकता का शिकार हैं। एक उद्देश्य जब तय हो जाता है, तो सब कुछ उसी के इर्दगिर्द घूमता है। लक्ष्य को पूरा हुआ दिखाने के लिए अगर सत्य की बलि देनी पड़े, तो दी जाती है। स्वच्छता कार्यक्रमों का उद्देश्य सीधा है, खुले में मलत्याग की प्रथा का अंत।

आजकल बार-बार यह कहा जाता है कि शौचालयों के अभाव में महिलाओं को घर से दूर जाना पड़ता है और अपराध का खतरा झेलना पड़ता है। स्त्रियों और लड़कियों को असुविधा न हो यह बात तो स्वाभाविक है। लेकिन इस तरह की बात करने वालों के सामने कुछ सवाल उठते हैं। क्या शौचालय बनाने से महिलाओं के साथ दुर्व्यवहार बंद हो जाएगा? उसका संबंध पुरुषों के आचरण से है या महिलाओं के मलत्याग करने के स्थान से? क्या घर में शौचालय बनने के बाद महिलाओं का घर से निकलना ही बंद हो जाएगा? क्या यह वांछनीय है? महिलाओं की सुरक्षा एक सामाजिक विषय है, इसका सीधा संबंध पुरुषों के व्यवहार से है, शौचालयों के स्थान से नहीं।

जिसे नाट्यशास्त्र में वीभत्स रस कहा गया है वह हर मनुष्य में घृणा के रूप में रहता है। किसके लिए क्या घृणित है यह देशकाल के हिसाब से बदलता है।

ऐसा नहीं है कि सरकारी अभियानों में कुछ भी अच्छा नहीं हुआ। कई लोगों को सरकारी मदद और सुविधा मिली है। कुछ गांव सही में स्वच्छ हुए हैं। लेकिन यह

भी दिखता है कि शुचिता का कार्यक्रम शौचालय बनाने की योजना बन कर रह गया है। शौचालय और शुचिता में अंतर है। शौचालय बनाने भर से शुचिता नहीं आती, खासकर तब जब शौचालय से मैले पानी की निकासी की व्यवस्था ठीक न हो। इसका उल्टा भी सही है। बिना शौचालय के भी शुचिता आ सकती है। अगर खुले में शौच जाने के लिए इतनी जमीन हो कि मल दूसरे लोगों के संपर्क में न आए और प्राकृतिक आड़ भी बनी रहे, तो इसे गंदगी फैलाने वाली व्यवस्था नहीं कहा जा सकता।

सरकार के काम में इतनी बारीकी की जगह नहीं होती है। सरकारी स्वभाव जिस भाषा में गढ़ा जाता है वह अफसरी आदेश देने और उनका पालन करने के लिए होती है। सरकार के पास रिझाने या मन पर प्रभाव डालने वाली भाषा होती ही नहीं है। बहुत हुआ तो सरकारी भाषा में 'जनभागीदारी' जैसे शब्द आ जाते हैं। कार्यक्रम सरकार का ही रहता है, उसमें लोगों को भागीदारी भर देनी होती है, क्योंकि वे उन योजनाओं के 'लाभार्थी' और 'हितग्राही' होते हैं।

सरकारी व्यवहार के केंद्र में हमेशा खुद सरकार ही होती है, लोग या उनका समाज नहीं। लोगों के सामाजिक कार्यक्रमों में सरकार की 'भागीदारी' के किस्से कम ही सुनने में आते हैं। फिर भी शिकायत यही की जाती है कि लोगों में सरकारी कार्यक्रमों के प्रति 'स्वामित्व' का भाव नहीं होता। इसी तरह के शब्द, इसी तरह की भाषा बहुत सी गैरसरकारी संस्थाओं में भी चलती है। इसलिए 'जनआंदोलनों' से ले कर 'जनसंस्थानों' में भी 'जनभागीदारी' की बात होती है। इसमें 'जन' केवल उपसर्ग भर रहता है, उसमें जन का मन टटोलने की कोशिश कम ही होती है।

हमारे यहां शुचिता की तमाम आधुनिक बातचीत अंग्रेजी से आई है। इसका सीधा अनुवाद कर दिया जाता है। इस भाषा में साधारण लोगों के अनुभव और उनकी हकीकत की जगह नहीं होती। किसी भी दूसरी भाषा से शब्द या विचार लेना अच्छा ही होता है, भाषाओं का लेन-देन तो हमेशा से चलता रहा है। लेकिन अपनाए हुए शब्द और लादे गए शब्दों में फर्क होता है। 'साइकिल' और 'स्टाइल' भी अंग्रेजी से लिए हुए शब्द हैं, लेकिन इनका मतलब ज्यादातर लोगों को आज सहज पता है, ये अपनाए हुए शब्द हैं।

'सैनिटेशन' के बारे में ऐसा नहीं कह सकते हैं। यह भी अंग्रेजी का ही शब्द है। इसका भाव हिंदी में ठीक से बतलाना या इसका अनुवाद करना कठिन है। अंग्रेजी में भी यह कोई बहुत पुराना शब्द नहीं है। इसकी व्युत्पत्ति लातिन भाषा से है और अंग्रेजी में यह फ्रांसीसी भाषा से आया है। इसका आज के अर्थ में इस्तेमाल कोई 150 साल पहले ही शुरू हुआ जब यूरोप के घनघोर प्रदूषित शहरों की सफाई की बात होने लगी। 'सैनिटेशन' के अर्थ और भाव में केवल सफाई और स्वच्छता ही नहीं है, स्वास्थ्य और मानसिक संतुलन भी है। जब किसी के व्यवहार में पागलपन झलके तो अंग्रेजी में कहा

शौचालय से निकले कुछ विचार

जाता है कि उसने अपनी 'सैनिटी' खो दी है। यह शब्द भी 'सैनिटेशन' के परिवार से ही है। एक पुराने शब्द ने नया भाव पकड़ा, नई समस्या से जूझने के लिए।

भारत सरकार को 'टोटल सैनिटेशन' का 'निर्मल भारत' करने में कुछ साल लगे। सन् 2011 में जब इसका पूरा मंत्रालय बना, तो उसका नाम अंग्रेजी में 'मिनिस्ट्री ऑफ ड्रिंकिंग वॉटर ऐंड सैनिटेशन' रखा गया। लेकिन उसका हिंदी अनुवाद हुआ 'पेयजल और स्वच्छता मंत्रालय'। स्वच्छता का मतलब केवल ऊपरी सफाई से है, 'सैनिटेशन' के अर्थ में नहीं, शुचिता या निर्मलता के अर्थ में नहीं।

सर्वाहारी शूकर मनुष्य की बस्तियों के पास सभ्यता के उभरने के पहले से रहते रहे हैं। हमारा ही मल खाने के बाद भी हमने सूअर को घृणा का पात्र बना दिया है।

शुचिता और निर्मलता पुराने, घिसे हुए शब्द हैं। ये हमारी कई भाषाओं के स्वभाव में मिले हुए हैं। आपको ऐसे लोग भी मिल सकते हैं जिनका नाम निर्मल या शुचि या शुचिता हो। इसके भावार्थ में ऊपरी सफाई भी है और भीतरी पवित्रता भी। शुचिता तन की होती है और मन की भी। भ्रष्टाचार से घबराए लोग सार्वजनिक जीवन में शुचिता की मांग करते हैं। 'टॉएलेट' के लिए हिंदी में इस्तेमाल होने वाला शब्द 'शौचालय' आखिर शुचिता से ही निकलता है। लेकिन सरकार हो या गैरसरकारी संस्थाएं, शौचालय की जगह सबके दिमाग में है, शुचिता की जरा कम है।

यह केवल व्याकरण, शब्दकोष या भावार्थ की शास्त्रीय बहस भर नहीं है। हर शब्द में उसके पीछे के विचार, भाव और मूल्य भी झलकते हैं। शब्द बदल देने से या कोई और शब्द लगा देने से किसी व्यक्ति का विचार नहीं बदल जाता, व्यवहार बदलना तो बहुत दूर की बात है। 'टोटल सैनिटेशन' को 'निर्मल भारत' या 'स्वच्छ भारत' में बदलने से पूरा देश निर्मल और स्वच्छ हो जाएगा इसकी कोई जमानत नहीं है। इस सतही फेरबदल के पीछे का विचार शौचालय से निकला है, शुचिता से नहीं।

सरकारी स्वच्छता अभियान इसका सचित्र विवरण देते हैं। सरकारी मदद जिस तरह के शौचालय बनाने के लिए मिलती है उनकी रूपरेखा एक खाके से निकली हुई होती है। उनमें देश की विविधता की झलक नहीं होती, किसी भी स्थान की विशेष परिस्थिति की भी नहीं। निर्मल भारत अभियान में बने ऐसे शौचालय भी मिलते हैं जिनका मैल सोखने वाला गड्ढा किसी पानी के स्रोत से सट कर बना हो। देखते ही आभास हो जाता है कि ऐसे शौचालय रोगाणुओं का ही प्रसार करेंगे, शुचिता का नहीं, जबकि पानी के स्रोत से शौचालय की दूरी सरकारी नियमों में निश्चित है। यह भी दिख सकता है कि शौचालय के नीचे सेप्टिक टैंक ऐसी जगह बना है जहां जल स्तर बहुत ऊंचा है। अगर ऐसे शौचालय का उपयोग हो तो मल पानी में तैरता नजर आता है।

बहुत सी जगह शौचालय गें पानी की व्यवस्था नहीं की गई है। शौचालय बनाने का बजट तो सरकारी कार्यक्रम में है, लेकिन उसमें पानी पहुंचाने का बजट सरकार के पास है नहीं। कई जगह लोगों ने शौचालय बनवा लिए हैं लेकिन उनका उपयोग किसी साधारण कमरे या गोदाम की ही तरह करते हैं। अगर सरकार मुफ्त में चार दीवारें और एक छत बना कर दे रही हो, तो लोगों को उसमें कोई नुकसान नहीं दिखता है। इस कमरे के पीछे कोई विचार है, या उसका उनके जीवन से सीधा संबंध है, यह समझाना आसान नहीं होता। सरकार के लिए तो यह बहुत मुश्किल होता है। सरकारी प्रचार और प्रसार वैसे भी उबाऊ होता है, पर-उपदेशों से अटा हुआ। फिर सरकारी प्रचार करने वालों का 'लाभार्थी' और 'हितग्राही' लोगों के जीवन से कोई सीधा संबंध नहीं होता।

बहुत सी जगह शौचालय में पानी की व्यवस्था नहीं की गई है। पानी पहुंचाने का बजट सरकार के पास है नहीं। कई जगह लोग शौचालय का उपयोग किसी साधारण कमरे की ही तरह करते हैं। अगर सरकार मुफ्त में चार दीवारें और एक छत बना कर दे रही हो, तो लोगों को उसमें कोई नुकसान नहीं दिखता है। इस कमरे के पीछे कोई विचार है, या उसका उनके जीवन से सीधा संबंध है, यह समझाना आसान नहीं होता।

कुछ गैरसरकारी संस्थाओं ने निर्मल भारत अभियान को अपनाकर कई गांवों में बेहतर काम कर के दिखाया है। इनमें ओडीशा की संस्था 'ग्राम विकास' का नाम भी आता है। ग्राम विकास का काम इस इलाके में पुराना है और यहां के गांवों से उसका संबंध भी रहा है। संस्था ने बीसियों गांवों के हर घर में शौचालय का इंतजाम किया है, उनके भीतर पानी का इंतजाम भी। इन गांवों में किसी को खुले में मलत्याग करना नहीं पड़ता। उनके प्रभाव वाले गांवों में जल संचय और वितरण की व्यवस्था भी होती है। इस काम की तारीफ करने वाले भी कहते हैं कि उनकी सफलता उनके इलाके तक ही सीमित है। अगर 1,000 गांवों में भी हो तो फिर भी ओडीशा में तो कोई 50,000 गांव हैं। वहां शुचिता का काम कैसे हो सकता है? सरकार की समस्या गैरसरकारी संस्थाओं से कहीं ज्यादा बड़ी है।

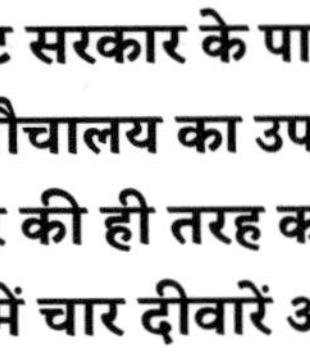

ग्राम विकास के अच्छे शौचालय बनाने में अनुदान भी काफी लगता है। संस्था के

शौचालय से निकले कुछ विचार

निदेशक जो मडियथ का कहना है कि यह मानसिकता ही गलत है कि गरीब लोगों के लिए होने वाला काम सस्ता और हल्का होना चाहिए। लेकिन सरकार द्वारा 'टोटल सैनिटेशन' को 'निर्मल भारत' में बदलने का एक कारण था सरकारी अनुदान की राशि घटाना, क्योंकि उससे शुचिता का काम हो नहीं रहा था। सरकार अगर किसी एक संस्था के अच्छे काम से सीखने को राजी हो भी जाए, फिर भी, वह उसकी तरह काम करे कैसे? उसे तो जिला प्रशासन, ग्राम पंचायतों और नगर निगमों के जरिए काम करना पड़ता है।

अनुदान से बने शौचालयों की कमजोरियां तो अब सरकार भी मानती है। इससे एक अंतर आया है सरकारी स्वच्छता अभियानों में। अब उनका प्रचार और प्रसार खूब जोर-शोर से होता है ताकि लोग खुद, अपने खर्चे से ही शौचालय बनाएं और उनका रखरखाव भी करें। इस बदलाव के पीछे कोलकाता में रहने वाले एक कृषि वैज्ञानिक का सन् 1999 का एक तजुर्बा है। उनका नाम है कमल कार। वे एक गैरसरकारी संस्था के काम की समीक्षा करने के लिए बांग्लादेश के राजशाही जिले की यात्रा पर गए थे। वहां उन्हें चारों तरफ मल बिखरा मिला, जबकि वहां एक गैरसरकारी संस्था का शौचालय बनाने का कार्यक्रम चल रहा था। श्री कमल ने गांव के लोगों को खुद ही से शौचालय बनाने की बात की। जब लोगों ने उसका कारण पूछा तो श्री कमल ने उन्हें बहुत कड़े और नाटकीय शब्दों में बताया कि घनी बस्ती में कई लोगों के खुले में मलत्याग करने से कैसे बीमारियां फैलती हैं। उन्होंने बार-बार कहा कि जाने-अनजाने, वे लोग एक-दूसरे का गू खा रहे थे।

उनके तीखे शब्द ग्रामीणों को तीर जैसे लगे। उनके मन में अपने व्यवहार के प्रति घिन पैदा हुई। कुछ लोगों ने तो वहीं कसम खाई कि वे शौचालय बनाएंगे और गांव से गंदगी दूर करेंगे। देखते-देखते पूरे गांव ने शौचालय बना लिए और अपना व्यवहार भी बदल लिया। बिना किसी सरकारी या गैरसरकारी अनुदान के। श्री कमल कहते हैं कि उन्हें विश्वास नहीं हुआ कि गांव के लोगों में इतनी तेजी से बदलाव आया। इसके बाद वे दूसरे काम छोड़ कर शुचिता के काम में ही लग गए। बांग्लादेश में इसी तर्ज पर बहुत तेजी से काम हुआ। श्री कमल इसे एक समुदाय को 'ट्रिगर' करना कहते हैं, जैसे कि किसी बंदूक का घोड़ा दबा दिया हो। उसके बाद जैसे गोली अपना काम करती है ठीक वैसे ही समुदाय के लोग खुद शौचालय बनाते हैं और दूसरों पर दबाव डालते हैं कि वे भी ऐसा ही करें।

आगे चल के यह एक पद्धति ही बन गई। अंग्रेजी में इसका नाम पड़ा 'कम्यूनिटी लेड टोटल सैनिटेशन', या सी.एल.टी.एस.। यानी संपूर्ण स्वच्छता का ऐसा काम जो समुदाय के लोग अपने आप ही करें। सरकार और गैरसरकारी संस्थाएं लोगों की आंखें खोलने का काम भर करें, ताकि अपने व्यवहार के प्रति लोग शर्म महसूस करें, गंदगी

से घिन करना सीखें। फिर वे मलत्याग करने के ऐसे तरीके अपनाएं जिनमें इज्जत भी हो और वहां रहने वालों की सेहत भी ठीक रहे। इस पद्धति में लोग अपना शौचालय कैसा बनाएं यह उन्हें खुद तय करना होता है। श्री कमल का कहना है कि एक बार लोग शौचालय का इस्तेमाल करने के आदी हो जाएं तो वे धीरे-धीरे अच्छे शौचालय भी खुद ही बना लेते हैं।

विश्व बैंक और संयुक्त राष्ट्र संघ की संस्थाओं ने सी.एल.टी.एस. पद्धति को खूब बढ़ावा दिया है। आज 50 से ज्यादा देशों में इसी तर्ज पर काम हो रहा है, खासकर अफ्रीका में। कार्यकर्ताओं के प्रशिक्षण के लिए श्री कमल ने साहित्य तैयार किया है। इसमें ग्रामीणों को बहुत ही नाटकीय तरीके से खुले में मलत्याग के नुकसान बताए जाते हैं। लोगों का मन झकझोरा जाता है, उनमें शर्म और घिन पैदा करने के लिए। स्वच्छता पर होने वाली अंतर्राष्ट्रीय बैठकों में सरकारी और गैरसरकारी कार्यकर्ता खुलेआम चर्चा करते हैं कि लोगों को शर्मिंदा करने के सबसे कारगर तरीके क्या हैं। कौन सा 'ट्रिगर' अचूक है।

हमारी सरकार को सी.एल.टी.एस. अपनाने में समय लगा, हालांकि सन् 2003 में ही महाराष्ट्र सरकार के एक सचिव ने इसका प्रयोग किया था। इससे नानदेड़ और अहमदनगर में खुले में मलत्याग बंद हो गया था। पश्चिम बंगाल में कोलकाता के पास कल्याणी पहला शहरी इलाका घोषित हुआ जो खुले में मलत्याग से मुक्त था। लेकिन श्री कमल यह मानते हैं कि भारत में सी.एल.टी.एस. पद्धति पर काम करना सरल नहीं है, क्योंकि सरकारी अनुदान लोगों को आलसी बनाता है। उनकी राय है कि एक बार कोई ग्रामीण समाज जाग जाए तो वह अपनी शुचिता का इंतजाम खुद करता है, लेकिन अनुदान मिलने की स्थिति में लोग इसे सरकार का काम मानते हैं।

कुछ प्रांतीय सरकारों ने सी.एल.टी.एस. पद्धति को अपनाया है। हिमाचल प्रदेश इनमें सबसे आगे कहा जाता है। कई लोग मानते हैं कि सरकारी प्रचार तंत्र को कारगर बनाने का तरीका इसके सिवा कोई है ही नहीं। उन्हें यही सबसे कारगर तरीका लगता है गंदगी में रहने वाले लोगों के प्रबोधन का, उनके व्यवहार को बदलने का। शर्म और घृणा से लोगों को स्वच्छता और गरिमा दिलाने वाली इस पद्धति का आजकल बहुत बोलबाला है विकास की दुनिया में। इसमें सरकार का खर्च भी ज्यादा नहीं होता।

इस पद्धति का एक और पहलू है जिसकी चर्चा कम होती है। लोगों को शौचालय बनाने और इस्तेमाल करने के लिए राजी करने के तरीके हमेशा शिष्ट और सामाजिक नहीं होते। इनकी शुरुआत ही लोगों को शर्मिंदा करने से होती है और फिर कुछ भयानक तरीके भी इस्तेमाल होते हैं। शिक्षकों और छात्रों के दल उन जगहों पर घूमते हैं जहां लोग खुले में मलत्याग करने बैठते हैं। अगर कोई खुले में बैठा दिख जाए तो सीटियां बजाई जाती हैं, उन पर पत्थर फेंकने के किस्से भी सुनने में आते हैं। खुले में

अगर विष्णु उसके रूप में आ जाएं, तो सूअर का रूप भी दिव्य हो जाता है। पुराणों में धरती को हिरण्याक्ष नामक दैत्य से बचाने के लिए विष्णु का तीसरा अवतार वराह का था। हिरण्याक्ष ने तपस्या के बाद जो वरदान मांगा था उसमें वह सूअर का नाम लेना भूल गया था।

शौच जाने वालों की तस्वीरें दीवारों पर चिपका कर उन्हें बेइज्जत करने जैसे तरीके भी इसमें शामिल हैं। कक्षा में उन छात्रों का अपमान किया जाता है जिनके यहां शौचालय नहीं होता। ऐसा करने वाले लोगों में दूसरों के प्रति करुणा भाव रत्ती भर नहीं होता। उल्टा वे उन्हें अपराधी मानते हैं और उनके प्रति बदले का भाव रखते हैं।

लोग जहां खुले में मलत्याग करने के आदी हों उन जगहों पर कार्यकर्ता पहले से खड़े मिलते हैं, उन्हें रोकने के लिए। जब तक लोग शौचालय बनाने का अनुबंध न करें, ग्राम पंचायत पानी-बिजली काटने की धमकी तक दे देती है। एक अखबार की रपट तो यह भी बताती है कि कुछ गरीब लोगों की जमीन पर जबरदस्ती शौचालय बनाए गए, उनसे बिना पूछे। एक अधिकारी ने एक महिला का मल ले जा कर उसकी रसोई में पटक दिया। कुछ लोग जब दिशा-मैदान गए हुए थे तब पीछे से उनके घर पर ताला लगा दिया गया। जब वे चाभी लेने आए तो उन्हें पहले एक अनुबंध पर दस्तखत करना पड़ा कि वे शौचालय बनाएंगे। जिस स्वच्छता अभियान को मोहनदास गांधी के नाम पर, उनके चश्मे के चिह्न में चलाया जा रहा है, वह सामाजिक संबंधों को ऐसी हिंसक आंखों से कैसे देखता है?

हर कहीं ऐसी ही जोर-जबरदस्ती हुई हो ऐसा नहीं है। न ही सी.एल.टी.एस. के अनुभव सब जगह बुरे हैं। पर यह पूछना वाजिब हैः क्या भारत को स्वच्छ और निर्मल बनाने के लिए ऐसे साधन हमें स्वीकार्य हैं? इस तरह किया काम कब तक टिकेगा? यह अभियान और इसके कार्यक्रम हमेशा नहीं चलेंगे। योजना निपटने के बाद क्या लोग वापस खुले में मलत्याग करने नहीं जाने लगेंगे, खासकर जब शौचालयों की देखरेख ठीक न हो और उनमें पानी न हो? इस पर बातचीत नहीं हो रही है अभी, क्योंकि शौचालय बनाने की होड़ चल रही है।

सी.एल.टी.एस. के समर्थकों का कहना है कि इसमें गलती सरकारी कार्यक्रमों में है, इस पद्धति में नहीं। उनका कहना है कि ठीक से काम हो तो समुदाय उन लोगों को राजी कर सकता है जो शौचालय बनाना नहीं चाहते। आखिर खुले में मलत्याग करने से पूरे समुदाय की सेहत पर असर पड़ता है, इसलिए समुदाय को ही उन लोगों को मनाना चाहिए जिनसे यह खतरा है। लेकिन सरकारी कार्यक्रमों में यह सब आसान नहीं होता है। उनके तरीके आदेशों के सीधे पालन के लिए बनते हैं। इतनी बारीकी की जगह नहीं होती है उनमें। इसे जितनी बार भी कहा जाए कम हैः शुचिता केवल तकनीकी या इंजीनियरी का मामला नहीं है।

शुचिता के मायने कई हैं, कई पेंच भी हैं इस विचार में। स्वच्छता की बात जिस भाषा में होती है उसमें हमारे जीवन में शुचिता के मायने ठीक से पता नहीं चलते। मलत्याग करना शरीर का ऐसा धर्म है जिसका इशारा भी सभ्य समाज में अटपटा माना जाता है। हर रोज मलत्याग करने की जरूरत हमें याद दिलाती है कि मनुष्य भी

प्रकृति के बनाए कई प्राणियों में से एक है। राजा हो या रंक, कपड़े खोल जब कोई मनुष्य मलत्याग करने बैठता है तो सभ्यता और सांस्कृतिक विकास की धारणाएं फीकी पड़ जाती हैं।

पौराणिक कथाओं में खुद भगवान विष्णु ने वराहावतार में सूअर का रूप धारण किया था, लेकिन सभ्य भाषा में मलत्याग के दैनिक कर्म के लिए सीधे शब्द नहीं हैं। जैसे फारसी से आया शब्द 'पाखाना', जिसका अर्थ है 'पैर का घर'। या हिंदी का ही शब्द लीजिए, 'टट्टी'। इसका माने है कोई पर्दा या आड़ जो किसी फसल की ठूंठ, या टटिया से बनी हो। आज भी खुले में शौच जाने को कहते हैं दिशा-मैदान जाना। 'आब' को 'पेश' करने से बना शब्द 'पेशाब' तो फिर भी सीधा है, लेकिन 'लघु शंका' और 'दीर्घ शंका' जैसे शब्द अर्थ कम बताते हैं, संदेह ज्यादा पैदा करते हैं। मलत्याग करने के लिए जो 'हगना' और 'चिरकना' जैसा सीधे, क्रिया-रूपी शब्द हैं उनका उपयोग पढ़े-लिखे समाज में बुरा माना जाता हैं। इन शब्दों के साथ घृणा जुड़ी हुई है।

आधुनिक मनोविज्ञान के जनक सिगमंड फ्रॉएड मल के प्रति घिन को सहज भाव नहीं मानते थे। शिशुओं को अपने मल से घृणा नहीं होती, बल्कि अपने शरीर से निकले पदार्थों के प्रति कुतूहल और आकर्षण का भाव रहता है। परिवार और समाज उसे सिखलाता है कि मल घृणित वस्तु है।

घृणा एक तीव्र, सर्वव्यापी, जन्मजात भावना है। इसकी अभिव्यक्ति हम सब जानते हैं। चेहरे पर रेखाएं खिंचती हैं, नाक-भौं सिकुड़ती है, मुंह के किनारे नीचे की ओर मुड़ते हैं, रक्तचाप गिरता है, मितली होने का भाव चेहरे पर आ जाता है। प्राचीन काल में भरत मुनि के रचे ग्रंथ 'नाट्यशास्त्र' में बताए रसों में एक है वीभत्स रस। यानी जुगुप्सा, या घृणा, या घिन। शिव इस रस के ईष्ट देव हैं। आज भी रंगमंच की शिक्षा में सिखाए जाने वाले भाव में वीभत्स रस मूल है, फिर चाहे वह भरत मुनि के नाट्यशास्त्र से हो या अभिनय की किसी आधुनिक फिल्मी विधा से।

कई तरह के वैज्ञानिकों ने घृणा को समझने की कोशिश की है। अनेक शोध और सर्वेक्षणों में इस भाव का सबसे ताकतवर स्रोत हमारा मल ही निकला है। घृणा किसी-न-किसी रूप में हर मनुष्य में होती है, हालांकि इसकी अभिव्यक्ति संस्कार से जुड़ी है। हमारे यहां मनुष्य का मल घृणा का पात्र है पर गाय-बैल का गोबर नहीं, बल्कि इनका गोबर तो पवित्र माना गया है। कुछ समाजों में सूअर जैसे मल खाने वाले पशु को अशुद्ध और असहनीय माना है, जबकि ऐसे समाज भी हैं जो इन्हें स्वीकार करते हैं और पास रखते हैं।

ज्ञान-विज्ञान की दुनिया के कई प्रसिद्ध नामों ने घृणा पर अपने विचार रखे हैं। जीव-वैज्ञानिक चार्ल्स डार्विन ने इसे मनुष्य की छह मूल भावनाओं में गिना था। परंतु आधुनिक मनोविज्ञान के जनक सिगमंड फ्रॉएड मल के प्रति घिन को सहज भाव नहीं मानते थे। शिशुओं को अपने मल से घृणा नहीं होती, बल्कि उनमें तो अपने शरीर

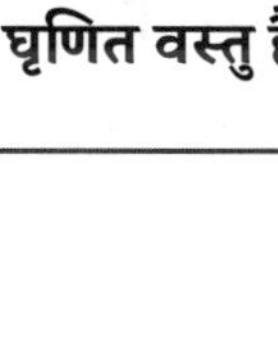

से निकले पदार्थों के प्रति कुतूहल और आकर्षण का भाव रहता है। बच्चा जब बड़ा होता है तब उसे परिवार और समाज सिखलाता है कि मल घृणित वस्तु है। आजकल कुछ वैज्ञानिक इससे ठीक उल्टा मानते हैं, वे कहते हैं कि घृणा का भाव जन्मजात है। इसकी अभिव्यक्ति दो से पांच साल की उम्र में शुरू होती है और इसकी कम-से-कम एक खास वजह तो अब पता हैः यह प्रकृति का तरीका है हमें उन चीजों से दूर रखने का जिनसे हम बीमार हो सकते हैं। रोगाणुओं के सबसे ताकतवर स्रोतों में हमारा अपना मल आता है। कई बीमारियां मल से ही फैलती हैं।

हमारा बचाव इसी में है कि हम अपने मल से तब तक दूर रहें जब तक उसमें मौजूद रोगाणु खत्म नहीं हो जाते। उसे हमारे लिए बदबूदार बना देना प्रकृति का तरीका है हमें उससे दूर रखने का। मल से जो गंध आती है उसमें सड़े अंडे और गंधक का संकेत होता है। यह हर रूप में मनुष्य मात्र को अप्रिय है। शायद इसीलिए न जाने कब से मनुष्य सहज ही मलत्याग करने बस्ती से थोड़ा दूर जाता है। शुचिता का बुनियादी पैमाना यही रहा है कि मनुष्य अपने मल से दूर ही रहे। मनुष्य का सबसे प्रिय मित्र कहा जाने वाला कुत्ता तो मलत्याग करने के बाद अपने पैर से जमीन खोद कर उस पर मिट्टी बिखेर देता है।

शुचिता और घृणा का संबंध सामाजिक संरचना से भी रहा है। अपने वर्ग या समाज या धर्म या जाति के लोगों को साफ मानना और दूसरों को गंदा मानना भी मनुष्य स्वभाव का हिस्सा रहा है। धार्मिक संस्कार और शुचिता का संबंध इतना पुराना है कि यह कहना कठिन है कि उसका कौन सा हिस्सा धार्मिक रूढ़ि से निकला है, और कौन सा हिस्सा व्यावहारिक शुचिता से।

हर संस्कृति, हर समाज में यह बोध किसी-न-किसी रूप में रहा है। हर समाज में शुचिता को ले कर तरह-तरह के रिवाज रहे हैं। लोग जिन रिवाजों में बड़े होते हैं वही उन्हें शुचिता और स्वच्छता का मानक लगते हैं। दूसरे लोगों के साफ रहने के तरीके लोगों को उतने जमते नहीं हैं, क्योंकि शुचिता के व्यवहार का घृणा से गहरा संबंध है। हम जिन्हें अपना मानते हैं उन्हें साफ-सुथरा समझते हैं। जिन्हें अपना नहीं मानते, उनकी आदतें भी गंदी ही दिखती हैं। यह मानव स्वभाव है। किसी मां को अपने शिशु के गंदे पोतड़ों से घिन नहीं आती, और आती भी है तो वह उसे सहन करना सीख लेती है। शोध बतलाता है कि माताओं को दूसरों के शिशुओं के पोतड़े इतने साफ नहीं लगते जितने अपने शिशु के लगते हैं।

शुचिता और घृणा का व्यवहार केवल व्यक्तिगत नहीं होता है। सामाजिकता में भी यह झलकता है। शुचिता और घृणा का संबंध सामाजिक संरचना से भी रहा है। अपने वर्ग या समाज या धर्म या जाति के लोगों को साफ मानना और दूसरों को गंदा मानना भी मनुष्य स्वभाव का हिस्सा रहा है। जिन संस्कृतियों में मलत्याग करने के बाद गुदा को पानी से धोने का रिवाज है वे उन लोगों को गंदा मानते हैं जो कागज से पोंछते हैं। कागज से पोंछने वालों से अगर आप पूछें तो सुनने को मिलेगा कि पानी

से धोना बहुत झंझट भरा, बेवजह और अस्वच्छ व्यवहार है। ये आदतें धार्मिक ग्रंथों और रिवाजों में भी गुंथी हुई हैं। धार्मिक संस्कार और शुचिता का संबंध इतना पुराना है कि यह कहना कठिन है कि उसका कौन सा हिस्सा धार्मिक रूढ़ि से निकला है, और कौन सा हिस्सा व्यावहारिक शुचिता से। एक धर्म के लोगों का व्यवहार भी जगह और समय के हिसाब से बदलता रहा है।

शौचालय से निकले कुछ विचार

एक उदाहरण है ऐसे तीन धर्मों का जो अपनी व्युत्पत्ति हजरत इब्राहिम से मानते हैं। यहूदी, ईसाई और इस्लाम धर्म, तीनों ही अपने आप को इब्राहिमी कहते हैं। इब्राहिम का वृत्तांत बाइबल के 'ओल्ड टेस्टामेंट' में मिलता है। इसके पांचवें अध्याय में उस समय के घुमंतू लोगों के लिए शौच जाने के नियम दिए हुए हैं, जिसमें बस्ती से दूर जा कर, जमीन में गड्ढा कर के, उसमें मलत्याग करने की बात आती है। इसके बाद मल पर मिट्टी डालने का निर्देश भी है। इस्लाम में 'वुजू' का कायदा है, जिसमें नमाज के पहले शुद्ध होने के तरीके बतलाए गए हैं। हिंदू रिवाजों में मलत्याग करने के बाद नहाने का वर्णन मिलता है।

कई हिंदू और मुस्लिम समाजों में मलत्याग करने के बाद गुदा पानी से धोने का रिवाज रहा है। यह बाएं हाथ से ही किया जाता है क्योंकि दाहिना हाथ कई 'शुद्ध' माने जाने वाले कामों के लिए आरक्षित होता है। हिंदू पूजाओं में बाएं हाथ का उपयोग बहुत सी जगह वर्जित है, जैसे तिलक कभी बाएं हाथ से नहीं लगाया जाता, अग्नि में होम केवल दाहिने हाथ से ही दिया जाता है। कई मुस्लिम समाजों में खाने-पीने की चीज बाएं हाथ से देना ऐब माना जाता है। धार्मिक रीति में डाली हुई बातें बहुत लंबी चलती हैं। ये रिवाज जब बने थे तब ज्यादातर लोग गांवों में रहते थे और शौच जाने के लिए ढेर सारी जमीन थी।

हमारी दुनिया पिछली शताब्दी में बहुत तेजी से बदली है। जिन रीति-रिवाजों से लोग अपनी-अपनी तरह से शुचिता बनाए रखते थे उनमें से कई तो आज बेतुके हो चुके हैं, या उन्हें आज की जरूरतों के हिसाब से ढालने की जरूरत है। लेकिन सामाजिक व्यवहार इतनी तेजी से बदलता नहीं है। लोग अपने रिवाजों में ही रहने की कोशिश करते हैं।

पर हमारी दुनिया पिछली शताब्दी में बहुत तेजी से बदली है। मनुष्य की कुल आबादी का आधे से ज्यादा हिस्सा अब शहरों में रहता है। जिन रीति-रिवाजों से लोग पहले शुचिता और पवित्रता अपनी-अपनी तरह बनाए रखते थे उनमें से कई तो आज बेतुके हो चुके हैं, या उन्हें आज की जरूरतों के हिसाब से ढालने की जरूरत है। लेकिन सामाजिक व्यवहार इतनी तेजी से बदलता नहीं है। हर वर्ग, हर समाज के लोग अपने रिवाजों में रहने की कोशिश करते हैं, क्योंकि उनका सामाजिक जीवन उन रिवाजों के इर्दगिर्द ही बनता है।

चाहे अच्छे हों या बुरे, ये रिवाज कोई एक दिन में नहीं बनते। इसलिए अगर कोई आ कर कहे कि आपके व्यवहार से आप ही नहीं, आपके पड़ोसियों का स्वास्थ्य भी

खतरे में पड़ता है, तो लोगों का मन इतनी आसानी से बदलता नहीं है। तब तो और भी नहीं जब उन्हें ये बातें समझाने वाले व्यक्ति का उनके जीवन से कोई लेना-देना हो ही नहीं, जिसका उनसे एकमात्र संबंध उनके मलत्याग करने की जगह से हो। ऐसा भी देखने में आता है कि लोगों को यह समझ नहीं आता कि जिन सरकारी अफसरों और संभ्रांत लोगों को उनकी दूसरी समस्याओं से कोई मतलब नहीं होता, वे उनके लिए शौचालय बनाने की इतनी चिंता क्यों करते हैं। अगर लोग बदल भी जाएं तो क्या केवल खुले में शौच जाना रुकने से शुचिता आ जाएगी? क्या शौचालय बनाना और इस्तेमाल करना ही संपूर्ण समाधान है? अगर हर किसी के पास सीवर का शौचालय होगा तो हमारे जल स्रोतों का क्या होगा?

सरकारी स्वच्छता अभियानों में आग्रह शर्म का है, विवेक का नहीं। हमारी सरकार ही नहीं, पढ़े-लिखे समाज को अपने देश के उन लोगों की वजह से शर्म आती है जो खुले में शौच जाते हैं। अपनी नदियों और तालाबों को सीवर बना डालने में कोई शर्म नहीं आती। हमारी सरकारें जिन शहरों में बैठती हैं उनका पानी दूर के गांवों से छीन कर लाया जाता है। जब अपने जल स्रोतों की जरूरत कम हो जाती है तो उन्हें साफ करना एक थोथा आदर्श बन कर रह जाता है, जो 'गंगा ऐक्शन प्लैन' जैसे सुनने में अच्छे पर वास्तव में एकदम बेअसर कार्यक्रमों में तब्दील हो जाता है। इस नजरिए से देखें तो सीवर से जुड़े शौचालय पर्यावरण के प्रदूषण के सबसे खतरनाक स्रोत हैं।

शुचिता का विचार सीधा-सरल नहीं है। इसे समझना हो तो किसी सफाई कर्मचारी से पूछें, जिसे अपने हाथ से दूसरों का मल-मूत्र साफ करना पड़ता है। हमारे कई शहरों में आज भी हाथ से मैला साफ करवाया जाता है, चाहे वह भारतीय रेल हो जिसमें पटरियों को साफ करने के लिए सफाई कर्मचारी रखे जाते हैं, या सूखे शौचालय वाली शहरी बस्तियां हों। यह काम कुछ खास जाति के लोगों से ही करवाया जाता है। रुकी हुई सीवर की नालियां खोलने के लिए भी इन्हीं जातियों के सफाई कर्मचारी उनके भीतर डुबकी लगाते हैं। ऐसा करते हुए हर साल कई कर्मचारियों की जान जाती है। सीवर की सफाई के लिए कई लोगों की बलि चढ़ा दी जाती है।

यह है घृणा का राजनीतिशास्त्र।

सफाई के मंदिर में बलि प्रथा

अखबार के किसी कोने में एक छोटी सी सुर्खी से ज्यादा जगह इस तरह की दुर्घटनाओं को नहीं मिलती है। कैसी घटनाएं? जैसी 14 जुलाई 2013 को घटी थी। जगह थी इंदिरा गांधी राष्ट्रीय कला केंद्र, नई दिल्ली का एक प्रसिद्ध संस्थान। वहां से शाम साढ़े सात बजे संसद मार्ग थाने पर फोन से खबर पहुंची कि शौचालय की टंकी साफ करते हुए एक आदमी की मृत्यु हो गई है। पुलिस की तफ्तीश से मामला धीरे-धीरे निकल कर आया, और बहुत जल्दी से अखबारों के कोनों में खो गया।

संस्थान के छह सेप्टिक टैंक साफ करने का काम एक ठेकेदार को दिया गया था। 300 रुपये की दिहाड़ी पर चार मजदूरों को ले कर ठेकेदार रविवार के दिन वहां पहुंचा। पांच टैंक साफ करने के बाद छठवें में उतरने के बाद चारों बेहोश हो गए। उन्हें निकाल कर अस्पताल पहुंचाने तक तीन की मौत हो चुकी थी। जिस एक मजदूर की जान बच गई उसने बताया कि छठे टैंक में घुसने से पहले उन्होंने ठेकेदार को बताया था कि उसमें गैस की गंध है। उन्होंने ठेकेदार से कहा कि वे अगली सुबह, उजाले में आ कर छठी टंकी साफ कर देंगे। ठेकेदार रविवार को ही काम निपटाना चाहता था। उसने मजदूरों को धमकी दी कि काम उसी समय पूरा नहीं किया तो उन्हें दिहाड़ी नहीं मिलेगी। छठी टंकी की सफाई उसी समय शुरू हुई।

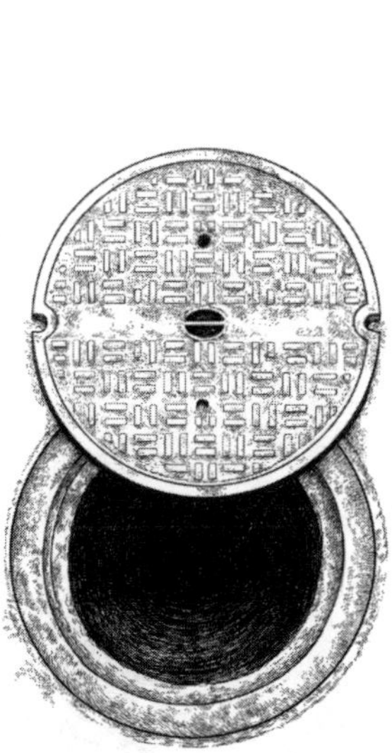

नीचे उतरने वालों के पास किसी तरह के सुरक्षा उपकरण नहीं थे। नियम तो यह है कि इस तरह के काम केवल नगर निगम या सीवर का प्रबंध करने वाली एजेंसी के

कर्मचारी करें, जिनका प्रशिक्षण हुआ हो और जो सुरक्षा उपकरण, गैस मास्क और खास कपड़ों से लैस हों। पर ऐसा होता नहीं है। हमारे हर शहर में सीवर की नालियां रुकती हैं और इन्हें खोलने के लिए प्रशिक्षित लोग नहीं, दिहाड़ी के सफाई कर्मचारी ही ज्यादातर काम पर रखे जाते हैं। कुछ नगर निगम और जल बोर्ड इस तरह के काम करने के लिए पक्की नौकरी पर प्रशिक्षित कर्मचारी रखते हैं। ऐसा भी देखने में आता है कि अनुभवी कर्मचारी खुद ऐसे काम करने के बजाए ठेके पर दूसरे मजदूरों को भेज देते हैं। इतना घिनौना और जोखिम भरा काम तो वही व्यक्ति करता है जो इसे करने के लिए विवश हो। हमारे शहरों में इतने लाचार लोग आसानी से मिल जाते हैं।

सीवर की नालियों में कई जहरीली गैसें पाई जाती हैं। इनमें खास है हाइड्रोजन सलफाइड। इसे सीवर गैस भी कहते हैं। जब नाली जैसी किसी बंद जगह में मैला पानी अटक जाता है तब उससे यह गैस निकलती है। हवा से भारी होने के कारण यह नीचे की ओर ही बनी रहती है। हमारे शहरों के नदी-नालों के आसपास इसकी दुर्गंध आसानी से पकड़ी जा सकती है। मनुष्य की नाक इस जहरीली गैस की सड़े अंडे जैसी बदबू को तुरंत भांप लेती है। लेकिन सीवर के भीतर बार-बार उतरने वालों का संपर्क इस गैस से लगातार होता रहता है, जिससे उनकी सूंघने की शक्ति क्षीण हो जाती है। उन्हें पता भी नहीं चलता कि कब यह जहर उनके फेफड़ों से होता हुआ शरीर के भीतर तक पहुंच जाता है।

अगर सीवर के किसी हिस्से में यह गैस अटकी हो तो वहां पहुंचते ही सफाई कर्मचारी का दम घुटना शुरू हो जाता है, शरीर निढाल पड़ जाता है। संकरी नालियों से बाहर आने के लिए जितनी शक्ति की जरूरत होती है वह उसके शरीर में बचती नहीं है। कम मात्रा में भी हाइड्रोजन सलफाइड शरीर को कई तरह से नुकसान पहुंचाती है और बेहोश कर देती है। अधिक मात्रा में यह गैस शरीर के अंगों को प्राणवायु सोखने नहीं देती और आदमी तड़पने लगता है। फिर ऐसी हालत में फंसे सफाई कर्मचारी की जान किसी साथी की फुर्ती पर टिकी रहती है, जो उसे बाहर खींच ले। कई बार एक फंसे हुए कर्मचारी को निकालने के लिए दूसरे भी नाली के भीतर उतरते हैं। ऐसे में कभी-कभी एक को बचाने के फेर में दो से ज्यादा जानें चली जाती हैं। अगर गैस की मात्रा अधिक हो तो कितनी भी दर्दनाक क्यूं न हो, मौत जल्दी आ जाती है।

विदेशों में भी कर्मचारी सीवरों में उतरते हैं पर ज्यादातर देशों में यह काम सावधानी से होता है। सीवर में घुसने वालों को सांस लेने के लिए गैस मास्क और पूरा शरीर ढंकने वाले बख्तरबंद जैसे कपड़े दिए जाते हैं। हमारे शहरों में सफाई कर्मचारी कपड़े खोल कर एक लंगोट में ही गोता लगाते हैं। काम खतरनाक हो तो उनकी कमर से एक रस्सी बांध दी जाती है, जिसके इशारे पर उन्हें बाहर खींचा जा सके। जोखिम और ज्यादा हो तो सफाई कर्मचारी को सीवर में उतरने के पहले कहीं-कहीं शराब पिलाने

की जिम्मेदारी भी ठेकेदार निभाते हैं। नशे में आत्मरक्षा का कवच उतर जाता है।

जो लोग इस नरक में उतरने या दूसरों को उतारने का काम करते हैं वे खतरों से खेलने के आदी हो जाते हैं। मैले पानी के इतने अंतरंग स्पर्श से सहज ही आने वाली चमड़ी और श्वास तंत्र कई बीमारियों को सहने का अभ्यास भी उन्हें हो जाता है। उनके लिए सीवर की नाली ही कारखाना बन जाती है, दफ्तर भी। दिहाड़ी के मजदूर ठेकेदार की दया पर निर्भर होते हैं। दुर्घटना होने पर उन्हें या उनके परिवार को मुआवजा देना किसी का दायित्व नहीं होता।

दो-तीन सौ रुपये के लिए किसी मुहल्ले की नाली खोलते हुए अगर कोई सफाई कर्मचारी मारा जाता है तो उसकी मौत में किसी को शहादत नहीं दिखती। उसे राष्ट्रसेवा के लिए कोई पुरस्कार नहीं मिलता, उसकी बेवा का कोई सम्मान नहीं करता। उसके बलिदान के लिए किसी सड़क या मुहल्ले को उसके नाम पर रख देना तो दूर, उस मैनहोल पर भी उसका नाम नहीं टांका जाता है। बस अखबार के किसी कोने में एक छोटी सी खबर छपती है। मामला आया-गया हो जाता है। शहरों के नीचे बनी सीवर की नालियों में रुकावटें आती ही रहती हैं। अगर इन रुकावटों को खोला न जाए तो नालियों में गैस और मैला पानी उलटा शौचालयों की तरफ चलने लगता है। इसकी

सीवर की नालियों को खोलने की कीमत हर रोज सफाई कर्मचारियों की जान से तोली जाती है।

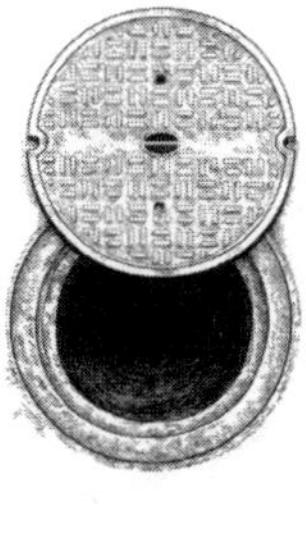

विस्फोटक ताकत से कभी-कभी शौचालयों की छत तक मैले से सन जाती है। नाली ही क्या, सीवर से अलग-थलग सेप्टिक टैंक भी भर जाने पर उन्हें खाली करने के लिए सफाई कामगार ही बुलाए जाते हैं।

ऐसा काम करने वालों को हमारा देश और समाज अपने मानस की नालियों में ही रखता है, वहां से बाहर नहीं आने देता। कुछ खास जातियों के ही लोग यह काम करते पाए जाते हैं। ये वही जातियां हैं जो न जाने कब से सूखे शौचालयों से मल निकालने के काम में लगी हैं। वैसे सन् 1993 में केंद्र सरकार ने मैला ढोने का रिवाज बंद करने के लिए एक कानून बनाया था जिसे संसद ने पास भी किया था। उसमें सीवर साफ करने वालों के बारे में सीधे तो कुछ नहीं कहा गया था, लेकिन इसे भी मैला ढोने के अन्याय का एक हिस्सा माना जाता है। सो सीवर में गोता लगाने का काम भी गैरकानूनी होना चाहिए। पर इस कानून को लागू करना राज्य सरकारों की जिम्मेदारी थी, केंद्र की नहीं।

दिल्ली सरकार ने कर्मचारियों के सीवर में घुसने पर प्रतिबंध लगाया है और ऐसे ट्रक भी खरीदे हैं जिनमें पाइप द्वारा मैला पानी खींचने की ताकत होती है। इसके बाद से दिल्ली जल बोर्ड में पक्की नौकरी कर रहे सफाई कर्मचारियों के साथ कोई गंभीर दुर´घटना नहीं हुई है। लेकिन हर सीवर और सेप्टिक टैंक दिल्ली जल बोर्ड ही तो साफ नहीं करवाता। दिल्ली में ही हर साल सीवर की नाली खोलते हुए दिहाड़ी पर काम करने वाले कुछ सफाई कर्मचारियों की जान जाती है। नई दिल्ली के जिस इंदिरा गांधी राष्ट्रीय कला केंद्र में जुलाई 2013 में तीन लोग मारे गए थे वह उस संसद भवन के एकदम करीब है जिसमें 20 साल पहले इस काम को रोकने का कानून पारित हुआ था।

उच्चतम न्यायालय ने राज्य सरकारों से उनके राज्य में मैला ढोने की परिस्थिति पूछी। राज्य सरकारें एकदम मुकर गईं। उन्होंने दावे किए कि उनके राज्यों में सूखे शौचालय और मैला ढोने की प्रथा कब की बंद हो चुकी है और इस काम में लगे लोगों को दूसरे रोजगार मिल चुके हैं। जिस अन्याय को सरकारें मानने तक को तैयार नहीं हैं उसके मिटाने के लिए काम कैसे करें?

अगर ऐसी दुर्घटनाएं आए दिन नहीं होती हैं तो इसका मतलब यह कतई नहीं है कि मैला ढोने, सीवर की नाली खोलने या सेप्टिक टैंक साफ करने का काम कहीं-कहीं ही होता हो। हर शहर में किसी-न-किसी रूप में यह काम होता ही रहता है। मल-मूत्र को साफ करने के लिए लोगों को हर उस जगह लगाया जाता है जहां रेल की पटरी हो। पटरी का रखरखाव इसके बिना हो ही नहीं सकता। रेलगाड़ियों के शौचालय से गिरे मैल की सफाई के लिए रेलवे हजारों सफाई कामगार रखता है। कुछ को पक्की नौकरी मिलती है, पर ज्यादातर तो ठेकेदारी पर रखे दिहाड़ी मजदूर होते हैं।

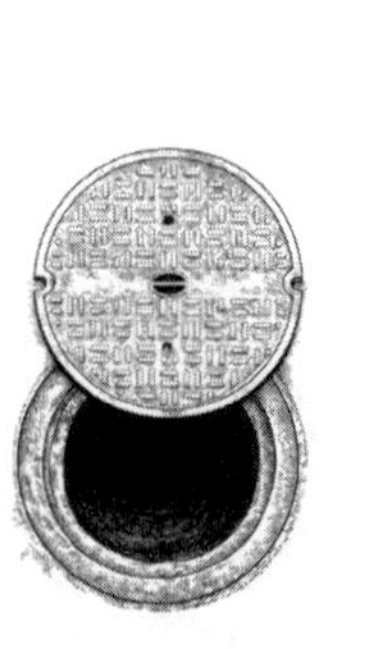

भारतीय रेल देश का सबसे बड़ा सरकारी संस्थान है। जब रेलवे भी 1993 के कानून की अवमानना करता है तो बाकी लोगों पर इसका कितना असर होगा इसकी कल्पना की जा सकती है। इस विधेयक का इतिहास एक बड़ा उदाहरण है, कानून की सीमाएं

समझने के लिए। कार्यपालिका ही क्या, इस विषय में न्यायपालिका में भी बहुत कुछ होता रहा है। उच्चतम न्यायालय में सन् 2003 में एक मामला आया था। इसके पीछे सफाई कर्मचारी आंदोलन नामक संस्था थी, जो देश के कई हिस्सों में मैला ढोने वालों की मुक्ति के लिए काम करती है।

सफाई के मंदिर में बलि प्रथा

अदालत ने केंद्र सरकार के सामाजिक न्याय मंत्रालय से मैला ढोने की प्रथा का लेखा-जोखा मांगा। इस मंत्रालय पर कमजोर लोगों की पैरोकारी का जिम्मा है, सो उनकी बदहाली की सच्चाई बताने से उसे कोई आपत्ति नहीं है। मंत्रालय ने बताया कि देश भर में करीब सात लाख लोग हाथ से मैला ढोने के काम में लगे हैं, और 92 लाख ऐसे सूखे शौचालय हैं जिनका मैला सीवर की नाली में नहीं बहता। यानी इनका मैला या तो सफाई कर्मचारियों को ढोना पड़ता है, या सीधे किसी खुली नाली में जाता है, या उसे जानवर खाते हैं। ऐसा 21 राज्य और केंद्र शासित प्रदेशों में होता है, यह मंत्रालय ने सन् 2003 में ही स्पष्ट कर दिया था।

याचिका सुनने के बाद न्यायालय ने राज्य सरकारों से उनके राज्य की परिस्थिति पूछी। राज्य सरकारें एकदम मुकर गईं। उन्होंने दावे किए कि उनके राज्यों में सूखे शौचालय और मैला ढोना की प्रथा कब की बंद हो चुकी है और इस काम में लगे लोगों को दूसरे रोजगार मिल चुके हैं। उसके बाद राज्य सरकारें तरह-तरह के दावे न्यायालय में करती रही हैं। तीन साल तक न्यायालय की फटकार सुनने के बाद राज्य सरकारों ने यह मानना शुरू किया कि उनके राज में अभी तक लोगों से मैला साफ करवाया जा रहा है। लेकिन इस स्वीकृति के बाद भी सरकारों ने मैला ढोने वाले लोगों की हालत बेहतर बनाने के लिए कुछ किया हो, ऐसा नहीं है। जिस अन्याय को सरकारें मानने तक को तैयार नहीं हैं, उसे मिटाने के लिए वे काम कैसे करें?

फरवरी 2013 की संसद की एक रपट में दर्ज है कि भारत में 26 लाख सूखे शौचालय हैं। इनमें कोई आठ लाख ऐसे हैं जिन्हें सफाई कर्मचारी अपने हाथों से साफ करते हैं। ये आंकड़ें 2011 की जनगणना से निकले हैं। सन् 2012 में सरकार ने संसद में एक नया विधेयक पेश किया जो पिछले कानून की कमियां पूरी करने के लिए बना था। सितंबर 2013 में संसद ने इसे पास भी कर दिया। इसके लागू होते ही जिस किसी के पास सूखा शौचालय हो उसको सीवर से जुड़ा शौचालय बनाना होगा। जो न बनाए उस पर आपराधिक मामला शुरू किया जा सकता है। एक साल की कैद और पचास हजार रुपये जुर्माना भी इसके लिए तय किया गया है। सीवर या सेप्टिक टैंक की जोखिम भरी सफाई के लिए किसी भी व्यक्ति को काम पर रखना गैरकानूनी है। ऐसा करने वाले को दो से पांच साल तक की सजा हो सकती है।

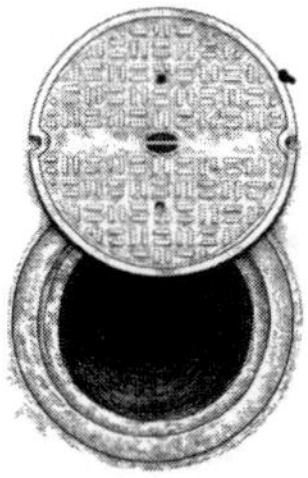

मार्च 2014 को उच्चतम न्यायालय में 10 साल से चल रहे मुकदमे का फैसला आ गया। सरकार को निर्देश दिया गया कि सीवर के काम में मारे गए हर सफाई कर्मचारी

के परिवार को 10 लाख रुपये का मुआवजा दिया जाए। रेलवे को समयबद्ध तरीके से मैला सफाई बंद करने को कहा गया है। लेकिन सफाई कर्मचारियों के साथ काम करने वाले जानते हैं कि न्यायालय के निर्णय और संसद के कानून से ही यह अन्याय रुकने वाला नहीं है। सरकार के पास कोई आधिकारिक सर्वेक्षण तक नहीं है यह पता करने के लिए कि मैला ढोने की प्रथा देश में कहां-कहां प्रचलित है, कितने लोग मैला ढोने के काम में लगे हैं। कितने लोग विवश हैं हर रोज ऐसा काम करने के लिए जिसका विचार भी घिन पैदा करता है।

सफाई कर्मचारी आंदोलन ने अदालत को बताया था कि देश भर में करीब 12 लाख लोग इस काम में आज भी लगे हुए हैं। इनमें कुछ को झाड़ू से मैल समेट कर, टोकरियों में डाल कर, दूर ले जा कर फेंकना पड़ता है। कुछ के पास हाथगाड़ियां होती हैं, कुछ बाल्टी या टोकरी में उठा कर मल फेंकते हैं। कुछ को ये टोकरियां अपने सिर पर ही उठानी पड़ती हैं। बरसात के दिनों में मैले में पानी मिल जाता है और वह टोकरियों से रिसता हुआ सफाई कर्मचारियों के शरीर पर भी गिरता है।

कौन हैं ये लोग जो दूसरों की सफाई की इतनी गंदी, इतनी भारी कीमत चुकाते हैं? कुछ खास जातियों के ही पल्ले पड़ता है यह काम। अलग-अलग जगहों पर इनके कई नाम रहे हैं। पहले इनके लिए भंगी, चूड़ा, मेहतर, लालबेगी, हलालखोर जैसे नाम इस्तेमाल होते थे। आज नाम बदल गए हैं। कोई खुद को वाल्मिकि कहता है, कोई दलित बतलाता है। संविधान इन्हें 'अनुसूचित जाति' की श्रेणी में रखता है। नाम बदलने भर से इन समाजों की परिस्थिति बहुत बेहतर नहीं हुई है। जगह-जगह खुलते सुलभ शौचालयों में भी सफाई का काम अधिकतर इन्हीं जातियों के लोग करते हैं। फिर शहरों में ऐसी बहुत सी जमीन है जो सार्वजनिक शौचालय ही कही जा सकती है, जहां अनगिनत लोग खुले में मलत्याग करते हैं। इन जगहों में झाड़ू लगाना मैला ढोना ही है, क्योंकि गीले-सूखे मल को उठा कर कचरे की गाड़ी में डालना पड़ता है।

मुंबई जैसे बड़े शहर के कुछ वार्ड ऐसे हैं जिनमें आज भी भंगी बस्ती मौजूद है। इन बस्तियों में रहने वाले परिवारों को अपनी किसी एक संतान को सफाई कर्मचारी ही बनाना पड़ता है। अगर न बने तो नगरपालिका द्वारा घर छीने जाने का खतरा रहता है। मुंबई जैसे महानगर में घर से बड़ा सहारा कुछ नहीं होता, सो अगली पीढ़ी भी इसी काम में लगती है, फिर चाहे उसने कुछ और काम कर के एक बेहतर भविष्य बनाने की कितनी भी तैयारी क्यों न की हो।

ऐसा आम होता है कि नगर निगम में पक्की नौकरी करने वाले भी ऐसे काम करने के लिए किसी कमजोर व्यक्ति को कम वेतन दे कर भेज देते हैं। पक्की सरकारी नौकरी रिश्वत के बिना मिलनी आसान नहीं होती है। ये नौकरियां दबंग जाति के उन लोगों को भी मिल जाती हैं जिनके पास रिश्वत देने के लिए धन हो। कर्मचारी यूनियन

में धौंस भी इन्हीं की चलती है। पर अक्सर ऐसे लोग मैला सफाई का काम खुद नहीं करते हैं। अपनी पगार लेते हैं और सफाई का काम कम पैसे दे कर करवाते हैं किसी कमजोर व्यक्ति से, जो वाल्मिकि या लालबेगी जैसी जातियों से होते हैं।

इन जातियों के कुछ लोग इतनी मलिनता में जीते हैं कि उन्हें ऐसा काम भी 'आउटसोर्स' किया जा सकता है। यह सब आम जानकारी है, फिर भी इस पर कोई कार्यवाई नहीं होती। इन समाजों के लोगों को कोई और काम या नौकरी मिलना

सफाई के मंदिर में बलि प्रथा

ऐसा काम मजबूर लोग ही करते हैं। हमारे यहां विवश लोगों की कोई कमी नहीं है, न ही ऐसे लोगों की जो दूसरों की लाचारी का लाभ उठाते हैं।

बहुत ही कठिन होता है। रेलवे हो या नगरपालिका, मैला ढोने के काम में अधिकांश महिलाएं ही लगती हैं, चाहे पक्की नौकरियां आदमियों को दी गई हों। इन जातियों में यह काम पीढ़ी-दर-पीढ़ी होता रहा है। अंग्रेज हुकूमत आने के पहले इन जातियों का इतिहास बहुत ठीक पता नहीं चलता है। और जो थोड़ी-बहुत जानकारी इतिहास के पन्नों में मिल भी जाती है उसमें पहेलियां ज़्यादा होती हैं, जवाब कम।

सिंधु घाटी सभ्यता के शहरों के अवशेषों में तो सूझ-बूझ से बनी नालियों के प्रमाण मिले हैं, जिससे यह अनुमान लगाया जा सकता है कि उस समय यह प्रथा नहीं थी। उसके बाद के इतिहास के प्रामाणिक स्रोत चीन से आए कुछ यात्रियों के वृत्तांत माने जाते हैं, पर उनमें भी मैला ढोने की बात नहीं मिलती। मध्यकाल से इस प्रथा का वर्णन मिलना शुरू होता है। पक्की जानकारी की कमी में लोग शोषण की इस परंपरा को विचारधारा की आंखों से देखते हैं। जिसकी जैसी विचारधारा उसका वैसा निष्कर्ष। इसका नतीजा यह होता है कि इस अन्याय को रोकने की बजाए तरह-तरह की ऊर्जा यह बताने में जाती है कि इस शोषण के पीछे जिम्मेदारी किसकी है, जिसके राजनीतिक मायने निकाले जाते हैं। शायद यही कारण है कि आजादी के इतने सालों के बाद भी देश का ध्यान मैला ढोने वालों की व्यथा पर कम गया, आरोप-प्रत्यारोप की कूटनीति पर ज्यादा।

एक विचारधारा के कुछ लोग इस प्रथा को हिंदू समाज की वर्ण व्यवस्था से निकला मानते हैं। इसके समर्थन में मनुस्मृति, नारद संहिता या वाजसनेयी संहिता जैसे ग्रंथों से कुछ चुनी हुई पंक्तियां उदाहरण के तौर पर रखी जाती हैं। ऋग्वेद के पुरुष सूक्त में वर्ण की व्याख्या भी इसी संदर्भ में की जाती है। आपस में ही नहीं, इन ग्रंथों के भीतर भी कई अंतर्विरोध हैं जिन्हें ठीक से समझा पाना कतई आसान नहीं है। जैसे मनुस्मृति ही लीजिए, जिसमें कुछ हिस्से चांडालों के प्रति व्यवहार में भेदभाव दिखाते हैं। उसी मनुस्मृति में ऐसे सूक्त भी हैं जो कहते हैं कि जन्मजात गुण से ही मनुष्य नहीं बनता, संस्कार और शिक्षकों का भी योगदान होता है। इसमें जो जैसा मतलब निकालना चाहे, निकाल सकता है।

ऐसे ग्रंथों की ऐतिहासिक समझ बनाना और भी कठिन है क्योंकि इनके इतिहास के प्रमाण अगर हैं भी, तो बहुत कम हैं। हमें यह ठीक से नहीं पता कि कौन सा ग्रंथ किसने लिखा, कब और कहां लिखा गया। ऐसे में ये ग्रंथ केवल शोध, व्याख्या और विवेचन का विषय हो सकते हैं। इन ग्रंथों को ले कर कई लोगों में तरह-तरह की ग्रंथियां भी हैं। कुछ इतिहासकारों का अनुमान है कि मनुस्मृति किसी एक व्यक्ति का लिखा ग्रंथ नहीं है। इसके कई लेखक थे जिन्होंने कई सालों के अंतराल में इसके अलग-अलग हिस्से लिखे और उन्हें मनु नामक किसी पात्र के नाम समर्पित कर दिया। अगर ऐसा है तो इस ग्रंथ में लिखी बातें ऐतिहासिक प्रमाण कैसे मानी जा सकती हैं?

बहुत से लोग मानते हैं कि हिंदू विचार में स्मृति परंपरा के ग्रंथों से बड़ा स्थान श्रुति परंपरा से प्रकट हुए तत्व का है। इतिहास का चश्मा उतार कर, केवल विश्वास की आंखों से देखें तो मनुस्मृति या नारद संहिता या वाजसनेयी संहिता अपने आप में धर्म की संपूर्ण परिभाषा नहीं हैं। हिंदू आस्था किसी एक ग्रंथ से नहीं बनी है। इन ग्रंथों की जगह हिंदू आस्था में वैसी नहीं है जैसी ईसाई धर्म में बाइबल या इस्लाम में कुरान की है। धार्मिक ग्रंथों में वेद इनसे कहीं ऊपर आते हैं और वे भी चार हैं। छह वेदांग हैं, 100 से अधिक उपनिषद हैं, 'इतिहास ग्रंथ' कहलाए जाने वाले रामायण और महाभारत जैसे महाकाव्य हैं जिनमें 'भग्वद्गीता' भी आती है। अलग-अलग पंथों के आरण्यक ग्रंथ हैं, 19 ब्राह्मण श्रुतियां हैं, 18 महापुराण हैं। शैव, वैष्णव, शाक्त और जैन जैसे कई पंथों के भांति-भांति के आगम शास्त्र हैं। और 22 स्मृतियां हैं, जिनमें मनुस्मृति एक है।

हमारे धार्मिक विचार में कई नास्तिक और निरीश्वरवादी परंपराएं रही हैं, जिनमें जैन और बौद्ध ही नहीं, लोकायत या चार्वाक और आजिविक भी आते हैं। वेदों को न मानने वालों की बात वेदों में ही बतलाई गई है। श्रमण दर्शन तो प्राचीन काल से रहा है। जैन और बौद्ध परंपराओं पर उसका प्रभाव गहरा है। तरह-तरह के दर्शन, विचार और परंपराएं रही हैं जिनका एक-दूसरे से मूलभूत विरोध तो था ही, एक-दूसरे पर गहरा प्रभाव भी था। 'मोक्ष', 'माया' और 'संसार' जैसे सिद्धांत नास्तिक और निरीश्वरवादी परंपराओं में उपजे और फिर आस्तिक और ईश्वरवादी दर्शन के अभिन्न अंग बन गए। नास्तिक पंथों ने भी आस्तिक विचार अपनाए। ये तो वह बातें हैं जिनका प्रमाण हमें मिला है। न जाने कितने पंथ, कितने ग्रंथ, कितने दर्शन, कितनी परंपराओं के बारे में हमें आज अनुमान तक नहीं है। फिर यह भी हमें नहीं पता है कि इन धार्मिक बातों को साधारण लोगों ने कैसे अपनाया था, लोक व्यवहार में इनका असर कितना और कैसा था।

ऐसे ग्रथों की ऐतिहासिक समझ कठिन है क्योंकि इनके इतिहास के प्रमाण हैं ही नहीं। हमें यह ठीक से नहीं पता कि कौन सा ग्रंथ कब लिखा गया, कहां लिखा गया, और किसने लिखा। इन ग्रंथों को ले कर कई लोगों में तरह-तरह की ग्रंथियां भी हैं।

चलिए, एक बार के लिए इस सबको पुराने जमाने की बात कह कर नकार दें और आज के हिंदू लोगों के धार्मिक व्यवहार को देखें। उसमें ग्रंथों की जगह बहुत ज्यादा नहीं है। अगर है भी तो इसमें सबसे पहला स्थान गीता का आता है जो वेद और उपनिषद के बहुत बाद रचा गया ग्रंथ है। जब न्यायालय में धर्मग्रंथ पर हाथ रख कर शपथ लेने का चलन था, तब हिंदू गीता पर हाथ रख कर या गंगाजल हाथ में लेने के बाद गवाही देते थे। हिंदू विश्वास में कई संत और उनके भक्ति कवित्त का प्रभाव है। इनमें अनेक संत अनपढ़ थे और कई तो हिंदू कहे ही नहीं जा सकते हैं। धर्म ग्रंथों में 'हिंदू' संज्ञा है ही नहीं। यह बहुत पुराना शब्द नहीं है। धार्मिक आचार के लिए यह शब्द बहुत बाद में आया। ऐसा अंदाजा लगाया जाता है कि यह बाहर से आए लोगों का

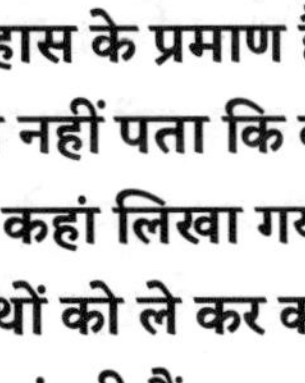

दिया नाम है, खुद यहां के लोगों का अपने लिए इस्तेमाल होने वाला नाम नहीं था।

इतनी अनबूझ पहेलियों के बीच यह कहना मुश्किल है कि हिंदू समाज में मैला ढोने की प्रथा कब और कैसे आई। अगर यह प्रथा हिंदुओं की है और वर्ण व्यवस्था से निकली है तो धर्म बदलने पर मिट जानी चाहिए थी। लेकिन मैला ढोने वाली जातियां मुसलमानों में भी मिलती हैं। मुस्लिम समाज में इन जातियों के लोगों की हालत कोई बहुत बेहतर नहीं है। उनकी बस्तियां भी मुख्य बस्ती से हटकर होती हैं। उनके साथ भी छुआछूत होती है। उनकी मस्जिद अलग होने तक का उल्लेख मिलता है। सिख समाज के भीतर भी जातिगत भेदभाव मिलता है। भारत के विभिन्न ईसाई समाज भी इससे अछूते नहीं हैं। कुछ विशेष जातियों के हजारों-लाखों लोगों को मैला उठाने में झोंकने की जिम्मेदारी हिंदू समाज की तो निश्चित ही है, लेकिन इसकी जवाबदेही से कोई भी धर्म, कोई भी संप्रदाय अछूता नहीं है।

वर्तमान की बदसलूकी को किसी भूतकाल में जा कर किसी और के माथे मढ़ना केवल इस कुरूप सच से पल्ला झाड़ना है। फिर चाहे वह भूतकाल ऐतिहासिक हो या काल्पनिक। ऐसा करना हमें उन राज्य सरकारों के साथ खड़ा कर देगा जो उच्चतम न्यायालय के सामने झूठ बोलने से नहीं कतराईं।

एक दूसरी विचारधारा के कुछ लोग इस प्रथा की उत्पत्ति उत्तर-पश्चिम से आए मुसलमान आक्रांताओं में देखते हैं। वे मानते हैं कि इन आक्रांताओं ने हारे हुए भारतीय लड़ाकों का अपमान करने के लिए उनसे मल-मूत्र उठवाया। ऐसा करने की वजह से बाद में हिंदू समाज ने उनका बहिष्कार कर दिया, वे जाति से 'भंग' हो गए, इसलिए भंगी कहलाए। ऐसा भी बताया गया कि मुस्लिम बस्तियों में पर्दे में रहने वाली महिलाएं मलत्याग करने के लिए बाहर नहीं जाती थीं, वे सूखे शौचालय इस्तेमाल करती थीं। कालांतर में जनाना और फौजी छावनी के शौचालय साफ करने का काम युद्धबंदियों से कराया जाता था, उनके अपमान के लिए। इस तरह की बात यह जताने की कोशिश भी करती है कि मुस्लिम आक्रांताओं के आने के पहले इस जमीन पर इस तरह के अत्याचार थे ही नहीं।

यह तो सही है कि मुस्लिम शासकों के समय से कुछ विशेष जातियों के मल-मूत्र हटाने और मैला ढोने के प्रमाण मिलते हैं, और उसके पहले के नहीं मिलते। परंतु ऐतिहासिक प्रमाण न मिलना ही सत्य का संकेत नहीं हो सकता। कथा साहित्य में और प्राचीन ग्रंथों में तरह-तरह के जातिगत भेदभाव और अत्याचारों के अनेकानेक किस्से मिलते हैं, जो एक व्यापक और कड़वे सच की ओर इशारा करते हैं। हारे हुए हिंदू लड़ाकों से मल-मूत्र उठवाने के किस्सों के पीछे भी कोई पक्के प्रमाण नहीं मिलते हैं। अगर यह सही है भी तो हिंदू समाज को इन लड़ाकों को फिर अपनाने से कौन रोक रहा है? ताकतवर हिंदू जातियों के लोग मैला ढोने का काम अपने हाथ में क्यों नहीं ले लेते? जातिगत भेदभाव कई रूपों में हमारे आसपास व्याप्त है, चाहे अखबारों में

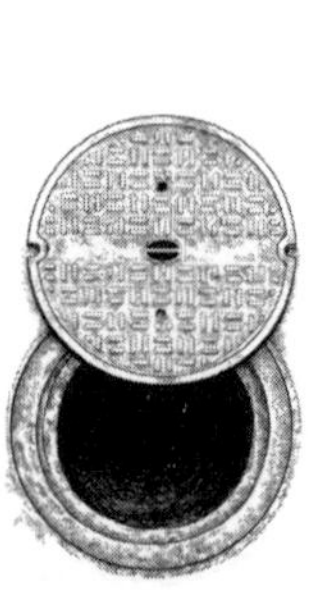

वर्गीकृत वैवाहिक विज्ञापन हों या आए दिन दलितों के साथ अत्याचार की खबरें।

इस अधर्म का ठीकरा किसी भी दूसरे समाज या समुदाय के सिर फोड़ने का कोई ऐतिहासिक कारण नहीं है। अगर कारण मिल जाएं तो भी ऐसा करना न्यायसंगत नहीं है। वर्तमान की बदसलूकी को किसी भूतकाल में जा कर किसी और के माथे मढ़ना केवल इस कुरूप सच से पल्ला झाड़ना है। फिर चाहे वह भूतकाल ऐतिहासिक हो या काल्पनिक। ऐसा करना हमें उन राज्य सरकारों के साथ खड़ा कर देगा जो उच्चतम न्यायालय के सामने झूठ बोलने से नहीं कतराईं। न जाने कब से मैला ढुलवाने का चलन दुनिया के कई इलाकों में रहा है। इंग्लैंड की राजधानी लंदन में मैला ढुलवाने का चलन 18वीं शताब्दी तक था। लेकिन अब भारत के सिवा ऐसा शायद ही दुनिया के किसी और हिस्से में होता होगा। जन्म और जाति के आधार पर तो बिलकुल नहीं।

जिन जातियों ने यह शोषण सहा है उनकी अपनी कथा-स्मृति भी है। ऐसी कथाएं जगह और समय के हिसाब से बदलती भी हैं। अलग-अलग समूहों में इनके कई संस्करण मिलते हैं। इन जातियों में कई गोत्र भी हैं, ठीक वैसे ही जैसे ताकतवर जातियों के मिलते हैं। कहीं ये समाज अपना उद्गम ऋषियों से जोड़ते हैं, कहीं किसी पैगंबर या पीर से, कहीं पांडवों से। कुछ समाजशास्त्रियों ने इन कहानियों को इकट्ठा भी किया है। साधारणतया इनमें वर्णन होता है कि एक समय ये जातियां गौरवशाली और समृद्ध थीं और किसी धोखे के कारण इनका पतन हुआ। इनमें एक कथानक यह भी आता है कि एक समय किसी अशुद्ध और घृणित काम करने की जरूरत आई, जैसे किसी मृत पशु का शरीर हटाना। जिन लोगों ने यह काम एक समझौते के तहत स्वीकार किया, उनके त्याग को सम्मान देने की बजाए उनके साथ दुर्व्यवहार हुआ। वह अशुद्ध काम ही उनकी जातीय पहचान बन गया। घिनौने माने जाने वाले काम में फंसने की वजह से वे खुद घृणा के पात्र बन गए।

कथा-साहित्य को अलग रख दें तो भी इसका प्रमाण मिलता है कि पिछले 150 साल में इन जातियों के लोगों और उनके समाजों की हालत बहुत बदली है। मैला ढोने की प्रथा चाहे कितनी भी पुरानी हो, ये जातियां सदा से इतनी शोषित और विवश नहीं थीं। मुंबई के कुछ सामाजिक कार्यकर्ताओं ने 1990 के दशक में एक सर्वेक्षण किया था, यह जानने के लिए कि महाराष्ट्र में मैला ढोने वाले समाज इस काम में कैसे आए। सर्वे की रपट सन् 1996 में एक किताब के रूप में छपी, जिसका शीर्षक है 'नरक सफाई'।

उन्हें पता यह चला कि 19वीं सदी में जब मुंबई शहर उद्योग और व्यापार के कारण बढ़ रहा था तब कई तरह के कारीगरों को वहां बुला कर बसाया गया। इनमें गुजरात के वणकर, यानी बुनकर लोग भी थे। इनके कारोबार पर कई तरह की मार पड़ी। इंग्लैंड की कपड़ा मिलों से ला कर माल भारत में बेचा जाने लगा था। लाचारी में ये लोग

नगरपालिका में सफाई के काम में लग गए। ऐसे ही मुंबई में बसे मेघवालों की कहानी है। इस जाति के लोग चमड़े का काम भी करते रहे हैं और कई जगहों पर उनका खास स्थान रहा है। आज भी राजस्थान के कई हिस्सों में मंगल कारज का पहला न्यौता मेघवालों के यहां जाता है, जबकि कई दूसरी जगह पहला न्यौता गणपति मंदिर जाता है। महाराष्ट्र में मैला ढोने के काम में लगे मेघवाल वहां अकाल की चपेट से बचने के लिए आए थे। केवल उत्तर भारत से मुंबई आए वाल्मिकि लोगों ने ही सर्वे करने वालों से यह कहा कि वे वहां भी मैला उठाते थे, यहां भी मैला उठाते हैं।

19वीं सदी में जब उद्योगों की वजह से शहर फैल रहे थे उसी समय गांवों से कई तरह के कारीगर जातियों के लोग उजड़ रहे थे। ऐसे कई लोग विवशता में मैला ढोने के काम में लगे। इन लोगों की सामाजिक स्मृति में अपने उजड़ने के किस्से पूरी तरह मिटे नहीं हैं। कुछ ऐसी ही स्थिति पंजाब के चूड़ा लोगों की है। उनके इतिहास का अध्ययन समाजशास्त्री विजय प्रशाद ने 1990 के दशक में किया था। दिल्ली के वाल्मिकि और पंजाब के चूड़ा समाजों के साथ मिल कर किया उनका शोध प्रामाणिक माना जाता है। 19वीं शताब्दी के शुरू में चूड़ा समाज के लोग कई तरह के कारीगर थे और उनकी खास पहचान खेती से थी। जिनके पास अपनी जमीन नहीं होती, उनका हुनर दूसरों की जमीन पर बंटाई के काम से चलता था। इसके अलावा चूड़ा लोग कुम्हार, चर्मकार, गवैये और संगीतकार तो होते ही थे, दाई और हरकारे का काम भी करते थे।

उस समय के विवरण बताते हैं कि इस जाति के बहुत थोड़े ही लोग जमादारी या सफाई का काम करते थे। लेकिन 19वीं सदी के अंत तक जब अंग्रेज सरकार ने जनगणना शुरू की तो चूड़ा लोगों को सफाई कामगार और मैला ढोने का ही दर्जा दिया गया। यही उनकी पहचान बन गई। कुछ अंग्रेज अफसरों और मिशनरियों ने इस गलती की तरफ जनगणना करने वालों का ध्यान खींचा था, बताया था कि चूड़ा वास्तव में खेतिहर जाति है, जमादार नहीं। फिर भी जनगणना वालों ने इसे सफाई करने वाली जाति बताया। तब से आज तक चूड़ा लोगों की यही पहचान बन गई।

यह क्यों और कैसे हुआ? कारण किसी षडयंत्र में नहीं, अंग्रेज शासन की आर्थिक नीतियों में मिलता है। इसे समझने के लिए पंजाब के इतिहास की ओर रुख करना होगा। यह खेती की बढ़त का समय था पंजाब में। सिंचाई नहरों से पश्चिमी पंजाब की बंजर जमीन भी खेती लायक बन रही थी। खेती करना फायदे का सौदा बन चुका था, जमीन का दाम बढ़ रहा था। छोटे किसानों की जमीन बड़े किसानों के हाथ में जा रही थी, शहर के व्यापारियों के हाथ भी। सरकार जमीन पर ज्यादा लगान वसूलने के लालच में उन लोगों का साथ दे रही थी जो इन बदलावों का फायदा उठाने में सक्षम थे। व्यापारियों को जमीन से दूर रखने के लिए कानून बने, लेकिन इनका लाभ मिला बड़ी जमीन वाले किसानों को। छोटी जमीन के किसान कई तरह की कारीगरी के साथ

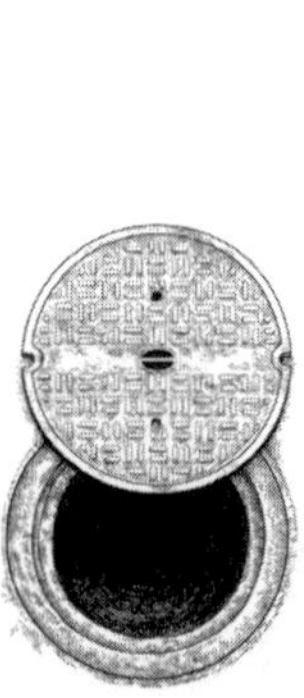

थोड़ी खेती करते थे। ऐसे लोगों को इस कानून से अथाह नुकसान हुआ।

छोटे किसानों और कारीगरों के लिए यह समय भारी उथल-पुथल का था। अकाल, जमीन पर लगान और अनाज के अंतर्राष्ट्रीय बाजार तक का बुरा असर उन पर पड़ रहा था, पंजाब के चूड़ा समाज पर भी। सन् 1876 से 1879 के बीच दुनिया-भर में ऐसा घोर सूखा पड़ा कि इसे मानव इतिहास का सबसे दारुण अकाल कहा जाता है। मिस्र से ले कर चीन तक इस अकाल का तांडव बरपा, पर इसका सबसे विदारक असर भारत पर ही हुआ। करोड़ों उजड़ते और मरते लोगों को बचाने की बजाए अंग्रेज सरकार को अपने व्यापार की चिंता थी। उसने खाद्यान्न के अंतर्राष्ट्रीय व्यापार पर रोक नहीं लगाई, उसे खुला ही रखा। हमारे यहां लाखों भूखे मर रहे थे पर हमारे ही व्यापारी अनाज का निर्यात कर रहे थे, क्योंकि अंतर्राष्ट्रीय बाजार में दाम हमारे यहां से ज्यादा था।

इसी दौर में शहरों में नए उद्योग खुल रहे थे। तेजी से फैलते हुए नगरों में घनी आबादी वाली बस्तियां बनती जा रही थीं। इनमें सीवर व्यवस्था थी नहीं। बल्कि दुनिया का पहला आधुनिक सीवर लंदन में इसी दौर में बनना शुरू हुआ था। भारत में ऐसे सीवर बनाने का खर्च अंग्रेज सरकार उठाना नहीं चाहती थी। शहरों को साफ रखने के लिए नगरपालिकाएं बन रही थीं और मल-मूत्र निकालने के लिए मेहतरों की जरूरत थी। जनगणना की वजह से चूड़ा लोगों की पहचान तो पहले ही मैला ढोने वालों की बन चुकी थी। उनका इस काम में जाना लगभग तय हो चुका था।

छोटे किसानों और कारीगरों के लिए यह समय भारी उथल-पुथल का था। अकाल, जमीन पर लगान और अनाज के अंतर्राष्ट्रीय बाजार तक का बुरा असर उन पर पड़ रहा था। इसी दौर में तेजी से फैलते हुए शहरों में नए उद्योग खुल रहे थे। नगरपालिकाओं को मल-मूत्र निकालने के लिए मेहतरों की जरूरत थी।

नगरपालिकाओं के आने के बाद मैला ढोने वालों की हालत और बिगड़ी। दिल्ली का इतिहास तो यही बताता है। मैला ढोने का काम दिल्ली में न जाने कब से होता आ रहा था। पहले के समय मेहतर कौन थे इस पर जानकारी नहीं मिल पाती है। मुहल्लों के मेहतर तय होते थे और उनका वेतन हर घर से आता था, चाहे महीने की पगार हो या रोज का भोजन। यही नहीं, शादी-ब्याह में, पारिवारिक कारज में मेहतरों का मान किया जाता था, उन्हें कुछ उपयोग का सामान दे कर। छोटे-बड़े का लिहाज भी होता था, जैसे वृद्ध मेहतरों के पांव छुए न भी जाते हों तो भी दूर से उनके पांव पड़े जाते थे। किसी भी जाति के नवजात शिशु का मुंह मेहतरानी धोती थी ऐसे विवरण भी मिलते हैं।

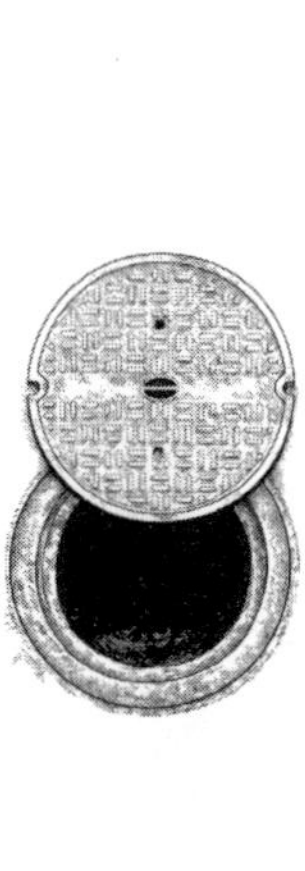

मेहतरों की स्थिति खराब थी। उनकी बस्तियां अलग होती थीं, उनके साथ छुआछूत होती थी, और मल-मूत्र उठाने का घिनौना काम तो उन्हें करना ही पड़ता था। जातिभेद से उपजे कई कष्ट उन्हें सहने पड़ते थे। लेकिन जिन लोगों के लिए वे काम करते थे उनसे उनका संबंध चाहे यजमानी का ही रहा हो, पर वह सीधा संबंध था। किसी तरह की

अवमानना या ज्यादती होने पर मेहतर मैला हटाने का काम बंद कर देते थे। घनी आबादी का इलाका मैला साफ न होने से बदहवास हो जाता और मुहल्ले वालों को मेहतरों से मोलभाव करना पड़ता, समझौता करना पड़ता। मैला ढोने वाले और मुहल्ले में रहने वालों के बीच सीधा लेन-देन था, सुख का और दुख का भी। फिर मेहतरों की कमाई का एक स्रोत और भी था।

रानी दुर्गावती, एक विख्यात गोंड रानी। मध्य भारत के एक विशाल हिस्से में गोंड साम्राज्य कई सौ साल तक चला। आज गोंड एक लाचार अनुसूचित जनजाति मान ली गई है।

दिल्ली के निकट के गांवों में किसानों को खाद के रूप में वे मैला बेचते थे। सन् 1636 में दिल्ली में एक नया शहर बसना शुरू हुआ, शाहजहांनाबाद, जो आज पुरानी दिल्ली में आता है। तब दिल्ली के आसपास हजारों गांव होने का वर्णन मिलता है। इनके खेतों की पैदाइश दिल्ली का पेट भरती थी। दिल्ली में रहने वालों का मल-मूत्र इन खेतों को उर्वर बनाता था। पंजाबी में एक पुरानी कहावत हैः दल राजा, मल खेती। यानी जितना जरूरी राजा के लिए सैनिक दल होता है, खेती के लिए मल उतना ही जरूरी है क्योंकि गाय-भैंस के गोबर की कमी रहती थी। गोबर का इस्तेमाल कंडा बनाने में होता था। जिनके खाना पकाने के बर्तन मिट्टी के ही होते हैं उनके लिए कंडों की धीमी आंच लकड़ी की तेज आंच से बेहतर होती है।

दिल्ली शहर बढ़ रहा था और आसपास के गांवों की जमीन खा रहा था। 1844 तक गांवों की संख्या 400 ही बची थी। 1880 तक केवल 288 गांव बचे थे। शहर से मैला भी ज्यादा निकल रहा था। सन् 1857 के विद्रोह के बाद अंग्रेजी हुकूमत ने दिल्ली में कई तरह से ज्यादती की थी, शहर में बदहाली छा गई थी। दिल्ली के पुराने लोगों को शहर से उखाड़ बाहर कर अंग्रेज शासन उन व्यापारियों को बढ़ावा देने लगा जिन्होंने गदर के दौरान उसका साथ दिया था। सन् 1863 में सरकार ने शहरी प्रबंधन के लिए दिल्ली म्यूनिसिपल कमेटी बनाई। इस नगरपालिका में उन लोगों को चुना गया जिन्होंने गदर और उसके बाद शासन का साथ दिया था। अंग्रेज शासन ने अपनी बस्ती शहर के बाहर, उत्तर में बसाई और दिल्ली को सड़ने के लिए छोड़ दिया।

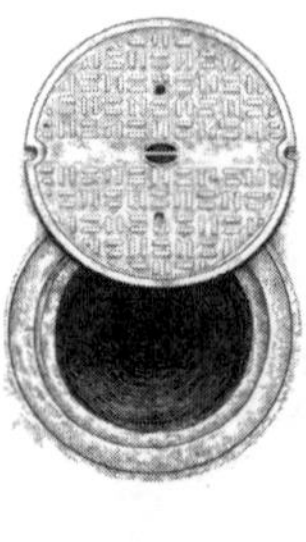

दिल्ली के मेहतरों को भेदभाव तो पहले से ही सहना पड़ता था, जो उनके काम के साथ उन्हें विरासत में मिला था। अब तो उनकी अपने हिसाब से काम करने की आजादी भी चली गई थी। बदहाली में आ कर मेहतरों ने कई हड़तालें की, इस उम्मीद

में कि पहले की तरह ताकतवर लोगों को उनके साथ समझौता करना पड़ेगा और वे अपनी मांगें मनवा लेंगे। पर नगरपालिका कमेटी और अंग्रेज सरकार मेहतरों के साथ किसी तरह का सीधा संबंध नहीं चाहते थे। उल्टा उन्होंने शहर में फैलती गंदगी का ठीकरा मेहतरों के सिर फोड़ा। उन्हें काबू करने के लिए ओवरसियर नियुक्त किए, जिनका काम ही था मेहतरों का संकल्प तोड़ना, उन्हें और विवश कर देना।

1870 के दशक में मेहतरों की हड़तालों के बाद उनके और नगरपालिका कमेटी के बीच कशमकश कई साल चलती रही। कमेटी ने हर तरह का हथकंडा अपनाया उन्हें कमजोर कर के अपने वश में लाने का। मेहतर कमेटी के मुलाजिम नहीं बनना चाहते थे। ऐसा माना जाता है कि दिल्ली के पुराने बाशिंदे ही नहीं, पुराने रईस भी उनके साथ थे। लेकिन धीरे-धीरे शहर के धनवान लोगों ने मेहतरों का साथ छोड़ दिया। सन् 1884 में दिल्ली के मेहतरों पर तब गाज गिरी जब कमेटी ने अपने मुलाजिमों के अलावा किसी को भी शहर के मुहल्लों के सूखे शौचालयों से मल-मूत्र हटाने और उसे बेचने पर प्रतिबंध लगा दिया।

अब मेहतरों की कमर टूट गई और वे कमेटी के गुलाम बन कर रह गए। इस नई व्यवस्था में उनकी जाति की पहचान नहीं गई। पुरानी व्यवस्था के हिसाब से वे अभी भी नीच जाति के थे, पर मुहल्लों से सीधे संबंध के फायदे खत्म हो गए थे। नई व्यवस्था ने उन्हें आत्मसम्मान देने की बजाए और तुच्छ बना दिया था। 20वीं सदी की शुरुआत तक तो दिल्ली के मैला ढोने वालों की हालत बहुत ही कमजोर हो गई थी क्योंकि नगरपालिका कमेटी ने खाद के लिए मैले को सीधे किसानों को बेचने की बजाए इकट्ठा कर, दाम बढ़ा कर बेचना शुरू कर दिया था। इस समय पाइप भी डाले गए मैले को चलाने के लिए। पड़ोस के गांवों को उजाड़ कर जब नई दिल्ली बनने लगी तो उसमें आधुनिक सीवर व्यवस्था पहले से ही डाली गई थी।

इन जातियों की हालत आजादी की लड़ाई में भी बेहतर नहीं हुई। राजनीति बदल रही थी। हर किसी को भान होने लगा था कि अंग्रेज हुकूमत जाने वाली है। हिंदू-मुस्लिम संबंधों में खटास लगातार बढ़ रही थी। दोनों खेमे अपनी ताकत बढ़ाने के लिए अछूत और दलित समाजों को अपने साथ रखना चाहते थे। लेकिन केवल उतना ही साथ चाहिए था उन्हें कि जिससे उनके संप्रदाय की ताकत बढ़े। इसमें प्रायश्चित का भाव नहीं था, ऐसा नहीं था कि समाज के उस हिस्से को अपनाया जाए जिसे बाहर कर उसके साथ अन्याय किया गया था। चाहे वे हिंदू हों या मुस्लिम, हर तरह के धर्म के लोगों ने मैला ढोने वालों को बाहर ही रखा। आजादी के बाद भी उनके साथ सलूक कमोबेश वैसा ही हुआ जैसा अंग्रेज हुकूमत के समय हुआ था। लेकिन अब इन जातियों की हालत सुधारने के लिए उन्हें संविधान में अनुसूचित कर दिया गया।

कई तरह के कानून बनने के बाद भी जातियों में दूरियां और भेदभाव कम नहीं

हुआ है। छुआछूत आज भी होती है। सीवर की नालियां बनने से सूखे शौचालयों से मल-मूत्र हटाने की जरूरत कम तो हुई है, पर मिटी नहीं है। इसीलिए सरकार को सन् 2013 में एक और कानून बनाना पड़ा। इस तरह एक सामाजिक समस्या का बार-बार कानूनी हल खोजा जा रहा है।

आधुनिकता के आने से जातपात और भेदभाव खत्म नहीं हुए हैं। जाति की पहचान जनगणना शुरू होने के बाद से कमजोर होने की बजाए और पक्की हुई है। जातिगत अन्याय दूर करने के बहुत से नारे, बहुत से आंदोलन फीके पड़ते रहे हैं। उत्तर प्रदेश में बहुजन समाज पार्टी की सरकार के राज में आने के बाद भी कानपुर में अनुसूचित जातियों की महिलाएं बाल्टियों से मैला ढो रही थीं। कामगारों के अधिकारों की रक्षा के लिए खड़ी हुई कम्यूनिस्ट पार्टी के सालों-साल राज के बाद आज भी पश्चिम बंगाल में मैला ढोने की परंपरा का अंत नहीं हुआ है। भारतीय जनता पार्टी के हिंदुत्व दर्शन की सच्चाई तो यह है कि उसके गढ़ गुजरात में आज भी हाथ से मैला ढोया जा रहा है। इतने साल राज करने के बाद भी कांग्रेस पार्टी अस्पृश्यता मिटाने और शुचिता लाने के मोहनदास गांधी के उद्देश्य को व्यवहार में उतार नहीं पाई।

खुद दलित समाज के नेताओं की जिम्मेदारी भी है इसमें। कुछ दलित नेताओं को पहचान की राजनीति में ही ज्यादा लाभ दिखता है, समाज को न्याय के रास्ते लाने पर नहीं। इसी कारण कुछ इस तरह की बातें सुनने मिलती हैं कि दलित ही भारत के आदिवासी हैं, द्रविड़ हैं। इसके कारणों में सिंधु घाटी सभ्यता के शहरों की खोज और उस पर अंग्रेज पुरातनशास्त्रियों की परिकल्पनाएं हैं। सन् 1924 में जॉन मार्शल की हड़प्पा की खोज के बाद कुछ लोगों ने कहा कि आज के दलित ही सिंधु घाटी सभ्यता के लोग थे, जिन्हें बाहर से आए आर्य लोगों ने हरा कर दास और अछूत बना दिया। श्री जॉन से सीख लेने वालों में मॉर्टिमर व्हीलर भी थे। वे जर्मन भाषाशास्त्री मैक्स मुलर की आर्य भाषा और आर्य लोगों पर परिकल्पनाएं पढ़ते थे। इन्हें श्री मॉर्टिमर ने अपने हिसाब से ढाल लिया और यह विचार रखा कि आर्यों का देव इंद्र क्रूर था और शहरों को मिटाता था, जबकि सिंधु घाटी के शहरी आदिवासियों के देव शिव थे।

समय के साथ यह साफ हो गया कि इन विचारों के पीछे कोई पुरातत्व के प्रमाण नहीं, बल्कि कुछ युरोपीय लोगों की भारत की अधूरी समझ थी। उन दिनों युरोप में आर्यों को ले कर तरह-तरह की अटकलें लग रहीं थीं। कुछ का विश्वास था कि युरोप के लोग भी उत्तर भारत के लोगों की ही तरह एक ही नस्ल के थे, और इस नस्ल का नाम आर्य रख दिया गया था। इससे युरोप में जो नस्लवाद फैला सो फैला, भारत में भी कई तरह की परिकल्पनाएं उभर आईं जिनका असर भारत की राजनीति पर ही नहीं, कई सामाजिक और धार्मिक पंथों पर भी पड़ा।

आजादी की लड़ाई चल रही थी और भांति-भांति के लोग आधुनिकता के आईने

में अपने आप को देख रहे थे, राष्ट्रवाद और सभ्यता की अपनी-अपनी समझ बना रहे थे। इन परिकल्पनाओं को धर्मशास्त्रों के कुछ चुने हुए सूक्तों से जोड़ कर कुछ दलित नेताओं ने अर्थ यह निकाला कि वे ही भारत के आदिवासी हैं, और सवर्ण हिंदू हैं बाहर से आए आर्यों की संतति। इस तरह की बातचीत आज भी होती है। कई समाजों को तो पहले ही आदिवासी दर्जा दिया जा चुका है। मिसाल के तौर पर गोंड।

मध्य भारत के एक खासे बड़े हिस्से पर कुछ सौ साल तक गोंड वंशों का शासन रहा था। कालांतर में इनके हाथ से राज चला गया। आज कुछ मानवविज्ञानी गुटों में गोंड समाज की बात ऐसे होती है जैसे यह बाकी लोगों से एकदम अलग-थलग रही शोषित प्रजाति है। गोंड समाज का गौरव याद कर के, उसे सहज सम्मान देना ऐसे में असंभव है। भारत में हर तरह की जाति के लोगों का राज रहा है, और समय-समय पर यह बदलता भी रहा है। लेकिन इसका कोई प्रमाण नहीं है कि इस जमीन के आदिवासियों के वंशज आज कौन हैं। आनुवंशिकी की जांच करने के बाद भी।

जीवविज्ञान अब जो बता रहा है वह हर तरह की विशेष पहचान की हवा निकाल रहा है, चाहे वह जाति हो, जनजाति हो या नस्ल। जीवाश्म और आनुवंशिक डी.एन.ए. के प्रमाण तो यहां तक बताते हैं कि आधुनिक मनुष्य का उद्गम कोई दो-तीन लाख साल पहले पूर्वी अफ्रीका के घास के मैदानों में हुआ था। यानी आज के हर एक मनुष्य को इथियोपिया या तनजानिया का आदिवासी कहा जा सकता है, चाहे उसकी चमड़ी का रंग और शरीर का आकार-प्रकार कैसा भी हो। जीवाश्म और अवशेषों से तो यही समझ आता है कि भारत ही नहीं, हर महाद्वीप पर मनुष्य अफ्रीका से ही आ कर बसा है। भारत में कुछ लोग थोड़ा पहले आ गए, कुछ थोड़ा बाद में। लेकिन आधुनिकता से निकली मनुष्य के क्रमिक विकास की समझ उतनी नहीं फैली है जितना आधुनिकता से ही निकला नस्लवाद फैला है।

नस्लवाद और आधुनिकता ने जाति की समझ पर भी असर डाला है। जाति को वर्णाश्रम व्यवस्था का ही एक हिस्सा मान लिया गया है, जबकि जाति के बहुत अर्थ हैं और उसका व्यवहार विविध और जटिल रहा है। देश और काल के साथ-साथ यह व्यवहार बदलता भी रहा है।

नस्लवाद और आधुनिकता ने जाति की समझ पर भी असर डाला है। जाति को वर्णाश्रम का ही एक हिस्सा मान लिया गया है, जबकि जाति के बहुत अर्थ हैं और उसका व्यवहार विविध और जटिल रहा है। देश और काल के साथ-साथ यह व्यवहार बदलता भी रहा है। साधारण बातचीत में 'मनुष्य की जात', 'आदमी की जात', 'औरत की जात' जैसे जुमले आज भी इस्तेमाल होते हैं, जिनका वर्णाश्रम से दूर-दूर तक कोई लेना-देना नहीं है। उर्दू शायरी में तो 'खुदा की जात' तक मिल जाती है।

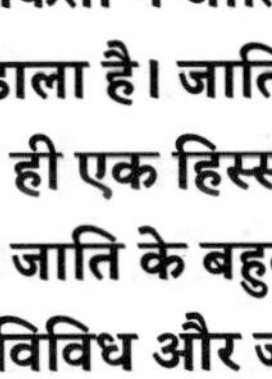

कुछ जाने-माने शोधकर्ताओं ने ऐतिहासिक अभिलेखों की मदद से यह दिखलाया है कि 18वीं शताब्दी में जाति और धर्म का व्यवहार समझने में ईस्ट इंडिया कंपनी के

अंग्रेज प्रशासकों को ढेर सी मुश्किलें आई थीं। युरोपीय समाज वर्ग के आधार पर बंटा हुआ था और वहां धर्म की समझ चर्च और उसकी आधिकारिक पुस्तकों से निकलती थी। उसकी तुलना में भारत में सामाजिक व्यवस्था वर्ग से नहीं, जाति से बनी थी। लेकिन जातियों का आपसी व्यवहार गांव-गांव, शहर-शहर में अलग था।

अंग्रेज शासकों को खोज थी उन विधि ग्रंथों की जिनके आधार पर वे भारत में अपने बढ़ते उपनिवेश पर शासन कर सकें। उन्हें लगा कि भारत में कोई आदर्श प्राचीन सामाजिक व्यवस्था रही थी जो ग्रंथों में पढ़ कर मालूम की जा सकली है। ऐसे लोगों में बंगाल में कंपनी के पहले गवर्नर-जनरल वॉरन हेस्टिंग्स मुख्य थे। इन्हीं के निर्देश पर कोलकाता में 18वीं शताब्दी में 11 ब्राह्मणों को इकट्ठा कर के हिंदू विधि संयोजित करने की पहली कोशिश हुई। इस दौर के पत्राचार में पता लगता है कि ये अफसर ब्राह्मणों को धर्माचार्य या पंडित की तरह नहीं, वकील की हैसियत से देखते थे। विधि बनाने के पीछे कारण था अंग्रेज न्यायाधीशों की उलझन। जब उनके पास हिंदुओं के मामले अदालत में आते तो उन्हें हिंदू व्यवहार के बारे में कुछ पता ही नहीं था। उन्हें जरूरत थी ऐसे एक संग्रह की जिसकी मदद से वे हिंदुओं के मामले अदालत में निपटा सकें।

अंग्रेज शासन में जनगणना के पहले हमारे यहां नाम के साथ कुलनाम या जाति का नाम नहीं जुड़ता था। राम को कौशल्यानंदन तो कहा जाता है, लेकिन कहीं भी उन्हें 'राम सिंह' या 'राम सिंह सूर्यवंशी' नहीं पुकारा जाता। कृष्ण के लिए 'कान्हा' से लेकर 'रणछोड़' जैसे नाम हैं। पर उन्हें 'कृष्ण कुमार यादव' या 'के.के. यादव' कोई नहीं बुलाता।

इस तरह से संयोजित हुई 'हिंदू विधि' का पहले संस्कृत से फारसी में अनुवाद हुआ, फिर फारसी से अंग्रेजी में। इसके बाद अंग्रेज शासकों को समझ में आने लगा कि हिंदू ग्रंथों में टीका और टिप्पणी ढेर हैं, एक ही बात की कई व्याख्याएं भी। अब वे ब्राह्मण 'वकीलों' की बजाए खुद ग्रंथों की सही व्याख्या करना चाहते थे। इसके लिए संस्कृत सीखने की जरूरत मालूम हो रही थी।

कोलकाता में न्यायाधीश रहे विलियम जोन्स ने संस्कृत सीखी। वे आगे चल कर प्रसिद्ध भाषाशास्त्री हुए और एशियाटिक सोसाइटी के संस्थापक भी। उन्हीं ने 'मनुस्मृति' का पहला अंग्रेजी अनुवाद किया। इस अनुवाद को पढ़ कर कुछ युरोपीय विचारकों की भारत में रुचि बढ़ी। जर्मन दार्शनिक-लेखक फ्रीदरिख नीत्स्क को मनुस्मृति में मनुष्य समाज के लिए एक आदर्श और भव्य व्यवस्था दिखी। तरह-तरह के युरोपीय लोगों ने मनुस्मृति और दूसरे धार्मिक ग्रंथों को अपने-अपने ढंग से पढ़ा और समझा। हिंदू धर्म का कोई चर्च नहीं था और धर्मग्रंथों की कोई चर्च-प्रमाणित पांडुलिपि नहीं थी। इसलिए युरोपीय विचारकों की व्याख्या गंभीरता से ली जाने लगी। इसमें कुछ सहृदय लोगों का भाव यह भी था कि अपनी परंपरा से अनभिज्ञ हिंदुओं को उनकी प्राचीनता और महानता का अहसास दिलाया जाए। इसी आपाधापी में मनु के धर्मशास्त्र को प्राचीन भारत में कानून व्यवस्था का आधार मान लिया गया।

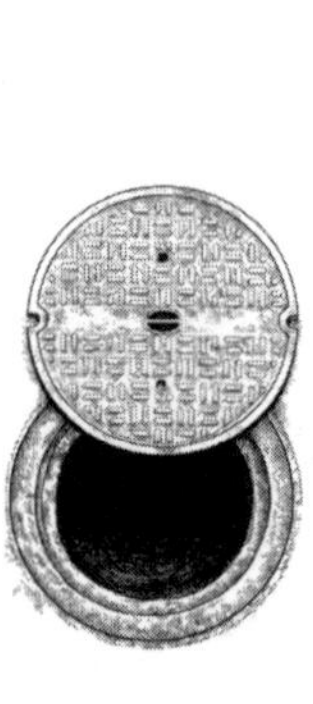

सफाई के मंदिर में बलि प्रथा

मनुस्मृति में और कुछ भी रहा हो, किसी कानून व्यवस्था का खाका उसमें कतई नहीं था। अंग्रेज शासन के संरक्षण में मनु का धर्मशास्त्र उन लोगों के विचारों का भी आधार बन गया जिनका उससे कोई संबंध नहीं था। यह नजरअंदाज कर दिया गया कि न जाने कितनी जातियां न तो वर्णाश्रम के खाके में बैठती हैं और न ही चांडलों की परिभाषा में आती हैं। यही नहीं, कुछ जातियां तो एक से ज्यादा वर्णों में मिलती हैं। हमारे यहां धर्म की ही तरह जाति बदलने के भी उदाहरण मिलते हैं, और इसके भी कि धर्म बदलने पर भी जाति नहीं बदलती। धर्म और जाति की कोई आइ.एस.आइ. मार्क अवधारणा हमारे यहां कभी नहीं रही है। हमारी आबादी का एक हिस्सा मनुस्मृति जैसे ग्रंथों को जरूर मानता था, लेकिन यह केवल एक हिस्सा भर था। ऐसा कोई प्रमाण नहीं है कि यह ग्रंथ किसी तरह की कानूनी व्यवस्था का सर्वमान्य स्रोत था। हमारे कई पंथों और समाजों में कई तरह की सामाजिक व्यवस्थाएं रही हैं और समय-समय पर ये बदली भी हैं। संस्कृत के कुछ विद्वान बताते हैं कि जातिभेद को तोड़ने की परंपरा भी शायद जाति जितनी ही पुरानी है।

इतनी जटिलता समझना और समझाना युरोपीय शासकों के लिए बहुत कठिन था। विलियम जोन्स जैसे सहृदय लोगों के लिए भी, जो भारतीय लोगों का भला ही चाहते थे। उन्हें सरल और सीमित परिभाषाएं चाहिए थीं, जो जनगणना से और पक्की हो गईं। पंजाब में चूड़ा लोगों के साथ ऐसा ही हुआ। कई तरह के काम करने वाली इस जाति को केवल उस एक काम से पहचाना गया जिसकी वजह से अंग्रेज प्रशासन उन्हें जानता था। फिर यही पहचान उनकी छाप बन कर जनगणना में तराश दी गई। जिन लोगों को चमार की श्रेणी में डाला गया वे सब चमड़े का काम नहीं करते थे। इतिहासकार सिद्ध कर चुके हैं कि उत्तर प्रदेश में खेती करने वाले समाज को जनगणना में चमार की श्रेणी में डाला गया। कालांतर में इस जातीय पहचान से ही लोगों का कारोबार जुड़ गया। कुछ पीढ़ियों में इसे अपना भी लिया गया।

इसका एक प्रमाण है जाति का नाम। अंग्रेज शासन में जनगणना के पहले हमारे यहां नाम के साथ कुलनाम या जाति का नाम नहीं जुड़ता था। उदाहरण के तौर पर किसी भी राम कथा में राजा राम का वर्णन देखिए। उन्हें कौशल्यानंदन और दशरथसुत तो कहा जाता है, लेकिन कहीं भी उन्हें 'राम सिंह' या 'राम सिंह सूर्यवंशी' के नाम से नहीं पुकारा जाता। कुछ ऐसे ही हाल ब्रजभूमि के प्रिय कृष्ण के हैं। न जाने कितनी जातियों के लोग देश के कितने कोनों में उन्हें अथाह प्यार से याद करते आए हैं। 'कान्हा' से लेकर 'रणछोड़' जैसे नाम भी उन्हें दिए गए हैं। पर कहीं भी उन्हें 'कृष्ण कुमार यादव' या 'के.के. यादव' के नाम से याद नहीं किया जाता।

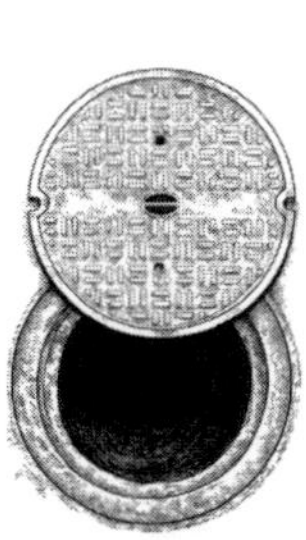

जाति का भेदभाव जनगणना की वजह से नहीं पनपा है। ये तो बहुत पुराना है, लेकिन जनगणना की वजह से रूढ़ हो गया है। जाति की पहचान वर्ण से जुड़ कर जैसे

अचल ही हो गई है। आधुनिकता के युग ने भी शोषित जातियों और समाजों के साथ न्याय नहीं किया है। तमाम तरह के कानून और न्यायालयों के निर्देशों के बावजूद किसी जाति की पहचान से जुड़ें अन्याय को रोकना बहुत आसान नहीं हुआ है। मैला ढोने वालों की जातिगत पहचान तो उनके लिए अभिशाप ही बनी हुई है।

यह एक बीमार, टूटे हुए समाज का लक्षण है कि शोषित और कमजोर लोगों को अपनी मुक्ति के लिए संघर्ष खुद ही करना पड़ता है, ताकतवर जातियों के लोग उनका साथ नहीं निभा रहे हैं। न संवेदना से, न प्रायश्चित के भाव से। सफाई कर्मचारी आंदोलन जैसी मंडलियां बिना साधनों के भी चुपचाप, अलग-थलग रह कर भी अपना काम कर रही हैं। 'सैनिटेशन' पर काम करने वाली संस्थाओं का उनसे संबंध कम है, हालांकि शौचालयों पर काम करने वालों के पास ढेर से साधन हैं, सरकारी भी और गैरसरकारी भी।

केवल शौचालय और सीवर की नालियां बनाने से भारत स्वच्छ और निर्मल नहीं हो सकता, चाहे किसी भी राजनीतिक दल की सरकार कितने भी अभियान किसी भी नाम से चलाए। अगर सारे सूखे शौचालय बंद कर दिए जाएं तो फिर मैला ढोने वाले सफाई कर्मचारियों को कौन सी सरकार, कौन सी गैरसरकारी संस्था रोजगार देगी? शौचालय से मैला पानी जिन नालियों में जाएगा उन्हें साफ करने कौन उतरेगा उनके भीतर? क्या यह जाति के आधार पर ही तय होता रहेगा? सफाई के मंदिर में यह बलि प्रथा कब तक चलेगी?

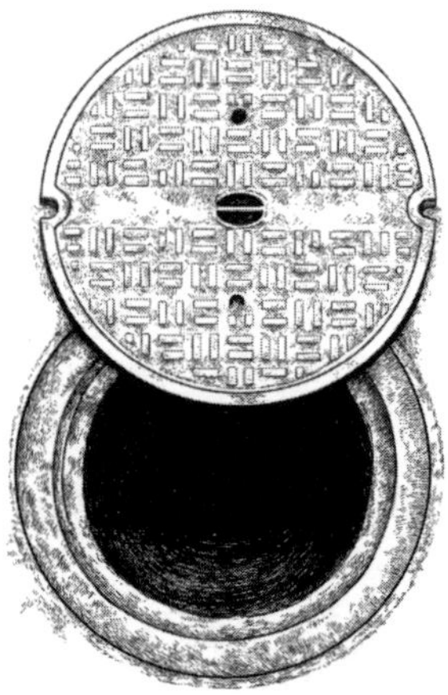

सरकारी स्वच्छता अभियानों के फ्लश से निकला मैला पानी किसी सामाजिक सीवर की नाली में अटका हुआ है। उनमें गोता लगाने वाले सफाई कर्मचारियों का क्या होगा? अगर किसी चमत्कार से नगरपालिकाओं के पास ढेर सा धन आ जाए तो वे सीवर साफ करने की मशीनें खरीद सकती हैं। लेकिन हमारे शहरों के सभी शौचालय सीवर से जुड़े नहीं हैं। अगर जोड़ दिए गए तो हमारे जल स्रोतों का क्या होगा, जो मैले पानी से पहले से ही दूषित हैं?

स्वच्छता के लिए नए शौचालय और मैला ढुलाई बंद करने के कानून ही नहीं, शुचिता का सामाजिक विचार भी चाहिए।

शरीर से नदी की दूरी

दिल्ली का दुर्भाग्य है कि राष्ट्रपति भवन और संसद भवन यमुना नदी से दूर हैं। अगर ये लंदन में राजभवन और संसद भवन की तरह ही अपनी नदी के किनारे बने होते तो नदी में बहते मैले की दुर्गंध सरकार की नाक तक पहुंचती। शायद दिल्ली में भी वह हो पाता जो सन् 1858 में लंदन में हुआ था।

उस साल इंग्लैंड में बहुत तेज गर्मी पड़ी थी। सूखे की वजह से टेम्स नदी में पानी कम था, मल-मूत्र बहुत ज्यादा था। सन् 1596 में ईजाद हुआ फ्लश कमोड लंदन में अब चल पड़ा था। पानी से मैला बहाने की आदत लोगों में आ चुकी थी। शहर में रहने वालों का मल-मूत्र टेम्स नदी में ही बहाया जाता था। इसी नदी से पीने का पानी भी लिया जाता था। लंदन की टेम्स उन दिनों दुनिया की सबसे प्रदूषित नदी थी। मैल से अटी एक भूरी नाली जिसमें कोई मछली नहीं दिखती थी।

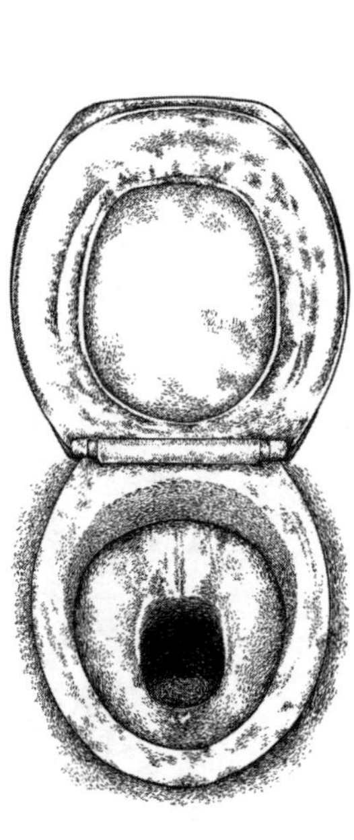

सन् 1858 के सूखे और गर्मी में नदी में सड़ता शहर का मल-मूत्र खदबदाने लगा था। इससे जो बदबू उठी उसे आज भी 'द ग्रेट स्टिंक' के नाम से याद किया जाता है। लंदन में सांस लेना दूभर हो गया था। लोगों का घर से निकलना बंद हो गया था। नदी के किनारे बने संसद भवन के भीतर हो रही कार्यवाही कई बार असहनीय बदबू की वजह से रोकनी पड़ी। खिड़कियों पर चूने में भिगोए पर्दे टांगे गए दुर्गंध दूर करने के लिए। एक सांसद ने तो यह प्रस्ताव तक रखा कि संसद को नदी के पास से हटा कर कहीं और ले जाया जाए।

इस दौरान एक बार रानी विक्टोरिया और उनके पति एलबर्ट नदी के किनारे टहलने निकले, किंतु सड़ते मैले की बदबू से भाग कर एकदम वापस अपने महल के अंदर पहुंच गए। एक बार रानी साहिबा को नदी में तैरते ढेर से कागज के टुकड़े दिखे। उन्होंने इसका कारण पूछा, तो उन्हें बताया गया कि ये वे पर्चे हैं जो लोगों को नदी में नहाने से मना करने के लिए छापे गए हैं। लेकिन सच कुछ और ही था। गुदा पोंछ कर फेंके हुए कागज के टुकड़े नदी में तैरते हुए दिख रहे थे। जवाब देने वालों को रानी को यह सच बताने में शर्म आ रही थी कि टेम्स नदी लंदन शहर का शौचालय बन चुकी है। उस समय लंदन विश्व का सबसे बड़ा, ताकतवर और आधुनिक शहर था। दुनिया भर में फैले एक ऐसे साम्राज्य की राजधानी जिस पर सूरज कभी अस्त नहीं होता था। इस ताकतवर साम्राज्य, उसकी संसद और उसकी रानी की नाक में ऐसा दम कैसे हुआ? इंग्लैंड और युरोप के इतिहास में झांकने से कुछ जवाब मिलते हैं।

मध्यकाल से ही युरोप के शहरों में मल-मूत्र खुले में, हर कहीं पड़ा रहता था। उसके सड़ने की गंध शहरों के चरित्र में बसी हुई थी। बदबू से बचने के लिए कुलीन लोग अपने पास सुगंधित चीजें जैसे संतरा और लौंग रखते थे। लोग घर के एक कोने में एक मर्तबान में मल त्यागते और उसे खाली कर देते थे सड़क पर, या घर के ही नीचे बने गड्ढे में जिसे 'सेसपिट' कहा जाता था। लंदन के आसपास के किसान पैसा दे कर इन गड्ढों को खाली करते थे और मल-मूत्र को अपने खेत में खाद की तरह इस्तेमाल करते थे। किसानों से हुई इस कमाई को मकान मालिक सेसपिट की देखरेख में लगा देते थे।

आगे चल कर इस व्यवस्था पर बहुत जोर पड़ने लगा क्योंकि पानी की खपत बढ़ गई थी। कुएं और हैंडपंप तो थे ही, लंदन के कुछ इलाकों में पाइप 17वीं शताब्दी से ही पहुंचने लगे थे। इस्तेमाल होने के बाद मैला पानी सेसपिट में पहुंच जाता था। इतने पानी की वजह से ये गड्ढे उफनने लगे, मैला पानी सड़कों पर बह कर आने लगा। सन् 1800 के आसपास शहर में नालियां बनने लगीं। फ्लश वाले शौचालय का इस्तेमाल भी फैल रहा था। सेसपिट उन नालों में बहने लगे जो सीधे टेम्स नदी में खुलते थे। अब मैला सड़क पर बिखरने की बजाए नदी में विसर्जित होने लगा। जैसे-जैसे नदी दूषित होती गई, शहर में पानी की आपूर्ति करने वाली कंपनियों ने लंदन से दूर, नदी के ऊपरी हिस्सों से पानी खींचना शुरू कर दिया। नदी में पानी कम, मैला ज्यादा रहने लगा। औद्योगिक क्रांति के इस दौर में शहरों की आबादी धुआंधार बढ़ रही थी।

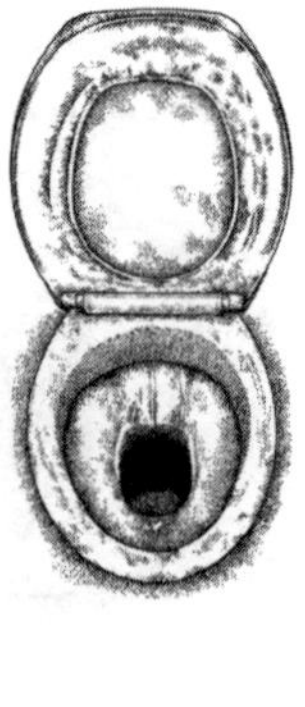

सन् 1800 से 1850 के बीच लंदन की आबादी दोगुनी हो गई। अब शहर में करीब दो लाख सेसपिट थे, जिनमें मल-मूत्र के साथ बहुत सा पानी भी रहता था। शहर के बढ़ने और फैलने की वजह से किसानों के लिए शहर से मल-मूत्र की ढुलाई महंगी हो गई थी। दुनिया भर से बढ़ते व्यापार की वजह से किसानों को खाद का एक बेहतर और सस्ता प्रकार मिल गया था। चिड़ियों की बीट से बनी खाद जो दक्षिण अमेरिका

से आती थी, लेकिन इसकी बात किताब में आगे होगी। किसानों ने लंदन के सेसपिट खाली करना छोड़ दिया था। जो मल-मूत्र पहले खेतों में जाता था वह अब सड़कों पर बहने लगा था, जहां से बारिश का पानी उसे नदी तक धीरे-धीरे बहा कर ले जाता था।

युरोप के दूसरे शहरों में भी सड़कों और नदियों के हाल ऐसे ही थे। पैदल चलते हुए मल-मूत्र में सन जाने का खतरा हमेशा बना रहता था। इससे बचने के लिए सड़कों पर पत्थर भी रखे जाते थे। फ्रांस की राजधानी पेरिस में ऊंची एड़ी के जूतों का फैशन चल निकलने का भी एक कारण यही माना जाता है, महिलाओं में भी और पुरुषों में भी। ऐसे जूते पहनने से सड़क पर बिखरा मल कपड़ों पर चिपकता नहीं था। जिस समय युरोपीय देश दुनिया भर पर राज कर रहे थे, दुनिया भर को लूट रहे थे, तब उनके शहर, सड़क और नदी नरक बने हुए थे। साधारण लोगों का जीवन कितना बुरा था यह चार्ल्स डिकंस और एमिल जोला जैसे लेखकों के उपन्यास बारीकी से दिखाते हैं। शरीर के विकार और नीचता के प्रति हास्य-व्यंग्य की युरोपीय साहित्य में खास जगह रही है। पर इस दौर के संपन्न समाज के रहन-सहन और अशौच की कहानियां लोकप्रिय और सुगम साहित्य में नहीं आती हैं।

युरोप के शहरों में पैदल चलते हुए कपड़ों के मल-मूत्र में सन जाने का खतरा बना रहता था। इससे बचने के लिए सड़कों पर पत्थर भी रखे जाते थे। फ्रांस की राजधानी पेरिस में ऊंची एड़ी के जूतों का फैशन चल निकलने का भी एक कारण यही माना जाता है। ऐसे जूते पहनने से सड़क पर बिखरा मल कपड़ों पर चिपकता नहीं था।

सन् 1589 में एक जर्मन राजा ने अपने किले में संदेश लगवा कर सीढ़ियों, गलियारों और अलमारी-कोठार में पेशाब या मलत्याग करना निषेध किया था। 17वीं शताब्दी में जब पेरिस के वरसाई महल का उद्घाटन किया गया तब वहां सुंदर फव्वारे तो थे, पर शौचालय या सीवर की नालियां नहीं थीं। आभिजात्य वर्ग का मल-मूत्र महल में यहां-वहां पड़ा पाया जाता था। उस समय के यात्रियों के वृत्तांत बताते हैं कि महल की हवा मल-मूत्र की सड़ांध से युक्त रहती थी। शौच निपटने के लिए कुलीन लोग झाड़ियों में और बगीचों में बैठे नजर आते थे। महल की रूपरेखा में पेड़ और झाड़ियों को आड़ की तरह बनाया गया था, ताकि राजपरिवार के लोग मलत्याग करते हुए दिखे नहीं। रूस की राजधानी मॉस्को में क्रेमलिन महल की हालत भी कुछ ऐसी ही थी। वहां 19वीं शताब्दी में शौचालय बनाए गए, लेकिन स्वच्छता के लिए नहीं। डर यह था कि मल-मूत्र की सड़न से निकलने वाली गैस महल के गुंबज पर मढ़ा हुआ सोना न गला दे।

मल की दुर्गंध से एक और खतरा था। इस समय युरोप में माना जाता था कि हैजे जैसी जानलेवा बीमारियां दूषित हवा से फैलती हैं। किसी ने यह कल्पना नहीं की थी कि ऐसी बीमारियां पानी के जरिए फैल सकती हैं। लंदन की सन् 1858 की भयानक सड़ांध के कई साल पहले से कुछ लोग टेम्स के प्रदूषण पर चिंता जताते आ रहे थे,

जिनमें खास नाम आता है वैज्ञानिक माइकल फैरेडे का। उनकी बात पर पहले कोई ध्यान नहीं देता था क्योंकि लंदन के लिए साफ पानी नदी के ऊपरी हिस्सों से आ जाता था। प्रदूषण से किसी का काम रुकता नहीं था, किसी का मुनाफा नहीं मारा जा रहा था। नदी का प्रदूषण दूर करने की कोई भी कोशिश किसी ने नहीं की। चिकित्सक जॉन स्नो कई बरस से कहते आ रहे थे कि हैजा फैलने का कारण पानी में है। उनकी बात सन् 1854 में ही सिद्ध हो गई थी, पर यह बात इस किताब के छठवें खंड में होगी।

लेकिन सन् 1858 की गर्मी और खदबदाते मल की दुर्गंध ने सारी हदें पार कर दी थीं। लंदन के लोगों के शरीर से निकला मल-मूत्र अब नदी के पानी तक सीमित नहीं था। उसकी हाजिरी बदबू के रूप में राजमहल और संसद तक लग रही थी। राज करने वाले इस मामले पर पर्दा नहीं डाल पा रहे थे। चूने में भीगा पर्दा तक काम नहीं कर रहा था। इस बदहवासी की वजह से संसद के सामने सीवर बनाने का विधेयक एकदम से लाया गया। 18 दिन के भीतर ही यह पारित भी हो गया और कानून बन गया।

इस योजना को बनाने वाले थे लंदन महानगर बोर्ड के मुख्य इंजीनियर जोसेफ बैजलगेट। पानी की आवक-जावक की उनकी समझ रेलवे में काम करने से बनी थी। उनका प्रस्ताव था टेम्स के समानांतर चलती हुई नालियां बनाने का, जो शहर भर का मैला पानी सीधे नदी में डालने की बजाए शहर से बाहर ले जाएं। शहर भर को इन सीवरों से जोड़ने की जरूरत भी थी। यह लंदन की शल्य चिकित्सा ही थी। सन् 1866 तक शहर के ज्यादातर हिस्से सीवर की नालियों से जुड़ चुके थे। नालियां बनाने के लिए इतनी ईंटों की जरूरत पड़ी की ईंट के दाम कई गुना बढ़ गए थे।

मजबूत गारा-चूना चाहिए था, जिसके लिए कई तरह के परीक्षण किए गए। चूना-पत्थर को जला कर उसके कैल्सियम से पोर्टलैंड सीमेंट बनाने के तरीके का आविष्कार भी इसी दौर में यहीं हुआ था। चुनाई के लिए इसी सीमेंट का इस्तेमाल हुआ। आज यह दुनिया भर में बनाई और इस्तेमाल की जाती है। हमारे यहां भी इसके विज्ञापन हर कहीं दिखते हैं। लंदन के सीवर बनने के कई असर हमारे चारों ओर फैले हुए हैं।

इसके बनने के बाद लंदन में हैजा फैलना बंद हो गया। श्री जोजेफ की बनाई सीवर प्रणाली आज भी कारगर है। शहर उनके प्रति आज भी कृतज्ञ भाव रखता है और समय-समय पर उनकी कल्पनाशीलता और कर्मठता को श्रद्धांजलि देता है। उस समय यह प्रयास अनूठा और अभूतपूर्व था। लेकिन यह युरोप का पहला आधुनिक सीवर नहीं था। जर्मनी के शहर हैमबर्ग का बड़ा हिस्सा सन् 1842 में एक बड़ी आग में जल गया था। शहर को फिर से बनाने वालों ने जमीन के नीचे सीवर की नालियां बनाई थीं। हैजे की महामारी से त्रस्त युरोप के शहरों का रुझान सीवर की तरफ बढ़ने लगा था, खासकर यह पता लगने के बाद कि बीमारी का स्रोत दूषित पानी में है।

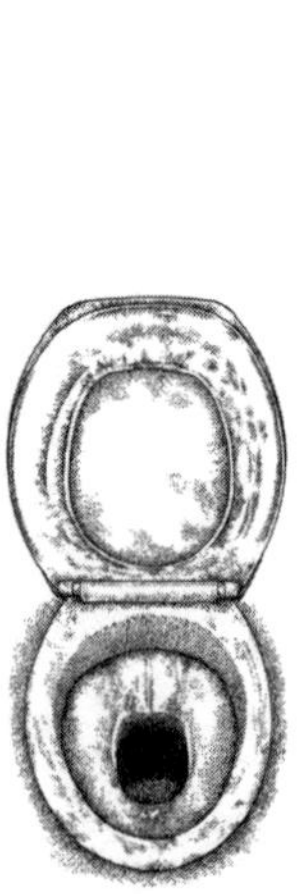

1880 के दशक में रोगाणुओं की खोज के बाद सफाई और शुचिता की धारणा

तेजी से बदली। यह सिद्ध हो चुका था मनुष्य के शरीर का सीधा संबंध जल स्रोतों और शहर की रचना से है। स्वास्थ्य के लिए मल-मूत्र के निकास की जरूरत उजागर हो चुकी थी। युरोप की सरकारें अब शहरों में सीवर और सफाई पर ढेर सारा धन खर्च करने के लिए तैयार थीं। इंग्लैंड में कई सरकारी आयोग और प्राधिकरण बने, कई कानून बनाए गए, बहुत सा धन खर्च हुआ। इसके पहले शौचालय और नालियां हर घर की अपनी जिम्मेदारी मानी जाती थीं। इस दौर के बदलाव के बाद युरोप में साफ-सफाई का जिम्मा सरकार और नगरपालिकाओं ने ले लिया। उनके लिए मल-मूत्र को मुहल्लों से दूर करने के लिए सबसे श्रेष्ठ और आधुनिक व्यवस्था उसे पानी से बहा कर सीवर के रास्ते बाहर निकालने की ही थी। इस समय युरोप की छाप सारी दुनिया पर पड़ती थी। अमेरिका के शहरों में भी सीवर बनने लगे। युरोप के साम्राज्य और उपनिवेश दुनिया भर में फैले हुए थे। इन उपनिवेशों में सीवर बनाने और मैले पानी की सफाई करने के लिए युरोप की सरकारों ने बहुत रुचि नहीं दिखाई।

भारत में ब्रिटिश हुकूमत ने अपनी बस्तियों को साफ रखने के लिए सीवर बनाए, उसके लिए जरूरत जितना धन भी लगाया। लेकिन भारतीय लोगों की बस्तियों में सीवर की नाली डालने से वह कतराती रही। दिल्ली में सीवर का इतिहास जानने वाले बताते हैं कि अंग्रेज अफसर तरह-तरह के बहाने बनाते थे ताकि भारतीयों की बस्ती

सन् 1858 की तेज गर्मी में मल–मूत्र से अटी लंदन की टेम्स नदी का पानी सड़ने लगा था, खदबदाने लगा था। बदबू से आम लोगों पर जो गुजरी सो गुजरी, दुनिया की सबसे बड़ी सम्राज्ञी विक्टोरिया को भी अपने महल के अंदर भागना पड़ा था। संसद के सत्र दुर्गंध की वजह से स्थगित होने लगे थे।

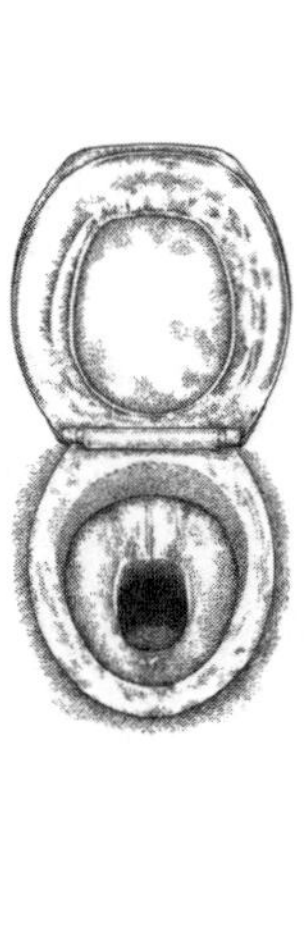

में सीवर बनाने का खर्चा न करना पड़े। सन् 1912 में दिल्ली के एक सरकारी दस्तावेज में पुरानी दिल्ली के एक स्वास्थ्य अधिकारी कहते हैं कि केवल धनी वर्ग के लोगों के घरों को सीवर की नाली से जोड़ना चाहिए, क्योंकि दूसरे लोग इसका खर्चा नहीं उठा सकते हैं। लेकिन सीवर से निकला मैला पानी किसानों को सिंचाई और खाद के लिए बेचा जाता था। इस कमाई में अंग्रेज शासन की खूब रुचि थी। मैला पानी दुनिया के कई देशों में किसानों को सिंचाई के लिए बेचा जाता था। यह शायद तब से हो रहा है जब से मैले पानी की नालियां बन रही हैं। कई जगह ऐसा आज भी होता है।

मैले पानी के निस्तार की प्रणाली आदि काल के शहरों में भी मिलती है, खासकर सिंधु घाटी सभ्यता के दौर में। प्राचीन ईरान और रोमन साम्राज्य के कुछ शहरों में भी सीवर की नालियां हुआ करती थीं। इन नालियों का मैला नदियों में बहाया जाता था। कोई आश्चर्य नहीं कि किसान तब भी इसका इस्तेमाल खाद और सिंचाई के लिए करते हों। पर इन शहरों की आबादी इतनी नहीं थी जितनी औद्योगिक क्रांति के समय युरोपीय नगरों की थी। आबादी का ऐसा घनत्व तो था ही नहीं। फिर उस समय घर-घर में पानी पहुंचाने के पाइप नहीं थे। लोग कम थे, पानी के उपयोग भी कम थे, नालियों में मैला पानी भी कम ही रहा होगा, जबकि आज की तुलना में तब नदियों में पानी खूब था। इतने बहाव में मल-मूत्र घुल कर प्रकृति की भेंट चढ़ जाता होगा।

'फ्लीट' नाम की एक छोटी नदी लंदन से बहती हुई टेम्स नदी से मिलती थी। मध्यकाल के बाद तक इसमें नावें तैरती थीं। 17वीं सदी में इसमें मैला पानी बहने लगा था। बाद में इसे पाट कर एक भूमिगत नाले में बदल दिया गया। ऊपर जो सड़क बनी उसे 'फ्लीट स्ट्रीट' का नाम मिला, जिस पर अखबारों और प्रकाशनों के दफ्तर खुल गए।

19वीं शताब्दी में युरोपीय शहरों की आबादी बहुत बढ़ चुकी थी, बहुत घनी हो गई थी। पानी बेचने की कंपनियां उभर आई थीं, पाइपों के जाल से जगह-जगह पानी पहुंचाया जाने लगा था। फ्लश के शौचालय बनने के बाद तो मैले पानी के उत्पादन में बढ़ोतरी होती ही गई। युरोप की कई नदियां गंदे नालों में तब्दील हो गईं। लेकिन सीवर प्रणाली बनने के बाद नदियों को साफ करने पर ध्यान जाने लगा। 1880 के दशक से युरोप और अमेरिका के शहरों ने मैले पानी के उपचार के कारखाने लगाने शुरू कर दिए। नदियों में मैला पानी सीधा डालने का विकल्प अब दिखने लगा था।

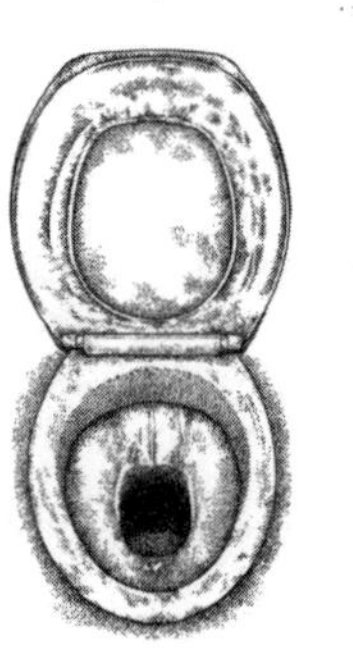

ज्यादातर पुराने शहरों की सड़कें उधेड़ कर, उनके नीचे सीवर की नालियां डाली गईं। 20वीं सदी के आदर्श शहर की संरचना में सीवर की नालियां और मैला पानी साफ करने के कारखाने निहित हो चुके थे। आज भी ऐसा ही है। किसी नए शहर की कल्पना भी नहीं की जा सकती उनके नीचे सीवर की नालियां बिछाए बिना। लेकिन इतने जतन और खर्चे के बावजूद इन शहरों का मैला पानी कभी-कभी नदियों में सीधा पहुंच जाता है। जिन मुहानों और खाड़ियों के रास्ते ये नदियां समुद्र से मिलती हैं उनमें

प्रदूषण बढ़ने के किस्से सुनने में आते रहते हैं, खासकर तेज बारिश के बाद। इसका कारण पुराने शहरों की बनावट में है। जब इनमें सीवर डलने शुरू हुए तब वहां पहले से नालियां मौजूद थीं, लेकिन उनका काम था बरसाती पानी का निकास।

मैले पानी के लिए अलग नालियां डालने का खर्चा दोगुना होता। किफायती तरीका यही था मौजूदा नालियों में ही मैला पानी चलाने वाले सीवर डाल दिए जाएं। अंग्रेजी में ऐसी मिली-जुली नाली 'कम्बाइंड सीवर' कही जाती है। इनमें मैला पानी बरसाती पानी में मिल कर उसे भी दूषित कर देता है। मैले पानी की मात्रा बढ़ जाती है, और उसे साफ करने का खर्चा भी बढ़ता है। इसका एक और परिणाम निकला। छोटी और बरसाती नदियां नाले बन कर रह गईं।

लंदन में ऐसी ही एक नदी का नाम 'फ्लीट' हुआ करता था। इसका संगम होता था टेम्स नदी से। मध्यकाल के बाद तक इस नदी में नावें तैरती थीं। 17वीं सदी में इसमें मैला पानी बहने लगा था। सीवर बनने के बाद तो इसका ज्यादातर हिस्सा पाट दिया गया, या उसे भूमिगत नाले में बदल दिया गया। ऊपर जो सड़क बनी उसे 'फ्लीट स्ट्रीट' का नाम मिला। आगे चल कर इस पर तमाम अखबारों और प्रकाशनों के दफ्तर खुले और फिर यह नाम पत्रकारिता का पर्यायवाची ही बन गया।

नदियों को नाला बनाने की कड़ी में और पीछे जाएं तो कोई 2,500 साल पहले रोम शहर में बनाए गए विशाल सीवर 'क्लोआका मैक्सिमा' की कहानी भी कुछ ऐसी ही है। यहां एक छोटी सी नदी बहती थी, जो एक दलदल को टाइबर नदी से जोड़ती थी। दलदल को पाट कर प्राचीन रोम का एक हिस्सा बनाया गया। पानी की धारा को पक्का कर यह विशाल नाला बनाया गया। इसमें रोम का मैला पानी बहने लगा। आज भी यह नाला रोम का मलबा और बरसाती पानी टाइबर नदी तक पहुंचाता है।

बरसाती नालों को सीवर बनाना सस्ता और सरल उपाय था। पता नहीं कितने शहरों ने ऐसा ही किया। मैले पानी और बरसाती पानी का अनुपात अगर ठीक हो तो मिली-जुली सीवर व्यवस्था बहुत बुरी नहीं होती है। जहां मैले पानी की मात्रा बहुत ज्यादा न हो वहां इसका लाभ भी होता है। बरसाती पानी में घुल कर दूषित पानी का मैल हल्का होता है। लेकिन अगर मैला पानी साफ करने के कारखाने नाली के आगे लगे हों तो मिले-जुले सीवर बहुत भारी पड़ते हैं। ऐसे कारखानों को जितना ज्यादा पानी मिलता है उतना ही समय और खर्चा बढ़ता है उसे साफ करने पर।

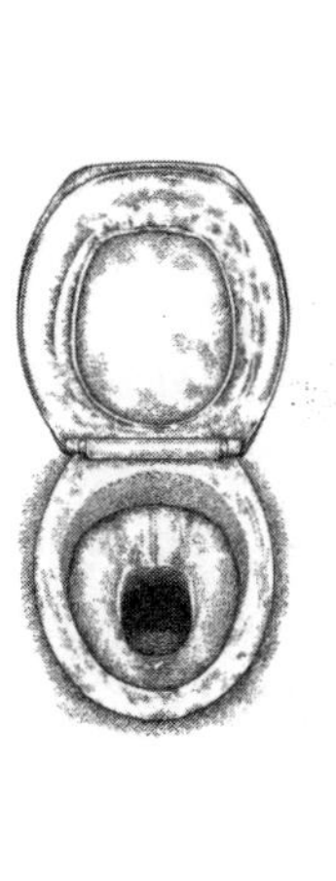

जैसे किसी टंकी में एक निश्चित मात्रा में ही पानी भरा जा सकता है, ठीक वैसे ही इन कारखानों में एक निश्चित मात्रा में ही मैला पानी साफ हो सकता है। मात्रा बढ़ने से जैसे टंकी बहने लगती है वैसे ही ये कारखाने भी मैला पानी बिना साफ किए नदी में डालने लगते हैं। अधिक बारिश होने पर ये कारखाने बेकार हो जाते हैं। नए बसे हुए शहरों में इस समस्या से बचने के लिए सीवर की नाली और बरसाती पानी के निकास की

नाली अलग रखी जाती हैं। सन् 1950 के बाद बसाए हुए अमेरिकी शहरों में यह अंतर रखा गया है। लेकिन पुराने शहरों में तो मिली-जुली नालियां ही हैं। लंदन के सीवर ऐसे ही हैं, अमेरिका के न्यूयॉर्क और नई दिल्ली के भी। इनके पुराने सीवर उखाड़ कर नई नालियां डालना असंभव है। ये शहर हर साल हजारों करोड़ लीटर मैला पानी बरसात के पानी के साथ मिला कर नदियों, खाड़ियों और समुद्र में फेंक देते हैं।

सबसे ताकतवर माने गए देश अमेरिका की राजधानी वॉशिंग्टन डी.सी. को ही लीजिए। यहां सीवर सबसे पहले सन् 1890 में बने थे। इस पुराने इलाके में राष्ट्रपति निवास 'वाइट हाउस' भी आता है और संसद की पीठ 'कैपिटल हिल' भी। यहां खुदाई कर के पुराने सीवर उखाड़ना और नए सिरे से नालियां बिछाना असंभव है। ऐसा करें तो यह अमेरिका जैसे देश के लिए भी बहुत मंहगा पड़ेगा। सन् 2011 में केवल चार मुहल्लों के सीवर अलग करने का खर्च एक करोड़ डॉलर निकला। इसके बाद सीवर अलग करने की योजना छोड़ दी गई।

नदियों को नालों में बदलने की परंपरा बहुत पुरानी है। कोई 2,500 साल पहले जब एक दलदल पाट कर रोम शहर की स्थापना हुई, तो एक छोटी सी नदी को 'क्लोअका मैक्सिमा' नामक नाले में बदल दिया गया। आज भी यह रोम का मलबा और बरसाती पानी ढोता है।

नए और पुराने इलाके के सीवर की नालियां मैला पानी साफ करने वाले एक ही कारखाने में जाती हैं। जब बारिश होती है तो नए इलाकों का बरसाती पानी अलग नालियों से शहर के बगल से बहने वाली दो नदियों में बह जाता है। पुराने इलाके का बरसाती पानी मैले पानी में मिल कर, सीवर से होता हुआ, उपचार के कारखाने तक पहुंचता है। इतना मैला पानी साफ करने की क्षमता वहां है ही नहीं, हालांकि इसे दुनिया भर में अपनी तरह का सबसे आधुनिक और बड़ा संयंत्र कहा जाता है।

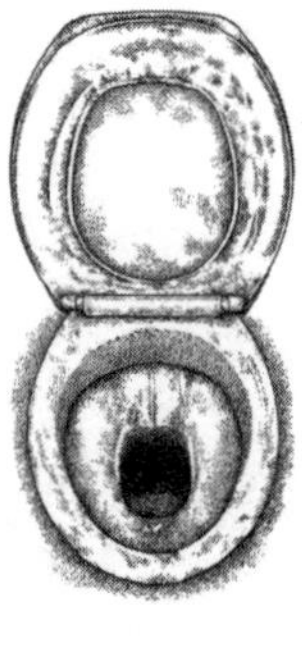

अमेरिका की पर्यावरण संरक्षण एजेंसी न जाने कब से वॉशिंग्टन शहर की सरकार को नोटिस पर नोटिस भेजती रही है। शहर के मैले पानी से चेसापीक खाड़ी का प्रदूषण हो रहा है। इसका बुरा असर पड़ा है नीले केकड़े पर, जिसकी खास अहमियत है यहां के मछलीपालन उद्योग के लिए। यह केकड़ा यहां के भोजन का अभिन्न हिस्सा तो रहा ही है, इसका व्यापार यहां की अर्थव्यवस्था में बड़ी जगह रखता है। मछुआरे दुखी हैं।

उनकी मांग है कि शहर का मैला पानी नदियों और खाड़ी में न डाला जाए।

मछुआरों को नजरअंदाज करना राजनेताओं के लिए कठिन है, लेकिन प्रदूषण घटाने का अपार खर्च सरकार नहीं कर पा रही है। इस खर्च को उन घरों पर भी नहीं डाला जा सकता जिनका मैला पानी सीवर में आता है, क्योंकि फिर कई लोग अपना पानी का बिल चुका नहीं पाएंगे। इसलिए सरकार ने एक जुगाड़ व्यवस्था के अंतर्गत विशाल टैंक बनाने शुरू किए हैं। बरसाती पानी में मिल कर जब मैले पानी की मात्रा साफ करने की क्षमता से बढ़ जाएगी तब धीरे-धीरे साफ करने के लिए उसे इन टंकियों में डाल कर रखा जाएगा। लेकिन इन टंकियों को बनने में कितने साल लगेंगे कोई कह नहीं सकता। मिले-जुले सीवर का समाधान दुनिया के सबसे ताकतवर देश की राजधानी के पास भी नहीं है।

ऐसे उदाहरण दूसरे अमीर शहरों से भी मिलते हैं। इटली का शहर मिलान दुनिया भर में फैशन की राजधानी कहा जाता है और युरोप के सबसे ताकतवर, आधुनिक उद्योगों का अड्डा भी। लेकिन शहर का मैला उसकी नदी लांब्रो में बिना साफ किए डाल दिया जाता रहा है। सन् 2005 में मिलान शहर को मैला पानी साफ करने का कारखाना जबरन लगाना पड़ा, क्योंकि युरोपीय यूनियन ने उसे भारी जुर्माने की धमकी दी थी। लेकिन युरोपीय यूनियन की राजधानी ब्रसेल्स ने खुद अपना मैला पानी साफ करने का कारखाना सन् 2003 में बनाना शुरू किया। उसके पहले ब्रसेल्स भी बिना साफ किए अपना मैला पानी जनी नामक नदी में ही बहा देता था, जो बेहद दूषित थी। सन् 2012 का एक शोधपत्र बताता है कि नदी का प्रदूषण अभी भी बहुत थमा नहीं है।

ब्रसेल्स और वॉशिंग्टन में दुनिया भर के साधन, जानकारी और ज्ञान-विज्ञान है। संयुक्त राज्य अमेरिका और युरोपीय यूनियन आज दुनिया की सबसे बड़ी ताकतें हैं। लंदन, न्यूयॉर्क और मिलान व्यापार और संस्कृति के गढ़ माने जाते हैं, लेकिन मैले पानी के निस्तार में ये शहर कहीं से भी आदर्श नहीं कहे जा सकते। इनके अथक प्रयास भी इनके जल स्रोतों को मल-मूत्र से बचा नहीं पाते हैं। मैला पानी साफ करने के इन शहरों के प्रयास किसी गहरी सूझ-बूझ से नहीं निकले हैं। यह अचानक सामने आई समस्या का जुगाड़ू समाधान है। जैसे-तैसे काम चलाने के तरीके, जिनसे भविष्य में समस्याएं बढ़ती ही हैं। हर देश, हर शहर एक सीवर मानसिकता से ग्रस्त है। सीवर का मैला पानी साफ करना इतना दूभर क्यों है? इस समस्या का निदान क्या है?

इसका एक जवाब युरोप के प्रसिद्ध दार्शनिक और अर्थशास्त्री कार्ल मार्क्स ने सन् 1867 में दिया, अपनी किताब 'कैपिटल' में। वे लंदन के उसी सोहो नामक इलाके में रहते थे जिसमें सन् 1854 में एक पानी के पंप से हैजा फैला था, जिसके बारे में विस्तार से आप आगे पढ़ेंगे। उनकी बेटी फ्रांसिस्का हैजे से मारी गई थी। वे नहीं जानते थे कि हैजा मल से दूषित पानी पीने से होता है। लेकिन सीवर की एक बड़ी खोट उन्हें तभी

रोम का विशाल नाला 'क्लोअका मैक्सिमा' बनाते समय उसकी एक देवी नियुक्त की गई थी, जिसे 'क्लोआसीना' कहा जाता था। आज भारत में देवी-रूपी नदियों को ही सीवर बनाया जाता है।

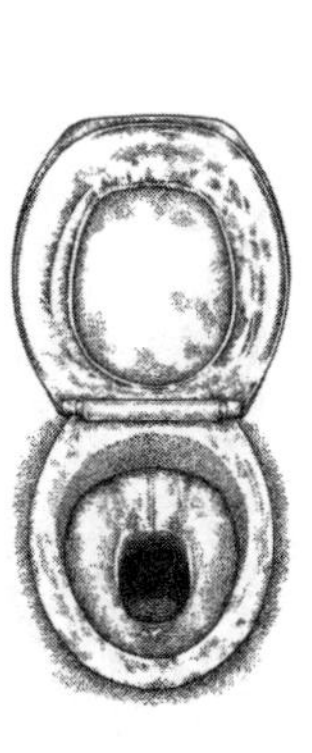

दिख गयी थी जब लंदन में सीवर बनने शुरू हुए थे। उन्होंने लिखा, "उपभोग से निकला मैला खेती में बहुत महत्व रखता है। पूंजीवादी अर्थव्यवस्था इसकी भव्य बरबादी करती है। मिसाल के तौर पर लंदन में 45 लाख लोगों के मल-मूत्र का कोई और इस्तेमाल नहीं है उसे टेम्स नदी में डालने के सिवा, और वह भी भारी खर्च के बाद।"

दूसरी विचारधाराओं के लोगों ने भी ऐसे विचार रखे हैं। अमेरिका की दक्षिणपंथी मानी गई रिपब्लिकन पार्टी के विख्यात राष्ट्रपति टेड रोजेवेल्ट सन् 1910 में एक व्यापारियों के समूह से मिले। उन्होंने कुछ ऐसा कहा, "सभ्य लोगों को अपने मैले पानी के निस्तार का कोई बेहतर तरीका आना चाहिए बजाए उसे पीने के पानी में डालने के।" मार्क्सवादियों ने कार्ल मार्क्स की बात का जितना पालन किया उतना ही दक्षिणपंथियों ने टेड रोजेवेल्ट की बात को समझा। दुनिया भर में साम्यवादी सरकारों ने भी मल-मूत्र पानी में बहा कर जल स्रोतों को दूषित किया है और पूंजीवादी सरकारों ने भी। दोनों विचारधाराओं के मूल्य सीवर मानसिकता में बहते हुए मिल सकते हैं।

आज भी सीवर तंत्र की चार सबसे बड़ी कमियां वही हैं जो कार्ल मार्क्स और टेड रोजेवेल्ट के समय में थीं। इनसे शुद्ध पानी की घोर बर्बादी होती है, बहुत सा धन और दूसरे संसाधन लगते हैं, जल स्रोत दूषित होते हैं और जमीन की उर्वरता मिटती है। यहां पर हम केवल पानी और खर्चे की बात करेंगे। जल स्रोतों और खेती की जमीन की बात किताब में आगे चल कर होगी।

सीवर में जो बहता है उसमें 99.9 प्रतिशत पानी होता है। शुद्ध, पीने लायक पानी। शौचालय में जो पानी फ्लश में इस्तेमाल होता है वह भी उसी पाइप से आता है जिससे पीने का पानी आता है, हालांकि फ्लश में शुद्ध पानी की कोई आवश्यकता नहीं होती। दोनों के लिए अलग-अलग पाइप लगाने की लागत बहुत ज्यादा पड़ती है। हमारी नई अर्थव्यवस्था में पाइप महंगा होता है, पानी सस्ता। वास्तव में इस शुद्ध पानी का बहुत छोटा हिस्सा पीने और भोजन पकाने के काम आता है। बड़ा हिस्सा तो सफाई, नहाने-धोने और मैला फ्लश करने में लगता है।

इस पानी की ठीक कीमत पता लगती है किसी गरीब बस्ती में, तब जब आप घड़ा लेकर इंतजार कर रहे हों नगर निगम के नलकूप में पानी आने का, या किसी पानी के टैंकर का। आमतौर पर नगरपालिकाएं औने-पौने दाम पर पानी मुहैय्या कराती हैं, इसे पीने लायक बनाने की लागत तक नहीं वसूलती हैं। यह सरकारी खैरात है। लेकिन यह उदारता केवल उन्हें मिलती है जिनके घर तक नगर निगम का पाइप आता हो। यानी साधन-संपन्न लोगों को, जो एक जंजीर खींच कर या एक ढेकली घुमा कर या एक बटन दबाकर इस सस्ते पानी के द्वारा अपने शरीर से निकला मल-मूत्र नजर से गायब कर देते हैं। इसके बाद उनका मैला पानी किसी और की समस्या बन जाता है।

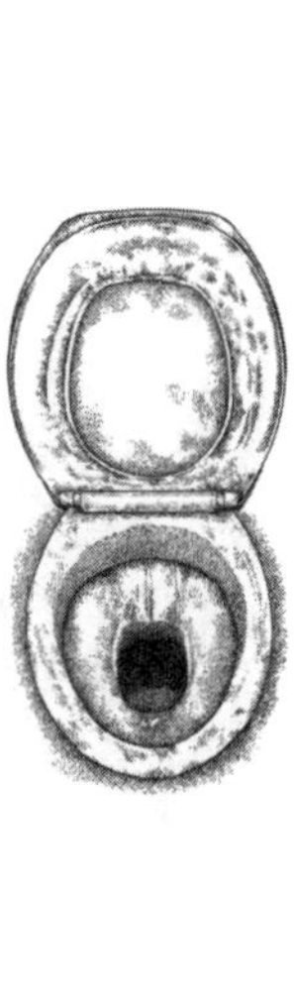

मैला पानी साफ करना महंगा इसलिए पड़ता है क्योंकि उसमें घुला 0.1 प्रतिशत

मैल हमें 99.9 प्रतिशत पानी से अलग करना होता है। पीने के पानी की कीमत के अलावा शौचालय, नालियां और सीवर बिछाने का खर्च आता है। फिर शहर की बस्तियां किसी ढाल के हिसाब से नहीं बसाई जातीं। इसलिए मैला पानी जमीन की ढाल के विपरीप चलाने के लिए उसे बिजली की मोटरों से पंप करना पड़ता है। इससे बिजली का खर्च तो आता ही है, मोटरों और सीवर की नालियों को बनाने और फिर उनके रखरखाव पर भी ढेर धन लगता है। इन सब खर्चों के बाद मैला पानी या तो नदियों और तालाबों में डाल कर ठीक वैसे ही भुला दिया जाता है जैसे लोग फ्लश कर के अपने मल-मूत्र को भुला देते हैं, या उसे मैला पानी साफ करने के कारखाने में, सीवेज ट्रीटमेंट प्लांट में भेज देते हैं।

दार्शनिक कार्ल मार्क्स ने सन् 1867 में अपनी किताब 'कैपिटल' में लिखाः "उपभोग से निकला मैला खेती में बहुत महत्व रखता है। पूंजीवादी अर्थव्यवस्था इसकी भव्य बरबादी करती है। मिसाल के तौर पर लंदन में 45 लाख लोगों के मल-मूत्र का कोई और इस्तेमाल नहीं है उसे टेम्स नदी में डालने के सिवा, और वह भी भारी खर्च के बाद।"

मैला पानी साफ करने के तरीके पिछले सौ साल में बहुत ज्यादा बदले नहीं हैं, चाहे इस दौर में विज्ञान ने कितनी भी तरक्की की हो। इसकी विधि अनाज या मसाले सुखाने से मिलती है। पहले जाली लगा कर मोटा कचरा अलग किया जाता है। फिर मैले पानी को खड़ा छोड़ कर मैल के कणों को नीचे बैठाया जाता है। इसके बाद खुली और चौड़ी टंकियों में रख कर बिजली के विशाल पंखों से मैले पानी में ऑक्सीजन की मात्रा बढ़ाई जाती है, ताकि सूरज की रोशनी में बैक्टीरिया फले-फूले और मल-मूत्र के कणों को हजम कर जाए। अंत में इस पानी में चूना या क्लोरीन जैसे किसी रसायन को डाला जाता है, ताकि बचे हुए रोगाणु मर जाएं। मैला पानी साफ करने वाले लगभग सारे ही बड़े कारखाने इन्हीं सिद्धांतों पर चलते हैं। इन कारखानों में मैले पानी को एक हिस्से से दूसरे हिस्से तक भेजने के लिए बिजली या डीजल से चलने वाली विशाल मोटरें चाहिए होती हैं।

एक और पद्धति है, लेकिन वह काम तभी करती है जब मैले पानी की मात्रा कम हो। इसमें मैले पानी को एक बंद जगह पर सूरज की रोशनी और हवा से बचा कर रखा जाता है। ऐसा करने से इसमें वे बैक्टीरिया फलते-फूलते हैं जिन्हें जीने के लिए ऑक्सीजन-रहित वातावरण चाहिए होता है। लेकिन इन्हें काम करने के लिए समय चाहिए होता है, जिसका मतलब है कि बंद खाने में मैला पानी खड़ा रखना पड़ता है। अगर मैला पानी ज्यादा हो तो यह पद्धति काम नहीं करती। बड़ी मात्रा में मैले पानी का संस्कार तो खुले में ही होता है, ऑक्सीजन के साथ, सूरज की रोशनी में।

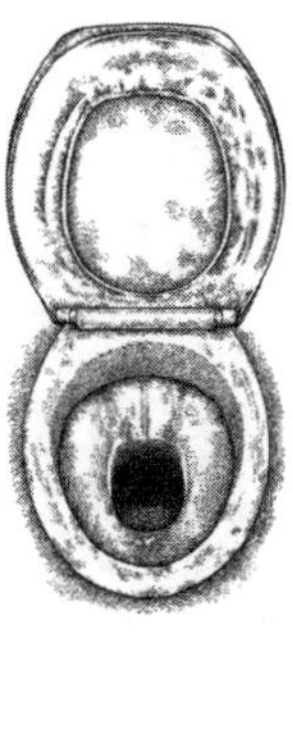

सूरज से बड़ा रोगाणुनाशक कोई नहीं है। उसकी ऊष्मा और रोशनी उन अनगिनत जीवाणुओं को पालती है जो हमारे पेट से मल के साथ निकलते हैं। अगर इन्हें उथला, खड़ा पानी भी मिल जाए तो माहौल कुछ वैसा ही हो जाता है जैसा कि हमारे पेट में

होता है। कुछ कारखानों में खास किस्म के बैक्टीरिया डाले भी जाते हैं जो पानी से मैल को तेजी से खाते हैं। इस दावत को छकने से जीवाणुओं का वजन बढ़ जाता है, और मैल के साथ वे टंकी के तल पर जा कर कीचड़ के रूप में बैठ जाते हैं। इसे अंग्रेजी में 'ऐक्टीवेटेड स्लज' कहते हैं।

नीचे बैठ जाने के बाद कीचड़ को पानी से अलग करना होता है। ऊपर का हल्का हो चुका पानी बाहर निकाल लिया जाता है और नीचे से कीचड़ और गाद को हटाने के लिए बिजली से चलने वाली विशाल झाड़ू चलती है। इस कीचड़ को सुखा कर खाद के रूप में नीलाम भी किया जाता है, और कहीं तो ऐसे ही पड़त की जमीन पर फेंक दिया जाता है। इस तरह मैले को कीचड़ के रूप में अलग करने के लिए मैले पानी को उथली टंकियों में फैलाना पड़ता है। इसके लिए बहुत सी जमीन की जरूरत होती है। शहरों में जमीन पानी से भी महंगी होती है। बिजली का खर्च भी मैले पानी की सफाई को खर्चीला बनाता है। एक तो इन कारखानों में ताकतवर मोटरों से पानी चलाना होता है, और फिर विशाल पंखे लगातार चलाने होते हैं मैले पानी में प्राणवायु की मात्रा बढ़ाने के लिए।

ऑक्सीजन की यह जरूरत रसायनशास्त्र से समझ आती है। हर पदार्थ की दो में से एक ही रासायनिक अवस्था हो सकती हैः स्थिर या प्रतिक्रियात्मक। मैले पानी का रासायनिक स्वभाव बहुत चंचल होता है, नमकीन होने की बजाए इसमें तेजाबी खटास ज्यादा होती है। यही वजह है कि मैले पानी की नालियां चाहे कितनी भी पक्की हों, पाइप चाहे जितने मजबूत हों, तेजाबी मैला उसे गलाता है, और उसके रखरखाव का खर्चा बढ़ाता है। हर चंचल पदार्थ स्थिर होने के लिए प्रतिक्रिया करता है। ऑक्सीजन मिलने से मैला पानी स्थिर और संतुलित हो जाता है, बदबू कम होती है।

साधारण परिस्थिति में भी पानी में ऑक्सीजन बहुत कम घुल पाती है। मैले पानी में तो इसकी घोर कमी पड़ती है। इसीलिए पानी में प्रदूषण नापने के लिए सबसे व्यापक तरीका है उसमें प्राणवायु की मात्रा आंकना। अगर प्राणवायु न मिले तो मैल नाइट्रोजन जैसी गैस से प्रतिक्रिया कर के सड़ने वाले बदबूदार रूप में चला जाता है। कुछ इसी तरह का रसायन हमारे पेट में होता है। अगर जीवाणुओं को ठीक रासायनिक माहौल मिल जाए तो भोजन ठीक से पचता है। न मिले तो पचने की बजाए भोजन हमारी आंतों में सड़ता है, जिससे मल और पाद में बदबू आती है।

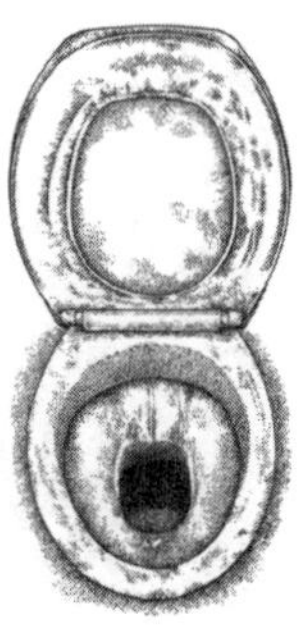

खुले में मैल को पचा कर भोजन बनाने वाले बैक्टीरिया को ऑक्सीजन की जरूरत होती है। दही जमाने वाले बैक्टीरिया भी ऐसे ही होते हैं। इसलिए दूध को खूब फेंटने से, बिलोने से दही बेहतर जमता है। इसी सिद्धांत के आधार पर कारखानों में विशाल पंखे मैले पानी को बिलोते हैं, ताकि प्राणवायु उसमें घुल सके। इन भीमकाय मथानियों को चलाने के लिए ढेर सी बिजली लगती है। इतने उपचार के बाद भी यह पानी मनुष्य

के सीधे इस्तेमाल के लायक नहीं बनता। इसमें रोगाणु बचने की शंका रहती है। इस्तेमाल के लायक बनाने के लिए इसमें रोगाणुओं को मारने के लिए क्लोरीन जैसे रसायन भी डाले जा सकते हैं। जिन शहरों में मैले पानी और बरसाती पानी के निकास के लिए अलग नालियां होती हैं, और जो इतना धन-बिजली-जमीन लगा कर मैले पानी को साफ करते हैं, उनके जल स्रोतों का प्रदूषण कम होता है। लेकिन होता फिर भी है क्योंकि सीवर के पानी में केवल शौचालयों से निकला मल-मूत्र भर नहीं होता।

सीवर की नाली हमारे जीवन का आईना है। हम जो कुछ इस्तेमाल करते हैं वह यहां पहुंचता है। पुरानी सभ्यताओं को समझने के लिए पुरातत्वशास्त्री उनके कचरे का विश्लेषण करते हैं। आजकल रोग विश्लेषक ही नहीं, नशीली दवाओं का व्यापार रोकने वाले भी सीवर के मैले पानी का अन्वेषण करने लगे हैं। नालियों का पानी बताता है कि नशीले पदार्थ किस इलाके में इस समय इस्तेमाल किए जा रहे हैं।

होटलों की रसोई में भोजन तलने के बाद बचा हुआ तेल, गाड़ियों के इंजन से

पानी की तंगी की वजह से युद्ध हमारे हर शहर की सड़कों पर हर रोज होता है। राज्यों के बीच भी तनातनी चलती ही रहती है। इस का सीधा संबंध मल–मूत्र से दूषित जल स्रोतों से है।

निकला खराब मोटर तेल, फटे-पुराने कपड़े, शिशुओं के पोतड़े, शरीर पर इस्तेमाल होने वाले भांति-भांति के सौंदर्य प्रसाधन, घरों की दीवारों पर लगा रंग, कई तरह के प्लास्टिक, पोंछे का पानी, नाना प्रकार के कागज... ऐसी सभी चीजें सीवर में पहुंचती हैं। यहां एंटीबायोटिक साबुन, शौचालय साफ करने वाले फिनाएल जैसे रसायन, और कपड़े धोने के डिटरजेंट भी होते हैं, जो पानी में पनपने वाले जीवों को नुकसान पहुंचाते हैं। ये उन जीवों को भी मारते हैं जो मैला साफ करने में हमारे सहायक होते हैं।

किसी मैले पानी के कारखाने को अगर आप देखने जाएं, तो आपको वे सारे विज्ञापन याद आएंगे जिनके माध्यम से कई तरह की उपभोग की चीजें बेची जाती हैं। विज्ञापनों में यह नहीं बताया जाता है कि इन वस्तुओं की नियति क्या होगी। खासकर बारिश के बाद तो हर तरह का कचरा सीवर में पहुंच जाता है। बहुत सी जगह उद्योगों का मैला पानी भी अवैध तरीके से सीवरों में ही ढुलता है। इनमें कई तरह के जहर होते हैं जिनसे होने वाली हानि का हमारी नगरपालिकाओं को अंदाज भी नहीं होता है, साफ करना तो दूर की बात है।

सीवर की नाली हमारे जीवन का आईना है। हम जो कुछ इस्तेमाल करते हैं वह इन नालियों में पहुंचता है। मैला पानी साफ करने के कारखानों में आपको वे सारे विज्ञापन याद आएंगे जिनके माध्यम से कई तरह की उपभोग की चीजें बेची जाती हैं। विज्ञापनों में यह नहीं बताया जाता है कि इन वस्तुओं की नियति क्या होगी।

ये जहर मैले पानी से निकले कीचड़ में भी पाए जाते हैं। इस कीचड़ को अंग्रेजी में 'स्लज' कहते हैं और इसका खाद के रूप में उपयोग होता है। यह बहुत विवादास्पद मसला है और दुनिया भर में इस कीचड़ के खेती में इस्तेमाल को ले कर कई तरह की आशंकाएं हैं। जमीन और जीवों पर इसके असर के बारे में ठीक जानकारी अभी तक नहीं आई है। कुछ परीक्षणों में पता लगा है कि इस कीचड़ में मौजूद कई जहर टूट के घुल जाते हैं। फिर कुछ और परीक्षणों ने यह भी दिखाया है कि इनके इस्तेमाल से फसल में जहर की मात्रा बढ़ जाती है। इस कीचड़ में ऐसे रोगाणु भी होते हैं जो मिट्टी में इंतजार करते हैं कि उन्हें ठीक सवारी मिल जाए तो किसी और शिकार को दबोचें।

इसके विपरीत साफ किए पानी से रोगाणु हटाना उतना मुश्किल नहीं है। इसके लिए पानी में क्लोरीन की गोलियां डाली जाती हैं। क्लोरीन खासा प्रतिक्रियाशील तत्व है और प्रकृति में स्वच्छंद अवस्था में पाया ही नहीं जाता। इसका एक स्थिर रूप हम रोज नमक के रूप में खाते हैं, जिसे वैज्ञानिक सोडियम क्लोराइड कहते हैं। लेकिन इसके कई जहरीले रूप भी हैं जो जीवित कोशिकाओं को सांस ही नहीं लेने देते। जीवाणुओं का, रोगाणुओं का दम घुट जाता है। पानी साफ हो जाता है।

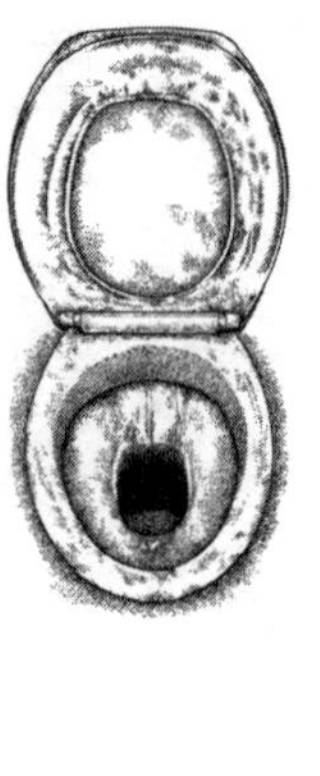

अगर गलती से हम शुद्ध क्लोरीन सूंघ लें तो इसका असर सीधे हमारे फेफड़े पर होता है। यही कारण है कि दोनों ही विश्वयुद्धों में क्लोरीन को कई लाख सैनिकों को मारने के लिए हथियार की तरह इस्तेमाल किया गया था। पानी में क्लोरीन हमारे लिए

उतना जहरीला नहीं रहता जितना उसका रोगाणु मारने में फायदा होता है। इसीलिए पर्यावरण की सफाई पर काम कर रहे कार्यकर्ताओं के विरोध के बावजूद वैज्ञानिकों ने हमेशा ही पानी साफ करने के लिए क्लोरीन के उपयोग का समर्थन किया है। लेकिन जहर तो यह है ही और कई वैज्ञानिक और स्वास्थ्य कार्यकर्ता मानते हैं कि हमें क्लोरीन के शिकंजे से छूटना चाहिए। वे क्लोरीन से बनने वाले कई जहरीले पदार्थों की ओर इशारा करते हैं और यह भी याद दिलाते हैं कि इन रसायनों का आगे चल कर क्या प्रभाव होगा, हमें पता नहीं है।

पता तो हमें यह भी नहीं है कि हमारे पेशाब के रास्ते जो दवाइयां नालियों में पहुंचती हैं उनका प्रभाव क्या होता है, खासकर एंटीबायोटिक दवाओं का। ये दवाएं आंतों से शरीर में सोख ली जाती हैं और खून के जरिए शरीर के कोने-कोने तक जाती हैं। इनका बड़ा हिस्सा खून के साथ ही वापस भी आ जाता है। हमारे गुर्दे खून को साफ करते समय इन्हें निकाल कर पेशाब के रास्ते बाहर कर देते हैं, जहां से ये सीवर की नालियों में पहुंच जाते हैं। फिर मनुष्य ही क्या, आजकल तो कुत्तों और मुर्गों से ले कर भैंस तक के आकार के पालतू पशुओं को एंटीबायोटिक दवाएं दी जाती हैं। इनमें से अधिकतर को इन दवाओं की आवश्यकता होती भी नहीं है। बस, एहतियात के तौर पर ही ये दवाएं दी जाती हैं। तरह-तरह के हॉर्मोन भी। यह सब नालियों में पहुंचते हैं।

शरीर से बाहर निकल कर ये दवाएं हमारे मल से आए और पर्यावरण में स्वच्छंद पाए जाने वाले दूसरे जीवाणुओं से मिलती हैं। इन सबका समागम होता है मैले पानी का उपचार करने वाले कारखानों में। इतने सारे पानी में घुल जाने के कारण यहां पर दवाइयों में रोगाणुओं को मारने की ताकत नहीं बचती है। पर रोगाणु इनको करीब से देख-समझ लेते हैं, कुछ वैसे ही जैसे अखाड़े में पहलवान कुश्ती के गुर सीखते हैं। धीरे-धीरे रोगाणु इन दवाओं को सहने की शक्ति पैदा कर लेते हैं। मैला पानी साफ करने के लिए बने संयंत्र महाशक्तिशाली रोगाणु तैयार करने के कारखाने भी हैं।

यह ताकत एक रोगाणु से दूसरे को सीधे मिल सकती है, जिस तरह एक पहलवान दूसरे पहलवान को दांव-पेंच समझाता है। बैक्टीरिया जैसे सरल जीव एक-दूसरे से आनुवंशिक पदार्थ का लेन-देन सीधे कर सकते हैं, जो हमारे जैसे जटिल और विशाल प्राणी नहीं कर सकते। ऐसा कर पाने की वजह से बैक्टीरिया का क्रमिक विकास बहुत तेजी से होता है। ऐसी परिस्थिति बन जाती है कि रोग न करने वाले जीवाणुओं से भी रोगाणुओं को फायदा मिलता है। करोड़ों खर्च कर के ये दवाईयां इस ध्येय से बनाई जाती हैं कि ये रोगाणुओं को अचानक धर दबोचें, उन्हें चकित कर के मार दें। लेकिन इन दवाओं के भेद का भांडा मैला साफ करने के कारखानों में तब फूट जाता है, जब रोगाणु बिना किसी तरह के शोध के इनसे निपटना सीख लेते हैं।

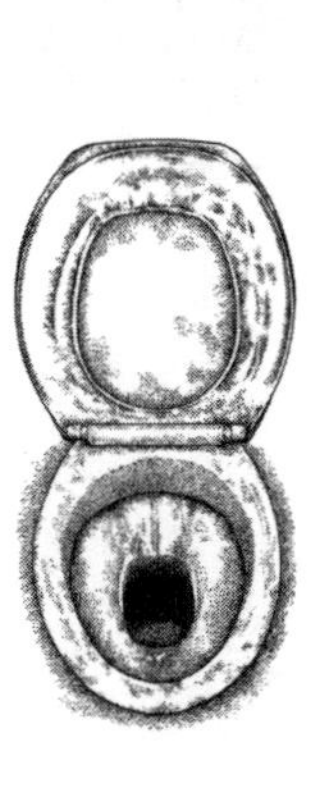

फ्लश कमोड की सुविधा से ही यह दुविधा निकली है। यह असंभव है कि हर

मनुष्य को फ्लश वाले शौचालय की सुविधा मिले, लेकिन आज आदर्श तो इसे ही माना जाता है। हर नई बस्ती में सीवर की नालियां इस उम्मीद में बिछाई जाती हैं कि उनमें बहने वाला मैला पानी साफ किया जाएगा। सरकारी नीतियों और दस्तावेजों में भी सीवर नालियों को पूर्व निश्चित माना जाता है।

हमारे शहरों पर ही नहीं, हमारी मानसिकता पर भी सीवर हावी हो चुके हैं। इसके दीर्घकालिक परिणामों का हमें ठीक अंदाजा नहीं है, क्योंकि ये हमें दिखते नहीं हैं। हमारी नदियों और तालाबों को तो हम देख सकते हैं। फिर भी हम अपना व्यवहार बदल नहीं पाते। शुचिता के साधन के नाते सीवर व्यवस्था अपूर्ण और अधकचरी है, यह तो खुद सीवर चलाने वाले कहते हैं। मैला पानी साफ करने के कारखानों में काम करने वालों से बात करने से इस व्यवस्था की असहायता, अक्षमता स्पष्ट हो जाती है। फ्लश के शौचालय और सीवर की वजह से हमारा शरीर और हमारा मानस अपने जल स्रोतों से एकदम कट चुका है। हम सीवरों में ऐसे क्यों डूब गए?

इसलिए क्योंकि फ्लश के शौचालयों से हमें कई तरह की आजादी मिली है, जो मन में आए वह करने का समय मिला है। हमें मलत्याग करने के लिए पैदल चल कर कहीं जाना नहीं पड़ता। एक जंजीर खींच कर या एक ढेकली घुमा कर हम अपने मल-मूत्र को किसी और की समस्या बनाने के लिए आजाद हैं। किसी नदी की समस्या, नदी की धारा में हमसे नीचे रहने वालों की समस्या, किसी तालाब की समस्या, किसी सीवर में गोता लगाने वाले कर्मचारी की समस्या, किसी नगरपालिका की समस्या...

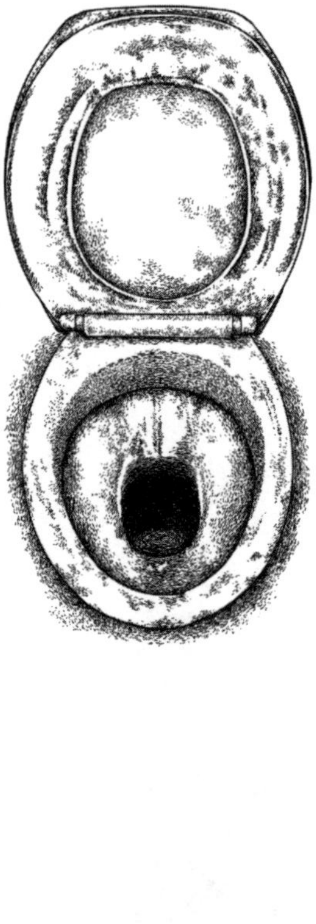

नल में साफ पानी और चमचमाता हुआ शौचालय ही आज हमारे आदर्श हैं, जल स्रोतों का स्वच्छ और स्वस्थ होना महत्व नहीं रखता है। लोगों को पानी लेने कितना दूर जाना पड़ता है इसकी चिंता हर कोई करता है, घर-घर पानी पहुंचाने के लिए। यह नहीं कहा जाता कि जब हमें पानी तक जाना पड़ता था तब हमारे जल स्रोत साफ थे।

दिल्ली में एक समय योजना आयोग था, जो आज नीति आयोग में बदल दिया गया है। इसके भवन में दो शानदार शौचालय 35 लाख रुपये खर्च कर के बने थे। यमुना में सड़ते मैल की बदबू योजना आयोग, नीति आयोग, उच्चतम न्यायालय, राष्ट्रपति भवन और संसद भवन में राज करने वालों की नाक तक नहीं पहुंचती।

उनके शौचालय चकाचक साफ हैं।

गोदी में खेलती हैं इसकी हजारों नालियां

नाली शब्द अपभ्रंश है संस्कृत के शब्द 'प्रणाली' का, जिसका मतलब है नहर। हमारे उपमहाद्वीप में साल भर का पानी मानसून के कुछ दिनों के कुछ घंटों में ही बरस जाता है। इस पानी को ठीक से सहेजने की प्रणाली पर ही यहां का जीवन टिका रहा है। चतुर्मास की बरसात ही इस उपमहाद्वीप की जीवन प्रणाली है। पानी की आवक-जावक पर ध्यान दिए बिना यहां किसी तरह की बस्ती टिक नहीं सकती।

सिंधु घाटी सभ्यता के प्राचीन शहरों में तो मैले पानी के निकास की प्रणाली भी थी। इस शहरी सभ्यता का लोप क्यों हुआ यह आज तक ठीक से पता नहीं चला है। कई अनुमान हैं। कोई बाढ़ की बात करता है, कोई अकाल की। कोई कहता है कि नदियों ने रास्ता बदल लिया और यहां के लोग पूरब की ओर जा बसे। कुछ वैज्ञानिकों का अंदाज है कि बरसात का ढर्रा बदलने से ये नगर उजड़ गए। कुछ लोगों ने अंदाजा लगाया था कि इस शहरी सभ्यता को तबाह किया बाहर से आए खानाबदोश 'आर्य' लोगों ने। आर्यों का मुख्य देवता था बारिश का देवता, वज्रधारी इंद्र। उसका एक पुराना नाम है 'पुरंदर', यानी पुरों को, नगरों को तबाह करने वाला। इस नाम का एक और अर्थ है, घर में सेंध लगाने वाला चोर।

प्रमाणों के अभाव में यह ठीक से कहना मुश्किल है कि इतिहास क्या है, कि कथा साहित्य में तथ्य क्या है और मिथ्या क्या है। लेकिन चौमासे का वर्षाफल यथार्थ है। इस उपमहाद्वीप में रहने वाले लोगों को यह बहुत पहले से पता था कि जो नगर या

गांव बरसात की अवहेलना करता है उसे बादलों का प्रकोप बहा ले जाता है। शहर हो या गांव, बस्ती बसाने की पुरानी प्रणाली में बरसाती पानी का रास्ता छोड़ा जाता था। जो नहीं छोड़ते होंगे वे निश्चित ही पुरंदर की भेंट हो जाते होंगे।

कई लोक कथाओं और ग्रंथों में इंद्र की वर्षा सत्ता की झलक मिलती है। इनमें एक प्रसिद्ध किस्सा है श्रीमद्भागवत पुराण से। कथा में बालक कृष्ण अपने पिता नंद से पूजा और यज्ञ का कारण पूछता है। नंद बाबा बताते हैं कि वह यज्ञ वर्षा के स्वामी इंद्र को प्रसन्न करने के लिए है। फिर बालक कृष्ण पूछता है कि अगर सभी प्राणी अपने कर्मों के हिसाब से जीते-मरते हैं, तो उन्हें इंद्र से डरने की क्या आवश्यकता है, और इंद्र की जगह वे अपने गोवर्धन पर्वत की पूजा क्यों नहीं करते।

नंद बाबा मान जाते हैं। गोवर्धन की ही पूजा होती है। इंद्र इस विद्रोह से क्रोधित हो जाता है और सात दिन, सात रात तक बारिश करवाता है। ब्रज में बाढ़ आ जाती है लेकिन कृष्ण गोवर्धन को उठा कर सबको बचा लेते हैं। इंद्र का घमंड चूर-चूर हो जाता है। देवताओं की खुशामद करने की बजाए कर्मयोग की जीत होती है। राजस्थान जैसे प्रांतों में वर्षा के बादल बहुत कम पहुंचते हैं, पर यहां इंद्र से कहीं ज्यादा प्रेम और आस्था कृष्ण के प्रति रही है। उन्हें मरुधर कहा जाता है, यानी मरुस्थल को धारण करने वाला। वर्षाजल संचयन की राजस्थान में गौरवशाली परंपरा कृष्ण के बताए कर्मयोग से ही रही है, वर्षा के देव इंद्र की खुशामद से नहीं।

ऐसी कथाएं कई पीढ़ियों के अनुभवों को संजो कर बनती हैं। जो गांव और नगर मानसून की बारिश को सहेजने के लिए जमीन नहीं छोड़ते होंगे उन्हें लोगों ने डूबते हुए देखा होगा। आज भी डूबते हैं। हर मानसून में हमारे शहरों में हाहाकार मचता है। चेन्नई शहर दिसंबर 2015 में ताबड़तोड़ बारिश के बाद डूबा। लाखों लोग बेघर हो कर जान बचाने के लिए भागे। पूरा नगर कई दिनों तक ठप्प पड़ा रहा।

मुंबई में 26 जुलाई 2005 को एक मीटर पानी बरसा था। नतीजाः 450 लोग मारे गए थे और शहर का तीयां-पांचा खुल गया था। अचानक मुंबई को पता चला कि उसके बीच से कभी मिट्ठी नाम की एक नदी बहती थी, जिसकी जमीन पाट कर भवन बना दिए गए थे। अगर नदी का दम न घोंटा गया होता तो वह पुरंदर का आवेग ग्रहण कर जाती, फिर उसका मीठा पानी पीने को भी मिल जाता। लेकिन पानी के लिए जगह छोड़ने के इस व्यावहारिक ज्ञान की आजकल जमीन के बाजार में कोई जगह नहीं है। शहरों में बचे हुए जल स्रोतों का आज सिर्फ एक काम बचा है, मैले पानी की निकासी।

बारिश के पानी को सहेजने की 'प्रणाली' आज मैले पानी की 'नाली' बन गई है। जल स्रोतों को मैला पानी इसलिए ढोना पड़ता है क्योंकि तेजी से बढ़ते शहरों को विशाल सीवर चाहिए। लेकिन सीवर की व्यवस्थित नालियां हमारे शहरों में बहुत ही कम हैं। सन् 1999 में केंद्रीय शहरी विकास मंत्रालय ने पहली बार यह पता करने की

कोशिश की कि हमारे 301 मुख्य शहरों में पानी, मैले पानी के निकास और कचरा हटाने की व्यवस्था कैसी है। मंत्रालय की रपट छह साल बाद जारी हुई, सन् 2005 में। रपट कहती है कि मैले पानी की निकासी हमारे सभी शहरों की बड़ी मुसीबत है। इस रपट के 871 पन्नों से एक बदबू उठी, एक भयानक गंदी तस्वीर खिंची।

301 शहरों में से सीवर तंत्र पाया गया केवल 100 नगरों में। जिन शहरों में सीवर था उनमें रहने वाले लोगों में भी केवल 58 प्रतिशत के पास यह सुविधा थी। शहरी विकास का व्यापक अनुमान लेने के लिए केंद्र सरकार की एक स्वायत्त शोध संस्था ने सन् 2011 में एक रपट जारी की थी। यह कहती है कि हमारे 5,161 छोटे-बड़े शहरों में से केवल 300 में ही किसी भी प्रकार की सीवर व्यवस्था है। बेंगलुरु और हैदराबाद जैसे महानगरों में आधे घर भी सीवर की नालियों से जुड़े नहीं हैं। जहां सीवर की नालियां लगी हुई हैं उनमें से 40 फीसदी नालियां 'कम्बाइंड' सीवर की हैं, जिनमें बारिश का पानी और मैला पानी मिल जाता है।

कुछ शहरों ने ढेर सा धन डाल कर सीवर की नालियां बनाई हैं। जैसे शिमला ही लीजिए, जहां से एक समय भारत भर पर राज होता था और जो अब हिमाचल प्रदेश की राजधानी है। सन् 2011 की एक रपट कहती है कि शिमला नगर के 70 प्रतिशत इलाकों में सीवर की नालियां बिछाई जा चुकी हैं। लेकिन शहर के 40,000

सिंधु घाटी सभ्यता की कई शहरी बस्तियां पुरातत्वशास्त्रियों ने खोद निकाली हैं। इनमें बहुत ध्यान से बनाई नालियों का जाल मिलता है, जैसे गुजरात के लोथल का यह दृश्य। ऐसा माना जाता है कि ये नालियां मैले पानी के निकास के लिए ही थीं।

भवनों में से केवल 12,500 ही सीवर से जुड़े थे। बाकी लोगों ने अपने घर सीवर तंत्र से जोड़े ही नहीं हैं, क्योंकि यह खर्चा भवनों के मालिकों की जिम्मेदारी है। उनका मैला पानी जमीन में बने गड्ढों में जाता है, और वहां से पहाड़ी इलाके के भूजल के संपर्क में।

सीवर में जाने वाला मैला पानी भी प्रदूषण करता है। सन् 2007 में शिमला में पीलिया फैल गया। पुणे के राष्ट्रीय वाएरालॉजी संस्थान के वैज्ञानिक वहां पहुंचे। उन्होंने बताया कि पीने के पानी के स्रोत में मैला पानी रिस रहा है, एक मैला पानी साफ करने के कारखाने से ही। उसके बाद से शिमला और आसपास के इलाकों में बार-बार पीलिया फैल चुका हैः 2008 में, 2010 में और फिर 2013 में। सन् 2016 के पहले दो महीनों में ही शिमला में 1,100 से ज्यादा लोग पीलिया के शिकार थे और सात लोगों की मृत्यु हो गई थी। मैले पानी के कारखाने में कोताही बरतने के लिए एक इंजीनियर और एक सुपरवाइजर को हिरासत में लिया गया, लेकिन कारखाना चलाने वाला ठेकेदार फरार हो गया। शिमला में छह कारखाने हैं मैले पानी का उपचार करने के लिए लेकिन इनकी स्थिति बहुत ही खराब है। इन पर ध्यान गया पीलिया फैलने के कारण, नहीं तो इस तरह के हालात हमारे शहरों में आम हैं।

सिंध प्रांत में मुअंजोदड़ो की खुदाई में इस तरह की बनावट मिली। कई अनुमान लगे कि इनका क्या उपयोग रहा होगा। अब माना जाता है कि ये शौचालय रहे होंगे, क्योंकि ये नीचे बिछी नालियों में खुलते हैं।

किसी को सही-सही पता नहीं है कि हमारे शहर कुल कितना मैला पानी पैदा करते हैं। इसका अंदाजा लगाने के लिए केंद्रीय प्रदूषण नियंत्रण बोर्ड ने सन् 2005 में एक रपट निकाली। सन् 2009 के आंकड़ों के हिसाब से इस रपट को बोर्ड ने ठीक भी किया। वैज्ञानिक इस अनुमान पर चलते हैं कि कुल जितना पानी एक शहर में इस्तेमाल होता है उसका 80 प्रतिशत मैले पानी के रूप में सीवर में बह जाता है। तो बोर्ड ने 498 ऐसे शहर चुने जिनकी आबादी 10 लाख से ज्यादा है, और उनमें पानी की आपूर्ति और मैले पानी के निकास की छान-बीन की।

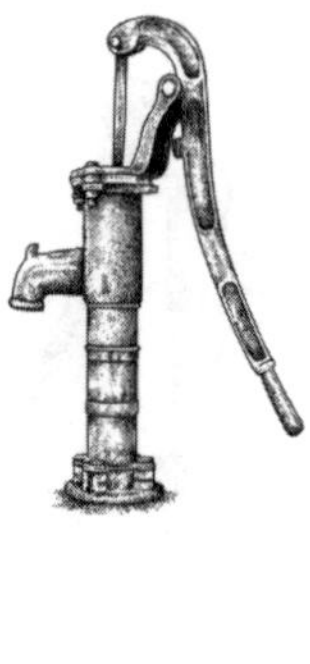

पता यह लगा कि 498 शहर रोज 3,825 करोड़ लीटर मैला पानी पैदा कर रहे थे। सन् 2005 में इन शहरों में मैला पानी साफ करने वाले 231 कारखाने थे, और 38 कारखानों पर काम चल रहा था। अगर ये सब कारखाने लगातार, निर्विघ्न चलते तो भी हर रोज 1,178 करोड़ लीटर से ज्यादा मैला पानी नहीं साफ कर सकते थे। यानी आदर्श परिस्थितियों में भी केवल एक-तिहाई मैला पानी साफ हो सकता था। 498 शहरों में केवल आठ ऐसे निकले जो अपने कुल मैले पानी का आधा भी साफ कर पा

रहे थे। उपचार कारखानों की कुल क्षमता का लगभग आधा केवल दो शहरों में था, दिल्ली और मुंबई, जो कुल मैले पानी का छठा हिस्सा भर पैदा करते हैं।

गोदी में खेलती हैं इसकी हजारों नालियां

बोर्ड ने मार्च 2015 में ऐसे कारखानों का लेखा-जोखा नए आंकड़ों के हिसाब से दुरुस्त कर के जारी किया। कई नए कारखाने इस दशक में बन चुके थे। कागज पर अब कुल 816 कारखाने आ चुके थे, जिनमें 2,327 करोड़ लीटर मैला पानी साफ किया जा सकता है। लेकिन बोर्ड ने बताया कि इनमें से केवल 522 कारखाने ही काम कर रहे हैं, बाकी या तो खराब पड़े हैं, या बनाए जा रहे हैं, और 70 कारखाने तो अभी केवल प्रस्ताव के रूप में हैं। जो कारखाने काम कर रहे हैं उनकी क्षमता हर दिन 1,888 करोड़ लीटर मैला पानी साफ करने की है। लेकिन कुल मैला पानी पैदा करने का अनुमान 2005 और 2015 के बीच लगभग दोगुना हो गया है। आज हमारे बड़े नगर 6,200 करोड़ लीटर मैला पानी पैदा करते हैं। यानी उपचार की क्षमता एक-तिहाई से भी नीचे आ गई है। इस दुनिया को करीब से जानने वाले बताते हैं कि हमारे देश में केवल एक-तिहाई मैले पानी का ही उपचार असल में होता है।

मैला पानी साफ करने की इस दुनिया में वास्तविकता और आदर्श में बहुत ज्यादा अंतर है। हमारे नगर निगमों के पास ऐसे कारखाने बनाने को धन नहीं होता, कुछ तो आधे-अधूरे बने पड़े रहते हैं। बने हुए कारखाने चलाने को धन नहीं होता। छत्तीसगढ़ की राजधानी रायपुर का उदाहरण लीजिए। कुछ समय पहले वहां का एक चमचमाता कारखाना बेकार पड़ा था। एक शोधकर्ता ने कारण पूछा तो पता चला कि नगर निगम के पास बिजली का बिल भरने को धन नहीं है, सो मैला पानी चलाने वाले पंप बेकार पड़े हैं।

सन् 2015 में हमारे देश में मैला पानी साफ करने के कुल 816 कारखाने थे। इनमें से केवल 522 काम कर रहे थे, जो आदर्श परिस्थितियों में हर रोज 1,888 करोड़ लीटर मैला पानी साफ कर सकते हैं। लेकिन हमारे बड़े नगर हर दिन 6,200 करोड़ लीटर मैला पानी पैदा करते हैं। अंदाजन, क्योंकि किसी को ठीक पता नहीं है कि हमारे शहर कुल कितना मैला पानी पैदा करते हैं।

दूसरी जगहों से भी इस तरह के किस्से आए दिन सुनने को मिलते हैं। कारखानों की क्षमता और उनकी वास्तविक कार्यकुशलता में बहुत बड़ा अंतर है। सरकारी कागज की सच्चाई और नाली में बहते पानी की सच्चाई एकदम अलग है। इसलिए जब कहीं जल स्रोतों को साफ कर के उन्हें निर्मल बनाने की कसम खाई जाती है, आप मान सकते हैं कि उस प्रतिज्ञा में आशा की मात्रा कहीं अधिक है, अपेक्षा का अनुपात कम ही है। गंगा नदी के बाबत ऐसी बातें खूब होती हैं। गंगा को बचाने की कसम खाना आम बात हो चुकी है।

वाराणसी में गंगा में मैला पानी गिरने से रोकने के लिए कुछ साल पहले एक योजना बनी। केंद्र और राज्य सरकार मिलकर इसकी लागत का 95 प्रतिशत देने को तैयार हो गए। पर योजना फिर भी खटाई में पड़ गई। इससे जुड़े लोग बताते हैं कि वाराणसी नगर निगम बचा हुआ 5 प्रतिशत देने को राजी नहीं था। वाराणसी दुनिया

के सबसे पुराने जीवित शहरों में से है और उसका वजूद गंगा से ही है। नदी में डुबकी लगा कर पाप धोने वाले असंख्य तीर्थयात्रियों के पर्यटन से चलने वाला यह शहर अपने मैले की धुलाई का धन देने के लिए तैयार नहीं था।

सरकारी रपटें ही बताती हैं कि साधनों के अभाव में कई परिशोधन कारखाने काम नहीं करते हैं। जो करते हैं वे रामभरोसे चलते हैं। उनमें कभी बिजली होती है और कभी नहीं होती, कभी मशीनें और उपकरण ठीक काम करते हैं, कभी नहीं करते। कभी उनमें आने वाले मैले पानी की मात्रा बहुत बढ़ जाती है, जैसे बारिश के बाद। मजबूरी में कारखाना चलाने वालों को उसे बिना साफ किए आगे भेजना पड़ता है। केंद्रीय प्रदूषण नियंत्रण बोर्ड का कहना है कि दिल्ली के 35 कारखाने अपनी कुल क्षमता का दो-तिहाई मैला पानी भी साफ नहीं कर पाते हैं।

यह सब गणित डरावना लगता है। थोड़ा और गहरा देखने से पता चलता है कि यह सारी जानकारी अधूरे आंकड़ों पर आधारित है। यह सच हमें समझाती है सन 2012 की एक रपट, जिसे निकाला था दिल्ली की गैरसरकारी संस्था 'सेंटर फॉर साइंस एंड एनवाएरमेंट' ने, जिसे सी.एस.ई. भी कहा जाता है। दो खंड और 772 पन्नों की यह पुस्तक 71 शहरों के सर्वे से बनी है। इस विषय पर अब तक का यह सबसे प्रामाणिक अध्ययन माना जाता है। रपट बताती है कि पीने के पानी और सीवर के पानी के गणित में एक बड़ी चूक है। हमारे शहरों में इस्तेमाल होने वाले पानी का एक बड़ा हिस्सा मोटर से चलने वाले ट्यूबवेलों से आता है। इस भूजल का हिसाब किसी के पास नहीं होता। कई साल तक हमारे शहरों में कोई भी ट्यूबवेल गाड़ सकता था। अब कुछ नगरपालिकाओं ने इस पर रोक लगाई है, इसके नियम बंनाए हैं। असंख्य ट्यूबवेलों का असर ये होता है कि नगर निगम जितना पानी पाइप के जरिए लोगों तक पहुंचाते हैं उससे कहीं ज्यादा पानी शहरों में इस्तेमाल होता है। इसका मतलब यह भी है कि हमारे सीवरों में आकलन से अधिक मैला पानी बहता है। कितना ज्यादा?

पिछले 20-25 सालों में हुई आर्थिक तरक्की का एक आकलन मैले पानी में दिखता है। ठीक से काम करने वाले सीवर तंत्र के लिए बहुत सारा धन चाहिए। एक अंदाजा कहता है कि इसके लिए कोई डेढ़ लाख करोड़ रुपये चाहिए। इतना धन कहां से आएगा? क्या शहर अपना मैला पानी साफ करने की थोड़ी भी कीमत चुकाएंगे?

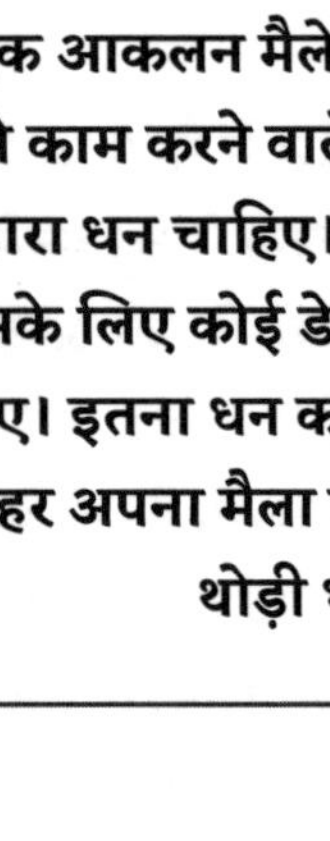

दिल्ली का उदाहरण लीजिए। दिल्ली जल बोर्ड ने 2005 में अपनी जल आपूर्ति के आंकड़ों से अंदाजा लगाया कि शहर हर रोज 300 करोड़ लीटर मैला पानी पैदा करता है। पर केंद्रीय प्रदूषण नियंत्रण बोर्ड ने दिल्ली की यमुना नदी में बहने वाला सीवर का पानी नापा। उसने पाया कि नाले 370 करोड़ लीटर मैला पानी हर दिन नदी में उलट देते हैं। सरकारी हिसाब से 70 करोड़ लीटर मैला पानी गायब था। सी.एस.ई. का 71 शहरों का सर्वेक्षण ज्यादातर नगर निगमों के हिसाब में ऐसी चूक दिखाता है।

गोदी में खेलती हैं इसकी हजारों नालियां

एक तो पहले ही मैले पानी के उपचार के कारखाने जितने होने चाहिए उतने हैं नहीं, उनकी क्षमता भी कम है, और उनको चलाना नगरपालिकाओं पर भारी पड़ता है। फिर यह तक हमें नहीं पता है कि हमारे शहर कितना मैला पानी पैदा करते हैं। सरकार इस आधी-अधूरी जानकारी के दम पर अगर ठीक निर्णय ले भी तो उसका परिणाम क्या होगा?

पिछले 20-25 सालों में हुई आर्थिक तरक्की का एक आकलन मैले पानी में दिखता है। केंद्रीय शहरी विकास मंत्रालय की रपट बताती है कि ठीक से काम करने वाले सीवर तंत्र और सफाई कारखाने लगाने के लिए हमारे शहरों को बहुत सारा धन चाहिए। कितना धन चाहिए यह किसी को ठीक पता नहीं है क्योंकि यही नहीं पता कि कितना मैला पानी पैदा होता है। एक अंदाजा कहता है कि इसके लिए कोई डेढ़ लाख करोड़ रुपये चाहिए। इतना धन कहां से आएगा? अगर केंद्र सरकार इतनी राशि खर्च करने को राजी हो भी जाए और कई नए कारखाने लगा भी दिए जाएं, तो नगरपालिकाएं इन्हें चलाएंगी कैसे? क्या शहरी लोग अपना मैला पानी साफ करने की थोड़ी भी कीमत चुकाएंगे?

इसका जवाब उन शहरों में मिल सकता है जो हमारी नई आर्थिक तरक्की के झंडाबरदार हैं। जैसे गुड़गांव और बेंगलुरु। तीस साल पहले गुड़गांव दिल्ली के पड़ोस में बसा एक छोटा सा कस्बानुमा शहर था। आज यह नए भारत की आर्थिक राजधानियों में गिना जाता है। यहां वह सब कुछ है जो विकास की कसौटी मान लिया गया है। ढेरों नई अट्टालिकाएं, दसियों जगमगाते मॉल, व्यापार और वाणिज्य की दुनिया के सबसे बड़े नाम, फर्राटे से दौड़ती चमचमाती मोटर गाड़ियां। यह सब निजी निवेश से हुआ है, सरकार की भागीदारी इसमें न के बराबर रही है। लेकिन मैले पानी पर निजी कंपनियों और सरकार में कोई अंतर नहीं है। गुड़गांव का एक बड़ा हिस्सा भूजल पर चलता है और किसी को पता नहीं है कि यह शहर कितना मैला पानी पैदा करता है। सरकारी अनुमान में तथ्य कम हैं, तुक्के ज्यादा हैं।

कई करोड़ लीटर पानी रोज साफ करने वाले कारखाने यहां हैं, लेकिन ज्यादातर पुराने शहर की नालियां ही इनकी ओर आती हैं। सी.एस.ई. का सर्वेक्षण बताता है कि गुड़गांव की 30 फीसदी आबादी ही सीवर की नालियों से जुड़ी है। बाकी का मैला पानी यहां-वहां बह जाता है या जमीन के अंदर बने अनगिनत सेप्टिक टैंकों में समा जाता है। जहां सीवर हैं वहां कई नालियों की हालत खराब है। पुराने सीवर जितनी आबादी के लिए बने थे उससे कहीं ज्यादा लोग गुड़गांव में आज रहने लगे हैं। कई नालियां तो गाद के जमने से अटकी पड़ी हैं, कई में टूट-फूट भी है। नई बस्तियों में लोग मैला पानी निकालने के लिए टैंकर बुलाते हैं, ठीक वैसे ही जैसे पीने के पानी के टैंकर मंगवाए जाते हैं। बरसात में मैला पानी हर कहीं बहता दिख सकता है।

मैले पानी के उपचार के लिए लगे एक कारखाने का सन् 2005 में राज्य के प्रदूषण नियंत्रण बोर्ड ने जाएजा लिया। पाया गया कि वहां साफ हुआ पानी भी मैला ही था। बोर्ड ने यह भी पाया कि कभी-कभी मैला पानी बिना साफ किए ही छोड़ा जाता है, खासकर बारिश के दिनों में। पश्चिम यमुना नहर से होते हुए जिस नदी का पानी गुड़गांव की प्यास बुझाता है उसे गुड़गांव मैला पानी वापस करता है। दिल्ली के दक्षिण-पश्चिम में बसे गुड़गांव का मैला पानी नजफगढ़ नाले में दिल्ली से होता हुआ उसके दूसरे छोर तक जाता है, उत्तर-पूर्व के वजीराबाद इलाके में यमुना नदी में विसर्जित होता है। मैले पानी को इतना लंबा रास्ता इसलिए तय करना पड़ता है क्योंकि वह एक पुरानी, बरसाती नदी में बहता है। जिसे आज नजफगढ़ नाला कहा जाता है वह एक समय साहिबी नाम की प्रणाली थी जो अरावली पर्वतमाला के बगल से बह कर यमुना से दिल्ली के उत्तर में मिलती थी। यमुना नदी दिल्ली में जो निर्जीव और बदबूदार पानी ढोती है उसमें गुड़गांव की तरक्की का अर्क भी मिलता है।

कंप्यूटर और इंटरनेट की जिस दुनिया ने गुड़गांव को बदला है उसका गढ़ तो बेंगलुरु है। यमुना जैसी कोई बड़ी नदी यहां नहीं है, पर बेंगलुरु को तालाबों का शहर कहा जाता है। एक सर्वेक्षण के हिसाब से सन् 1973 में यहां 379 तालाब थे। सन् 1996 में इनमें से 246 ही बचे थे। आज इनकी संख्या 206 बताई जाती है। जो तालाब बचे हुए हैं उनमें भी बहुत सी जमीन पर अवैध कब्जा हो चुका है। बेंगलुरु के भारतीय विज्ञान संस्थान की एक रपट बताती है कि 1973 में तालाबों के नीचे 5,742 एकड़ जमीन थी। यह घट कर 2013 में केवल 445 एकड़ बची थी। यानी 40 साल में दसवें हिस्से से भी कम जमीन बची है तालाबों के नीचे।

सन् 2015 में कर्नाटक की विधानसभा की एक समिति ने बेंगलुरु के शहरी और देहाती इलाकों का निरीक्षण करवाया। इसमें 200 सर्वेक्षकों ने 14 महीने की अवधि में घूम-घूम कर जानकारी इकट्ठी की, उसका जमीनी जाएजा भी लिया। जब जनवरी 2016 में इसकी रपट जारी हुई तो पता लगा कि 10,472 एकड़ की तालाबों की जमीन पर कब्जे हो चुके थे। इस जमीन की बाजार में कीमत डेढ़ लाख करोड़ रुपये बताई गई। 11,595 ऐसे व्यक्तियों और सरकारी संस्थानों के नाम भी समिति ने सामने रखे जिन्होंने तालाबों की जमीन दबोच रखी है। कहीं रिहायशी या व्यावसायिक भवन हैं, कहीं स्कूल, जनवासे और न जाने क्या-क्या। इस सूची में नगर के कई नामी-गिरामी बिल्डरों के नाम हैं, कई सरकारी विभागों के भी।

पिछले 25 सालों में आए नए पैसे से शहर बहुत तेजी से बढ़ा है। पर नए इलाकों में सीवर की नालियां नहीं हैं। इनका मैला पानी कहां जाता है इसकी कोई पक्की जानकारी नहीं है। कहीं किसी निचले इलाके या तालाब में छोड़ दिया जाता है या जमीन में गड्ढा कर के उसमें डाला जाता है। इन गड्ढों को साफ करने का एक आधुनिक

दक्षिण के शहरों में सेप्टिक टैंक खाली करने के लिए ऐसे 'हनीसकर' ट्रकों का उपयोग शुरू हुआ था। बेंगलुरु के आसपास के कुछ किसान इन ट्रकों को अपनी जमीन पर खाली करवाते हैं। फसल को पानी और खाद दोनो मिलते हैं।

तरीका निकला है जिससे सरकार पूरी तरह बेखबर है। पीले रंग के ट्रक जिनमें पानी खींचने की मोटर लगी है और एक हवाबंद टंकी भी। इन्हें 'पिटसकर' या 'हनीसकर' कहा जाता है, यानी गड्ढा चूसने वाले या शहद चूसने वाले ट्रक। पर ये मैला पानी निकालने के बाद डालते कहां हैं? कुछ तो जहां-कहीं खाली जगह मिले वहीं खाली कर दिए जाते हैं। कुछ मैले पानी के कारखाने में खाली होते हैं। कुछ ट्रक वालों का समझौता होता है शहर के आसपास के किसानों के साथ। मैला पानी उनके खेत में डलता है, जमीन में शहद जैसी उर्वरता उड़ेलता है।

कुछ किसान नए इलाकों की चमचमाती इमारतों और फ्लैट से निकला मैला पानी पसंद नहीं करते क्योंकि उसमें विषैली दवाएं अधिक होती हैं। इन इमारतों में जो पढ़े-लिखे, साधन-संपन्न लोग रहते हैं उन्हें चमचमाते, रोगाणुओं से मुक्त शौचालय चाहिए होते हैं। लेकिन जीवाणुओं को मारने वाली दवाएं फसल को नुकसान पहुंचाती हैं। यह बात किसानों को किसी वैज्ञानिक परीक्षण से नहीं, बल्कि अपने तजुर्बे से पता चली है। मैले पानी की खबर लेते हुए ऐसा कई बार दिखता है कि अविकसित और पिछड़े माने गए लोग ज्यादा समझदारी दिखा जाते हैं।

सूचना क्रांति के आकाशदीप बेंगलुरु में हर तरह की जानकारी कंप्यूटर के 'माउस' की एक 'क्लिक' से मिल जाती है। लेकिन किसी कंप्यूटर का कोई भी सर्च इंजन कितने भी क्लिक करने से यह ठीक-ठीक नहीं बता सकता कि यहां कितना मैला पानी पैदा होता है। नगर निगम का अंदाजा रोजाना 111 करोड़ लीटर का है, लेकिन इसमें भूजल खींचने वाले अनगिनत ट्यूबवेलों का हिसाब नहीं है।

सन् 2005 के एक गैरसरकारी सर्वेक्षण ने 2,61,573 ट्यूबवेलों का आंकड़ा

निकाला, जबकि नगरपालिका के पास केवल 1,70,000 ट्यूबवेल पंजीकृत थे। हर साल अंदाजन 6,500 नए ट्यूबवेल खोदे जाते हैं। इस बेहिसाब पानी के इस्तेमाल से बेहिसाब मैला पानी निकलता है। साफ कितना होता है? जिस मैले पानी का हिसाब सरकारी विभागों के पास है उसका एक-तिहाई भी साफ करने की क्षमता बेंगलुरु में नहीं है। अगर कुल कूवत ही इतनी कम है तो साफ कितना होता होगा? जो साफ नहीं होता वह कहां जाता है? उन तालाबों में जिनसे पहले पीने का पानी आता था। फिर पीने का पानी अब कहां से आता है? या तो भूजल से या कावेरी नदी से।

बेंगलुरु ही क्या, हर शहर के जल स्रोतों की यही कहानी है। पानी के पास रहना सौंदर्य और विलासिता का प्रतीक रहा है। सबसे आलीशान और महंगे भवन जल स्रोतों के इर्दगिर्द ही बनते रहे हैं। लेकिन आज किसी जल स्रोत का पता हवेलियों और बावड़ियों के शिल्प से नहीं, मैले पानी के दुर्गंध से लगता है। नए और महंगे इलाकों में मैले पानी के प्रबंध में कोई सूझ-बूझ नहीं होती है और जल स्रोत मैले पानी के पात्र बना दिए जाते हैं। हमारे शहरों का अपने जल स्रोतों के साथ संबंध खत्म होता जा रहा है क्योंकि ये बहुत दूर-दूर से पानी छीन कर ला सकते हैं। अपने जल स्रोत बचाने में उनकी कोई रुचि, कोई स्वार्थ नहीं बचा है। लेकिन जल स्रोतों को मैले पानी का पात्र बनाने में शहरों का स्वार्थ है। उदाहरण के लिए फिर दिल्ली लौटते हैं।

उत्तरी दिल्ली के वजीराबाद में यमुना दिल्ली में प्रवेश करती है। आज यहां एक अजब नजारा दिखता है। बरसात का मौसम छोड़ दें तो वजीराबाद बांध के उत्तर में हरा-नीला साफ पानी लबालब भरा दिखता है। यहां पर नदी एक झील में बदल जाती है, क्योंकि बांध से नीचे पानी छोड़ा नहीं जाता है। यहां से सारा पानी दिल्ली के इस्तेमाल के लिए निकाल लिया जाता है। बांध के ठीक नीचे यमुना खाली पड़ी दिखती है। लेकिन कुछ दूरी तक ही। जरा आगे नजफगढ़ नाला उत्तर-पश्चिम दिल्ली का मैला पानी यमुना में उड़ेलता है। इस बदबूदार घोल को पतला करने के लिए नदी में पानी नहीं होता है। बांध के ऊपर होती है हरे-नीले पानी की लबालब झील, बांध के नीचे एक पतली सी काली धारा। एक आधुनिक शहर का अपने जल स्रोत से यह विकराल संबंध उपग्रह के चित्रों में भी दिखता है और इंटरनेट पर गूगल के नक्शों में भी।

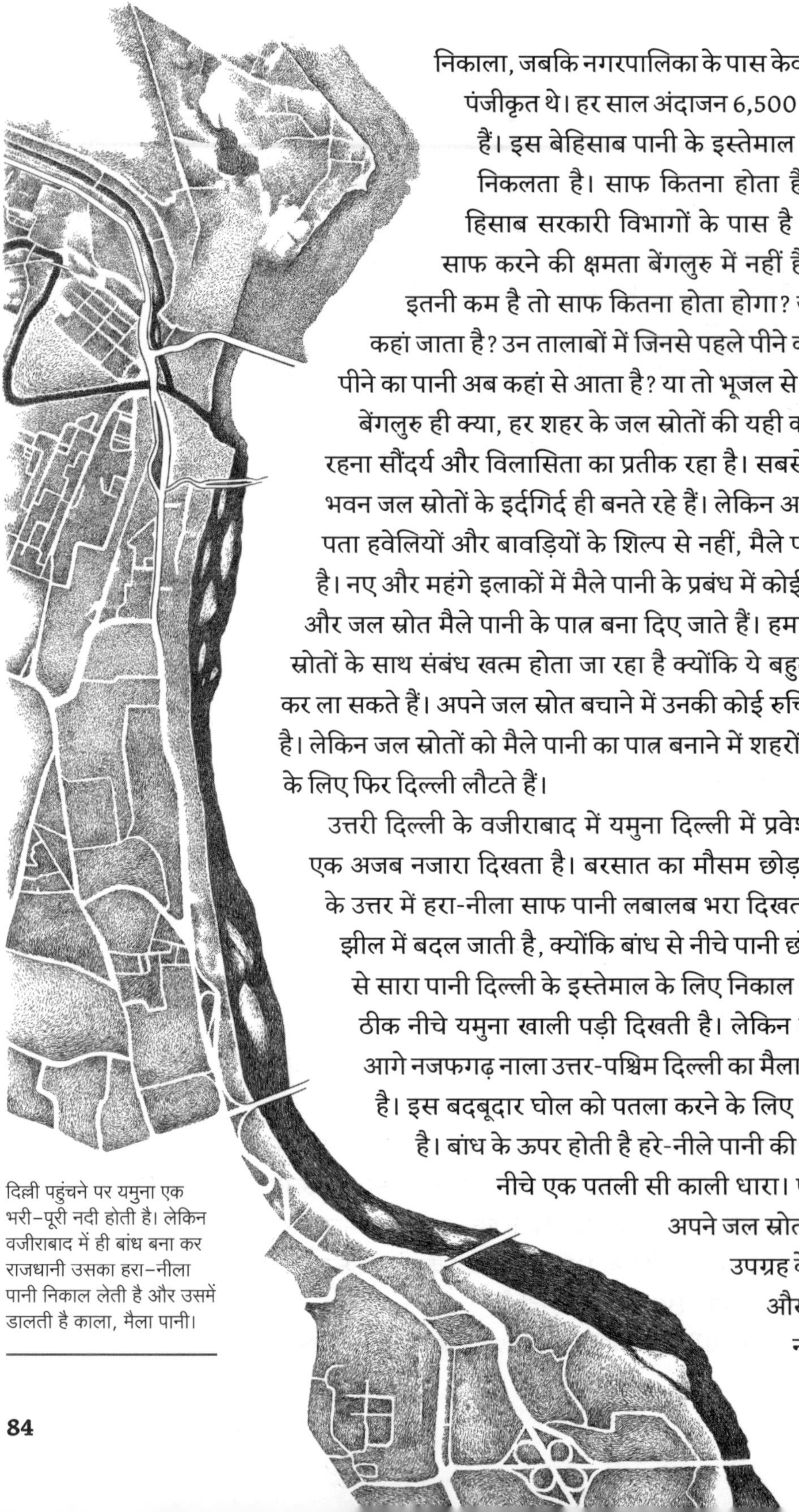

दिल्ली पहुंचने पर यमुना एक भरी-पूरी नदी होती है। लेकिन वजीराबाद में ही बांध बना कर राजधानी उसका हरा-नीला पानी निकाल लेती है और उसमें डालती है काला, मैला पानी।

दिल्ली का यमुना से संबंध सदा से ऐसा नहीं था। अरावली से आने वाली कई छोटी-बड़ी बरसाती नदियां यमुना में मिलती थीं। ये नदियां कई कुओं, बावड़ियों और तालाबों से जुड़ी हुई थीं। दिल्ली बाग-बगीचों का शहर कहा जाता था। चाहे आज यहां रहने वालों को इसकी भनक तक न हो, फिर भी वे दिल्ली के पानीदार इतिहास को जाने-अनजाने याद करते हैं जब शहर के इलाकों के नाम पुकारे जाते हैं। हौज खास, मोती बाग, धौला कुआं, झील खुरेजी, हौज रानी, पुल बंगश, खारी बावली, अठपुला, लाल कुआं, हौजे शम्सी, पुल मिठाई, दरियागंज, बारहपुला, नजफगढ़ झील, पहाड़ी धीरज, पहाड़गंज, सतपुला, यमुना बाजार...

गोदी में खेलती हैं इसकी हजारों नालियां

चौमासे की बारिश के बाद अरावली से बह कर आने वाली नदियां फैलती थीं, इनसे आसपास का भूजल बढ़ता था जो कुओं और तालाबों में पहुंचता था। गर्मी में जब नदियों में पानी कम पड़ जाता था तो अगल-बगल के भूजल से उनमें पानी रिसता हुआ वापस आता था। इस लेन-देन की बदौलत दिल्ली पानी के मामले में बहुत अमीर रहा है, और शहर बसाने के लिए आदर्श स्थान। इसमें कोई आश्चर्य नहीं है कि कई बार उजड़ने के बाद भी नए नगर और किले यहीं, अरावली और यमुना के बीच में बार-बार बसे। इस विलक्षण भूगोल और पानी के लेन-देन की वजह से दिल्ली बाढ़ से बचा रहा है, पुरंदर के हाथ नहीं चढ़ा।

लेन-देन आज भी है। शहर नदी से पानी लेता है और मैला पानी उसे लौटा देता है। अरावली से आने वाली छोटी-छोटी कई नदियां मैले पानी के नालों में तब्दील हो चुकी हैं। जमीन की कीमत देखते हुए इन्हें पाट कर सड़क या भवन बनाए जा रहे हैं। भूजल को बढ़ाने जितना पानी न तो दिल्ली की यमुना में बचा है और न ही उसकी सहायक नदियों में। जमीन को पक्का कर देने से बारिश का पानी जमीन में बैठने की बजाए बाढ़ का रूप लेता है।

दिल्ली बाग-बगीचों का शहर कहा जाता था। आज दिल्ली वाले इस पानीदार इतिहास को जाने-अनजाने याद करते हैं जब शहर के इलाकों के नाम पुकारते हैं। हौज खास, मोती बाग, धौला कुआं, झील खुरेजी, हौज रानी, पुल बंगश, खारी बावली, अठपुला, लाल कुआं, हौजे शम्सी, दरियागंज, बारहपुला...

दिल्ली का चमचमाता नया एयरपोर्ट कम-से-कम तीन तालाबों की जमीन पर बना है। सन् 2013 में बारिश का पानी एयरपोर्ट के भीतर तक आ गया था और अखबारों में घुटने तक पानी में चलते यात्रियों की तस्वीरें छपी थीं। जलवायु परिवर्तन से वैसे भी चौमासे की बरसात का स्वभाव बदल रहा है। बारिश के दिन कम हो रहे हैं, लेकिन जब वर्षा होती है तब पुरंदर कई दिनों का पानी एक साथ नीचे पटक देता है। गर्मी में घनघोर प्यास और चौमासे में बाढ़। मानसून के किसी भी दिन दिल्ली में अब वे ही नजारे दिख सकते हैं जो 26 जुलाई 2005 को मुंबई में दिखे या दिसंबर 2015 में चेन्नई में दिखे। पुरंदर अब दिल्ली को ललकारने लगा है।

शहर की प्यास भी बढ़ रही है। कौन कितना विकसित है यह इससे पता लगता

है कि वह कितना पानी इस्तेमाल कर सकता है, कितना पानी निचोड़ कर निकाल सकता है। दिल्ली जल बोर्ड के ही 3,000 से ज्यादा ट्यूबवेल चलते हैं। एक लाख निजी ट्यूबवेल पंजीकृत हैं। केंद्रीय भूजल बोर्ड का अंदाजा है कि दिल्ली में कुल निजी ट्यूबवेलों की संख्या चार लाख भी हो सकती है। कितने हैं यह किसी को ठीक से पता नहीं है। लेकिन यह पता है कि कैसे भी कर के दिल्ली की प्यास बुझती नहीं है। यमुना और उसकी सहयोगी नदियों को सुखा लेने के बाद, भूजल को निचोड़ने के पश्चात, दिल्ली की नीयत हमेशा दूसरों के जल स्रोतों पर रहती है।

1960 के दशक में भाखड़ा परियोजना बनने के समय से पंजाब की रावी और ब्यास नदियों का पानी दिल्ली लाया जा रहा है, 355 किलोमीटर दूर से। दिल्ली से 300 किलोमीटर उत्तर में टिहरी बांध के बनने का एक कारण दिल्ली की जल आपूर्ति था। गंगा का पानी तो पहले ही ऊपरी गंगा नहर से दिल्ली लाया जा रहा है। अब दिल्ली की नजर 305 किलोमीटर दूर हिमाचल के सिरमौर की तरफ है, जहां 20 गांवों को डुबो कर रेणुका बांध परियोजना बनाने का प्रस्ताव है। इन गांवों के लोग अपना विस्थापन बचाने के लिए जैसे-तैसे कोशिश कर रहे हैं। दिल्ली जितना पानी रेणुका परियोजना से चाहता है उतना पानी तो शहर के रिसते हुए पाइप यूं ही बहा देते हैं। हर रोज 120 करोड़ लीटर।

दिल्ली में शिकायत केवल प्रवासियों की बढ़ती आबादी की ही होती है, उस पानी की नहीं होती जो राजधानी दूर-दूर से बलात् ले आती है। अगर आप दिल्ली के 400 किलोमीटर की परिधि में रहते हैं तो अपने जल स्रोत संभाल कर रखिए। दिल्ली की नीयत खराब है। मौका लगते ही राजधानी आपका पानी छीन सकती है। दिल्ली की ताकत दूसरों को प्रेरित करती है। हमारा हर शहर आज अपने जल स्रोत सहेजने की बजाए दूसरों का पानी लूटना चाहता है। जल प्रबंधन की शाश्वत परंपरा वाला हमारा देश आज पानी लूटने वालों का देश है। शहरी विकास की प्रणाली अब यही है।

पानी की लूट और मैले पानी के फेंकने का असर नदियों और तालाबों पर साफ दिखता है, पर भूजल की हालत दिखती नहीं है। शहरों में ट्यूबवेल हर साल-दो-साल पर गहरे करने पड़ते हैं। दक्षिणी दिल्ली के अमीर इलाकों में पानी की गरीबी बहुत तेजी से बढ़ रही हैः भूजल स्तर हर साल 10 फुट गिर रहा है। उसके स्रोत का मैले पानी से प्रदूषण भी हो रहा है। जो मैला पानी खुली नालियों में या गड्ढों में डाल दिया जाता है वह रिस कर भूजल में पहुंचता है।

हमारे देश के सिविल इंजीनियरी के पाठ्यक्रमों में सीमेंट के भवन बनाने की पढ़ाई तो होती है, शुचिता का विचार नहीं सिखाया जाता है, न उन्हें भवन की बनावट के भूजल पर पड़ने वाले असर के बारे में ठीक से पढ़ाया जाता है। ऐसे पढ़े इंजीनियर भवन बनवाते हैं। नतीजतन सेप्टिक टैंक में वे सावधानियां नहीं बरती जातीं जो मल-

मूत्र को भूजल में रिसने से बचाती हैं। अगर सिविल इंजीनियर तैयार भी हों तो भवन बनवाने वाले बढ़िया सेप्टिक टैंक बनाने के लिए खर्च करने को तैयार नहीं होते। इस सब का असर भूजल पर भले ही दिखे नहीं, पर वह पानी की गुणवत्ता में झलकता है। बेंगलुरु में 735 जगहों से निकले भूजल के नमूनों की जांच सन् 2003 में हुई। आधे नमूने भी पीने लायक नहीं थे। विकार का कारण था 'नाइट्रेट' की अधिक मात्रा। इनमें से 100 नमूनों की जांच बैक्टीरिया के लिए की गई। तीन चौथाई में वे बैक्टीरिया पाए गए जो हमारे मल में पाए जाते हैं, और जिनका भूजल में पहुंचने का मैले पानी के सिवा कोई और तरीका नहीं है।

गोदी में खेलती हैं इसकी हजारों नालियां

देश भर के जल स्रोतों के प्रदूषण का सबसे बड़ा कारण बस्तियों से निकला मैला पानी ही है, ऐसा केंद्रीय प्रदूषण नियंत्रण बोर्ड बरसों से कह रहा है, कई रपटों में कह चुका है। उसके परीक्षणों में लगभग हर बड़े शहर के पानी में मल से आने वाले 'नाइट्रेट' और बैक्टीरिया की मात्रा हद से बहुत ज्यादा है। भारत पर यूनिसेफ की 2013 की रपट जल प्रदूषण को 'टाइम-बम' बताती है।

भारत में कैंसर पर शोध कर रहे कुछ वैज्ञानिकों ने सन् 2012 में पाया कि भारत में कहीं भी कैंसर के कई रूप उतने व्याप्त नहीं हैं जितने गंगा के इलाके में हैं, खासकर उत्तर प्रदेश, बिहार और पश्चिम बंगाल में। पाप धोने वाली पवित्र गंगा को हमने जानलेवा रोगों का स्रोत बना दिया है।

अगर जल स्रोतों में मल-मूत्र सीधा पहुंच रहा है तो पानी से फैलने वाली बीमारियों को अब तक महामारी का रूप ले लेना चाहिए था। ऐसा इसलिए नहीं होता क्योंकि नगर निगम जो पानी पाइप के जरिए पहुंचाता है उसका गहन उपचार होता है। शहरों में घर-घर में पानी साफ करने की मशीनें भी लगने लगी हैं। फिर भी मैला पानी टूटी-फूटी नालियों के जरिये पीने के पाइप में पहुंच जाता है। जून 2013 के आखिरी हफ्ते में दक्षिणी दिल्ली के एक मुहल्ले में दो लोग मैले पानी से फैलने वाले रोग से मारे गए और 40 बीमार पड़ गए।

कर्नाटक राज्य के एक भूतपूर्व आला अफसर वी. बालासुब्रह्मण्यम ने बेंगलुरु पर एक अध्ययन करने के बाद कहा कि कोई आश्चर्य नहीं होगा अगर शहर को दस साल में खाली करना पड़े, क्योंकि तब तक उसके जल स्रोत मैले पानी से इतने दूषित हो चुके होंगे। पर्यावरण के प्रदूषण से कैंसर रोग का सीधा संबंध होता है। भारत में कैंसर पर शोध कर रहे कुछ वैज्ञानिकों ने सन् 2012 में पाया कि भारत में कहीं भी कैंसर के कई रूप उतने व्याप्त नहीं हैं जितने गंगा के इलाके में हैं, खासकर उत्तर प्रदेश, बिहार और पश्चिम बंगाल में। पाप धोने वाली पवित्र गंगा को हमने जानलेवा रोगों का स्रोत बना दिया है। इसमें उद्योगों से आने वाले जहरीले पानी का भी हाथ है। गंगा के पानी में अब कैंसरकारक रसायन पाए जाते हैं। यह इलाका कुछ सौ सालों से कुओं और तालाबों पर टिका हुआ है। लेकिन अब भूजल को ट्यूबवेल या हैंडपंप से दोहने का जमाना है।

आर्सेनिक, यानी संखिया का जहर भूजल के साथ ऊपर आने लगा है। इसके प्रमाण गंगा के पानी में भी मिलते हैं। कुछ वैज्ञानिक मानते हैं कि सरकारी स्वच्छता अभियान में बनने वाले शौचालयों की टंकियों से मैला पानी रिस-रिस कर, मिट्टी में बंधे हुए आर्सेनिक के जहर को मुक्त कर देगा। और बड़े इलाके में इसका प्रकोप फैलेगा। एक जाने-माने वैज्ञानिक बेतरतीब शौचालय बनाने वाले स्वच्छता अभियानों को गंगा के इलाके को जहरीला बनाने का अभियान कहते हैं।

हमारे जल स्रोतों को साफ करने की कई तरह की कोशिशें हुई हैं। सन् 2003 में दिल्ली उच्च न्यायालय ने कुछ उद्योगों की अर्जी पर यमुना के तल और तट से झुग्गी-झोपड़ियां हटाने का आदेश दिया। कारण दो थे। एक, इन बस्तियों से नदी के आसपास का माहौल खराब हो रहा था। दो, इन से यमुना का प्रदूषण हो रहा था। इन दिनों 2010 के राष्ट्रकुल खेलों के लिए दिल्ली को सुंदर बनाने पर जोर था। आदेश के बाद 20,000 से ज्यादा परिवार यमुना के पास से हटाए गए और उनका पुनर्वासन किया गया दूर, उत्तर-पश्चिमी दिल्ली के बवाना में। इसके बाद नदी में प्रदूषण कम होना चाहिए था पर अगले साल यमुना में प्रदूषण और बढ़ चुका था।

धनवान इलाकों में रहने वालों की तुलना में झुग्गियों में रहने वाले कम पानी इस्तेमाल करते हैं, जल प्रदूषण भी कम करते हैं। फिर भी यमुना की सफाई के लिए एक लाख लोगों को बेघर किया गया। जिन न्यायाधीशों ने झोपड़ियां हटाने का आदेश दिया उन्होंने यह नहीं पूछा कि उनके अपने शौचालयों का मैला पानी कहां जाता है।

ऐसा कैसे हुआ? कुछ सामाजिक संगठनों ने इसकी पड़ताल की। मैले पानी का हिसाब लगाने के सरकारी तरीके के मुताबिक इन बस्तियों का यमुना के प्रदूषण में हिस्सा 0.33 प्रतिशत से ज्यादा नहीं हो सकता था। यह भी इस पर निर्भर था कि इन बस्तियों में सरकार जरूरत जितना पानी पहुंचाए, और यहां सीवर की नालियां भी बिछी हों। पर ऐसा था नहीं। कई तरह के शोध दिखा चुके हैं कि धनवान इलाकों में रहने वालों की तुलना में झुग्गियों में रहने वाले लोग कम पानी इस्तेमाल करते हैं और उनसे जल प्रदूषण भी कम होता है। फिर भी यमुना की सफाई के नाम पर कोई एक लाख लोगों को बेघर किया गया। उसी जमीन को बाद में अक्षरधाम मंदिर, राष्ट्रकुल खेलगांव और मेट्रो रेल को दे दिया गया।

जिन न्यायाधीशों ने झोपड़ियां हटाने का आदेश दिया उन्होंने यह भी नहीं पूछा कि न्यायालय के जिन शौचालयों का वे खुद इस्तेमाल करते हैं उनका मैला पानी कहां जाता है। अगर पूछते तो पता लगता कि यमुना को मैली करने का सबसे बड़ा स्रोत अनधिकृत बस्तियां और झुग्गियां नहीं हैं, बल्कि वैधानिक तौर पर बसाए इलाकों का मैला पानी है। इसमें दिल्ली उच्च न्यायालय का मैला पानी भी आता है। उस सर्वोच्च न्यायालय का भी जो सरकार से खबर लेता रहता है कि यमुना मैली क्यों है।

अगर देश में किसी नदी को साफ हो जाना चाहिए था तो वह है दिल्ली की यमुना।

दिल्ली से ज्यादा धन और साधन किसी शहर के पास नहीं हैं। हमारे देश में कुल मैला पानी साफ करने की क्षमता का एक बड़ा हिस्सा दिल्ली में ही है, जबकि यहां पैदा होने वाला मैला पानी हमारे सारे शहरों के कुल योग का दसवां हिस्सा ही है। राष्ट्रीय नदी संरक्षण योजना में कुल 172 शहर आते हैं, जिनमें मार्च 2010 तक 5,148 करोड़ रुपये खर्च हुए हैं। इसमें से लगभग 13 फीसदी केवल दिल्ली पर खर्च हुआ हैः 650 करोड़ रुपये। इस योजना में खर्च हुई कुल राशि का चौथा हिस्सा (1,353 करोड़ रुपये) केवल एक नदी पर खर्च हुआ है, और वह है यमुना। इसमें से 1,200 करोड़ रुपये तो सिर्फ दिल्ली में मैला पानी साफ करने के 17 कारखाने लगाने पर खर्च हुए। पवित्र गंगा का मूल्य इस योजना में केवल 932 करोड़ रुपये निकला।

गोदी में खेलती हैं इसकी हजारों नालियां

कई तरह की नई प्रणालियों पर पैसा पानी की तरह बहाया गया है। केंद्र सरकार और दिल्ली राज्य सरकार ही नहीं, न्यायपालिका भी यमुना साफ करने के लिए प्रतिबद्ध है। इस सबके बावजूद यमुना है कि साफ होती ही नहीं है। नदी की हालत जानने के लिए प्रदूषण नियंत्रण बोर्ड के वैज्ञानिकों को परेशान करने की जरूरत नहीं है। न ही बोर्ड की वेबसाइट पर जा कर प्रदूषण के आंकड़े निकालने की। आंख और नाक वह बताती हैं जो शायद वैज्ञानिक भी न बता पाएं। यमुना की कुल लंबाई का केवल 2 प्रतिशत दिल्ली से बहता है, यानी 22 किलोमीटर। इतनी सी लंबाई में यमुना का 80 फीसदी प्रदूषण हो जाता है। यह है राजधानी का उसकी नदी के साथ संबंध।

खर्च हुई कुल राशि का चौथा हिस्सा केवल यमुना नदी पर लगा। इसमें से 1,200 करोड़ रुपये तो सिर्फ दिल्ली में मैला पानी साफ करने के 17 कारखाने लगाने पर खर्च हुए। यमुना की कुल लंबाई का केवल 2 प्रतिशत दिल्ली से बहता है, यानी 22 किलोमीटर। इतनी-सी लंबाई में यमुना का 80 फीसदी प्रदूषण हो जाता है। यह है राजधानी का उसकी नदी के साथ संबंध।

जल प्रदूषण का मामला जब कभी उठता है सरकार पर कुछ करने का दबाव बढ़ता है। एक और खर्चीली योजना, एक और नई प्रणाली निकाली जाती है। ऐसी ही एक योजना है 'गंगा ऐक्शन प्लैन' या 'गैप', जो सन् 1986 में शुरू हुई थी। सन् 2000 तक इस योजना में 900 करोड़ रुपये खर्च हो चुके थे। सरकारी खाते में धन खर्च हो जाने का मतलब होता है काम पूरा हुआ। सन् 2000 की केंद्रीय नियंत्रक और महालेखाकार की रपट बताती है कि योजना में साधनों का घोर दुरुपयोग हुआ।

सरकार ने इस योजना का दूसरा चरण सन् 1993 में चालू कर डाला, जिसे दो साल बाद ही राष्ट्रीय नदी संरक्षण योजना का नाम दे दिया गया। धीरे-धीरे कई और नदियों के लिए वैसे ही प्रदूषण निवारण कार्यक्रम बनाए गए जिनसे गंगा साफ नहीं हो पाई थी। गैप के पहले दो चरणों में 2,300 करोड़ रुपये मैला पानी साफ करने के कारखाने बनाने जैसे कामों पर खर्च हुए। कई हजार करोड़ रुपयों की इस योजना में धन खर्च करने की आपाधापी है। पर इसका नदी पर असर दिखता नहीं है। शहरों में रहने वालों

का मल-मूत्र, उनके सीवर का मैला पानी ही नदी के प्रदूषण का सबसे बड़ा कारण बना हुआ है। गंगा किनारे के शहरों ने सरकारी योजना का धन पचा लिया, और अभी भी इंतजार में हैं कि उन्हें अपना दारिद्रय धोने का अगला मौका मिले।

इनमें से तीन लीजिए, कानपुर, इलाहाबाद और वाराणसी। तीनों शहरों में मैला पानी साफ करने के कारखाने लगे हुए हैं। गंगा को साफ करने के लिए तीनों शहर ऐसे कई और कारखाने लगाना चाहते हैं, पर इन शहरों के 71-84 प्रतिशत इलाकों में सीवर की नालियां ही नहीं हैं। मैला पानी भवनों से कारखानों तक पहुंचेगा कैसे, कोई नहीं जानता। योजनाएं हैं, उनमें धन है, सो खर्च करने के कल्पनाशील तरीके भी शहर निकाल ही लेते हैं, लेकिन इस सब से नदियां साफ नहीं होतीं।

ऐसी ही एक कठिन नाम वाली एक योजना सन् 2005 में शुरू हुई, नाम था 'जवाहरलाल नेहरू राष्ट्रीय शहरी नवीकरण मिशन'। इसके तहत नगर निगम वे काम करने के लिए केंद्र सरकार से सहायता पा सकते हैं जो वे अपने खर्चे से या राज्य सरकार की मदद से कर नहीं सकते हैं। मार्च 2012 में इसका पहला चरण पूरा होने तक इसमें 60,000 करोड़ रुपये खर्च किए जा चुके थे। दूसरी सुविधाओं की ही तरह मैला साफ करने के संयंत्र भी इस योजना में लगाए जा सकते थे। लेकिन इस मिशन के साथ काम करने वाले लोगों का कहना है कि सबसे ज्यादा धन साफ पानी की आपूर्ति में ही खर्च हुआ है। इतनी बड़ी योजना में खूब गुंजाइश थी कि जल स्रोत ठीक किए जाएं और मैला पानी साफ करने के साधन खड़े किए जाएं। पर ऐसा नहीं हुआ। सन् 2014 में नई सरकार ने इस योजना को बंद कर दिया। इसकी जगह एक और कठिन नाम की योजना की घोषणा कीः 'अटल नवीकरण और शहरी परिवर्तन मिशन', जिसे अंग्रेजी में 'अमृत' भी कहा जाता है।

जापान में जो भवन और इमारतें सीवर की नालियों से जुड़ी नहीं हैं उनके नीचे ऐसे संयंत्र लगाए जाते हैं। इन्हें 'जोकासो' कहते हैं और इनमें साफ हुआ पानी नदियों, तालाबों और भूजल को दूषित नहीं करता।

सरकारी कार्यक्रम असरकारी नहीं माने जाते हैं। सरकार टेंडर के आधार पर काम करती है। टेंडर में वह अपनी जरूरत बताती है और सबसे सस्ते में काम पूरा करने का वायदा करने वाले को टेंडर दे दिया जाता है। इसमें दोनों पक्षों को बैठ कर काम का कारगर तरीका ढूंढ़ने का मौका नहीं रहता। टेंडर का आवेदन भरने वाले प्रस्तावित दाम कम-से-कम रखने के लिए हर तरह के समझौते करते हैं। यह कटौती दिखाई देती है काम पूरा होने के बाद। अब तो खुद सरकारें ही निजी क्षेत्र के साथ काम करने की बात करती हैं। गंगा की

सफाई के अभियान में अब बार-बार पंजाब के बाबा बलबीर सिंह सींचेवाल का नाम लिया जाता है। उन्होंने सन् 2000 में एक सामाजिक अभियान शुरू किया था काली वेईं नामक एक छोटी सी नदी की सफाई के लिए। 160 किलोमीटर लंबी इस नदी का सिख धर्म में गहरा महत्व है। गुरु नानक देव 14 साल इसके किनारे रहे थे और यहीं पर उन्हें दिव्य ज्ञान मिला था।

गोदी में खेलती हैं इसकी हजारों नालियां

कुछ ही सालों के भीतर बाबा सींचेवाल ने आसपास के गांव के लोगों और सरकारी विभागों को जोड़ कर नदी को साफ करने का काम कर दिखाया। उनका सामाजिक प्रभाव इतना है कि उनके बुलाने से लोग कार सेवा करने उमड़ आते हैं। यही नहीं, दूर अमेरिका और कनाडा में बसे सिखों ने जी भर के साधन भेजे हैं। सरकार में आजकल 'सींचेवाल मॉडल' की खूब चर्चा है। लेकिन सरकारी योजनाओं में वह सामाजिक प्रभाव कैसे आएगा जिसकी वजह से बाबा सींचेवाल ने लोगों को काली वेईं नदी से एक बार फिर जोड़ दिया?

सरकार पर ही सारी जिम्मेदारी मढ़ना शायद गलत होगा। सीवर प्रणाली के मूल में ही कुछ कमियां हैं। मैला पानी कारखानों तक पहुंचाना महंगा सौदा पड़ता है। एक अंदाजा बताता है कि मैला पानी साफ करने की कुल लागत का 80 प्रतिशत तो केवल नालियों को बिछाने, मैले पानी को इनमें चलाने के लिए बिजली के पंप लगाने, फिर बिजली के बिल चुकाने और दूसरी तरह के रखरखाव में खर्च होता है। इसमें यह अपेक्षा रहती है कि इतनी बिजली पहले से मौजूद है और तंत्र को ठीक से चलाने के लिए प्रशिक्षित कामगार भी, जो अमूमन हमारे शहरों में होता नहीं है।

सीवर प्रणाली में पानी बहुत लगता है। साल भर जगह-जगह शौचालयों से मल-मूत्र बहाने के लिए इतना पानी कहां से आएगा? हमारे देश में कुल बारिश का 90-70 प्रतिशत पानी मानसून के तीन महीनों में ही गिर जाता है। फिर शहरों में इतनी जमीन कहां से आएगी कि इस मैले पानी को साफ करने के कारखाने लगाए जाएं? जमीन मिल भी गई तो उसे खरीदने और फिर इन संयंत्रों को बनाने और निर्विघ्न चलाने का धन कैसे जुटेगा?

चाहे आधुनिक शहर के ढांचे में सीवर व्यवस्था अनिवार्य हो, लेकिन मल-मूत्र हटाने का यह तरीका बेहद अस्वाभाविक है। जितना मैला पानी इकट्ठा होता जाता है उसे साफ करना कई गुणा कठिन और महंगा होता जाता है। फ्लश कमोड से निकले पानी को साफ करने का एक व्यावहारिक तरीका है मैला पानी जहां पैदा हो वहीं उसका उपचार किया जाए, उसे आगे भेजने के पहले। इससे कई तरह के खर्चे बचाए जा सकते हैं। ऐसा करना असंभव नहीं है, कुछ देशों ने यह कर के दिखाया भी है।

इनमें मुख्य है जापान। हालांकि वहां के ज्यादातर हिस्सों में बड़े-बड़े कारखाने हैं मैले पानी के उपचार के लिए। पर देश के पांचवें हिस्से के मैले पानी का उपचार

छोटे-छोटे कारखानों में होता है, खासकर उन इलाकों में जहां की आबादी 20,000 से कम हो। इन्हें 'जोकासो' कहते हैं। किसी छोटी गाड़ी या पानी की टंकी का इसका आकार होता है, इसलिए किसी इमारत के आसपास या तलघर में ही ऐसे कारखाने लग सकते हैं। जापान में पिछले 40 साल से ये लग ही रहे हैं, और काम भी कर रहे हैं। इनमें एक इमारत या बस्ती का मैला पानी सीवर की नाली में जाने के पहले ही साफ कर दिया जाता है। उसमें बदबू नहीं बचती। कई जगहों पर ऐसे साफ किए पानी की जांच भी होती है, यह पता करने के लिए कि संयंत्र ठीक से काम कर रहे हैं या नहीं।

इन्हें भवनों के मालिक अपने खर्च पर लगवाते हैं, जबकि सरकार इनकी कीमत पर 40-90 प्रतिशत का अनुदान भी देती है। कुछ कारखाने तो स्थानीय सरकारें ही चलाती हैं। जापान अमीर देश है और हर कहीं सीवर की नालियां पहुंचाने का माद्दा रखता है। लेकिन जापान के ज्यादातर हिस्से पहाड़ी हैं और यहां हर कभी भूचाल आते रहते हैं। ऐसे में हर जगह सीवर की पक्की नालियों से मैला पानी इकट्ठा कर के ले जाना और फिर उसका उपचार करना व्यावहारिक नहीं होता। इसलिए कुछ जगहों पर मैला पानी जहां पैदा होता है वहीं उसका उपचार किया जाता है।

इन संयंत्रों के काम करने का सिद्धांत सीवर के विशाल कारखानों से थोड़ा अलग होता है। डी.आर.डी.ओ. के बनाए बायोडाइजेस्टर शौचालय की ही तरह जोकासो भी बिना ऑक्सीजन के रहने वाले जीवाणुओं पर चलते हैं। ये बैक्टीरिया अंधियारी और बंद जगहों में फलते-फूलते हैं, अगर इन्हें रहने के लिए जगह मिल जाए। इसके लिए इन छोटे संयंत्रों में जालियां या छोटे-मोटे पत्थरों के खाने बने होते हैं, जिनके बगल से मैला पानी बहता है। घर मिल जाए तो पानी से मैल निकाल कर उसे जीवाणु खुद भोजन बना लेते हैं। पर ये जीवाणु आते कहां से हैं? कुछ तो हमारे पेट से निकले मल में पहले से ही मौजूद होते हैं, कुछ और अपने आप से अंधेरी, ऑक्सीजन-विहीन जगहों पर सहज प्रकट हो जाते हैं।

जापान अमीर देश है और हर कहीं सीवर की नालियां पहुंचाने का माद्दा रखता है। लेकिन जापान के ज्यादातर हिस्से पहाड़ी हैं और यहां हर कभी भूचाल आते रहते हैं। पक्की नालियों से मैला पानी इकट्ठे कर के ले जाना और फिर उसका उपचार करना हर जगह व्यवहारिक नहीं पड़ता। जहां मैला पानी पैदा होता है वहीं उसका उपचार किया जाता है।

हमारे यहां इस पद्धति से मैला पानी साफ करने वाला डी.आर.डी.ओ. ही अकेला संस्थान नहीं है। कुछ और संस्थाएं भी ऐसे छोटे-छोटे कारखाने बना रही हैं। इनमें बिजली की जरूरत तो होती ही नहीं है, इन्हें लगाने के लिए जमीन भी कम लगती है। जाहिर है, लागत भी बड़े कारखानों की तुलना में बहुत कम आती है।

इस किफायती व्यवस्था का अंग्रेजी में महंगा सा नाम हैः 'डीसेंट्रलाइज्ड वेस्टवॉटर ट्रीटमेंट सिस्टम्स', या संक्षिप्त में 'डीवॉट्स'। कठिन हिंदी में अनुवाद करें तो होगा 'विकेंद्रीकृत मैला पानी सफाई व्यवस्था'। जब तक इसके कुछ और व्यावहारिक नाम

गोदी में खेलती हैं इसकी हजारों नालियां

न गढ़े जाएं, डीवॉट्स ही बेहतर है। इन पर काम करने वाली संस्थाओं में बेंगलुरु की 'सी.डी.डी.' का नाम सबसे पहले आता है। डीवॉट्स पद्धति समझाने के लिए संस्था ने अपने दफ्तर के एक हिस्से में एक रोचक प्रदर्शनी लगाई है। दूसरी संस्थाओं के साथ काम करने के अलावा सी.डी.डी. ने अपने दफ्तर के बगल में एक कारखाना डाला है ऐसे छोटे कारखाने बनाने के लिए। इनकी बनावट ऐसी होती है कि इन्हें ट्रक पर लाद कर कहीं भी भेजा जा सकता है।

सी.डी.डी. ने ही 150 से ज्यादा जगहों पर ऐसे संयंत्र खुद लगाए हैं और 350 से ज्यादा कारखाने सहयोगी संस्थाओं के साथ लगाए हैं। इनमें से कुछ में साफ किए पानी का परीक्षण किया गया और उसे निर्दोष पाया गया। कुछ तो आदर्श नतीजे दे रहे हैं, कुछ उतने अच्छे नहीं चले। हर नए संयंत्र के साथ इस काम को करने वालों का तजुर्बा बढ़ रहा है। सी.डी.डी. सामाजिक संस्था है पर उसकी कोशिश है कि मैला पानी साफ करने का व्यापार भी खड़ा हो जाए, जिसके लिए किसी अनुदान या सहयोग की जरूरत न पड़े। जो मैला पानी पैदा करते हैं वे ही उसके उपचार का खर्चा उठाएं, इसे नगर निगम या सरकार पर न छोड़ें। जो लोग 'डीवॉट्स' से मैले पानी का उपचार करने का बीड़ा उठाएं उनकी आजीविका भी इससे निकल आए।

ऐसी कोशिशें देश के कई हिस्सों में छोटी-छोटी कंपनियां और रसायनशास्त्री कर रहे हैं। ऐसे रसायनों की खोज भी हो रही है जिनसे मैला पानी और तेजी से साफ हो सके। मैले पानी के उपचार में कई लोगों को मुनाफा दिख रहा है। अगर यह बढ़ता है तो हमारे जल स्रोतों के लिए अच्छा लक्षण ही है। लेकिन यह नया उभरता हुआ व्यापार उतना साफ-सुथरा नहीं है जितना लगता है।

इस व्यापार में लगे लोग जो समाधान बेचते हैं वे किसी-न-किसी तरह के बैक्टीरिया और कुछ रासायनिक प्रक्रियाओं से तैयार होते है, जिनके सिद्धांत जग-जाहिर हैं। फिर भी लोग दावा करते हैं कि उनके जीवाणु और रसायन खास हैं, कि उनके नुस्खे में जादुई शक्ति है।

इस व्यापार में लगे लोग जो समाधान बेचते हैं वे किसी-न-किसी तरह के बैक्टीरिया और कुछ रासायनिक प्रक्रियाओं से तैयार होते हैं, जिनके सिद्धांत जग-जाहिर हैं। इस व्यापार में लगे ज्यादातर लोग यह दावा करते हैं कि उनके जीवाणु और रसायन खास हैं, कि उनके नुस्खे में जादुई शक्ति है। यह भी कि जितने अच्छे और तेजी से मैले पानी का उपचार उनका तरीका कर सकता है उतना और कोई नहीं कर सकता। उनके नुस्खों में असल में क्या है, इसकी जानकारी कोई कंपनी या ठेकेदार सार्वजनिक नहीं करता। हर कोई अपने-अपने तरीकों पर पेटेंट निकाले हुए है। वे अपने काम करने के तरीकों को गोपनीय रखना चाहते हैं, ताकि उनके प्रतियोगियों को उनके शोध और आविष्कार से मुनाफा न हो। इस होड़ में मैले पानी के नए और छोटे-छोटे तरीके फैलने की बजाए अपने-अपने गड्ढों में पड़े हुए सड़ रहे हैं।

इस व्यापारिक गोपनीयता का एक और नुकसान है। यह कहना कठिन है कि कौन सा तरीका कारगर है और कौन सा बेकार है। हर किसी के बड़े-बड़े दावे हैं। उन दावों का कोई परीक्षण नहीं होता, कोई वैज्ञानिक विश्लेषण नहीं हो सकता। कई लोग अपने-अपने जादुई नुस्खे से मैला साफ करने के वादे भी करते हैं और उससे कमाई भी। अगर कोई व्यक्ति या समूह अपना मैला पानी साफ करना चाहे तो उन्हें कोई पुख्ता जानकारी इन उद्यमियों से नहीं मिलती। किसका नुस्खा खरीदें यह निर्णय किसी लाटरी खरीदने से कम नहीं है। लगी तो लगी, वरना जय रामजी की। कोई सभा, समिति या आयोग नहीं है जो इस नए उद्योग को व्यवस्थित कर सके, या बाजार में बिक रहे नुस्खों और दावों की जांच कर के उनकी हुंडी भरे।

मैले पानी का एक और उपयोग कई शहरों में हो रहा है जिसका असर मालूम नहीं है। मैले पानी को खेतों में उर्वरक और सिंचाई के लिए इस्तेमाल किया जाता है, खासकर सब्जी की खेती में। ऐसा कई शहरों के आसपास के खेतों में देखा जा सकता है। एक दृष्टि से तो यह बहुत अच्छा है, क्योंकि मैले पानी में ढेर सारे उर्वरक होते हैं। उसका सदुपयोग तो यही है कि ये उर्वरक जमीन में जाएं, खेती के काम आएं। लेकिन शहरों से आए मैले पानी में मल-मूत्र और उर्वरक ही नहीं होते, कई तरह के रोगाणु भी होते हैं और विषैले पदार्थ भी, जैसे पारा और सीसा जैसी भारी धातुएं। फिर कई तरह के कीटनाशक, दवाएं और तरह-तरह के रसायन भी मैले पानी के साथ बह कर आ जाते हैं। इनका फसलों पर क्या प्रभाव होता है यह ठीक से समझा नहीं गया है।

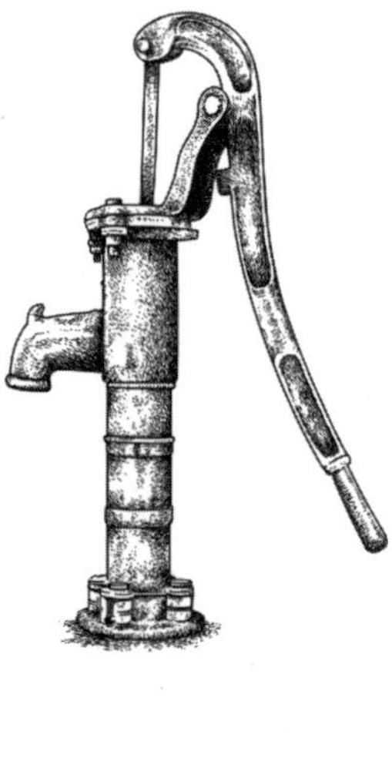

मैले पानी की दुनिया अज्ञान और नासमझी में ही चलती है। बारिश का देवता भले ही पुरंदर हो, लेकिन मैले पानी का कोई देवता हमारे यहां नहीं है। ढेर सा पानी इस्तेमाल कर के, ढेर सा मैला पानी पैदा करना तो हमने पिछले कुछ दशकों में तेजी से सीख लिया है। लेकिन इतने मैले पानी का क्या करना है, यह किसी को पता नहीं है। कई तरह की नालियां और प्रणालियां उभर रही हैं। इसमें कहीं-कहीं छटपटाहट है। कहीं दिखता है कि नुकसान हो जाएगा, तो कहीं मुनाफे की उम्मीद भी। लेकिन क्या कोई आदर्श प्रणाली भी है? क्या कोई ऐसा शहर है जो अपना मैला किसी बेहतर तरीके से साफ कर लेता हो? जिसके पास मैले पानी का खतरा टालने का वाजिब और समयसिद्ध तरीका हो?

राजधानी एक्सप्रेस लीजिए और दिल्ली से चलिए कोलकाता।

मैले पानी का सुनहरा सच

कोलकाता भी दूसरे बड़े शहरों की तरह एक बड़ी नदी के किनारे बसा है। गंगा से निकली एक धारा ही है हुगली नदी। लेकिन दूसरे कई नगरों की तरह कोलकाता में नदी का बहाव एकतरफा नहीं है। हुगली ज्वारी नदी है और बंगाल की खाड़ी से उसका मुहाना 140 किलोमीटर की दूरी पर ही है। हर रोज ज्वार के समय समुद्र नदी के पानी को वापस कोलकाता तक ठेलता है। ज्वार और भाटे के बीच जल स्तर एक ही दिन में कई फुट ऊपर-नीचे हो जाता है।

शहर के पश्चिम में बहने वाली हुगली नदी में कोलकाता अपना मैला पानी बहा कर उसे भुला नहीं सकता। नीचे बह जाने की बजाए क्या पता ज्वार के पानी के साथ मल-मूत्र वापस शहर लौट आए? शहर के कुल मैले पानी का एक छोटा सा हिस्सा ही हुगली में बहाया जाता है, वह भी चोरी-छिपे। इसका परिणाम यह है कि कोलकाता में हुगली वैसी दूषित नहीं है जैसी दिल्ली में यमुना या कानपुर में गंगा। लेकिन हर बड़े शहर को अपना मैला पानी फेंकने के लिए एक नदी चाहिए। तो फिर कोलकाता का मैला कहां जाता है?

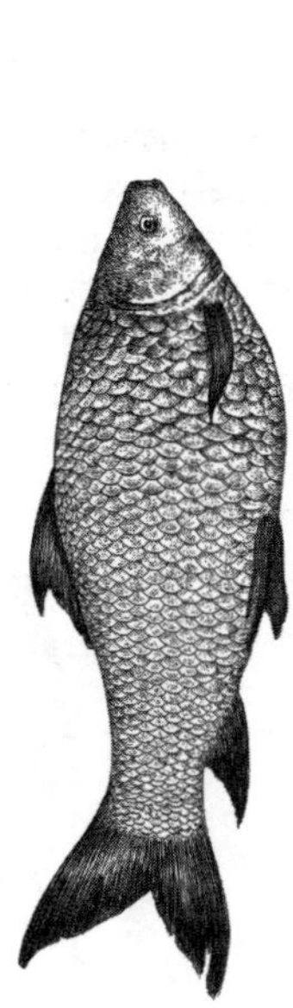

हुगली से उल्टी दिशा में, शहर के पूरब में बहने वाली एक छोटी सी नदी कुल्टीगंग में। पर नदी तक पहुंचने के पहले इस मैले पानी के बड़े हिस्से का उपचार होता है। कुल्टीगंग में गिरने वाला मैला पानी उतना दूषित नहीं होता है जितना वह शहर से निकलते समय होता है। यहां मैले पानी की सफाई का तरीका भी दूसरे शहरों से

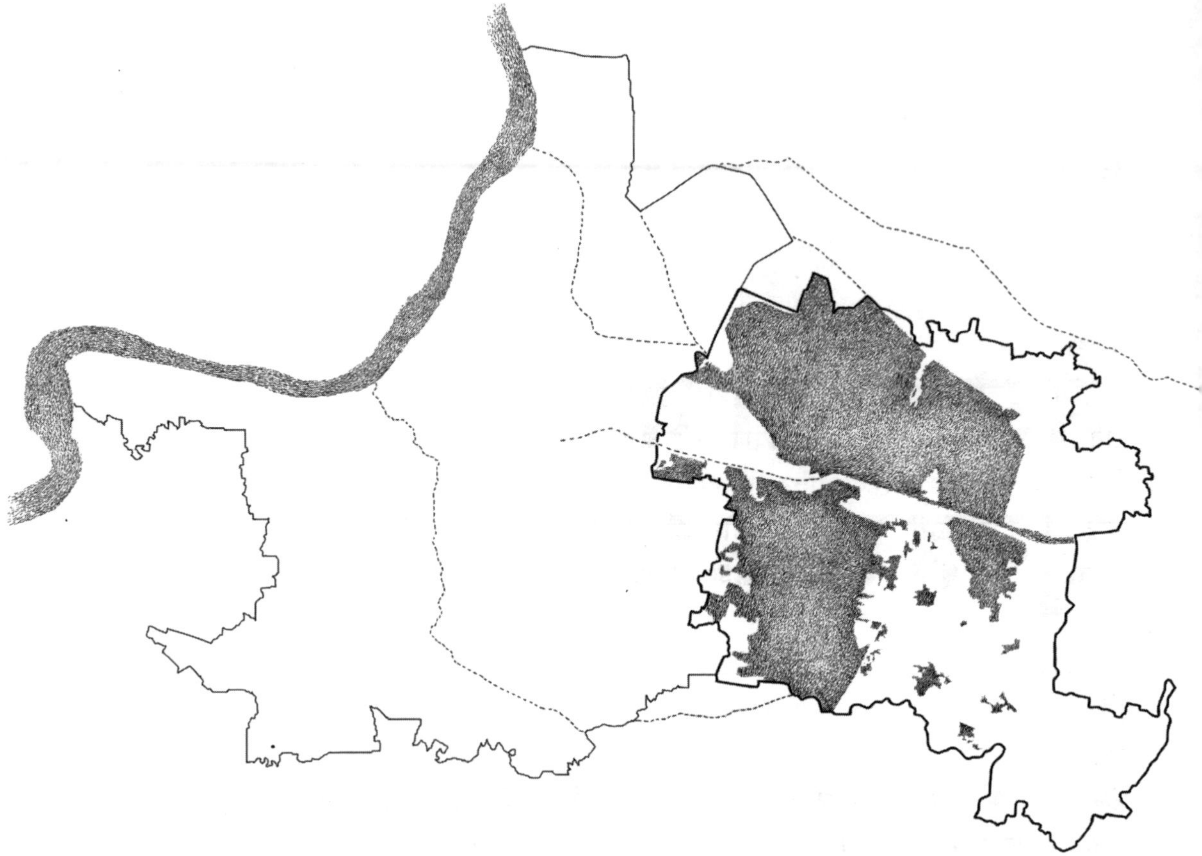

हुगली नदी के किनारे बसे कोलकाता के पूरब में कभी विद्याधरी नदी भी बहती थी। आज से 2300 साल पहले उसके किनारे चंद्रकेतूगढ़ नाम का मौर्यकालीन शहर बसा था। आज यहां कोई 30,000 एकड़ में फैली जलभूमि में कोलकाता के मैले पानी और कचरे से मछली, धान और सब्जी उगाई जाती है।

निराला है। कोई 30,000 एकड़ में फैले तालाब और खेत कोलकाता के कुल मैले पानी का दो-तिहाई हिस्सा साफ करते हैं। यही नहीं, इससे कई हजार लोगों को रोजगार मिलता है मैले पानी से मछलियां, सब्जियां और धान उगा कर।

इसका एक कारण है यहां का अनूठा भूगोल, जो बना है गंगा के मुहाने पर होने वाले मिट्टी और पानी के प्राकृतिक खेल से। पता नहीं कब से गंगा की बड़ी धारा यहीं से बह कर बंगाल की खाड़ी में विसर्जित होती थी। पर यह संगम केवल गंगा और बंगाल की खाड़ी भर का नहीं रहा है। छोटी-बड़ी कई नदियों की कई धाराएं हिमालय की मिट्टी गाद या साद के रूप में ला कर यहां जमा करती रही हैं। कह सकते हैं कि यहां हिमालय और समुद्र मिलते हैं। इस गाद से ही यहां की जमीन ऊंची बनी रही है। वरना समुद्र इन नदियों के रास्ते बंगाल की खाड़ी से भीतर तक आ जाता। अगर गंगा और सिंधु जैसी नदियों से लाई हुई हिमालय की गाद न होती, तो समुद्र उत्तरी भारत के मैदानी इलाकों को शायद लील जाता। फिर भारत हिंद महासागर में एक द्वीप बन कर रह जाता। पानी और मिट्टी का खेल कुछ ऐसा ही है।

जहां आज कोलकाता बसा है वहां का भूगोल आज से कोई 600 साल पहले

बदलना शुरू हुआ। पानी और गाद के बदलते बहाव की वजह से गंगा का ज्यादातर पानी उसकी पश्चिमी धारा पद्मा की ओर जाने लगा। हुगली में तो पानी फिर भी आता रहा, लेकिन उसके पूरब में बहने वाली नदियों में बहाव कम हो गया। पानी की कमी से गाद की भी कमी रहने लगी। नतीजा यह हुआ कि हुगली के पाटों के ठीक बगल की जमीन तो गाद के जमने से ऊंची ही बनी रही, पर कोलकाता के पूरब की जमीन नीचे होती गई। इसकी वजह से यहां की ढाल उत्तर-पश्चिम से उतरते हुए दक्षिण-पूर्व की ओर हो गई।

हुगली के पूर्वी तट पर तीन गांव बसे हुए थेः सूतानुती, गोबिंदपुर और कालिकाता। सन् 1690 में इंग्लैंड की ईस्ट इंडिया कंपनी के पानी के जहाज सूतानुती गांव के किनारे लगे थे। कुछ साल के भीतर ही यहां पर कंपनी ने कब्जा कर लिया और उसके बाद वहां के जमींदार से उन्हें इस जमीन का पट्टा मिल गया। कालिकाता में कोई पक्की आबादी नहीं थी, सो वहीं पर कंपनी ने एक किला बनाया और आगे चल कर इसी नाम पर कलकत्ता शहर बसा।

कोलकाता के बसने के समय शहर के पूरब में खारे पानी का विशाल दलदल था, जिसे अंग्रेजी में 'सॉल्ट लेक' कहा जाता था। सन् 1950 के दशक में इसी दलदल के उत्तरी हिस्से को पाट कर सॉल्ट लेक सिटी और सॉल्ट लेक स्टेडियम बनाए गए। इन दलदलों के फैलने की कहानी भी 15वीं शताब्दी में शुरू हुई। गंगा के रास्ता बदलने से यहां मीठे पानी की कमी हो गई थी। समुद्र के पानी ने इस रिक्त को भर कर दलदल बना दिया। यह आदर्श था खारे पानी की मछलियों और कई तरह के पक्षियों के लिए, मच्छरों के लिए भी। मलेरिया जैसे रोगों के डर से अंग्रेजों ने अपनी बस्तियां इस दलदल से दूर ही बसाई। कालांतर में यहां मछुआरे आने लगे।

शहर बसने के समय उसका मैला पानी हुगली में बहता था। पीने का पानी भी हुगली से ही आता था। सन् 1803 में शहर के सीवर की नालियां हुगली में ही विसर्जित होती थीं। पीने के पानी के स्रोत का प्रदूषण हो रहा था। जैसे-जैसे शहर बढ़ता गया, एक विकराल समस्या खड़ी हो गई। बरसात के मौसम में बाढ़ आती तो हुगली में खुलने वाली नालियां उल्टी बहने लगती थीं।

कंपनी शासन ने सीवर की नई नालियां बनाना तय किया, जिनका मुंह पश्चिम में बहती हुगली नदी से दूसरी तरफ, ढाल के साथ-साथ बहता हुआ, माटला नदी में खुलता था। सॉल्ट लेक के दलदल के दक्षिण से होती हुई माटला जा कर मिलती थी विद्याधरी नाम की एक और नदी में, जो सुंदरबन से होती हुई बंगाल की खाड़ी में बहती थी। कोलकाता का मैला इन दोनों नदियों में बहाने की योजना पर काम सन् 1810 में शुरू हुआ। इसका पहला चरण 75 साल बाद पूरा हुआ, सन 1885 में। कई तरह की नालियां और नहरें बनाई गईं, नई इंजीनियरी के 'स्लूस गेट' भी।

इसका असर इन छोटी नदियों पर बुरा पड़ा। एक समय विद्याधरी बड़ी नदी थी। आज से 2,300 साल पहले मौर्य काल में चंद्रकेतूगढ़ नाम का शहर इसके किनारे ही बसा हुआ था। लेकिन विद्याधरी में पानी तो तभी से कम रहने लगा था जब गंगा की बड़ी धारा हुगली को छोड़ पद्मा की ओर बहने लगी थी। धीरे-धीरे लोगों ने बरसाती पानी के रास्ते पाट कर बस्तियां बनानी शुरू कर दीं। इससे नदी में बह कर आने वाला बारिश का पानी घटने लगा। पानी-मिट्टी के खेल की कमी की वजह से नदी के मुहाने की संकरी खाड़ी भी पट गई थी, जिससे ज्वार का पानी भीतर तक आना बंद हो गया था। अब नदी में मैला पानी और मलबा ही रहता था। सन् 1928 तक विद्याधरी मृत घोषित की जा चुकी थी। पूरी तरह सूख चुकी नदी में इतना बहाव भी नहीं बचा था कि मैला पानी आगे धकेल सके।

खारे पानी की कमी से इन नदियों के उत्तर में और कोलकाता के पूरब में दलदल का निचला इलाका भी वीरान हो चला था। खारे पानी में रहने वाली मछलियां गायब होने लगी थीं। पर खारे पानी के अभाव में यहां से जीवन मिटा नहीं। बारिश का थोड़ा-बहुत पानी इकट्ठा होता ही था, जिसमें धीरे-धीरे मीठे पानी की मछलियां पैदा हो उठीं। फिर मछुआरे भी यहां आ जमे। वे मछली पालने के लिए कहीं-कहीं उथले पानी के टांके बनाते थे, जिन्हें बांग्ला भाषा में 'भेरी' कहते हैं।

बहुत ठीक पता नहीं है कि मछुआरों को यह कब समझ आया कि सीवर की नाली के मैल को एक खास मात्रा में भेरी में छोड़ने से मछलियां तेजी से फलती-फूलती हैं। सन् 1929 में ऐसा होने का संकेत मिलता है। यहां से यह जानकारी दूसरे मछुआरों तक कैसे पहुंची यह भी पता नहीं है, लेकिन 15 साल के भीतर ही यहां एक अजब तरह का मछलीपालन होने लगा था। यह केवल प्रकृति के इशारे से नहीं हुआ। जिस नहर से मैला पानी इन भेरियों तक पहुंचने लगा था उसे 1940 के दशक में बनवाने वाले थे कोलकाता महानगर पालिका के मुख्य इंजीनियर बीरेंद्रनाथ डे।

श्री बीरेंद्रनाथ मछलीपालन में मैले पानी के उपयोग के बारे में जानते थे या नहीं यह हमें नहीं पता। पर मैले के निकास के लिए उनकी बनाई योजना सन् 1945 में पूरी हो चुकी थी। सीधे दक्षिण-पूर्व की ओर जा कर विद्याधरी में खुलने की बजाए उनकी बनाई नहर पूरब की ओर कुल्टीगंग नदी में बहती थी। पर नदी तक नहर के पहुंचने के पहले ही उन्होंने एक स्लूस गेट बना कर मैले पानी का स्तर ठीक वैसे उठा दिया जैसे किसी बांध में उठाया जाता है। इस बांध के बगल का दरवाजा खोल कर मैले पानी को एक नहर में डाल कर मनचाही दिशा में गुरुत्वाकर्षण के सहारे भेजा जा सकता था। इसमें किसी पंपिंग स्टेशन की जरूरत नहीं थी, न ही बिजली की मोटर की।

इस प्रणाली के बाद खारे पानी के दलदल की जगह मछुआरों की भेरियां लेती गईं। यहां से निकाले हुए पानी से धान की सिंचाई होने लगी। पूरा इलाका एक बेहद

मैले पानी का सुनहरा सच

उपजाऊ जलमग्न भूमि में बदल गया। श्री बीरेंद्रनाथ की योजना में मैला पानी साफ करने का एक कारखाना भी था जो बानताला गांव में बनाया गया। पर इसका इस्तेमाल न के बराबर ही हुआ क्योंकि जिस मैले पानी को शहर घृणा से नाली में बहा देता है वह मछली और मछुआरों के लिए बहुत अच्छा होता है। आखिर स्वादिष्ट भोजन ही तो कुछ घंटों में हमारे शरीर से होता हुआ मल में बदलता है। जो हमारे लिए खाद्य होता है वह हमारे शरीर से निकलने के बाद दूसरे प्राणियों के लिए खाद बन जाता है।

पूर्वी कोलकाता के मछुआरे और किसान यह बात काफी पहले जान गए थे। किसी किताब या किसी स्कूली पढ़ाई से नहीं, व्यवहार और जीवन से। कई बरसों के प्रयोग से उन्होंने मैले पानी के उपयोग के ऐसे सुगम तरीके खोज लिए जिन्हें विज्ञान की आंख से समझना बहुत ही जटिल होता है। इन भेरियों में एक विशेष संसार है जिसमें कई तरह की लीला रची जाती है, जिसके कई तरह के पात्र हैं। मल-मूत्र से लैस कोलकाता का मैला पानी इस कहानी का पहला सिरा ही है।

मछुआरे इसमें बरसाती पानी मिला कर तीन से चार फुट गहरी भेरियों में छोड़ते हैं। ये भेरियां केवल पानी के टांके भर नहीं होती हैं, इनकी सतह का एक और रूप होता हैः कई सौ एकड़ में फैले सौर ऊर्जा पटल, जो सूरज के प्रकाश को संजोते हैं। इन्हें किसी भी सरकार के किसी भी 'नवीन और नवीकरणीय ऊर्जा मंत्रालय' ने नहीं बनाया है, और इनकी सौर ऊर्जा क्षमता को नापा तक नहीं गया है।

सूरज की रोशनी, ऊष्मा और खड़े पानी में वो खास परिस्थिति बनती है जिसमें बैक्टीरिया जैसे सूक्ष्म जीवाणु और शैवाल एक-दूसरे का भोजन बनाने में सहारा देते हैं। यह आपसदारी कुछ ऐसी है कि एक के बिना दूसरे का गुजर-बसर नहीं होता। अपना भोजन बनाने के लिए इन्हें कच्चा माल चाहिए होता है। वह है सीवर के पानी का मैला, यानी कोलकाता के लोगों का मल-मूत्र। आधुनिक विज्ञान ने यह संबंध सन् 1951 में ही समझाया, पर इन भेरियों के मछुआरों ने इसे खुद ही समझ लिया, अपने प्रयोगों से। आखिर मछली के बच्चों को तैरना कौन सिखाता है? हाल के सालों में हुए वैज्ञानिक परीक्षणों में पता चला है कि मैले में मौजूद रोगाणु भेरियों में सहज ही शैवाल और बैक्टीरिया की दावत बन जाते हैं। इनका भोजन पकाती हैं सूरज की किरणें। देखते-देखते शहर का मैला चट कर के शैवाल और बैक्टीरिया फलने-फूलने लगते हैं।

है तो यह प्रकृति का खेल, पर अपने आप नहीं चल सकता। इतनी तेजी से इतने सारे, इतने गाढ़े मैले पानी को शैवाल और जीवाणु चट नहीं कर सकते। इन भेरियों को बनाने और चलाने वाले मछुआरे बहुत जतन और सूझबूझ से ऐसी परिस्थितियां बनाते हैं कि तेजी से कुदरत अपनी लीला बहुत बड़े इलाके में रचने लगती है।

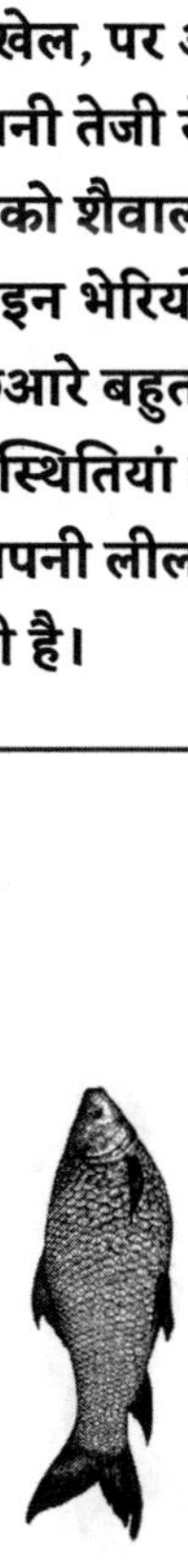

है तो यह प्रकृति का खेल, पर अपने आप नहीं चल सकता। इतनी तेजी से इतने सारे, इतने गाढ़े मैले पानी को शैवाल और जीवाणु चट नहीं कर सकते। इन भेरियों

को बनाने और चलाने वाले मछुआरे बहुत जतन और सूझबूझ से ऐसी परिस्थितियां बनाते हैं कि तेजी से कुदरत अपनी लीला बहुत बड़े इलाके में रचने लगती है। जैसे भेरियों की गहराई तीन-चार फुट से ज्यादा नहीं रखी जाती, ताकि सूरज की रोशनी भेरी के तल तक पहुंच पाए। ताजा पानी और मैले पानी का अनुपात ध्यान से तय करना पड़ता है। मैला पानी अधिक होने से रोशनी उसमें पहुंचती नहीं है और भेरी में प्राणवायु भी कम पड़ जाती है। पानी में जरूरत से ज्यादा शैवाल होने से भी यही होता है, इसलिए भेरी में शैवाल के अनुपात की सावधानी रखनी होती है।

शैवाल को मछली खाती है पर मछली के अंडों को सीधे शैवाल वाले या मैले पानी में डालने से वे पनप नहीं सकते। इसीलिए मछुआरे छोटे ताल अलग रखते हैं मछली की नर्सरी के तौर पर। मछली जब अंगुली बराबर हो जाती है तो उसे एक और छोटे टांके में डाला जाता है। शैवाल से भरपूर बड़ी भेरी में मछलियों को तभी डाला जाता है जब मैला पानी शैवाल के सौजन्य से उनके लायक साफ हो जाता है। जैसे मछली के आकार-प्रकार के हिसाब से अलग टांके रखे जाते हैं, ठीक वैसे ही मैले पानी और शैवाल की अवस्था के हिसाब से उन्हें एक भेरी से दूसरी भेरी में चलाया जाता है। ठीक समय पर ही मछली को शैवाल से भरे तालाब में डाला जाता है।

भेरियों के इस जाल में छोटे-बड़े टांके आपस में जुड़े होते हैं। लेकिन एक से दूसरे में पानी तभी जाता है जब उसकी नाली खोली जाए। मैले पानी को तीन हफ्ते तक उथली भेरियों में खड़ा रखा जाता है। सूरज की रोशनी और ऊष्मा से उसमें प्राणवायु बढ़ती जाती है। जल्दी ही शैवाल, प्लवक और जीवाणु जी उठते हैं और मैले पानी की सफाई करने के लिए पिल पड़ते हैं।

प्राणवायु से भरा और शैवालयुक्त पानी का एक हिस्सा वापस सीवर से आए मैले पानी में डाला जाता है, ताकि मैले पानी में उनके बीज पड़ जाएं। शैवालयुक्त पानी को बड़ी भेरी में छोड़ने के पहले उसमें ताजा पानी मिलाया जाता है। साफ पानी में मिल कर मैल का गाढ़ापन कम हो जाता है। जब मछलियां शैवाल खाना शुरू करती हैं तो पानी सहज ही साफ होने लगता है। जब सारे शैवाल मछलियां खा लेती हैं तब साफ पानी ढाल के सहारे धान और सब्जी के खेतों की ओर छोड़ा जाता है।

कुछ वैज्ञानिक परीक्षण भी हुए हैं यहां से निकलने वाले पानी पर। पानी निर्दोष पाया गया है, उसमें प्रदूषण की मात्रा निर्धारित स्तर के नीचे निकली। इसकी तुलना उस पानी से की जा सकती है जो मैला पानी साफ करने के कई कारखानों से बाहर निकलता है। यहां रोगाणु तो लगभग खत्म ही हो जाते हैं। जो थोड़ा मैला शैवाल और मछलियों से छूट जाता है वह धान की उर्वरता ही बढ़ाता है। पानी छोड़ने के बाद भेरियों का तल फिर से मैले पानी में मछलीपालन के लिए तैयार किया जाता है क्योंकि कोलकाता का मैला पानी तो आता ही रहता है।

इन भेरियों का काम चलता है प्रकृति की अनेक लीलाओं को समझ कर, उसमें से अपने काम की प्रक्रियाओं को बढ़ावा देने से। छोटे से छोटा निर्णय सोच-समझ कर लेना होता है। मैले पानी को गलत समय चलाना महीनों की मेहनत देखते-देखते बरबाद कर सकता है। यह बारीक निर्णय सुंदर तरीके से, बिना किसी तकनीकी सलाहकार समिति के, कैसे लिए जाते हैं इसकी एक मिसाल है घोंघों का इस्तेमाल।

घोंघे भी मैले पानी में वही खाते हैं जो मछली का भोजन होता है। इससे मछलीपालक का नुकसान होता है। इसलिए मछुआरों को भेरियों की जमीन तैयार करते वक्त गहरी जुताई करनी होती है, ताकि मिट्टी सूख पाए और घोंघे जम न पाएं। जब भेरी में पानी वापस छोड़ा जाता है तब समय-समय पर उसमें उतर कर मिट्टी और पानी को जांचा जाता है, यह जानने के लिए कि परिस्थिति मछलियों के लिए अनुकूल है कि नहीं। इस समय घोंघों की भी जांच की जाती है और उन्हें इकट्ठा कर के बतख को खिलाया जाता है। बतख की बीट से मछली के भोजन में बढ़ोतरी होती है।

एक नुकसान करने वाले प्राणी को प्राकृतिक तरीके से फायदेमंद बना लिया जाता है। घोंघों से छुटकारा पाने के लिए महंगे और जहरीले कीटनाशक नहीं इस्तेमाल किए जाते हैं, प्रकृति और बतख का सहारा लिया जाता है। खाद से फिर खाद्य बनता है।

मैले पानी से मछली उगाने का विज्ञान और कला पूर्वी कोलकाता के मछुआरों ने कुछ वैसे सीखा है जैसे मछली तैरना सीखती है। लेकिन हमारे समाज ने इनके ऋषि कर्म का आभार कभी नहीं माना। उल्टा उनकी भेरियों पर सदा ही बिल्डरों का खतरा मंडराता रहता है।

लेकिन अब ज्यादातर मछुआरों के पास भेरी को खाली करने के साधन नहीं होते हैं। ऐसा करने से कुछ समय के लिए पैदावार चली जाती है और कुछ नुकसान भी उठाना पड़ता है, हालांकि दीर्घकाल में यह भेरी के स्वास्थ्य के लिए अच्छा होता है।

भेरियों के किनारे जलकुंभी लगाना भी ऐसा ही एक और कुदरती तरीका है। यह पौधा पानी से तेल और ग्रीस जैसी चिकनाई तो सोखता ही है, पारा जैसी भयानक जहरीली भारी धातु भी पानी से निकाल लेता है। लेकिन मछुआरे इसे केवल भेरियों के किनारों पर ही उगाते हैं, जहां यह मछलियों को तेज धूप से छाया भी देता है। अगर इसे भेरी के बीच में उगने दें तो यह मछलियों के पलने में बाधा बन जाता है।

इस बारीकी से काम करने का नतीजा यह है कि यहां पैदा की गई मछली हमारे देश भर में श्रेष्ठ तो है ही, इसे पैदा करने की लागत भी सबसे कम है। मछली पूरब में रहने वालों के भोजन, स्वाद और पोषण का अहम हिस्सा रही है, और कोलकाता की आधी मछली उसके पूरब की भेरियों से ही आती है। यहां मछली की वही किस्में पाली जाती हैं जो तेजी से बढ़ती हैं और जल्दी से बिकती हैं। यह बाजार में सबसे सस्ती मछली होती है, और इसे खरीदने वाले ज्यादातर वही लोग होते हैं जो बाहर से लाई हुई दूसरी महंगी मछलियां खरीद नहीं सकते। ये भेरियां गरीब लोगों के रोजगार का साधन तो हैं ही, शहर के साधारण लोगों के पोषण का साधन भी हैं।

हमारा पर्यावरण इतना दूषित हो चुका है कि इन जहरों से कहीं भी निजात नहीं है। पूर्वी कोलकाता की भेरियों की मछलियों का कई प्रयोगशालाओं में परीक्षण हुआ है, इन रसायनों की मात्रा मछलियों में नापने के लिए। अलग-अलग परीक्षणों के अलग-अलग नतीजे हैं। कुछ में विष की मात्रा खतरे से नीचे थी, कुछ में ऊपर। लेकिन अब तक इस नायाब प्रकार के मछलीपालन को रोकने के कारण सरकार को नहीं मिले हैं।

इस जलभूमि का ठीक सर्वेक्षण और आकलन हुए काफी समय गुजर गया है। माना जाता है कि यहां 30,000 एकड़ की जमीन में कोई 10,000 एकड़ में भेरियां फैली हुई हैं और 15,000 एकड़ में खेत हैं। हर साल ये भेरियां औसतन 10,000 टन मछली पैदा करती हैं। इनके पास ही धापा नाम का गांव है, जहां कचरे को खाद बना कर उसमें सब्जी उगाई जाती है। कोलकाता में बिकने वाली हरी सब्जी का 40 प्रतिशत यहीं उगाया जाता है। लगभग 30,000 लोगों को इस इलाके में रोजगार मिलता है।

मैले पानी से सोना निकालने की इस कहानी का हर पक्ष चमकदार नहीं है। शहर के सीवर में केवल शरीर से निकला मल-मूत्र और साबुन-तेल ही नहीं आता। इसमें कई तरह की दूसरी अशुद्धियां भी मिली होती हैं। कई कारखाने तरह-तरह के बनावटी रसायनों और जहरों का निस्तार नगर निगम के सीवर में करते हैं, क्योंकि इन्हें साफ करने का खर्चा उनके मुनाफे को काटता है। वैसे तो इसे रोकने के लिए कानून हैं, पर इनका उल्लंघन करने वालों को पकड़ने में सरकार की रुचि नहीं होती क्योंकि ऐसा

करना उद्योग के विकास में अड़चन करार दिया जाता है। इसलिए कारखाने मनमर्जी से जहरीले रसायन नालियों में या भूजल में छोड़ देते हैं।

हमारा पर्यावरण इतना दूषित हो चुका है कि इन जहरों से कहीं भी निजात नहीं है। कारखाने ही क्या, हमारे घर और स्कूल और अस्पताल भी कई तरह के बनावटी रसायनों से अटे हुए हैं। इनमें कीटनाशक और दवाइयां तो आती ही हैं, इनमें बड़ा खतरा होता है ऐसी धातुओं से जो एकदम सूक्ष्म मात्रा में भी भारी नुकसान पहुंचाती हैं। इन्हें अंग्रेजी में 'हेवी मेटल' कहते हैं। इनमें संखिया, पारा और सीसा जैसे तत्व आते हैं। इनका इस्तेमाल कई तरह के कारखानों में होता है लेकिन इनके निस्तार के सुरक्षित तरीके हमारे देश में अपनाए ही नहीं जाते। इन जहरीले पदार्थों के परिणाम एकदम से सामने नहीं आते, बल्कि धीरे-धीरे, कई सालों के बाद उजागर होते हैं। इसलिए इनके खतरों की ओर ध्यान नहीं दिया जाता है।

कोलकाता से निकले ऐसे जहर भेरियों तक भी पहुंचते हैं, जहां से इनकी कुछ मात्रा मछलियों के शरीर में प्रवेश करती है। जाहिर है, वहां पैदा की गई मछली के द्वारा ये खाने वालों के शरीर में भी पहुंचते हैं। हमारे शरीर को ऐसे विष साफ करने का अभ्यास नहीं होता है। शरीर के भीतर ये कैंसर जैसे कई तरह के घातक रोगों का कारण बनते हैं। इनका सबसे गंभीर असर होता है बच्चों पर, जिनके शरीर और दिमाग को ये बढ़ने से रोकते हैं। गर्भनाल से होते हुए ये अजन्मे शिशु तक भी पहुंच जाते हैं।

इन्हीं सब खतरों को ध्यान में रखते हुए कई संस्थाओं ने पूर्वी कोलकाता की भेरियों में पैदा की गई मछलियों का प्रयोगशालाओं में परीक्षण करवाया, यह जानने के लिए कि इन रसायनों की मात्रा मछलियों में कितनी है। अलग-अलग परीक्षणों के अलग-अलग नतीजे हैं। कुछ में विष की मात्रा खतरे से नीचे थी, कुछ में ऊपर। लेकिन अब तक इस नायाब प्रकार के मछलीपालन को रोकने के कारण सरकार को नहीं मिले हैं। ऐसा कैसे हो सकता है कि शहर भर का मैला और जहर इन मछलियों के शरीर में टिकता नहीं है?

यह जानने के लिए कोलकाता के ही एक दूसरे इलाके तक जाना जरूरी है, क्योंकि इस इलाके में मछलीपालन शहर के मैले पानी से नहीं, सीधे कारखानों से निकले झागदार स्राव से होता है। इसे 'मुदिअली कोऑपरेटिव' के नाम से जाना जाता है और यहां की भेरियां 82 एकड़ में फैली हैं। शहर के दक्षिण-पश्चिमी छोर पर ये इलाका कोलकाता बंदरगाह की जमीन पर स्थित है। इसके पास ही है कारखानों का वह पुराना इलाका जहां भारतीय उद्योग के सबसे बड़े नाम शुरू से मौजूद रहे हैं। हर रोज इन भेरियों की ओर 2.5 करोड़ लीटर मैला पानी आता है, जिसमें ज्यादातर उद्योग के निस्तार का प्रदूषित पानी होता है और बचा हुआ घरों की नालियों का मैला पानी।

इस जहर-बुझे पानी से मुदिअली के मछुआरे ऐसा क्या करते हैं कि हुगली नदी

में जाने से पहले यह मैला पानी काफी साफ तो हो ही जाता है, ढेर सी साफ-सुथरी मछली भी पैदा होती है? अनपढ़ मछुआरे ऐसा क्या करते हैं जो पढ़े-लिखे आला अफसरों के बनाए मैले पानी के कारखाने भी कई जगहों पर नहीं कर पाते? पिछले 40-50 साल से मुदिअली के मछुआरे यह बता रहे हैं कि अगर प्रकृति को अवसर दिया जाए तो वह थोड़े ही समय में हमारे कई तरह के पाप धो देती है। और इसके लिए गंगा में ही डुबकी लगानी पड़े ऐसा नहीं है। मुदिअली की भेरियां भी कोलकाता के पाप धोती हैं। इसका शास्त्र चाहे कितना भी चमत्कारी क्यों न लगे, समझने में बहुत मुश्किल नहीं है।

मैले पानी को एक-एक कर के छह भेरियों से निकाला जाता है। हर चरण में उसका एक तरह का संस्कार होता है। इसमें सबसे गूढ़ कला है पानी का स्वभाव समझना, ताकि उसे ठीक समय पर ठीक भेरी में भेजा जा सके। पहले मैले पानी को एक संकरे नाले में डाल कर खड़ा रखा जाता है और उसमें चूना मिलाया जाता है। पानी अगर बहुत दूषित हो तो उसमें मछली सांस नहीं ले सकती। इसलिए इस पहले हिस्से में ऐसी ही मछलियां छोड़ी जाती हैं जो भगवान शिव की तरह गरल सहने की ताकत रखती हैं। जब पानी में जानलेवा जहर की मात्रा बढ़ती है या प्राणवायु कम हो जाती है तो ये मछलियां गलफड़े से सांस लेने की बजाए मुंह सतह के ऊपर निकाल कर सीधे हवा से सांस ले सकती हैं। जब तक मछली ऊपर से सांस लेती है तब तक पानी आगे नहीं छोड़ा जाता।

पानी की गुणवत्ता परखने का यह तरीका अचूक है। जब तक मछलियों के व्यवहार से यह सिद्ध न हो जाए कि पानी में सुधार हुआ है तब तक उस पानी को अगली भेरी तक नहीं भेजा जाता है। जब मछली पानी के भीतर सांस लेने लगती है तब पता चल जाता है कि पानी में पर्याप्त प्राणवायु घुल चुकी है। इस मैले पानी को ऐसी भेरी में डाला जाता है जिसमें जलकुंभी जैसे पौधे होते हैं, जो कई तरह का विष सोख लेते हैं। एक भेरी से दूसरी भेरी के रास्ते में फिर वही मछलियां रखी जाती हैं जो उसकी गुणवत्ता के संकेत देती हैं।

इतनी सावधानी बरतने की वजह से यहां मछलियां खूब तेजी से पलती हैं। उनका स्वास्थ्य भी दूसरी भेरियों की मछलियों से बेहतर पाया गया है क्योंकि यहां मछुआरे ढेर सारी चिड़ियों को रहने देते हैं। इनमें से कई पक्षी मछली खाते हैं और इनके रहने से मछली की पकड़ में थोड़ी कमी भी आती है। लेकिन फिर भी इस नुकसान को मुदिअली के मछुआरे सहते हैं क्योंकि इन पक्षियों की चोंच से बचने के लिए मछलियों को दम लगा कर तैरते रहना पड़ता है। वर्जिश उन्हें तंदुरुस्त रखती है। फिर पक्षियों की बीट से मछलियों को खाद भी मिलती है। पूर्वी कोलकाता की भेरियों में घोंघे खाने वाली बतख की बीट को आप एक बार फिर याद कर सकते हैं।

चिड़ियों को घोंसला बनाने के लिए ढेर से पेड़ चाहिए होते हैं। सो मुदिअली के मछुआरों ने एक लाख से ज्यादा पेड़ लगाए हैं अपनी भेरियों के पाट पर। इन पर पक्षी घोंसले बनाते हैं। यहां पेड़ भी सूझ-बूझ से चुने गए हैं। सुबबूल जैसे पेड़ हवा से नाइट्रोजन खींच कर मछलियों को भोजन भी देते हैं। नीम जैसे पेड़ पानी की सफाई में मदद देते हैं। कई फलदार पेड़ भी लगाए गए हैं, जो तरह-तरह के प्राणियों को भोजन दे कर पालते हैं, और उनकी उपस्थिति से लाभ भी पाते हैं। नतीजा?

यहां 30 से ज्यादा प्रजातियों की मछलियां हैं और 140 से ज्यादा पक्षियों की। इन पक्षियों के पास शहर और उसके आसपास रहने की जगह कम ही बची है। यहां 27 प्रजातियां प्रवासी पक्षियों की हैं, जो दूर देशों से आते हैं और जिनके दर्शन को दुनिया तरसती है। यहां ये सहज ही विचरते हैं। प्रकृति के रास का अभिन्न अंग तितलियां भी यहां अनेक हैं। इनकी 84 प्रजातियां यहां गिनी गई हैं। कोलकाता की दम घोंटने वाली भीड़ के बीच यहां का अरण्यक वातावरण किसी मलहम से कम नहीं लगता।

इतने तरह के प्राणियों के महारास से वातावरण में कल्लोल और रंग सदा ही रहता है। हर रोज कोई 600 से अधिक लोग यहां 10 रुपये का टिकट ले कर वह शांति ढूंढ़ने आते हैं जो उन्हें कोलकाता की भीड़ में कहीं और नहीं मिलती है। हजारों पक्षियों की ही तरह यहां कई प्रेमी युगल भी देखे जा सकते हैं जिन्हें दो मीठी बात करने की जगह शहर नहीं दे सकता। उद्योग के जहरीले कचरे को ग्रहण कर मुदिअली के मछुआरे हर रोज अपने पौरुष से अपना रोजगार तो कमाते ही हैं, उससे कई तरह का रस और सौंदर्य निकालने का ऋषि कर्म भी करते हैं। पौराणिक कथाओं में कहा गया है कि समुद्र मंथन से निकला विष पीने वाले भगवान शिव तरह-तरह के प्राणियों के साथ शांत वातावरण में रहना पसंद करते हैं। भोलेनाथ का अगर कैलाश या काशी या काठमांडु में आने वाले भक्तों और पर्यटकों से जी उकता जाए, तो मुदिअली उनके रहने योग्य जगह है। यह पशुपतिनाथ का सजीव मंदिर है, भले ही उनकी मूर्ति यहां हो या न हो।

पौराणिक कथाओं में कहा गया है कि समुद्र मंथन से निकला विष पीने वाले भगवान शिव तरह-तरह के प्राणियों के साथ शांत वातावरण में रहना पसंद करते हैं। भोलेनाथ का अगर कैलाश या काशी या काठमांडु में आने वाले भक्तों और पर्यटकों से जी उकता जाए, तो मुदिअली उनके रहने योग्य जगह है। यह पशुपतिनाथ का सजीव मंदिर है, भले ही उनकी मूर्ति यहां हो या न हो।

लेकिन कोलकाता शहर यहां के मछुआरों को इस दृष्टि से नहीं देखता। उनका किसी तरह से मान नहीं किया जाता, कोई श्रेय नहीं मिलता उन्हें, उनकी सेवाओं का ठीक मुआवजा देना तो बहुत दूर की बात है। कोलकाता बंदरगाह के अफसर तो उनकी भेरियां पाट कर, उन्हें बेदखल करना चाहते हैं। यह जमीन बंदरगाह ट्रस्ट की ही है पर बेकार पड़ी रहती थी। कोई 50 साल पहले मुदिअली के मछुआरों ने इसे पट्टे पर ले कर यहां भेरियां बनाईं। उस समय बंदरगाह वालों को उजाड़ जमीन का यह अच्छा

उपयोग दिखा। अब जमीन की कीमत आसमान छू रही है। बंदरगाह अपनी भूमि अब वापस चाहता है। इसके लिए कचहरी में सालों से एक अभियोग चल रहा है क्योंकि बाजार में कीमत केवल जमीन की होती है, उन सेवाओं की नहीं जो इन भेरियों से शहर को सहज ही मिलती हैं।

ऐसी ही एक सेवा के बिना कोलकाता बरबादी के कागार पर पहुंच सकता है। मुदिअली और पूर्वी कोलकाता की भेरियां शहर को चौमासे की बाढ़ से भी बचाती हैं। कोलकाता में तो बारिश हमारे दूसरे शहरों से ज्यादा ही होती हैः साल में 1,800 मिलिमीटर की औसत से। फिर भी कोलकाता में बाढ़ का खतरा जरा कम ही रहा है क्योंकि शहर का पानी ढलान के साथ-साथ पूर्व की जलभूमि में विलीन हो जाता है। बरसों से कोलकाता का सहज बाढ़ राहत कार्यक्रम इन्हीं भेरियों के रूप में चलता रहा है। ईस्ट इंडिया कंपनी ने जब कोलकाता बसाया तब इस इलाके को बाढ़ से बचाने के लिए खाली छोड़े रखा। तेज बारिश के बावजूद पुरंदर कोलकाता को मिटा नहीं पाया।

जो दूसरे शहरों में हो रहा है उससे कोलकाता भी आज अछूता नहीं है। पूर्वी कोलकाता का बहुत तेजी से आधुनिक विकास हुआ है। कई तालाबों और भेरियों को पाट कर इमारतें बनाई गई हैं, कॉलोनियां काटी गई हैं। इनमें ज्यादातर निर्माण अवैध कब्जे से हुआ है। खास तौर से पूर्वी महानगर बाइपास बनने के बाद कोलकाता का

कोलकाता में मुदिअली के मछुआरे जहरीले पानी का उपचार कर उसमें मछली पैदा करते हैं। कोलकाता की भीड़ और आपाधापी के बीच में यहां की भेरियां बच्चों और युवा प्रेमी युगलों के लिए ही नहीं, दुर्लभ प्रवासी पक्षियों के लिए भी एक नैसर्गिक आश्रय हैं।

संबंध अपनी पूर्वी भेरियों से बिगड़ा है। पानी की आवाजाही के रास्ते रुक गए हैं। बाढ़ का पानी ज्यादा देर तक उन इलाकों में रुका रहता है, जहां से पहले वह आसानी से बह जाता था। बिल्डरों की ताकत अथाह है और उनके साधनों से सारे रास्ते खुल जाते हैं। उनके हाथ में होता तो शायद यहां की भेरियां और खेत बहुत पहले ही पट जाते। लेकिन जैसे इस इलाके में मैला पानी पहुंचाने में श्री बीरेंद्रनाथ डे जैसे सरकारी अफसर का हाथ था वैसे ही यहां की भेरियां बचाने में एक और सरकारी अफसर का हाथ रहा।

ध्रुबोज्योति घोष पश्चिम बंगाल के मुख्य पर्यावरण अधिकारी के पद से सन् 2005 में सेवानिवृत्त हुए। जवानी में ही वे छात्र आंदोलनों में चले गए थे। वहां से मोहभंग हुआ तो इंजीनियरी पढ़ी और पहली नौकरी एक ठेकेदार के लिए की, जो सीवर की नालियां बना रहा था। 1972 में वे सरकारी नौकरी में आ गए। यहां उनका अनुभव अच्छा नहीं रहा, उन्हें काम नहीं दिया जाता था। खाली समय का सदुपयोग करने के लिए उन्होंने एक अमेरिकी विश्वविद्यालय से 'पारिस्थितिकी' या 'इकॉलॉजी' में डॉक्टरेट की पढ़ाई की। उनके शोध प्रबंध का निरीक्षण करने वाले प्रोफेसर की अपनी विधा में प्रसिद्धि दुनिया भर में थी। वे खुद अपने खर्च पर कोलकाता आ कर अपने छात्र का शोध जांचते थे।

मुदिअली और पूर्वी कोलकाता की भेरियां शहर को चौमासे की बाढ़ से बचाती हैं। ईस्ट इंडिया कंपनी ने जब कोलकाता बसाया तब इस इलाके को बाढ़ से बचाने के लिए खाली छोड़े रखा। 1,800 मिलिमीटर की औसतन बारिश के बावजूद कोलकाता को बाढ़ ने उजाड़ा नहीं है। पानी ढलान के साथ-साथ पूर्व की जलभूमि में विलीन हो जाता है।

सन् 1981 में श्री ध्रुबोज्योति का तबादला हुआ राज्य की योजना परिषद में। यहां उनके हिस्से आया सीवर व्यवस्था का काम। उन्हें कहा गया कि वे देश भर में घूम कर मैले पानी के सदुपयोग पर जानकारी इकट्ठी करें। उनकी यात्रा का टिकट भी कट चुका था। अचानक उन्हें लगा कि अगर किसी ने यात्रा के दौरान उनसे पूछ लिया कि कोलकाता में सीवर के पानी का क्या होता है तो वे क्या जवाब देंगे। उन्होंने आसपास इस बारे में लोगों से पूछताछ की तो पता लगा कि सरकार में किसी को अंदाजा ही नहीं था कि शहर अपने सीवर के पानी का क्या करता है।

तो एक दिन वे शहर से मैला पानी निस्तारने वाली नहर के किनारे पहुंचे और पैदल चलने लगे। भेरियों का एक अजब नजारा उनके सामने आ गया। उन्हें एक पूरी व्यवस्था, एक पूरी दुनिया दिखी, जो खुद से ही चल रही थी। जो शहर के मैले से ही मछली, धान और सब्जी उगा कर वापस शहर भेज रही थी। सरकार और कोलकाता शहर इस संसार से बिलकुल बेखबर थे। यही नहीं, सरकार चाहती थी कि वे देशभर घूम कर वही जानकारी इकट्ठी करें जो उन्हें एक पैदल यात्रा में मिल गई थी। शहर के मैले का इससे अच्छा उपयोग क्या हो सकता था?

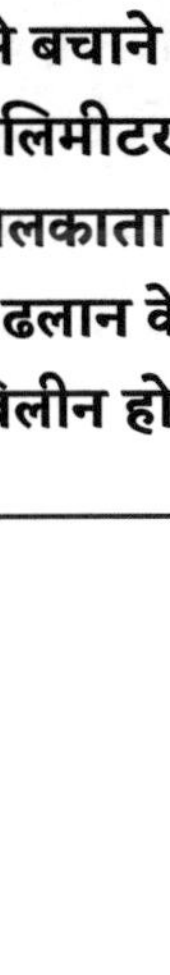

वे अचंभित थे। उन्होंने अपने शोध निरीक्षक को सब समझाते हुए एक पत्र लिखा।

उनके निरीक्षक ने जवाब में लिखा कि अगर वे अपने पांच साल इस इलाके को समझने में लगा दें तो इतिहास रचा जाएगा। श्री ध्रुबोज्योति ने इसे गुरुमंत्र मान लिया, इसकी गांठ बांध ली, और जवाब में कहा कि वे पांच क्या, दस साल लगाने को तत्पर हैं।

वे इस इलाके में नियम से जाने लगे, लोगों से परिचय बनाया, संबंध गढ़े, मित्रता बढ़ाई। धीरे-धीरे यहां के रहस्य उनके सामने खुलने लगे और उनकी रुचि अपने खुद के शोध या नौकरी की बजाए इस अद्भुत इलाके और इसके लोगों को समझने में बढ़ती गई। इस जलमग्न भूमि का उत्तरी हिस्सा तो 1960 के दशक में ही सॉल्ट लेक सिटी बनाने के लिए पाटा जा चुका था। उन्हें दिख गया था कि बचा हुआ इलाका भी आगे-पीछे बिल्डरों के विकास की भेंट चढ़ेगा। इसलिए उन्होंने यहां के अध्ययन के लिए सरकार से एक योजना पक्की करा ली और इस इलाके का एक कानूनन नाम रखवा दियाः 'ईस्ट कोलकाता वेटलैंड्स', यानी पूर्वी कोलकाता की जलभूमि।

ये भेरियां कोलकाता के गुर्दे हैं जो शहर के खून से अशुद्धि निकालते हैं। इन सेवाओं के लिए नगर निगम या राज्य सरकार को कोई खर्चा नहीं करना पड़ता। अगर शहर खर्चीले कारखाने लगाता मैला साफ करने के लिए तो क्या होता? यह जानना हो तो राजधानी एक्सप्रेस से वापस दिल्ली आएं और 36 कारखानों का असर यमुना नदी पर जांच लें।

इस जमीन की मिल्कियत का अता-पता नहीं था और इस इलाके का सर्वे या नक्शा बना नहीं था। ये सारे काम श्री ध्रुबोज्योति ने खुद किए या दूसरे विभागों से सरकारी देखरेख में कराए। 1987 तक उन्हें समझ आ गया था कि बिल्डर बहुत तेजी से यहां का 'विकास' करने आने लगे हैं, और सरकार उनका साथ दे रही है। वे इसके संरक्षण के कानूनी तरीके ढूंढ़ने लगे। अदालतों में कई अभियोग चले और उनका नतीजा भेरियों के पक्ष में रहा। फिर कई साल के उनके अथक प्रयासों के बाद इस जलभूमि को सन् 2002 में संयुक्त राष्ट्र संघ के 'रामसार अनुबंध' की मान्यता मिली। इस अंतर्राष्ट्रीय अनुबंध की वजह से अब यह राज्य और केंद्र सरकार की जिम्मेदारी बन चुकी है कि यह अनूठा इलाका जैसा है वैसा ही बना रहे। अब तो इन भेरियों की विशेषताओं पर कई तरह के वैज्ञानिक पर्चे लिखे जाते हैं, कुछ डॉक्टरेट की उपाधियां भी यहां के मिट्टी-पानी से जन्मी हैं। यहां की जमीन गांठना अब बिल्डरों के लिए आसान नहीं रहा। फिर भी उनकी आंख हमेशा लगी रहती है। शहर अब इस इलाके के बगल तक बढ़ आया है। राजनेताओं के संरक्षण में बिल्डर हमेशा कोशिश करते रहते हैं इस जमीन को हथियाने की।

सन् 2005 में रिटायर होने के बाद भी श्री ध्रुबोज्योति इन भेरियों और इनके मछुआरों के गुणगान में लगे रहते हैं। उन्हें कोलकाता के बाशिंदों पर अचरज होता है, जो इस इलाके का मोल जान कर इसका मान करने की बजाए इसकी उपेक्षा ही करते हैं। आजकल मूल्य रुपयों में ही समझा जाता है, इसलिए सन् 2005 में उन्होंने इस इलाके की कीमत धन में आंकने की कोशिश की। आंकड़े जानने लायक हैं, हालांकि

श्री ध्रुबोज्योति बार-बार कहते हैं कि इस इलाके की हमारी शास्त्रीय समझ अधूरी है, जानकारी भी कम ही है। आकलन करने वाले की आंख और मूल्यों से ही आकलन की दिशा तय होती है। वे मानते हैं कि इस इलाके का ठीक मोल समझने की दृष्टि अभी हमारे पास है ही नहीं। इतनी सावधानी के बाद उन्होंने कुछ आंकड़े तैयार किए हैं।

जितना मैला पानी यहां साफ होता है उसके लिए अगर कारखाने लगाए जाएं तो 11 साल तक उनका सालाना खर्च होगा 101 करोड़ रुपये। फिर मैल से मछली का भोजन अगर न मिले तो उसे बाजार से खरीदने का सालाना खर्च 6 करोड़ रुपये होगा। खेतों में सिंचाई के लिए छोड़े जाने वाले साफ किए पानी की कीमत 2.6 करोड़ रुपये होगी। यही कुल 110 करोड़ बनता है। बाढ़ नियंत्रण जैसी सेवाएं, जो यह इलाका मुफ्त में देता है, उन्हें भी जोड़ दें तो यह आंकड़ा 177 करोड़ रुपये से ऊपर चला जाता है। यह सब गणित सन् 2005 की कीमतों के आधार पर था। महंगाई का हिसाब लगाएं तो यह आंकड़ा कहां पहुंचेगा, कौन कह सकता है? इस जलमग्न भूमि की वजह से कोलकाता दूसरे शहरों की तुलना में काफी सस्ता शहर है।

पूर्वी कोलकाता और मुदिअली की भेरियां नगर के गुर्दे की तरह काम करती हैं। वे शहर के खून से अशुद्धि तो निकालती ही हैं, बेशकीमती उर्वरकों को फिर से इस्तेमाल लायक बनाती हैं। इतनी सेवाएं पाने के लिए कोलकाता नगर निगम या राज्य सरकार को कोई खर्च नहीं करना पड़ता, ये अनमोल सेवाएं शहर को मुफ्त में मिलती हैं। अगर शहर ढेर सा रुपया खर्च कर आधुनिक मैला साफ करने के कारखाने लगा भी ले तो उनका हश्र क्या होगा? जानना हो तो राजधानी एक्सप्रेस से वापस दिल्ली आएं और 36 कारखानों की प्रभावशीलता के लिए यमुना नदी के पानी को जांच लें।

यहां के मछुआरे और किसान जिस सूझ-बूझ से अपना काम करते हैं उसकी बौद्धिक संपदा का अधिकार वे किसी और पर जमाते नहीं हैं। यह सारा ज्ञान उन्होंने खुद, पीढ़ी-दर-पीढ़ी की साधना और प्रयोगों से जुटाया है। किसी कॉलेज में दाखिला पाने के लिए उन्होंने आंदोलन नहीं चलाए। उनके मैला साफ करने के तरीके में कोई बिजली नहीं लगती और वे किसी तरह का तकनीकी प्रशिक्षण भत्ता नहीं मांगते, शोध एवं प्रौद्योगिकी विकास कार्यक्रम के लिए अनुदान भी नहीं। हमारे किसी भी महंगे कारखाने से बेहतर, मैले पानी का उपचार करने के लिए वे सरकार से तकनीकी श्रेष्ठता का पुरस्कार भी नहीं मांगते। खाद्य एवं सार्वजनिक वितरण विभाग के आगे जा कर खाद्य सुरक्षा का कोई नारा नहीं लगाते। जल मंत्रालय से भूजल संवर्धन का प्रशस्ति पत्र नहीं मांगते हैं। बाढ़ नियंत्रण का चालान भी सरकार को नहीं भेजते हैं। कुपोषण दूर करने के लिए बेशकीमती प्रोटीन किफायती दाम में पहुंचाने का श्रेय स्वास्थ्य मंत्रालय से भी नहीं मांगते।

आपको कोलकाता के सामाजिक साहित्य में यह सब जानने को नहीं मिलेगा।

पुरानी भेरियां पाट कर उस जमीन पर बनाए गए दुनिया के दूसरे सबसे बड़े स्टेडियम, 'सॉल्ट लेक स्टेडियम' का चर्चा आप खूब सुन सकते हैं। लेकिन कोलकाता के भद्रलोक में इस निर्मल कथा की भनक तक नहीं मिलती है, कि कैसे उसके मैले पानी के उपयोग से शहर के पूरब में एक अद्वितीय लोक उभर आया है।

पिछले 70-80 साल में खारे पानी के दलदल में मीठे पानी की मछली पालने से खारापन तो गया ही है, जीवन के कई नए रूप यहां खिल उठे हैं। छह साल पहले एक वैज्ञानिक शोध दल ने धापा गांव के कचरे में पाए जाने वाले सूक्ष्म जीवाणुओं का अनुमान लगाया। उन्हें कई ऐसे जीवाणु मिले, जो कचरे में पाए जाने वाले रसायनों को सहज ही पचा जाते हैं। कई परीक्षणों ने यह भी दिखाया ही है कि 30,000 एकड़ में फैली इस जलभूमि के पानी में रोगाणु बचते ही नहीं हैं। जिस शैवाल पर मछलियां पलती हैं उसके पनपने के लिए कई तरह के मित्र बैक्टीरिया का होना तो जरूरी है। पर नुकसान करने वाले बैक्टीरिया यहां टिक नहीं पाते हैं।

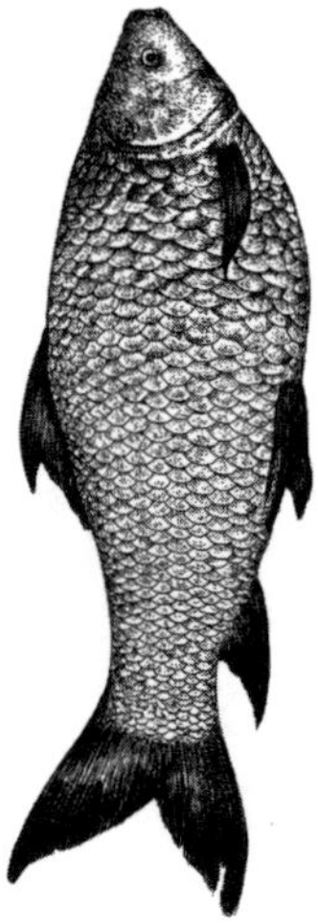

वैज्ञानिकों को अभी यह ठीक से समझ नहीं आया है कि ये जीवाणु काम कैसे करते हैं। इनमें कुछ की उपयोगिता कई उद्योगों में है, जैसे दवा बनाने वाली कंपनियों में और डिब्बाबंद खाद्य वस्तुओं को तैयार करने में। आजकल वैज्ञानिक उपयोगी जीवाणुओं को वैसे ही खोजने लगे हैं जैसे एक समय लोग सोना खोजते-फिरते थे, क्योंकि औद्योगिक प्रक्रियाओं में इनकी मांग लगातार बढ़ती ही जा रही है। फायदेमंद जीवाणुओं के खजाने की वजह से शायद अब इन भेरियों का ठीक मूल्यांकन हो।

यहां के मछुआरे तो न जाने कब से मैले पानी के इस सुनहरे सच को जानते हैं।

पुतले हम माटी के

जो अदृश्य होता है उस पर हमें आसानी से विश्वास नहीं होता। उसे विरले ही भांप सकते हैं, वह भी केवल दर्शन की आंख से, जैसे जैन परंपरा के तीर्थंकरों ने देखा। जीवन की बुनियादी इकाई को जैन विचार में 'निगोद' कहा जाता है। यह इतनी छोटी होती है कि उसे मनुष्य की आंख देख नहीं सकती, लेकिन यह हर कहीं व्याप्त है। जैन विचार में सारा संसार असंख्य निगोद से बना है, जो जटिल और बड़े जीवों का आकार भी लेते हैं। कुछ दूसरी प्राचीन दर्शन परंपराओं में ऐसे कुछेक लोगों का वर्णन मिलता है जिन्होंने जीवन की बुनियाद को सूक्ष्म, अदृश्य जीवों में देखा।

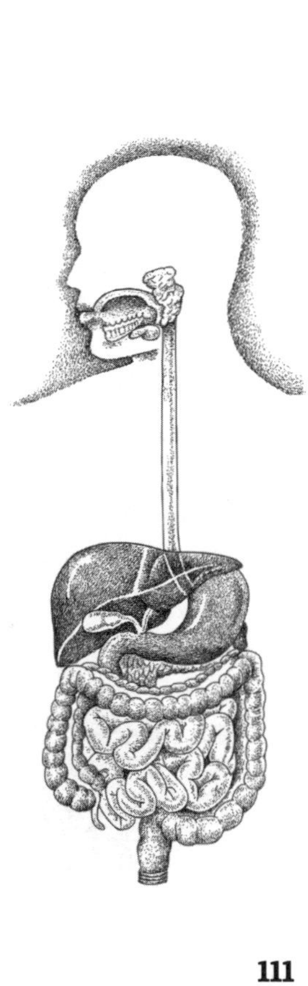

दर्शनशास्त्र के बाहर इन गूढ़ जीवों से मनुष्य का परिचय हुआ माइक्रोस्कोप से होने वाले सूक्ष्म दर्शन से। जीवाणुओं का उपयोग मनुष्य न जाने कब से करता आ रहा है, चाहे दूध से दही बनाने वाला बैक्टीरिया हो या आटे से डबलरोटी बनाने वाला खमीर। इस सहज किंतु अदृश्य संबंध की पहली प्रत्यक्ष कड़ी एक मनुष्य की आंख के सामने सन् 1675 में आई। यह विशिष्ट आंख थी हॉलैंड के एक साधारण व्यापारी की, जिनका नाम था एंटनी वान लिउनहुक। डेल्फ्ट शहर में उनकी कपड़े की दुकान थी, और कांच घिस-घिस कर माइक्रोस्कोप बनाना उनका असाधारण शौक था। पहला कारगर माइक्रोस्कोप श्री एंटनी ने ही बनाया था।

जब ईजाद किए यंत्र के नीचे उन्हें पहली बार इतने सूक्ष्म प्राणी दिखे, तो उन्हें इसमें ईश्वर की अपार लीला की झलक दिखी। हम जो भी समझ पाते हैं वह हमारे संदर्भों पर

निर्भर होता है। श्री एंटनी धार्मिक निष्ठा वाले ईसाई व्यक्ति थे। माइक्रोस्कोप के नीचे उन्हें अपना विश्वास, अपना विधाता दिखा। दूसरे कई लोगों ने इस बारीक नई दुनिया में अपनी-अपनी आस्था का आकाश देखा। हमारे यहां सूक्ष्म रोगाणुओं से होने वाली बीमारियों को दैवी रूप में भी देखा गया है, चाहे वह चेचक की शीतला माता हों या टाइफॉइड के मोतीझरा बाबा।

कालांतर में शोध करने वालों को पता लगा कि जितना अनंत आकाश है, उतनी ही विशाल यह सूक्ष्म दुनिया भी है। चींटी के आकार के प्राणी इस सूक्ष्म दुनिया के लिए वैसे ही होते हैं जैसे हमारे लिए हाथी या नीली व्हेल। इनमें अधिकांश का शरीर तो एक कोशिका भर का ही होता है, जैसे बैक्टीरिया। माइक्रोस्कोप से बनी इस नई परख ने मनुष्य की दृष्टि बदलनी शुरू कर दी। चाहे साधारण लोगों को यह दर्शन न मिला हो, पर माइक्रोस्कोप में झांकने वालों को कई सूक्ष्म लोकों का मेला दिखने लगा। कुछ इसी तरह दूरबीन की खोज से अंतरिक्ष में झांकना संभव हुआ, जिससे समझ यह आया कि हमारी सारी दुनिया, हमारी पृथ्वी और हमारा सौर मंडल भी कई विराट लोकों का एक सूक्ष्म हिस्सा भर है।

श्री एंटनी के आविष्कार की मदद से कई खोजी आंखों ने सूक्ष्म जीवों पर जानकारी इकट्ठी की। उनके माइक्रोस्कोप बनाने के करीब दो सौ साल बाद सन् 1880 के आसपास, यह सिद्ध हुआ कि कुछ जानलेवा रोग जीवाणुओं के संक्रमण से होते हैं। इसमें खास अनुसंधान रहा जर्मन चिकित्सक रॉबर्ट कोख और फ्रांसिसी रसायनशास्त्री लूइ पॅस्चर का। पॅस्चर का नाम तो अब एक विशेषण बन चुका है और बाजार में बिकने वाले पॅस्चराइज्ड दूध और मक्खन पर लिखा मिल जाता है। इन सूक्ष्मदर्शियों के प्रयोगों से लाखों लोगों को मारने वाले रोगों के कारण बैक्टीरिया में मिले। जिन सूक्ष्म जीवों में एंटनी वान लिउनहुक को ईश्वर के दर्शन हुए थे, उन्हें अब रोगाणु की संज्ञा दी गई।

फिर 1892 से 1898 के बीच एक अन्य तरह के जीव की खोज भी हुई जो आकार में बैक्टीरिया से भी छोटा होता है, जो शायद जीवन की बुनियादी इकाई है। वह था वाएरस। यह एक सूक्ष्म कोशिका का और भी सूक्ष्म हिस्सा भर है। केवल वह भाग जो अपना जनन खुद कर सकता है, लेकिन वह भी किसी और कोशिका के भीतर घुस कर। वैज्ञानिकों में मतभेद है कि वाएरस को जीव मानना चाहिए कि नहीं। एक मत कहता है कि जो अपना जनन कर सके वह जीवित है, जबकि दूसरा पूछता है कि उसे जीवित कैसे माना जा सकता है जिसका स्वरूप एक कोशिका तक का भी नहीं हो।

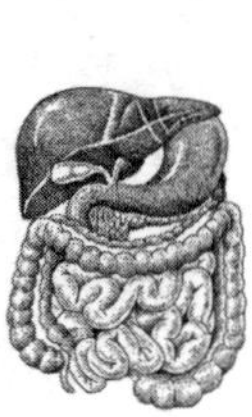

बीमारियों का स्रोत रोगाणुओं में मिलने के बाद इस तरह की जानकारी की बाढ़ आ गई। हर तरह के रोगों का निदान होने लगा। रोगाणुओं की तालिका में कई बैक्टीरिया और वाएरस जुड़ते गए। कई तरह के फफूंद, परजीवी कीट, न्यूनाकार के वनस्पति

भी। कई प्रतिभाशाली वैज्ञानिकों ने इस पर अनुसंधान किया। यह मसला केवल शोध की जिज्ञासा का नहीं था। हैजा और प्लेग जैसे रोगों से अनगिनत जानें जाती थीं।

युरोपीय शहरों के हाल बहुत ही खराब थे। जिस सामाजिक और आर्थिक क्रांति की वजह से विज्ञान प्रकृति के रहस्य खोल रहा था, उसी से उद्योग और मशीनी कारखाने भी बनने लगे थे। इनमें बड़ी संख्या में मजदूरों की आवश्यकता थी, इसलिए कारखाने शहरों में खुलते थे। अगर गांव या कस्बे में कारखाने खुलते तो वे जल्दी ही शहर बन जाते। इन शहरों की आबादी बहुत घनी थी। गंदगी और गरीबी की मार तो लोगों पर थी ही, बढ़ते कारखानों से हवा और पानी का प्रदूषण भी हो रहा था। इसका लोगों के स्वास्थ्य पर बुरा असर था। इस बदलाव का प्रभाव युरोपीय देशों के उपनिवेशों पर भी था, जैसे इंग्लैंड का भारत पर। कारखानों में बनने वाला माल दुनिया भर में भेजा जाता था और बदले में पानी के जहाजों में युरोप के उपनिवेशों से कमाई और लूट आती थी।

इन जहाजों के साथ कई रोग भी महाद्वीप पार करते थे। युरोपीय लोगों के संपर्क से फैले रोगों से दुनिया भर में लाखों लोग मारे गए, खासतौर पर अमेरिका के दोनों महाद्वीपों में। इसी तरह दूसरी जगहों के रोग युरोप पहुंचे। सन् 1830 के आसपास भारत के बंगाल में शुरू हुई हैजे की महामारी साम्राज्यवाद के जहाजों पर सवार हो कर युरोप पहुंची। दुनिया भर में लाखों लोग मारे गए। सन् 1848 से 1854 के बीच लंदन बार-बार हैजे की चपेट में आया। लाखों बीमार हुए, हजारों मारे गए। रोग का असल कारण तब किसी को पता नहीं था, उसका इलाज और रोकथाम तो बहुत दूर की बात थी। हैजे के रोगाणु की पहचान तो कई साल बाद, सन् 1886 में जर्मनी में हुई थी। इसके पहले युरोप के लोग बीमारियों का स्रोत दूषित हवा को मानते थे। इसे 'मायाज्मा' कहा जाता था, जिसका युनानी भाषा में अर्थ है प्रदूषण।

सन् 1854 के लंदन में हैजे का कारण 'मायाज्मा' ही माना जाता था, पर एक चिकित्सक को शक था कि यह बीमारी हवा से नहीं, पानी से फैलती है। उनका नाम था जॉन स्नो। लंदन के जिन इलाकों में हैजा फैला था उनका एक नक्शा उन्होंने बनाया। फिर इन इलाकों में घूमने लगे। ऐसा ही एक इलाका था ब्रॉड स्ट्रीट। वहां के एक सहृदय पादरी की मदद से उन्हें पता लगा कि उस इलाके में बीमार पड़ने वाले सभी लोगों ने एक ही हैंडपंप का पानी पीया था। उनके आग्रह पर उस 25 फुट गहरे पंप का हत्था निकाल कर उसे बंद कर दिया गया। इसके बाद उस इलाके में बीमारी कम होने लगी। बिना किसी पक्की जानकारी के, एक नक्शे की मदद से उस दृष्टा ने एक महामारी को रोकने का तरीका ढूंढ़ निकाला था।

डॉक्टर जॉन स्नो को रोग के फैलने का कारण भूजल नहीं लगता था। उन्हें संदेह था कि यह संक्रमण किसी हैजे के रोगी से किसी खास जगह पर पानी में फैलता है। उनकी खोज के एक साल बाद उसी पादरी को पता लगा कि ब्रॉड स्ट्रीट पर जिस जगह वह

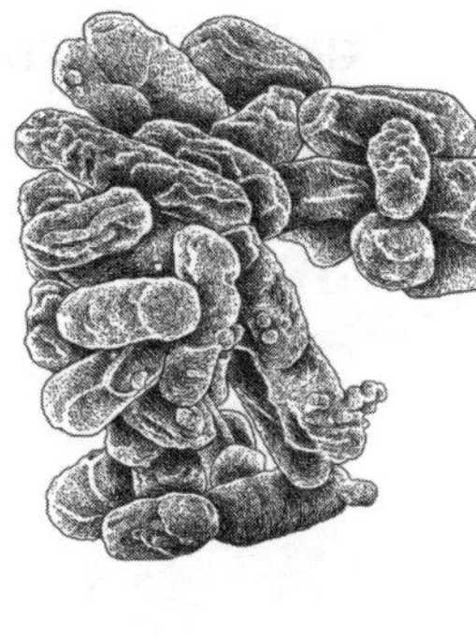

एस्केरिकिया कोलाइ या ई.कोलाइ। पानी में मल का दूषण जांचने के लिए इन्हीं को प्रयोगशालाओं में ढूंढ़ा जाता है। लेकिन इस कुख्यात बैक्टीरिया के सौ से भी अधिक प्रकारों में कुछेक ही मनुष्य को नुकसान पहुंचा सकते हैं। कुछ तो लाभदायक भी हैं।

पंप खोदा गया था उससे तीन फुट की दूरी पर ही एक पुराना सेसपिट था, यानी ऐसा गड्ढा जिसमें भवन का मल-मूत्र डाला जाता था। यह किसी को पता नहीं था कि इस इलाके में कोई सेसपिट बचा था, क्योंकि भवन के घरों में रहने वाले अपना मल-मूत्र पीछे के आंगन में फेंक देते थे। मुहल्ले में हैजा फैलने के कुछ दिन पहले ही उस घर में रहने वाले एक शिशु को कहीं और से हैजा हो गया था। इस शिशु के पोतड़े धोने के बाद उसका पानी सेसपिट में ही डाल दिया गया था। यहां से संक्रमित मल के कण पीने के पानी में रिस गए थे और उस पानी को पीने वालों को बीमार कर रहे थे। इसी तरह टेम्स नदी मल-मूत्र बहाए जाने की वजह से हैजे का स्रोत बन गई थी।

डॉक्टर जॉन स्नो की खोज को उस समय की सरकार ने स्वीकार नहीं किया, उनकी कद्र नहीं की। लेकिन आगे चल कर उन्हें आधुनिक रोगविज्ञान का जनक माना गया। उनके काम ने दिखलाया कि महामारियों के कारण ढूंढ़ कर उनकी रोकथाम हो सकती है। यह भी कि एक रोगी से ही दूसरे व्यक्ति को रोग होता है। इसके कई सालों बाद दूसरे वैज्ञानिकों ने प्रमाणित किया कि कई जानलेवा रोग हमारे मल से फैलते हैं। हैजा, पोलियो, आंत्रशोथ, दस्त, पीलिया और टाइफॉइड रूपी मियादी बुखार भी।

आज मनुष्य के मल में मौजूद रोगाणुओं पर बहुत शोध हो चुका है। हर तरह के संक्रामक रोग का कारण हम जान चुके हैं और ऐसा मान सकते हैं कि ज्यादातर का उपचार भी हमारे पास है। आज अधिकतर लोगों की इन बीमारियों से जान नहीं जाती। रोगाणुओं को मारने वाली कई तरह की एंटीबायोटिक दवाएं हैं, रोग से बचाव के लिए वैक्सीन के टीके भी ईजाद हो चुके हैं। दवा बनाने वाली बड़ी-बड़ी कंपनियां हैं जो खरबों रुपयों में खेलती हैं और नित नए उपचारों का आविष्कार कर के उन्हें बेचती हैं। कई सरकारी और अकादमिक प्रयोगशालाएं हैं जो आकार में छोटे-मोटे शहरों जितनी बड़ी हैं। रोगाणु और उनके व्यवहार पर जानकारी की चारों तरफ बाढ़ है।

हमारे एक ग्राम मल में एक करोड़ वाएरस, 10 लाख बैक्टीरिया, कोई एक हजार परजीवी पुटी और 100 कीट अंडे हो सकते हैं। एक व्यक्ति रोजाना औसतन 200-400 ग्राम मल का त्याग करता है।

आज यह जानकारी आम है कि हमारे एक ग्राम मल में एक करोड़ वाएरस, 10 लाख बैक्टीरिया, कोई एक हजार परजीवी पुटी और कोई 100 कीट अंडे हो सकते हैं। केवल एक ग्राम में। औसतन एक व्यक्ति एक दिन में 200-400 ग्राम मल का त्याग करता है। अधिकतर खतरनाक बीमारियां एक रोगी के मल से दूसरे लोगों तक फैलती हैं। जहां मल निकास के ठीक साधन नहीं हैं वहां बीमारियों का घर होता है।

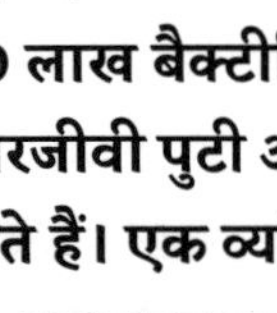

हमारे मल में वाएरस के कम-से-कम 140 प्रकार पाए जाते हैं। इनमें से कई हैं जो हमारे मल से होते हुए किसी और से संपर्क होने पर जानलेवा बीमारी दे सकते हैं। गरीब देशों में साधनहीन लोगों की बस्तियों में तो हाल कुछ वैसे ही हैं जैसे सन् 1854

में लंदन के थे। इन इलाकों में रहने वाले आधे लोग ऐसी बीमारियों का शिकार होते हैं जो अस्वच्छता की वजह से होती हैं, यानी उनके पीने के पानी में मल के कण पहुंचते हैं। विश्व स्वास्थ्य संगठन का अंदाजा है कि दुनिया भर में मल से फैलने वाले रोगों से होने वाली पेचिश के कारण 22 लाख लोग हर साल जान गवां देते हैं। इनमें ज्यादातर बच्चे होते हैं, यानी हर रोज 6,000 बच्चे ऐसी बीमारियों से मारे जाते हैं। हर 15 सेकंड में एक बच्चा दुनिया के किसी-न-किसी हिस्से में इसलिए मारा जाता है क्योंकि वहां रहने वालों के मल का सुरक्षित निकास नहीं होता है।

इतनी सब जानकारी और दवाइयों के बाद भी हम, हमारी सरकारें इन बीमारियों की रोकथाम नहीं कर पा रही हैं। साफ-सुथरे और विकसित माने गए देशों में भी संक्रमण से फैलने वाली बीमारियां होती ही हैं, यह बात अलग है कि वहां मल से फैलने वाली बीमारियों पर काबू पा लिया गया है। रोगाणुओं से लड़ने की हमारी क्षमता कितनी भी बढ़ जाए, रोगाणु हमारा पीछा नहीं छोड़ रहे हैं।

कई वजहें हैं इसकी। एक तो यही है कि मनुष्य अपना स्वभाव ठीक से समझता नहीं है। उस प्रकृति को भी नहीं जिसने उसे बनाया है। इसमें कमी जानकारी की नहीं है, जानकारी तो अपार है आजकल। अभाव हमारी दृष्टि में है। एक दौर में एक तरह की जानकारी का प्रभाव और दबाव हमारे समाज में बढ़ता ही जाता है। यह तब तक बढ़ता है जब तक उसके दुष्परिणाम सामने नहीं आते, जिसके बाद किसी दूसरे तरह का विचार, किसी दूसरी तरह की प्रवृत्ति का आग्रह बढ़ता जाता है। लेकिन केवल तब तक जब तक उसके खराब नतीजे सामने न आ जाएं।

इसकी झलक दिखती है जीवाणुओं के प्रति हमारे रवैये में। रोगाणुओं का पता चलने के बाद से सूक्ष्म जीवों से हमारा परिचय एकतरफा होता गया है। इसकी शुरुआत हुई सन् 1876 में, जब जर्मन चिकित्सक रॉबर्ट कोख ने प्रमाणित किया कि बीमारी रोगाणु से संक्रमण होने पर होती है। इस काम के लिए सन् 1905 में उन्हें चिकित्सा का नोबेल पुरस्कार मिला। इसी दौरान उन्हीं के मित्र और सहयोगी पॉल एयरलिख और एक रूसी वैज्ञानिक इलिआ मेचनिकोव ने पता लगाया था कि हमारे खून में सफेद रंग की कोशिकाएं होती हैं, जो रोगाणुओं को मारती हैं। इन दोनों को सन् 1908 में चिकित्सा का नोबेल मिला।

रोगों से लड़ने की ताकत का अंदाजा तो कई जगहों पर न जाने कब से रहा है। भारत, चीन, तुर्की और युनान में चेचक से बचने के लिए लोगों का, खास कर बच्चों का संक्रमण एक सूई के द्वारा किसी रोगी के पीप से करवाने का चलन बहुत पुराना रहा है। इस तरह से 'टीका' लगाने का चलन कहां शुरू हुआ और कैसे फैला इसके सीधे प्रमाण नहीं मिले हैं। लेकिन यह तय है कि कुछ लोगों को बहुत पहले से पता था कि किसी रोग का हल्का सा संक्रमण आगे चल कर उस रोग से रक्षा भी करता है। यह भी

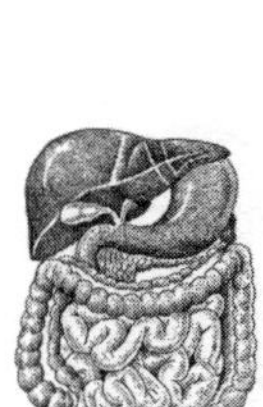

कि कई रोग संक्रमण से होते हैं।

एडवर्ड जेनर नाम के एक अंग्रेज चिकित्सक को यही बात 1760 के दशक में ग्रामीण लोगों से समझ में आई। उन्हें पता लगा कि गायों की देखभाल करते हुए गौ-चेचक के संपर्क में आने वाली ग्वालनों को चेचक नहीं होता था। सन् 1796 में उन्होंने ऐसी ही एक ग्वालन के पीप का टीका एक बालक को लगाया, फिर उसे चेचक से संक्रमित भी किया। बालक को चेचक नहीं हुआ। इसके आधार पर श्री एडवर्ड ने चेचक से बचने का टीका बनाया था। इसके 90 साल बाद फ्रांस में लुइ पॅस्चर ने सन् 1886 में इसी सिद्धांत के बल पर जलांतर रोग यानी रेबीज का टीका ईजाद किया। उस समय इन लोगों को एकदम ठीक से यह पता नहीं था कि उनके आविष्कार काम कैसे करते हैं, लेकिन उसकी कार्यकुशलता सिद्ध हो गई थी। इसकी वजह का पता बाद में चला और इसे रोगप्रतिरोध तंत्र कहा गया। इसका स्वभाव बहुत जटिल होता है, क्योंकि हर व्यक्ति के शरीर की कुछ परिस्थितियां दूसरों से थोड़ी अलग होती हैं और इन्हें नियंत्रित करना मुश्किल होता है।

इसकी तुलना में रोगाणुओं को समझना कहीं आसान पड़ता है। इन्हें प्रयोगशाला में नियंत्रित परिस्थितियों में पाला जा सकता है, दूसरे पशुओं को ले कर इनके साथ कई तरह के प्रयोग किए जा सकते हैं। इसलिए रोगाणुओं से निपटने के तरीकों पर शोध तेजी से हुआ। बीमारियों की रोकथाम में लगे लोगों का ध्यान रोगाणुओं को मारने वाली दवाओं पर गया। सन् 1928 में स्कॉटलैंड के जीवशास्त्री अलेक्सांडर फ्लेमिंग ने एक फफूंद को उगा कर उससे पेनिसिलिन नाम की दवा निकाली। सन् 1942 में इस तरह की दवाओं को 'एंटीबायोटिक' की संज्ञा दी गई, जिसका सीधा मतलब तो होता है 'जीव के विरुद्ध'। ऐसी दवाएं कई तरह के रोगाणुओं को मिटाती हैं। इनसे असंख्य लोगों की जान बची है और उससे कहीं ज्यादा लोगों की बीमारी की पीड़ा कम हुई है। पेनिसिलिन और उसके बाद आई एंटीबायोटिक दवाओं ने बीमारियों के उपचार में क्रांति ला दी है। पिछली सदी में मनुष्य की आबादी के ताबड़तोड़ बढ़ने के दो कारणों में से यह एक है, दूसरे की चर्चा अगले खंड में मिलेगी।

एंटीबायोटिक दवाओं के आने के बाद रोगाणुओं ने बढ़ना बंद नहीं किया। बैक्टीरिया जैसे एक कोशिका के जीवों की आनुवंशिक स्मृति बहुत पुरानी है। जैसे-जैसे चिकित्सा विज्ञान नए एंटीबायोटिक बनाता गया, रोगाणु इन्हें सहन करना भी सीखते गए। दवाइयों के विरुद्ध अपनी प्रतिरोध शक्ति बढ़ाते गए। जवाब में दवा बनाने वाली कंपनियां नई दवाओं पर शोध में निवेश बढ़ाने लगीं, क्योंकि दवा बनाने का धंधा आज दुनिया के सबसे बड़े उद्योगों में आता है। इससे दवाओं के दाम भी बढ़ते जाते हैं और रोगाणुओं की प्रतिरोध की ताकत भी। आज रोगाणुओं और दवा बनाने वाली कंपनियों में होड़ जैसी चल रही है।

इसे ले कर वैज्ञानिक चिंतित हैं। अमेरिकी सूक्ष्म जीव विज्ञान अकादमी कहती है, "रोगाणुओं की एंटीबायोटिक प्रतिरोध शक्ति कभी जाएगी नहीं। हम चाहे कितनी भी दवाएं उनकी तरफ फेंकें, वे बचने का तरीका खोज ही लेंगे। अरबों-खरबों सूक्ष्म जीवाणु क्रमिक विकास की प्राकृतिक ताकत से लैस हैं। वे हमेशा, बिना रुके हुए बदलते रहेंगे और हमारी दवाओं पर भारी ही पड़ेंगे, यह तय है।" सन् 1987 के बाद से 28 साल में एंटीबायोटिक दवाओं का कोई भी नया प्रकार खोजा नहीं जा सका है, जबकि इस पर शोध और प्रयोग हजारों वैज्ञानिक, बीसियों प्रयोगशालाओं में, अरबों डॉलर खर्च से करते रहे हैं। सन् 2015 में जा कर एक नए प्रकार का एंटीबायोटिक ईजाद हुआ। बड़े-से-बड़े वैज्ञानिक संस्थानों की रपट और विमर्श में एक सवाल बार-बार उठता है। क्या हम 'उत्तर-एंटीबायोटिक' युग में आ चुके हैं?

रोगाणुओं के साथ होड़ शुरू होने के बाद यह बात कहीं दब गई है कि सन् 1675 में जब माइक्रोस्कोप के नीचे एंटनी वान लिउनहुक ने पहले-पहल जीवाणु देखे, तो उन्हें उनमें ईश्वरीय चरित्र दिखा था। लेकिन जीवाणुओं की हमारी आधुनिक समझ उतनी और वैसी ही बनती गई जितनी और जैसी कि दवा बनाने वाली कंपनियां हमें समझाना चाहती हैं। जो जीवाणु बीमारी नहीं फैलाते या चुपचाप हमें फायदा पहुंचाते हैं उनकी ओर दवा बनाने वालों का ध्यान नहीं गया।

जीवाणुओं का हौवा बन गया है। बैक्टीरिया और वाएरस के नाम ऐसे लिए जाते हैं कि जैसे वे आतंकवादी संगठनों के सदस्य हों। विज्ञापनों में तो जीवाणुओं को विध्वंसक सेना के रूप में दिखाया जाता है, ताकि उन्हें मारने वाले महंगे रसायन बेचे जा सकें।

हमारी चिकित्सा और शोध व्यवस्था बाजारू होती जा रही है। स्वास्थ्य पर शोध करने से मुनाफा इतना नहीं होता जितना किसी बीमारी का महंगा उपचार खोज कर उसे बेचने से होता है। यह मनोवृत्ति दवा उद्योग से होते हुए डॉक्टरों, अस्पतालों, रोग निदान की प्रयोगशालाओं, दवा बेचने की दुकानों से लेकर खुद रोगियों तक भी पहुंच गई है। जीवाणुओं का हौवा बन गया है। बैक्टीरिया और वाएरस के नाम ऐसे लिए जाते हैं कि जैसे वे आतंकवादी संगठनों के सदस्य हों। विज्ञापनों में तो जीवाणुओं को विध्वंसक सेना के रूप में दिखाया जाता है, ताकि उन्हें मारने वाले महंगे रसायन बेचे जा सकें। यह मानसिकता विज्ञान से केवल उतना लेती है जितना कि बाजार में बेचा जा सके। एक बार फिर एंटनी वान लिउनहुक को याद कीजिए जो पेशे से दुकानदार थे, लेकिन कांच घिस कर अपना माइक्रोस्कोप उन्होंने अपनी जिज्ञासा के कारण बनाया था। विज्ञान की महत्वपूर्ण खोज करने वाले अधिकतर लोग कुतूहल और शौक से काम करने वाले थे। लेकिन आज यह बदल रहा है। अब वैज्ञानिक शोध के जगत में पेशेवर लोगों की ही जगह बची है। जो बिकाऊ नहीं है उस पर अनुसंधान करने के लिए वैज्ञानिकों को आर्थिक मदद नहीं मिलती है।

इससे स्वस्थ विचार ही नहीं, अज्ञान भी फैलता है। सच तो यह है कि हमारी पूरी-

की-पूरी दुनिया जीवाणुओं से ही बनी है। जीवशास्त्रियों को पिछले कुछ सालों में पता चला है कि हम में से हर एक के शरीर में कुल जितनी कोशिकाएं हैं उनसे दस गुना अधिक संख्या उसमें रहने वाले जीवाणुओं की है। हमारी हर एक कोशिका के एवज में हमारे शरीर में 10 जीवाणु रहते हैं। हम में से हर एक का शरीर औसतन 90 लाख करोड़ जीवाणुओं का घर है, यानी 9,00,00,00,00,00,000 जीवाणु हर शरीर में।

विज्ञान तो अब हम में से हर किसी के शरीर को एक अलग ग्रह के रूप में देखता है, जिस पर कई अरब प्राणी विचरण करते हैं। कुछ वैसे ही जैसे धरती पर हम कई तरह के पेड़-पौधों और पशुओं के साथ जीते हैं। अंतरिक्ष से देखने पर जितना महत्व हमारे अस्तित्व का है, जीवाणुओं का हमारे शरीर पर महत्व उससे कहीं ज्यादा है। अंतरिक्ष से देखते हुए किसी को पहचान लेना जितना कठिन है, उतना ही कठिन हमारे शरीर के ऊपर रहने वाले जीवाणुओं को पहचानना है।

इसीलिए इतनी तादाद में हमारे शरीर के भीतर और ऊपर होने पर भी हमें इनकी मौजूदगी का आभास नहीं होता। जो जीव माइक्रोस्कोप के नीचे भी मुश्किल से दिखते हैं उनसे परिचय कैसे हो? यदि आपका वजन 90 किलोग्राम मान लें, तो इसमें एक-डेढ़ किलोग्राम वजन तो केवल आप के भीतर रहने वाले जीवाणुओं का होता है। पर यह वजन कोई बोझ नहीं है। यह एकदम उठाने लायक है क्योंकि इस एक किलो से बाकी 89 किलो का सीधा नाता है। कुछ वैज्ञानिक तो यहां तक कहते हैं कि हमें जीवाणुओं को अपने शरीर के एक विशेष अंग की तरह देखना-समझना चाहिए।

जब दो प्राणी एक ही प्राकृतिक वास में रहते हैं तब उनमें या तो टकराव होगा, या सहयोग। अधिकतर दोनों ही होते हैं। हमारा जीवित रहना इसका प्रमाण है कि प्रकृति में कटुता से ज्यादा सहयोग है। प्रकृति का व्यापार सहज लेन-देन से चलता है, कागज के अनुबंध पर दस्तखत करने से नहीं। इसमें कोई वकील और कचहरी नहीं होती, कोई हुंडी या कर्ज नहीं होता। इसका कोई संविधान नहीं होता और किसी के भी अधिकार कानून में नहीं लिखे होते। इस दुनिया की सहज आपसदारी हमारे निर्णय-अनिर्णय, हमारी चेतना तक की मोहताज नहीं है। फिर यह दुनिया कैसे चलती है?

एक फोड़े को ध्यान से देखते हैं। अगर फोड़ा हो जाए तो उसकी लाली देख हम जान सकते हैं कि हमारा संक्रमण हो गया है 'स्टैफ' बैक्टीरिया से, जिसे जीवशास्त्री 'स्टैफाएलोकोक्कस ऑरिअस' पुकारते हैं। यह जीवाणु औसतन हर तीन में से एक व्यक्ति के शरीर पर हमेशा ही पाया जाता है, चमड़ी पर और श्वास तंत्र में भी, खासकर हमारी नासिकाओं के भीतर। औसतन तीन में से दो लोगों के शरीर पर यह कभी-न-कभी रहता ही है। इसकी मौजूदगी का पता हमें चलता है केवल तब जब फोड़ा दुखता है। पर उन हजारों मित्र जीवाणुओं से हमारा परिचय तो हो ही नहीं पाता है जो घाव को जल्दी से भरने के लिए वहां आ बैठते हैं और नए रोगाणु को जगह बनाने नहीं देते हैं।

बदले में उन्हें हमारी चमड़ी से खाना मिलता है, मरी हुई कोशिकाओं का।

हमारी चमड़ी में हमेशा ही पुरानी कोशिकाएं मरती रहती हैं और नई कोशिकाएं बनती रहती हैं। अगर इन मरी हुई कोशिकाओं को जीवाणु अपना भोजन न बनाएं तो इनका हमारे शरीर पर ही सड़ने का खतरा रहता है। यही नहीं, इनको खाने के लालच में रोगाणु भी आ सकते हैं। मित्र जीवाणु उन्हें घर बनाने से रोकते हैं। जीवाणु हमारी चमड़ी के सफाई कर्मचारी ही नहीं, पहरेदार भी हैं। अगर ये हमें सफाई और पहरेदारी का बिल भेजने लगें तो शायद हमें इनकी असली कीमत पता लगे, या तब जब ये हड़ताल कर दें। लेकिन जीवाणु अपना काम सतत करते रहते हैं, चाहे हम उन्हें जानें या न जानें। वे कभी अपने अधिकारों के लिए क्रांति का उद्घोष नहीं करते। चाहे कितना भी कठिन काम हो, वे सहज रूप से उसे करते रहते हैं।

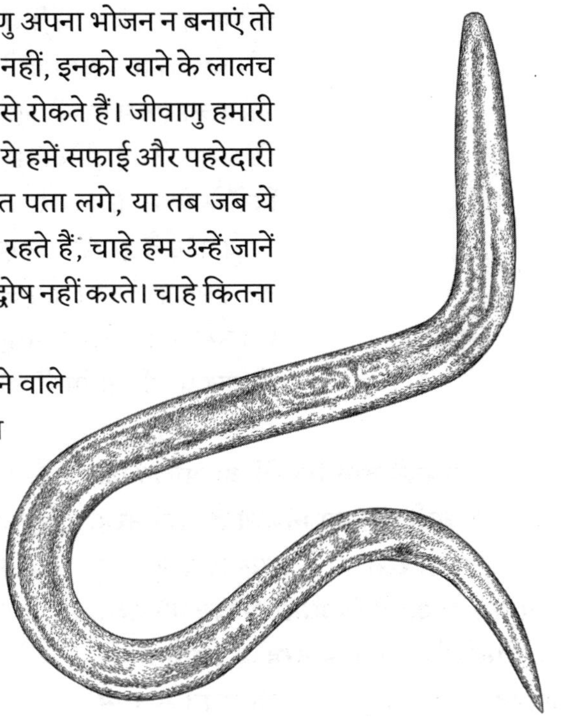

एक प्रयोग में पता चला कि दमा के रोगियों के शरीर में ऐसे 'हुकवर्म' नहीं पाए जाते हैं। जब दमा के रोगियों के शरीर में ऐसे परजीवी डाल दिए गए तो दमा के लक्षण क्षीण होने लगे। हमारे शरीर का जीवाणुओं से ही नहीं, रोगाणुओं से भी संबंध अंतरंग और जटिल होता है।

चमड़ी पर ही एक और उदाहरण देखिए। चेहरे पर होने वाले मुहांसों का कारण है एक बैक्टीरिया, जिसका लंबा सा वैज्ञानिक नाम छोड़ देते हैं। यह हमारे बालों की जड़ में पैदा होने वाले तेल पर पलता है। युवावस्था में जब चेहरे के बालों की जड़ें फूलने लगती हैं, उनमें तेल की मात्रा बढ़ जाती है, तब इसका प्रकोप बढ़ता है। इसीलिए मुहांसे आम तौर पर युवावस्था में ही निकलते हैं। इनसे निपटने के लिए कई तरह के उपचार बाजार में बिकते हैं। इनका असर होता है या नहीं यह आप मुहांसों से जूझ रहे किसी भी युवक या युवती से पूछ सकते हैं। फिर भी मुहांसों के उपचार के लिए दवा बनाने वाली कंपनियों को करोड़ों रुपयों का धंधा मिलता है।

सितंबर 2012 में एक विज्ञान पत्रिका में छपे शोधपत्र में अमेरिका के कुछ शोधकों ने मुहांसों पर होने वाले एक नायाब हमले के बारे में बताया। उन्हें पता चला हमारी चमड़ी पर ही रहने वाले एक वाएरस का, जो इस बैक्टीरिया को मारता है। इस शोध से एक नए तरह की दवा बनाने की बात की जा रही है। दवा बने या नहीं, लेकिन यह स्पष्ट है कि कई सूक्ष्म मित्र हमारी पहरेदारी करते हैं और हमें इनका बोध तक नहीं है।

विज्ञान और शोध की दुनिया में मित्र जीवाणुओं के प्रति राग और रुचि हाल ही में आई है। आज एंटीबायोटिक दवाओं का असर कम होने लगा है। रोगाणु इन दवाओं को सहने की ताकत बना लेते हैं और मजबूत हो जाते हैं। क्षयरोग करने वाला बैक्टीरिया और फोड़े करने वाला स्टैफ बैक्टीरिया, इन दोनों के ऐसे रूप उभर आए हैं जो एंटीबायोटिक दवाओं के प्रतिरोध की ताकत बटोर चुके हैं। कई और रोगाणु ऐसी ताकत या तो पहले ही पैदा कर चुके हैं या लगातार उसे पैदा करते जा रहे हैं। इनमें से कुछ बैक्टीरिया तो ऐसे हैं जिनसे हमारा संबंध आदिकालीन है।

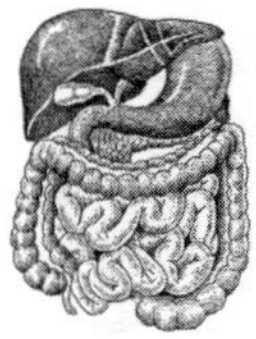

धरती पर जीवन का सबसे व्यापक प्रकार सूक्ष्म जीवाणु ही हैं। चाहे वनस्पति हों या प्राणी, जीवाणुओं के बिना किसी का जीवन नहीं चल सकता। पौधे जमीन से अपना खाना बिना मिट्टी में मौजूद जीवाणुओं के नहीं निकाल सकते। मरे हुए पौधे और पशु बिना जीवाणुओं के वापस खाद बन कर पुनर्जन्म नहीं ले सकते। जीवन की लीला की सबसे पुरानी, बुनियादी इकाई जीवाणु ही हैं। यह कहना गलत नहीं होगा कि असल में यह दुनिया सूक्ष्म जीवों की ही है, जिसमें हम हाल ही में आए हैं, दो-चार दिनों के मेहमानों की तरह। हमारे विलुप्त होने के बाद भी यह दुनिया उन्हीं की होगी।

ये कौन हैं इसकी एक झलक सन् 2001 में एक जर्मन खोजी दल को मिली। यह दल समुद्र के तल पर पाए जाने वाले एक पदार्थ से ईंधन बनाने पर अनुसंधान कर रहा था। उसे पता चला कि समुद्र तल ही नहीं, समुद्र तल के कई सौ फुट नीचे तक ऐसी जीवाणु प्रजातियां मिलीं जो बिना ऑक्सीजन के जीती हैं। इनका स्वभाव आज भी उन सूक्ष्म जीवों जैसा ही है जिन्होंने पौने चार अरब साल पहले पृथ्वी पर जीवन की शुरुआत की थी। पृथ्वी की 72 फीसदी सतह पर समुद्र है, तो उसके तल और तल के नीचे कितने जीवाणु रहते हैं यह गणित लगाना तो क्या, कल्पना भी नहीं की जा सकती है। इन वैज्ञानिकों का अनुमान है कि हमारे ग्रह पर कुल जीवों में से एक-तिहाई समुद्र की गहराई के नीचे रहते हैं। इनकी छोड़ी हुई कार्बन गैस अगर समुद्र की सतह से निकल आए तो समुद्र ही क्या, हमारे वायुमंडल में भी प्रलय आ जाएगा।

पेट में रहने वाले बैक्टीरिया भोजन को पचाने में बड़ी भूमिका निभाते हैं, कई तरह के जटिल रसों को ये सरल और सुपाच्य बनाते हैं। आंतों के भीतर भोजन को गला कर सोखने के लिए कई तरह के रसायनों की जरूरत पड़ती है। हमारा शरीर इतने रसायन खुद नहीं बना सकता, सो वह इन जीवाणुओं को अपने अंदर पालता है।

कुछ इसी तरह की घटना आज से 25 करोड़ साल पहले हुई थी, ऐसा एक और वैज्ञानिक दल का अनुमान है। उस प्रलय में पृथ्वी पर विचरने वाले कुल जीवों में से 90-96 प्रतिशत प्रजातियां लुप्त हो गई थीं। इसके बाद जीवन को फिर से पनपने में एक करोड़ साल लगे। आज जितने भी जीव, वनस्पति और प्राणी हम देख सकते हैं, वे बचे हुए 4-10 फीसदी जीवों की संतति हैं। विज्ञान अभी तक मानता आया है कि इस प्रलय के पीछे एक विराट ज्वालामुखी का फटना था। लेकिन नया शोध संकेत देता है कि इसके पीछे प्राचीन जीवाणुओं का प्रचुर मात्रा में बढ़ना है। यही नहीं, इन जीवाणुओं ने कुछ बैक्टीरिया से ऐसे आनुवंशिक तत्व ले लिए थे जिनसे इनकी आबादी तेजी से बढ़ती गई। इनकी छोड़ी कार्बन-युक्त गैसों से एक पूरी दुनिया नष्ट हो गई। अगर ब्रह्मा की तरह हरे-नीले बैक्टीरिया एक नई दुनिया बना सकते हैं, तो महेश की तरह जीवाणु उसे तहस-नहस भी कर सकते हैं। परंतु अधिकतर समय तो वे विष्णु और लक्ष्मी के रूप में दुनिया को चलाते हैं, उसका संरक्षण करते हैं।

जीवाणुओं से हमारे शरीर का सीधा संबंध समझने के लिए अमेरिकी सरकार ने एक बहुत बड़ा शोध कार्यक्रम सन् 2008 में शुरू किया था, जिसका दूसरे चरण का आरंभ सन् 2012 में हुआ। इसे 'ह्यूमन माइक्रोबायोम प्रोजेक्ट' कहा जाता है। इसका ध्येय है जीवाणुओं पर काम करने वाले शोधकों के लिए जमीन तैयार करना। यह कार्यक्रम उस 'ह्यूमन जीनोम प्रोजेक्ट' की तर्ज पर चलाया जा रहा है जिससे हमारे सारे आनुवंशिक तत्व यानी डी.एन.ए. का नक्शा बनाया गया था। जीवाणुओं की महत्ता का इससे बड़ा कोई प्रमाण नहीं हो सकता कि उनका महत्व हमारे माता-पिता से मिले वंशानुगत तत्व यानी डी.एन.ए. जितना माना जाने लगा है।

युरोप में भी ऐसा ही एक विशाल शोध यत्न शुरू हुआ है, हालांकि इसका खास ध्यान मनुष्य की आंत में पलने वाले जीवाणुओं पर है। हमारे शरीर के चार खास ठिकाने जीवाणुओं का अड्डा होते हैं। ये हैः चमड़ी, जननेंद्री, नाक और पूरा श्वास तंत्र, और मुंह से होते हुए पाचन तंत्र। इनकी सबसे घनी बस्ती हमारी आंत में होती है, जहां करोड़ों जीवाणु हमारे भोजन से जरा सा हिस्सा ले कर अपना भरण-पोषण करते हैं।

इनके रहने से हमें तीन बड़े फायदे हैं। एक, ये भोजन को पचाने में बहुत बड़ी भूमिका निभाते हैं। भोजन में मौजूद कई तरह के जटिल रसों को ये सरल और सुपाच्य बनाते हैं। आंतों के भीतर भोजन को गला कर सोखने के लिए कई तरह के रसायनों की जरूरत पड़ती है। हमारा शरीर इतने रसायन खुद नहीं बना सकता, सो वह इन जीवाणुओं को अपने अंदर पालता है। इसका उदाहरण हमारी आंत में रहने वाले एक बेहद कामयाब बैक्टीरिया में मिलता है, जिसे एस्केरिकिया कोलाइ, या ई.कोलाइ कहते हैं। यह नाम पानी की शुद्धता जांचने के मामलों में अक्सर सुनने में आता है। पानी में ई.कोलाइ मिलने पर यह सिद्ध हो जाता है कि वह मल के कणों से दूषित है। वैज्ञानिक पानी में इसी बैक्टीरिया को ढूंढ़ते हैं, क्योंकि इसे खोजना आसान है और प्रयोगशाला में इसके उपयोग से कोई घोर खतरा नहीं होता, जितना किसी घातक रोगाणु के इस्तेमाल से हो सकता है।

इस बैक्टीरिया का घोर अपयश हुआ है। इसका नाम आते ही हिकारत का भाव आ जाता है। मनुष्य ही नहीं, ई.कोलाइ हर गर्म खून वाले प्राणी की आंत में बसता है और इसके सौ से अधिक प्रकार हैं। इनमें से कुछेक ही हैं जो मनुष्य को बीमार कर सकते हैं। ज्यादातर या तो कोई नुकसान नहीं पहुंचाते या लाभकारी होते हैं। ई.कोलाइ की उपस्थिति आंत के भीतर रोगाणुओं के टिकने की जगह नहीं छोड़ती। वहां पर यह 'के-2' नाम का एक खास विटामिन बनाने का काम करता है। यह विटामिन हमारे शरीर के लिए जरूरी है, खासकर खून और हड्डी के स्वास्थ्य के लिए। लेकिन हमारे शरीर को इसे तैयार करना नहीं आता। इस काम को नए सिरे से सीखने की बजाए हमारा शरीर इसे ई.कोलाइ को सौंप देता है। यह बैक्टीरिया 'के-2' विटामिन को

तैयार करता है और आंतों द्वारा सोखने लायक भी बनाता है।

यह काम ई.कोलाइ विश्व स्वास्थ्य संगठन या स्वास्थ्य मंत्रालय के निर्देश पर नहीं करता है। उसे रोटी, कपड़ा और मकान मिलते हैं हमारी आंत में। जब किसी रोगाणु को मारने के लिए हम एंटीबायोटिक दवाएं लेते हैं तो पाचन और स्वाद, दोनों बिगड़ जाते हैं। ऐसा इसलिए कि ये दवाएं रोगाणुओं को मारें या न मारें, हमारे मित्र जीवाणुओं को तो जरूर ही मार देती हैं। जब तक ये सूक्ष्म मित्र हमारे शरीर में लौट न आएं, खाना पचाना तो कठिन होता ही.है, मुंह में जाएका भी नहीं रह जाता। वैज्ञानिकों ने पाया है कि एंटीबायोटिक लेने के बाद शरीर में ई.कोलाइ के साथ ही विटामिन 'के-2' भी कम होने लगता है। एक रोग की दवाई एक और बीमारी का कारण भी बन जाती है।

हमारा मोटा होना या न होना तक हमारे पेट में रहने वाले जीवाणुओं पर निर्भर होता है। ऐसे लोग कभी-कभी मिलते हैं जो बहुत ज्यादा खाते हैं लेकिन दुबले ही रहते हैं। और ऐसे भी जिनका भोजन बहुत ज्यादा नहीं होता पर शरीर भारी होता है। अब विज्ञान को इसमें जीवाणुओं का हाथ दिखने लगा है। मधुमेह रोग में भी जीवाणुओं के संतुलन बिगड़ने के प्राथमिक प्रमाण मिले हैं। हमारे चित्त पर, आनंद-अवसाद में तो जीवाणुओं का दखल होता ही है, हमारे विवेक पर भी उनका प्रभाव रहता है।

इसका उदाहरण है हमारे पेट में रहने वाला एक बैक्टीरिया, हेलिकोबैक्टर पाइलोरी। औसतन दो में से एक व्यक्ति के पेट में यह पाया जाता है और हर किसी का इससे संक्रमण कभी-न-कभी होता ही है। कोई एक लाख साल पहले भी इसके मनुष्य की आंत में होने का प्रमाण मिला है। जितने लोगों के पेट में इसका वास रहता है उनमें से पांचवें हिस्से की आबादी को इससे कभी-कभी पेट के कुछ रोग हो जाते हैं। बुरी परिस्थिति में यह पेट में घाव कर देता है, जिसके बिगड़ने पर कैंसर का डर बढ़ जाता है। सन् 1994 में विश्व स्वास्थ्य संगठन ने इसे कैंसरकारी ठहराया। पश्चिम के देशों में इसे मारने के लिए एंटीबायोटिक दवाओं का खूब इस्तेमाल हुआ, और इससे होने वाले रोग कम होने लगे।

इसके कई साल बाद एक वैज्ञानिक को पता चला कि इसकी मौजूदगी पेट की सेहत पर अच्छा असर भी रखती है। यह बैक्टीरिया पेट के तेजाब को काबू में रखता है और पेट के बारीक रसायन को संतुलित भी रखता है। दवाओं से इसे खत्म करने के बाद पेट के तेजाब से जुड़े ऐसे रोग बढ़ने लगे हैं जिनके बिगड़ने से भोजन की नली में कैंसर हो सकता है। एक तरह के रोग कम करने की कोशिश से एक और तरह के रोग को बढ़ावा मिला है। दवाओं पर खर्च अलग।

किसी एक इलाके में रहने वालों के पेट में जीवाणु एक तरह के होते हैं, किसी दूसरी जगह रहने वालों के पेट में दूसरे तरह के होते हैं। इसका संबंध खान-पान और मिट्टी-पानी से माना जाता है। जिस तरह का भोजन एक जगह खाया जाता है उसे

पचाने वाले जीवाणु भी कहीं-कहीं खास होते हैं। इसलिए किसी नई जगह के भोजन-पानी के साथ संतुलन बैठाने में समय लगे तो क्या आश्चर्य है।

दूसरा फायदा मित्र जीवाणुओं से हमें यह है कि ये रोगाणुओं को दबा कर रखते हैं। मान लीजिए कि करोड़ों सूक्ष्म सैनिक हमारे शरीर की पहरेदारी करते हैं। ये ऐसा इसलिए करते हैं क्योंकि रोगाणुओं से इनका भोजन के लिए मुकाबला होता है। अगर इनका खाना रोगाणु चट कर जाएं तो इन्हें क्या मिले? अगर रोगाणु हमें बीमार कर दें तो इनका घर, यानी हमारा शरीर बिगड़ता है। हमारे स्वास्थ्य में ही इनका स्वास्थ्य होता है। इनकी और हमारी दांत काटी रोटी है। यह साझेदारी लाखों साल और अनगिनत पीढ़ियों की है, आदिमानव के समय से चली आ रही है। अब यह दोस्ती जन्मजात हो चुकी है। अपने दोस्त को नुकसान पहुंचाने वाले को ये जीवाणु आड़े हाथों लेते रहते हैं, हर रोज, हर कहीं। हमारा जीवित रहना ही इसका प्रमाण है कि मित्र जीवाणुओं से हमारा सहयोग रोगाणुओं की हिंसा पर भारी पड़ता है।

इस संबंध की गहराई जानने के लिए एक और बीमारी की मिसाल लीजिए। इसे अंग्रेजी में कोलाइटिस कहते हैं और ये क्लॉस्ट्रोडियम डिफ्फिसिल नाम के बैक्टीरिया से होती है। यह बैक्टीरिया कुछ लोगों की निचली आंत में चुपचाप बैठा रहता है क्योंकि वहां रहने वाले मित्र जीवाणु इस ढीठ को काबू में रखते हैं, इसे उत्पात नहीं मचाने देते।

अपेंडिक्स को हमारे सुदूर पूर्वजों का अवशेष माना जाता है, एक बेकार अंग। इसमें रोग हो जाए तो इसे निकालने में चिकित्सक जरा नहीं हिचकते। कुछ वैज्ञानिकों को इसकी उपयोगिता हाल में पता लगी। यह है आंतों में रहने वाले मित्र जीवाणुओं की पौधशाला।

इस रोगाणु ने एंटीबायोटिक दवाओं को सहना सीख लिया है। लेकिन इसे काबू में रखने वाले जीवाणु इन दवाओं से मारे जाते हैं। कुछ लोगों में एंटीबायोटिक लेने के बाद इस रोगाणु का प्रकोप बढ़ जाता है। इसके ऐसे प्रकार भी बन गए हैं जिन पर किसी दवा का असर नहीं होता। लेकिन इसका एक नया उपचार ढूंढ़ा गया है। किसी स्वस्थ्य व्यक्ति के मल का एक छोटा सा हिस्सा रोगी की निचली आंत में डाला जाता है। बस, मित्र जीवाणुओं के पहुंचते ही इसका प्रकोप घट जाता है। यह उपचार बतलाने में बहुत शोभनीय नहीं लगता है, पर इस उपचार का सही मोल तो कोलाइटिस से जूझ रहा कोई रोगी ही बता सकता है।

जीवाणुओं की खोज में अपेंडिक्स की उपयोगिता पता चली है। बड़ी आंत से जुड़े इस अंग से हमारा वास्ता तभी पड़ता है जब इसमें रोग हो जाए। कुछ लोगों का अपेंडिक्स बीमारी से फट भी जाता है। चिकित्सक इसे निकालने से हिचकते नहीं हैं। इसे क्रमिक विकास के पहले के हमारे पूर्वजों का ऐसा अवशेष माना जाता है जिसका अब हमारे शरीर में कोई काम नहीं है। अब कुछ लोग कहने लगे हैं कि यह अंग मित्र जीवाणुओं की पौधशाला है। अमेरिका के एक अस्पताल में पाया गया कि

कोलाइटिस के जिन रोगियों का अपेंडिक्स निकाल दिया गया था, उन्हें यह रोग फिर होने का खतरा दोगुना था। जिनका अपेंडिक्स बचा था, उनमें यह खतरा कम था।

ऐसा केवल हमारी आंत में ही होता हो ऐसा नहीं है। ऊपर नाक तक आइए, जिसके पीछे हमारी खोपड़ी की हड्डी में चार जोड़ी गड्ढे होते हैं। इन्हें साइनस कहा जाता है। इनका औचित्य विज्ञान को आज भी ठीक-ठीक पता नहीं है। लेकिन जब इन गड्ढों के भीतर किसी रोगाणु का संक्रमण हो जाए तो न जाने कितने लोगों को डॉक्टर या अस्पताल भागना पड़ता है। अमेरिका में साल भर में कोई तीन करोड़ लोग इसके कारण अस्पताल भागते हैं और इस रोग के उपचार पर कोई 240 करोड़ डॉलर खर्च होते हैं। हमारे यहां भी यह रोग बढ़ता ही जा रहा है, लेकिन हमारे यहां इस तरह के आंकड़े मिलते नहीं हैं।

सात अमेरिकी वैज्ञानिकों ने सितंबर 2012 में एक शोधपत्र छापा, जो इस रोग को नए सिरे से समझाता है। उन्होंने साइनस के दीर्घकालीन संक्रमण के पीछे जो बैक्टीरिया है उसका व्यवहार समझा। उन्हें पता लगा कि रोगी के साइनस में वे जीवाणु नहीं थे, जो किसी भी स्वस्थ व्यक्ति के साइनस में पाए जाते हैं। इनमें से खास था एक ऐसा जीवाणु, जो साइनस के भीतर रोगाणु को पैर जमाने से रोकता है। रोगियों के साइनस में यह सूक्ष्म मित्र नदारद था। मतलब यह कि रोग तभी होता है जब रक्षक कमजोर पड़ जाएं। और उन्हें कमजोर करती हैं एंटीबायोटिक दवाएं जो आजकल हमारे यहां बहुत जल्दी और बार-बार ले ली जाती हैं, जबकि इनका उपयोग सावधानी से होना चाहिए।

तीसरा फायदा मित्र जीवाणुओं से मिलता है हमारे रोगप्रतिरोध तंत्र को। प्रकृति ने हमें सहज ही रोगों से लड़ने की जो शक्ति दी है वो कभी कमजोर भी पड़ती है, चाहे वह रोगाणुओं की वजह से हो या कुपोषण से या किसी और कारण से। इस तंत्र को ताकत मिलती है जीवाणुओं से।

यह समझने के लिए छठी का दूध याद करना जरूरी है। जैसे मित्र जीवाणुओं पर शोध कम हुआ है, ठीक वैसे ही मां के दूध का मोल भी ठीक से नहीं आंका गया है। शायद इसलिए कि मां के दूध का व्यापार नहीं हो सकता, उसमें मुनाफे की गुंजाइश नहीं होती। जिन कुछेक वैज्ञानिकों ने इस पर शोध किया है वे कहते हैं कि मनुष्य के अपने दूध की तुलना में अंगूरी शराब और गाय के दूध के बारे में हमें कहीं ज्यादा पता है। जो थोड़ा-बहुत शोध हुआ है वह शिशु आहार बनाने वाली कंपनियों ने ही किया है जो मां के दूध का पर्याय बन चुके पैकेटबंद 'फॉर्मूला' पाउडर बेचती हैं, जिसका अंतर्राष्ट्रीय व्यापार कुछ अरब डॉलर का है। लेकिन पिछले कुछ सालों में जीवाणुओं पर हुए शोध के बाद मां के दूध को नए सिरे से समझा जाने लगा है।

यह तो सबको मालूम है कि मां के दूध पर पले बच्चों की रोगप्रतिरोध क्षमता ज्यादा

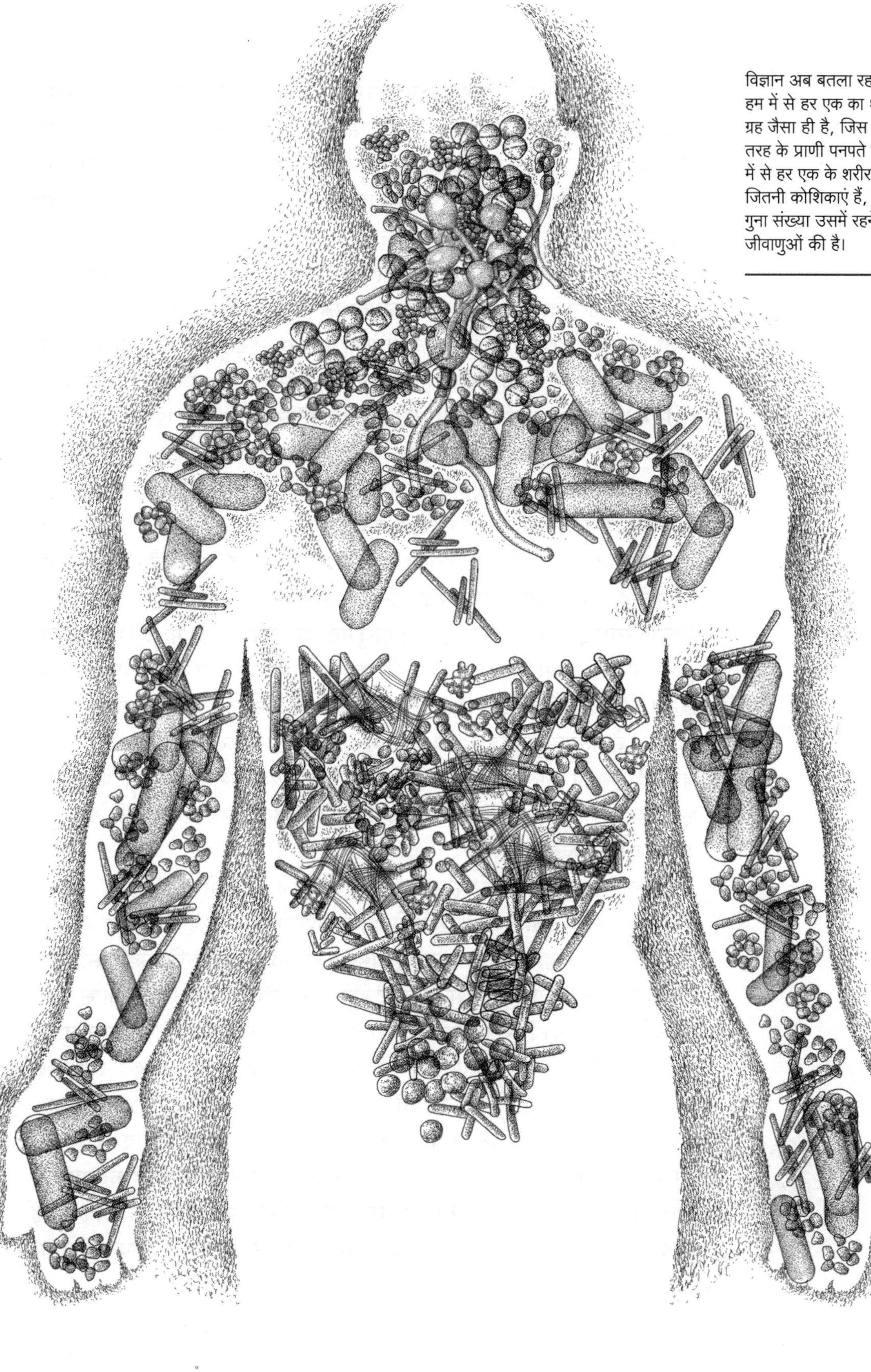

विज्ञान अब बतला रहा है कि हम में से हर एक का शरीर एक ग्रह जैसा ही है, जिस पर अनेक तरह के प्राणी पनपते हैं। हम में से हर एक के शरीर में कुल जितनी कोशिकाएं हैं, उससे दस गुना संख्या उसमें रहने वाले जीवाणुओं की है।

होती है। पर इसका कारण बहुत स्पष्ट नहीं था। यह माना जाता था कि बच्चे के पोषण के अलावा मां के दूध का कोई और औचित्य ही नहीं है। आजकल कुछ वैज्ञानिक कहने लगे हैं कि मां के दूध की एक और बड़ी भूमिका है, और वह है शिशु की रक्षा। यह जीवाणुओं की मदद से होता है। इसे ठीक से समझने के लिए हमें हमारे जन्म की परिस्थिति समझनी होगी।

गर्भ का वातावरण जीवाणुहीन होता है, लेकिन बाहरी दुनिया तो जीवाणुओं से ही बनी है। जन्म के बाद शिशु को इनसे दूर रखने का कोई तरीका नहीं है। इसलिए माता का शरीर लाभकारी और रक्षक जीवाणु पालता है। इनसे शिशु का वास्ता जन्म नली में ही होता है, जहां कई लाभकारी जीवाणु उसका स्वागत करते हैं और उसके शरीर में प्रवेश कर उसकी रक्षा में लग जाते हैं। ऑपरेशन से जन्मे शिशु इस लाभ से वंचित रह जाते हैं, क्योंकि उनका संपर्क जन्म नली से होता ही नहीं है। आजकल कुछ अस्पतालों में ऑपरेशन से जनमे शिशु को जन्म नली के तरल में भिगोया जाने लगा है, ताकि शिशु उन रक्षक जीवाणुओं से वंचित न रहे।

जन्म लेते ही कई तरह के जीवाणु शिशु के शरीर की ओर भागते हैं। इनमें रोगाणु भी होते हैं। मित्र जीवाणुओं के साथ इनका महाभारत हर नवजात शिशु के शरीर में जन्म के साथ ही शुरू हो जाता है और मृत्यु तक चलता रहता है। मां के शरीर में कुछ दूसरी व्यवस्थाएं भी हैं इन रक्षक बैक्टीरिया को पोसने की। मां के दूध में एक खास किस्म की शर्करा होती है। इसे वैज्ञानिक 'औलिगोसैक्कराइड' की श्रेणी में डालते हैं। परीक्षणों से पता चलता रहा है कि यह लगभग सारी ही शर्करा शिशु के मल में निकल जाती है। इसका मतलब यह हुआ कि शिशु का पेट इसे पचा नहीं सकता। फिर मां का शरीर इतनी मात्रा में यह शर्करा बनाता ही क्यों है? क्यों वह अपनी इतनी ऊर्जा इस कठिन काम में खर्च करता है?

इसका जवाब हाल ही में कुछ वैज्ञानिकों को मिला। उन्होंने पाया कि यह रस उन जीवाणुओं को पोसता है जो शिशु के पेट में रोगाणुओं से लड़ते हैं और शिशु के अपने रोगप्रतिरोध को सहारा देते हैं। मां का दूध मिलते ही शिशु के पेट में 'बिफिडोबैक्टीरिया' नामक श्रेणी के जीवाणु आ बसते हैं और फिर इनकी मौजूदगी में रोगाणु आसानी से पैर नहीं जमा पाते। जिन शिशुओं को मां का दूध न मिले, उन्हें मित्र जीवाणु जुटाने में दिक्कत होती है, इसीलिए उनकी रोगप्रतिरोध क्षमता उतनी मजबूत नहीं होती जितनी मां का दूध पीए शिशु की होती है।

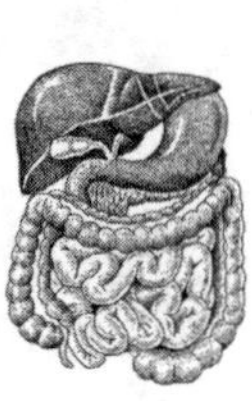

एक दूसरे वैज्ञानिक दल ने मां के दूध में ऐसे रस भी ढूंढ़े हैं जो एक खतरनाक रोगाणु को ललचा कर बांध लेते हैं और मल के रास्ते उसे लगभग खदेड़ कर बाहर ले जाते हैं। यह रोगाणु एक अमीबा है जिससे संक्रमण होने पर जो पेचिश होती है वह बच्चों को क्या, बड़ों को भी मार गिराती है। कई लोग इस अमीबा के शिकार होते हैं।

अब कुछ वैज्ञानिक ऐसी दवा खोज रहे हैं जो मां के दूध जैसा ही व्यवहार रोगियों के पेट में करे। दवा बने, बिके, उससे बीमारों की चिकित्सा हो, दवा बनाने वालों का लाभ हो, यह सब अपनी जगह है। परंतु यह हमारे युग की त्रासदी है कि वैज्ञानिक शोध में उपचार से मुनाफा कमाने का आग्रह बढ़ता ही जा रहा है। कितनी भी अच्छी जानकारी हो, उसका निमित्त नई दवा बनाने में ही होता है। चाहे एंटीबायोटिक हों या आजकल फैशन में आ रही प्रोबायोटिक दवाएं, जो मित्र जीवाणुओं को पोसने का काम करती हैं। ऐसा भी देखने में आया है कि जीवाणुओं पर विज्ञान पत्रिकाएं विशेषांक निकालती हैं तो उनका प्रायोजन प्रोबायोटिक दवा की कंपनियां करती हैं। इस दृष्टि में बाजारूपन निहित है। इसमें मां का दूध भी एक संसाधन मात्र है। उसके उपयोग होते हैं, उससे बेचने लायक वस्तुओं की खोज हो सकती है।

कई संस्कृतियों में जन्म देने वालों को, पालने वालों को सम्मान की आंखों से देखा गया है। मां का दूध ही नहीं, धरती और नदियों के प्रति भी कृतज्ञता का भाव रहा है, क्योंकि इनके बगैर हमारा जीवन चल नहीं सकता। तो अगर मां के दूध में जीवाणुओं का इतनी बड़ी भूमिका है, तो फिर क्या कोई आश्चर्य है कि धरती हो या नदियां, जीवाणुओं की लीला हर कहीं व्याप्त है?

मां के दूध में ऐसे रस भी होते हैं जो एक ताकतवर और खतरनाक रोगाणु को ललचा कर बांध लेते हैं और मल के रास्ते बाहर ले जाते हैं। यह रोगाणु एक अमीबा है। इससे संक्रमण होने पर जो पेचिश होती है वह बच्चों को क्या, बड़ो को भी मार गिराती है।

पहले धरती को ही लीजिए। जो हम अपने शरीर के साथ कर रहे हैं उससे भला मिट्टी कैसे बच सकती है? प्रकृति का नियम है कि जो जीवन मिट्टी से पेड़-पौधों के रूप में उगता है वह प्राणियों के पेट से होता हुआ वापस मिट्टी में ही जाए, मल-मूत्र के रूप में। मिट्टी में ऐसे असंख्य जीवाणु बैठे रहते हैं जो बड़े जीवों के मल-मूत्र को वापस पौधों का भोजन बना देते हैं। सीवर की नालियां इस जीवनदायी उर्वरता को मिट्टी से दूर, मैले पानी को साफ करने के कारखानों की ओर ले जाती हैं। यहां रोगाणुओं को कम मात्रा में वे एंटीबायोटिक दवाएं मिलती हैं जो हमारे पेशाब के रास्ते सीवर की नालियों से होती हुई वहां पहुंचती हैं।

इन दवाओं का ज्यादातर हिस्सा पेशाब के साथ निकल जाता है यह बात पेनिसिलिन के शुरुआती दिनों में ही पता थी। एंटीबायोटिक का चलन दूसरे विश्व युद्ध के दौरान हुआ, जब पेनिसिलिन बहुत कम मात्रा में बनती थी। जिन सैनिकों को यह दी जाती थी उनका पेशाब इकट्ठा किया जाता था, ताकि उसे सुखा कर उससे दवा निकाली जा सके, किसी दूसरे घायल सैनिक को देने के लिए।

लेकिन आज एंटीबायोटिक दवाएं मनों-टनों के हिसाब से बनती हैं। पेशाब से निकलने पर इन्हें संजोया नहीं जाता। सीवर और मैले पानी के उपचार के कारखानों में ये दवाएं बहुत ही पतले रूप में रोगाणुओं को मिलती हैं। जैसे शरीर के भीतर वे

1970 के दशक में खोजा गया रोगाणुनाशक ट्राइक्लोसैन आज हर तरह की चीजों में इस्तेमाल होता है, बच्चों के खिलौनों से ले कर दांत मांजने के पेस्ट और शौचालय साफ करने के लिए भी। स्वास्थ्य पर इसके असर पर अब सवाल उठने लगे हैं।

इन दवाओं को सहना सीख लेते हैं, वैसे ही बाहर भी होता है। इन मजबूत रोगाणुओं की संतति में यह शक्ति पैदाइशी होती है। रोगाणुओं का प्रजनन बहुत तेजी से होता है, इसलिए उनकी एक पीढ़ी को दूसरी पीढ़ी से डी.एन.ए. की आनुवंशिक विरासत भी बहुत जल्दी मिलती है। अमेरिका के मैला पानी साफ करने के एक आधुनिकतम कारखाने से निकले पानी में भी ऐसे जीवाणुओं के तत्व मिले हैं जिनमें एंटीबायोटिक दवाओं के प्रतिरोध की क्षमता पाई गई।

सन् 2009 में ऐसे एक रोगाणु का उदाहरण मिला था। लुधियाना और दिल्ली के अस्पतालों में 59 साल का एक व्यक्ति भर्ती हुआ था, एक फोड़े के इलाज के लिए। एक छोटे से ऑपरेशन के बाद वह ठीक हो गया और स्वीडन चला गया, जहां वह रहता था। वहां उसे पेशाब की नली में संक्रमण की शिकायत हुई। इलाज करने वाले डॉक्टरों को पता लगा कि उस पर किसी दवा का असर नहीं हो रहा था, सभी दवाएं बेकार साबित हो रही थीं। उसके पेशाब की जांच में निमोनिया का एक ऐसा रोगाणु मिला जो कई एंटीबायोटिक दवाओं के प्रतिरोध की क्षमता रखता था।

वैज्ञानिकों ने इसका नाम नई दिल्ली पर रख दिया। पत्र-पत्रिकाओं में इसे 'न्यू डेली सुपरबग', यानी दिल्ली का महारथी रोगाणु कहा जाने लगा। इस नामकरण का हमारे यहां खूब विरोध हुआ। इसे भारत की छवि बिगाड़ने की कोशिश कहा गया। विवाद केवल नाम और राष्ट्रीय प्रतिष्ठा पर हुआ, एंटीबायोटिक दवाओं के दुरुपयोग पर नहीं, जिसकी वजह से यह समस्या उठ खड़ी हुई थी। रोगाणु ताकतवर वहीं बनते हैं जहां उन्हें कई तरह की एंटीबायोटिक दवाओं से लड़ना पड़ता है।

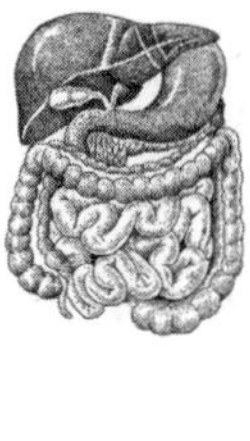

अस्पताल ऐसी ही जगह है। कई तरह के रोगाणु मरीजों के साथ अस्पतालों में

आते हैं। यहां कई मरीजों को एंटीबायोटिक दवाएं एहतियात के तौर पर दी जाती हैं, चाहे उन्हें वह रोग हो या न हो। अस्पतालों की सफाई के लिए भी कई तरह के रोगाणुनाशक इस्तेमाल होते हैं। ये सब मिल कर रोगाणुओं के लिए बहुत कठिन हालात पैदा कर देते हैं और ज्यादातर रोगाणु मारे जाते हैं। लेकिन ऐसी कठोर परिस्थितियों में भी जो रोगाणु बच जाता है वह महाबली हो जाता है। कोलाइटिस के रोगाणु के रौद्र रूप की उत्पत्ति अमेरिका के अस्पतालों में ही मानी जाती है।

'न्यू डेली सुपरबग' की व्युत्पत्ति भी हमारे अस्पतालों में मानी जाती है। मुंबई के एक अस्पताल में तीन महीने के भीतर ही इसके 22 रोगी मिले। उत्तर प्रदेश के बिजनौर नगर के एक शिशु चिकित्सालय में सन् 2009 और 2011 के बीच भर्ती हुए कई नवजात शिशुओं में यह पाया गया, जिनमें से 14 की स्थिति गंभीर थी और छह की मृत्यु भी हो गई। लेकिन अब इस सूक्ष्म महाबली के अस्पतालों से दूर फैलने के प्रमाण मिलने लगे हैं। दिल्ली के पीने के पानी में इसके मिलने की रपटें आ चुकी हैं। ऋषिकेश और हरिद्वार में गंगा नदी में यह पाया गया है। पिछले कुछ वर्षों में यह रोगाणु कई और देशों में मिल चुका है। शुरू में यह भारत से यात्रा कर के आए लोगों में ही मिलता था। अब इसका संक्रमण वहां भी होने लगा है।

नई दिल्ली के सर गंगा राम अस्पताल के डॉक्टरों और सूक्ष्मजीव वैज्ञानिकों ने ऐसे कई बीमारी फैलाने वाले फफूंद खोजे हैं जो किसी भी दवा से मरते नहीं हैं। इस संबंध में उनका शोधपत्र दिसंबर 2012 में छपा था। इस शोध दल के अगुआ डॉक्टर चांद वत्तल ने एक अखबार से साक्षात्कार में कहा कि यह प्रमाण है कि फफूंद हमारी दवाओं को सहने की शक्ति विकसित कर रहे हैं।

हमारे देश में तो दवाखानों से दवा लेने के लिए किसी डॉक्टर के लिखे पर्चे की जरूरत तक नहीं होती। बहुत से डॉक्टर भी एंटीबायोटिक दवाओं के नुस्खे लिखने में देर नहीं करते। चिकित्सकों पर दवा बनाने वाली कंपनियों का लगातार दबाव रहता है, कि वे अधिक-से-अधिक दवाएं लिखें। इस समस्या पर कोई औपचारिक बातचीत नहीं होती, लेकिन कई डॉक्टरों में दवाइयों के इस अंधाधुंध उपयोग को ले कर चिंता है। रोगाणुओं की दवाएं सहने की ताकत पर दुनिया में जहां कहीं बात होती है, भारत में दवाओं के दुरुपयोग की बात हमेशा उठती है।

फिर भी हमारा चिकित्सा तंत्र जोर देता है तो सिर्फ ढेरों एंटीबायोटिक दवाएं बेचने पर। इसी को स्वास्थ्य मान लिया गया है, आर्थिक विकास भी। आजकल कुछ समृद्ध घरों के शौचालय में उड़ेल-उड़ेल कर रोगाणुनाशक डाले जाते हैं ताकि अस्पताल या होटल जैसी सफाई घर पर भी दिखे। कुछ लोग जेब में रोगाणुनाशक द्रव्यों की शीशी रखते हैं और बार-बार उनमें हाथ मल-मल कर साफ करते हैं, या एहतियात के तौर पर एंटीबायोटिक साबुन से हाथ धोते हैं। इन उत्पादों को बेचने वाले उद्योग इनका

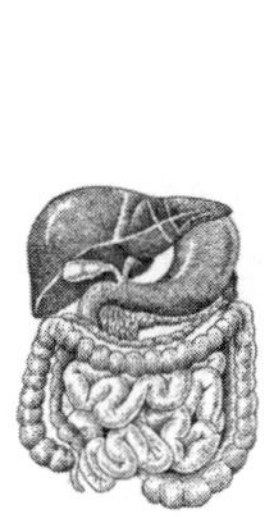

विज्ञापन भी ऐसे करते हैं जैसे स्वच्छता का यही एक ठीक साधन है। साबुन से हाथ धोना तो स्वास्थ्य के लिए बहुत अच्छा है यह विज्ञान बताता ही है, खासकर शौच जाने के बाद। लेकिन बाजारू एंटीबायोटिक साबुनों की असलियत ‘ट्राइक्लोसैन’ नामक एंटीबायोटिक की कहानी से उभर कर आती है।

यह एक खास तरह का रोगाणुनाशक है, जिसका इस्तेमाल अस्पतालों में 1970 के दशक में शुरू हुआ। धीरे-धीरे इसका उपयोग साबुन, दांत साफ करने के पेस्ट और हजामत की क्रीम में भी होने लगा। आज यह दवा हर कहीं इस्तेमाल होती है, कई रोजमर्रा के उपयोग में आने वाले नहाने के और बर्तन धोने के साबुनों में तो क्या, बच्चों के खिलौनों में भी इसे डाला जाता है।

सफाई का हमारा आधुनिक विचार सूक्ष्म जीवों का जो घोर अनादर करता है, उससे हम कुछ नए तरह के ‘एलर्जी’ के रोगों में भी फंस रहे हैं। एलर्जी से होने वाले रोग युरोप और अमेरिका के अमीर देशों में ज्यादा होते हैं, गरीब देशों में कुछ कम। हमारे देश में इनका प्रकोप अब नए आर्थिक विकास के साथ फैल चला है।

शहरों में रहने वाले अधिकतर लोग इस एंटीबायोटिक के संपर्क में जाने-अनजाने आते ही हैं। अमेरिका में परीक्षण होने पर औसतन चार लोगों में से तीन के मूत्र में यह पाया गया है। पेशाब के रास्ते इसका सीवर और फिर जल स्रोतों में जाना तय है। परीक्षणों बताते हैं कि ट्राइक्लोसैन पानी में रहने वाले उन बैक्टीरिया और शैवाल के लिए घातक है जो पानी से मैला निकाल कर के चट कर जाते हैं।

वैज्ञानिकों को यह भी डर सताता रहा है कि ट्राइक्लोसैन से हमारे शरीर का हॉर्मोन संतुलन बिगड़ता है। अगस्त 2012 में एक अमेरिकी विज्ञान पत्रिका में एक शोधपत्र छपा, जिसे लिखने वालों ने प्रयोगशाला में पाया कि यह रसायन चूहों की मांसपेशियां कमजोर करता है। इस तरह के परीक्षण पहले चूहों पर ही किए जाते हैं। प्रमाण मिलने पर लोगों पर जांच होती है। अमेरिकी सरकार ने इस एंटीबायोटिक पर जांच शुरू करवाई है। वहां की एक राज्य सरकार ने इस पर प्रतिबंध भी लगा दिया है। जनवरी 2016 से युरोपीय युनियन में ट्राइक्लोसैन पर कुछ रोक लगाने की रपटें भी आई हैं। भारत में आप किसी भी पंसारी दुकान से ट्राइक्लोसैन का साबुन खरीद सकते हैं।

सफाई का हमारा आधुनिक विचार सूक्ष्म जीवों का जो घोर अनादर करता है, उससे हम कुछ नए तरह के रोगों में भी फंस रहे हैं। चिकित्सा विज्ञान अभी इन्हें ठीक से समझा नहीं है। पर कुछ सबूत हैं, कुछ अंदाजे हैं, कुछ परिकल्पनाएं भी। ऐसे ही रोगों का एक समूह कहलाता है ‘एलर्जी’। अनुवादी हिंदी में इसे ‘अधिहृषता’ कहा जाता है। दमा इन्हीं में से एक है और पित्ती भी। एलर्जी से होने वाले रोग युरोप और अमेरिका के अमीर देशों में ज्यादा होते हैं, गरीब देशों में कुछ कम। हमारे देश में इनका प्रकोप अब नए आर्थिक विकास के साथ फैल चला है। 1970 के बाद से दमा बहुत तेजी से बढ़ा है। अंदाजा लगाया जाता है कि दुनिया भर में कोई 30 करोड़ लोगों

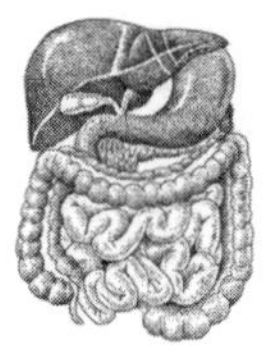

को यह रोग है और हर साल कोई ढाई लाख लोग इसके कारण जान गंवा देते हैं।

दमा जैसे एलर्जी के रोग थोड़े अटपटे होते हैं। इनमें हमारी अपनी रोगप्रतिरोधी शक्ति किसी सहज सी वस्तु के विरोध में अतिरेक प्रतिक्रिया करती है। क्यों हमारा ही रोगप्रतिरोध तंत्र हमें बीमार कर देता है, यह अभी ठीक-ठीक पता नहीं चल पाया है। लेकिन मूंगफली से लेकर फूलों के पराग के कण तक से कुछ लोगों को दमे का दौरा पड़ जाता है। फूलों के पराग से होने वाले बुखार को तो उद्योगीकरण से फैलने वाली बीमारी भी कहा जाता है।

ऐसा माना जाता रहा है कि उष्णकटिबंध के गरीब इलाकों में रहने वाले लोगों को रोगप्रतिरोध तंत्र से होने वाली बीमारियां नहीं होती हैं। कारण? उनके शरीर को कई संक्रमणों से जूझना पड़ता है, जिसकी वजह से उनकी रोगप्रतिरोध शक्ति व्यस्त रहती है। सन् 1968 में नाइजीरिया के एक अस्पताल में काम कर रहे एक चिकित्सक ने इस संबंध में पहली बार कुछ तथ्य रखे थे जो उन्हें एक सर्वेक्षण से मिले थे। लेकिन रोगाणुओं और हमारे शरीर के इस अटपटे संबंध का एक बेहद नाटकीय रूप इंडोनेशिया के पास बसे पापुआ न्यू गिनी देश से निकला।

1980 के दशक में डेविड प्रिचर्ड नाम के एक अंग्रेज वैज्ञानिक यहां पहुंचे थे। वे 'हुकवर्म' नामक परजीवी कीड़े का प्रकोप समझना चाहते थे। गर्म देशों में इस परजीवी के खून चूसने से अंदाजन 65,000 लोगों की जान हर साल जाती है और लाखों लोग बीमार और कमजोर हो जाते हैं। किसी परजीवी से होने वाली बीमारियों में इसका नंबर मलेरिया के बाद दूसरे स्थान पर आता है। अपने शोध के दौरान श्री डेविड को यह समझ आया कि जिन लोगों को दमा की शिकायत थी उन्हें हुकवर्म परेशान नहीं करते थे।

हमारी रोगप्रतिरोध शक्ति ने परजीवियों से लड़ना हजारों साल के क्रमिक विकास में सीखा है। जवाब में हुकवर्म जैसे जीवों ने हमारे रोगप्रतिरोध तंत्र को छकाना भी सीख लिया, और चुपचाप हमारे शरीर में रहने लगे हैं। हमारा शरीर भी कुछ रूठते-मनाते हुए उन्हें स्वीकार कर लेता है।

इस गुत्थी को वे एक अनोखे तरीके से समझाते हैं। हजारों साल के हमारे क्रमिक विकास के दौरान हमारी रोगप्रतिरोध शक्ति ने परजीवियों और रोगाणुओं से लड़ना सीखा है। जवाब में हुकवर्म जैसे जीवों ने हमारे रोगप्रतिरोध तंत्र को छकाना भी सीख लिया और चुपचाप हमारे शरीर में रहने लगे हैं। हमारा शरीर भी कुछ रूठते-मनाते हुए उन्हें स्वीकार कर लेता है, उनकी उपस्थिति का आदी हो जाता है, या कह सकते हैं कि उनकी उपस्थिति से एकदम अनभिज्ञ रहता है। परंतु कुछ लोगों की रोगप्रतिरोध शक्ति ज्यादा संवेदनशील होती है और आज भी इन परजीवियों का विरोध करती है, उन्हें खदेड़ती है। श्री डेविड के अनुसार इन्हीं लोगों को दमा जैसे एलर्जी के रोगों की शिकायत रहती है।

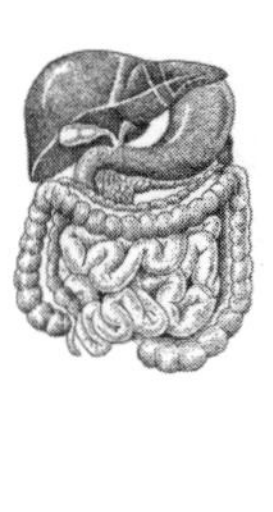

हमारे रोगप्रतिरोध तंत्र का रोगाणुओं और परजीवियों से संबंध बहुत पुराना, बहुत

गहरा है और बहुत जटिल है। इस जटिलता को समझने के कई साल बाद श्री डेविड के मन में एक और ख्याल आया। अगर दमा के रहने से कीड़े गायब हो जाते हैं तो फिर कीड़ों के रहने से दमा भी गायब होना चाहिए। श्री डेविड ने इस पर शोध करने की सरकारी अनुमति मांगी। मामला जानबूझ कर एक खतरनाक कीड़े से दमा रोगियों का संक्रमण करने का था, इसलिए सन् 2004 में उन्होंने अपने ही शरीर में पीड़ादायक कीड़ों को पाला और सिद्ध किया कि वे इस तरह का प्रयोग संभाल सकते हैं। दो साल बाद उन्हें प्रयोग की अनुमति मिल गई।

उन्होंने 15 दमा-पीड़ित स्वयंसेवकों के शरीर में हुकवर्म डाले। सभी 15 लोगों की दमा की शिकायत इसके बाद कम होती गई। कीड़ों की शरीर के भीतर उपस्थिति से उन्हें कोई गंभीर परेशानी का अनुभव नहीं हुआ। इसी दौरान जोएल वाइनस्टॉक नामक एक और वैज्ञानिक के निर्देशन में कुछ प्रयोग हुए, जिनमें एक दूसरे तरह के कृमि परजीवियों का रोगप्रतिरोध तंत्र पर असर जांचा गया। उनके भी नतीजों से यही समझ आया कि हमारे शरीर का कुछ परजीवियों से घनिष्ठ संबंध है। उनसे अगर कुछ नुकसान हैं तो कुछ फायदे भी हैं।

फिर क्या था, इन प्रयोगों के बाद कई लोगों ने अवैध रूप से दमा के इलाज के लिए हुकवर्म खुलेआम बेचना शुरू कर दिया। इसे वैज्ञानिकों ने खतरनाक बताया, क्योंकि ये प्रयोग छोटे-छोटे समूहों में किए गए हैं, इनकी व्यापक कुशलता अभी प्रमाणित नहीं हुई है। अगर एक व्यक्ति को इस तरह के इलाज से लाभ होता है तो जरूरी नहीं है कि दूसरे व्यक्ति के साथ भी वैसा ही हो। फिर परजीवियों से कई तरह के नुकसान भी होते हैं। न सिर्फ कीड़े मनुष्य का खून पी कर उसे कमजोर कर सकते हैं, उनकी उपस्थिति रोगप्रतिरोध शक्ति को कमजोर भी कर सकती है। इससे दूसरे रोग होने का खतरा बढ़ जाता है। आखिर लाइलाज रोग एड्स फैलाने वाला वाएरस हमारे शरीर की रोगप्रतिरोध शक्ति को ही तो क्षीण करता है।

चाहे श्री डेविड और श्री जोएल जैसे वैज्ञानिकों के प्रयोगों से कोई उपचार अभी सामने नहीं आया हो, लेकिन यह तो साफ हो गया है कि एलर्जी का भी हमारे जीवन में स्थान है और कुछ परजीवियों का भी। ये वैज्ञानिक आजकल उन रसायनों की पड़ताल कर रहे हैं, जिन्हें बना कर ये कीड़े हमारी रोगप्रतिरोध शक्ति को शिथिल कर देते हैं। कई और बीमारियों के इलाज आजकल परजीवी कीड़ों में ढूंढ़े जा रहे हैं। इनमें मधुमेह और कोलाइटिस जैसे रोग तो हैं ही, कुछ लाइलाज रोग भी शामिल हैं। आजकल मधुमेह का कारण भी हमारी रोगप्रतिरोध शक्ति में ही देखा जा रहा है।

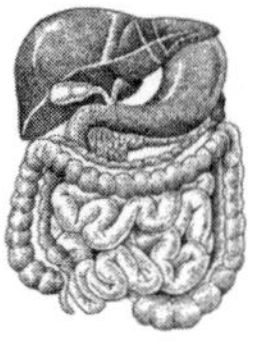

विज्ञान में अब एक भरा-पूरा सिद्धांत है जो कहता है कि हमारी कुछ बीमारियों का कारण अत्यधिक स्वच्छता है। अंग्रेजी में इसे 'हाइजीन हाएपॉथेसिस' कहते हैं। इसका कहना है कि हम उस वातावरण से दूर चले आए हैं जिसमें हजारों सालों में

हमारा क्रमिक विकास हुआ है। हम उन परजीवियों से दूर हो गए हैं जिनका हमारे रोगप्रतिरोध तंत्र से गहरा संबंध रहा है। जैसे-जैसे इन विषयों की परतें खुल रही हैं, वैसे-वैसे अध्यात्म के कुछ पुराने संदेश नए प्रकाश में दिखने लगे हैं। जो पहले श्रद्धा की आंख से समझा जाता था उसकी झलक आज शोध की दृष्टि से भी दिख रही है।

गंगा नदी को ही लीजिए। आजकल बहुत से लोग गंगा की सफाई को लेकर बहुत आंदोलित रहते हैं। वे हमें बार-बार याद दिलाते हैं कि गंगा हमारी संस्कृति की मां है, एक पवित्र नदी है। इसकी एक बहुत अलग व्याख्या सन् 1896 में एक अंग्रेज वैज्ञानिक अर्नेस्ट हैनबरी हैनकिन ने की थी। वे यह समझना चाहते थे कि गंगा और यमुना का पानी बहुत समय तक रखने पर भी खराब क्यों नहीं होता। उन्होंने पाया कि यमुना के पानी में हैजे के रोगाणु तीन घंटे में ही खत्म हो जाते थे। यह बात हमारे यहां के धार्मिक और श्रद्धालु लोग ही नहीं, ईस्ट इंडिया कंपनी के कारिंदे भी जानते थे। इसलिए इंग्लैंड जाने वाले पानी के जहाजों में गंगा का पानी ही रखा जाता था, फिर चाहे वह नदी के किसी दूषित हिस्से से ही क्यों न लिया गया हो। ऐसे राजाओं और रईसों का वर्णन भी मिलता है जो गंगा का पानी ही पीते थे। इनमें हर्षवर्धन और मुहम्मद-बिन-तुगलक से ले कर अकबर और औरंगजेब का नाम भी आता है।

हमारी सफलता ही हमारी मुसीबत बनती जा रही है। अब मनुष्य पृथ्वी के प्रति ठीक वैसा व्यवहार करने लगा है जैसा रोगाणु उसके अपने शरीर के साथ करते हैं। आज हमारी सात अरब से अधिक आबादी उसी व्यवस्था को बिगाड़ रही है जिसने उसे पाला-पोसा है। जैसे रोगाणु से संक्रमण होने पर बुखार आता है वैसे ही हमारे विकास के धुएं से हमारे वायुमंडल का तापमान बढ़ रहा है।

श्री अर्नेस्ट ने पेरिस के पॅस्चर संस्थान को एक पत्र लिख कर बताया कि यमुना नदी के पानी में ऐसे तत्व हैं जो हैजे के रोगाणु को मार देते हैं। इसके लिए पानी उन्होंने ऐसी जगह से लिया था जिसके थोड़ा ऊपर हैजे से मरे लोगों के शरीर नदी में पड़े थे। उन्होंने यह भी पाया कि यमुनाजल की यह खूबी पानी उबालने से खत्म हो जाती है।

इस शोध को श्री अर्नेस्ट आगे नहीं बढ़ा पाए। कुछ लोगों का कहना है कि वे एक विलक्षण वैज्ञानिक थे जिनकी कद्र नहीं हुई। इस तरह का शोध कुछ दूसरे वैज्ञानिकों ने भी किया, जिससे इस तरह के वाएरस मिले जो बैक्टीरिया को खा जाते हैं। युनानी भाषा में इन्हें बैक्टीरिया खाने वाले जीवों की संज्ञा दी गई, 'बैक्टीरियोफैज' या 'फैज'। आगे जा कर यह विज्ञान की एक पूरी विधा बन गई। हमारे यहां रुड़की और लखनऊ के वैज्ञानिकों ने कुछ सालों पहले गंगाजल के परीक्षण में 'फैज' का संकेत पाया है।

कहना कठिन है कि पुराने जमाने में लोगों ने गंगाजल की शुद्धि का कमाल समझा था या नहीं। पर यह तो हमें पता है कि उसे मां के दूध की ही तरह कृतज्ञ आंखों से देखा जाता रहा है। क्या इसीलिए लोग गंगाजल लाकर अपने तालाब और कुओं में डालते थे? क्या यह जल स्रोतों को गंगाजल का टीका लगाने का भोला-भाला तरीका था?

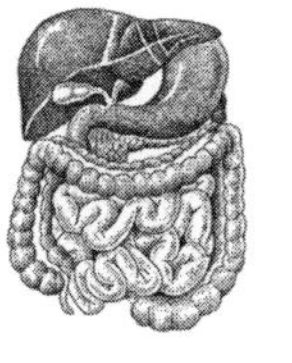

इन सवालों का पक्का जवाब नहीं दिया जा सकता। पर यह हमें पता है कि आज गंगा किनारे के शहर नदी में सीधे अपने सीवरों का मुंह खोले रखते हैं। मैले पानी को साफ करने की जिम्मेदारी ये शहर कतई नहीं निभाते हैं। इसलिए नदी की पवित्रता की बातें आज बनावटी लगती हैं। जो श्रद्धा उचित काम के लिए लोगों को राजी न करे उसमें धर्म कम, अवसरवाद अधिक होता है।

धर्म ही नहीं, विज्ञान की समझ में भी एक विरोधाभास दिखता है। पिछली सदी में कुछ वैज्ञानिक आविष्कारों से हमारी तेजी से तरक्की हुई है, लेकिन आज हमारी सफलता ही हमारी मुसीबत बनती जा रही है। अब मनुष्य पृथ्वी के प्रति ठीक वैसा व्यवहार करने लगा है जैसा रोगाणु उसके अपने शरीर के साथ करते हैं। आज हमारी सात अरब से अधिक आबादी उसी व्यवस्था को बिगाड़ रही है जिसने उसे पाला-पोसा है। जैसे रोगाणु से संक्रमण होने पर बुखार आता है वैसे ही हमारे विकास के धुएं से हमारे वायुमंडल का तापमान बढ़ रहा है। पृथ्वी अगर अपनी रोगप्रतिरोध ताकत हम पर छोड़ दे तो हम माटी के पुतलों का क्या होगा?

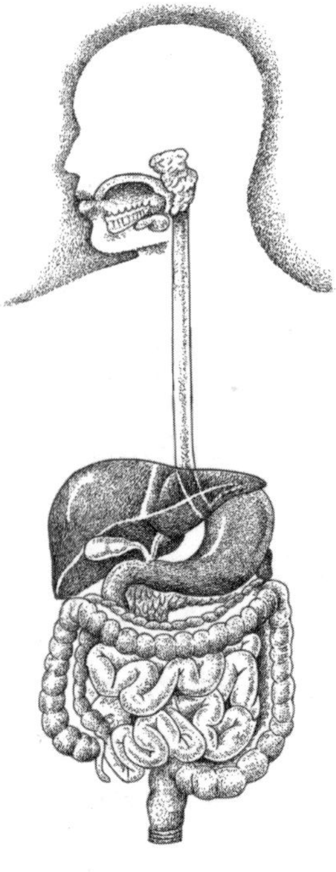

ऐसा माना जाता है कि मिट्टी में पलने-खेलने वाले बच्चों को दमा होने का खतरा कम होता है, उन बच्चों की तुलना में जो बहुत साफ-सुथरे वातावरण में पले हों। कई तरह के जीवों से उनका संक्रमण होता रहता है, इसलिए उनकी सहनशक्ति मजबूत हो जाती है। ऐसे बच्चे उस मिट्टी के पास रहते हैं जिससे हमारा शरीर बना है।

कई संस्कृतियों ने हमारे और मिट्टी के इस संबंध को सुंदर रूपों में याद किया है। 'आदमी' शब्द बना है पुराने यहूदी शब्द 'अदामा' से, जिसका अर्थ है मिट्टी। अंग्रेजी का 'ह्यूमन' भी लैटिन के 'ह्यूमस' से बना है। इसका अर्थ है मिट्टी में पड़ी हुई खाद। जिस मिट्टी से हम बने हैं, उसके प्रति केवल शोध का भाव रखना हमारा उथलापन होगा। उसमें थोड़ी सी खाद श्रद्धा की भी डालनी होगी। तभी हम कुछ गहरे जा पाएंगे, कुछ ऊंचे उठ पाएंगे।

खाद्य सुरक्षा की थल सेना

एक बहुत बड़ा धमाका हुआ था 17 अप्रैल 2013 को। इसकी गूंज कई दिनों तक दुनिया भर में सुनाई देती रही थी। अमेरिका के टेक्सस राज्य के वेस्ट नामक गांव में हुए इस विस्फोट से फैले दावानल ने 15 लोगों की जान ली और 180 को घायल किया। हादसे तो यहां-वहां होते ही रहते हैं और न जाने कितने लोगों की जान ले लेते हैं। पर यह धमाका कई दिनों तक खबर में रहा। इससे हुए नुकसान के कारण नहीं बल्कि दुर्घटना के स्थान के कारण।

उर्वरक बनाने के काम आने वाले रसायनों के एक भंडार में आग लग गयी थी। कारखानों में आग लगना इतनी अनोखी बात नहीं होती और ऐसी घटनाओं को काबू करने के लिए ही दमकल विभाग रखा जाता है। यहां भी दमकल की गाड़ियां पहुंचीं और अग्निशामक दल अपने काम में लग गया। पर उसके बाद जो धमाका हुआ, उसे आसपास रहने वाले लोगों ने किसी भूचाल की तरह महसूस किया। अमेरिका के भूगर्भ सर्वेक्षण के उपकरणों पर यह धमाका 2.1 की प्रबलता के भूकंप की तरह दर्ज हुआ। जहरीले धुएं से वहां का जीवन कई रोज तक अस्त-व्यस्त रहा। इससे निकली गर्मी की वजह से आसपास के भवन झुलसे हुए ठूंठ से दिखने लगे थे।

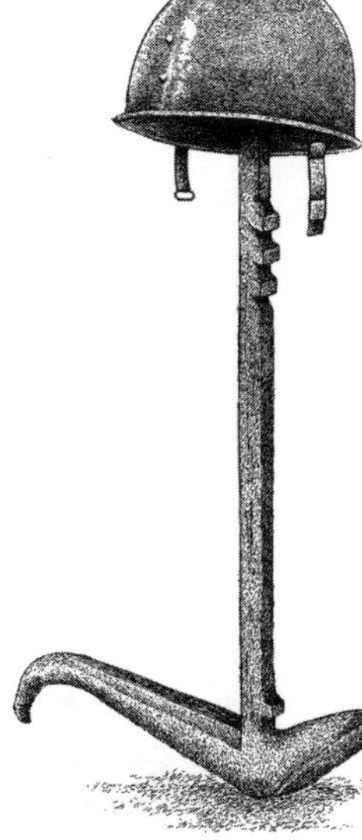

धमाका किसी आतंकवादी संगठन के हमले से नहीं हुआ था। न यह कोई अणु बम विस्फोट था। कारखाने में अमोनियम नाइट्रेट नाम के रसायन का भंडार था। इसका उपयोग यूरिया जैसी बनावटी खाद के उत्पादन में होता है। इस खाद के उपयोग से

फसलों की पैदावार में सचमुच धमाकेदार बढ़ोतरी होती है।

उर्वरक के कारखाने में यह पहला धमाका नहीं था। सन् 2009 में टेक्सस राज्य में ही जुलाई 30 को ब्रायन नामक नगर में ऐसे ही एक कारखाने में अमोनियम नाइट्रेट के भंडार में धमाका हुआ था। तब किसी की जान नहीं गई थी, पर 80,000 से ज्यादा लोगों को निकाल कर पूरा नगर खाली करना पड़ा था, जहरीले धुएं से बचने के लिए।

सन् 1947 में टेक्सस सिटी में ही ऐसे ही एक दूसरे हादसे में 581 लोगों की जान गई थी। पानी के एक जहाज में रखे अमोनियम नाइट्रेट में आग लग गई थी। दमकल के लोग उसे बुझाने आए। लेकिन जल्दी ही पूरा जहाज फट गया। उस शहर के दमकल कर्मियों में केवल एक जीवित बचा था। विस्फोट की ताकत ऐसी थी कि दो छोटे हवाई जहाज उड़ते हुए नीचे गिर पड़े थे। कोई 65 किलोमीटर दूर तक घरों के शीशे टूट गए थे। 'टेक्सस सिटी डिजास्टर' के नाम से कुख्यात यह अमेरिका की सबसे बड़ी औद्योगिक दुर्घटना मानी जाती है। अगर परमाणु विस्फोटों को अलग रख दें तो यह आज तक दुनिया के सबसे शक्तिशाली धमाकों में गिना जाता है। दुनिया के कई हिस्सों में ऐसे ही हादसे छोटे-बड़े रूप में होते रहे हैं। इनको जोड़ने वाली कड़ी है अमोनियम नाइट्रेट। आखिर खेती के लिए इस्तेमाल होने वाले इस रसायन में ऐसा क्या है कि इससे इतनी तबाही मच सकती है?

अमोनियम नाइट्रेट खेती में आई हरित क्रांति का ईंधन है। इसका किस्सा शुरू होता है बीसवीं शताब्दी के साथ। औद्योगिक क्रांति की वजह से यह समय युरोप में उथल-पुथल का था। युरोपीय देशों में राष्ट्रवाद एक महामारी की तरह फैल रहा था और पड़ोसी देशों में उन्मादी होड़ पैदा कर रहा था। आबादी बहुत तेजी से बढ़ी थी, जिसका एक कारण यह था कि विज्ञान ने कई जानलेवा बीमारियों के इलाज ढूंढ़ लिए थे। कारखानों में काम करने के लिए लोग गांवों से शहरों में आ रहे थे। इतने लोगों को खिलाने जितनी पैदावार युरोप के खेतों में नहीं थी। जरूरत थी किसी जादुई खाद की जिससे जमीन का उत्पादन बढ़ जाए।

खाद की अवधारणा भी बदल चुकी थी। केवल मनुष्य और जानवरों के मल-मूत्र को गला कर खाद बनाना अब पर्याप्त नहीं था। जर्मन रसायनशास्त्री युस्टुस फॉन लीबिह ने 19वीं शताब्दी के मध्य में यह सिद्ध कर दिया था कि नाइट्रोजन ही वनस्पति का सबसे जरूरी उर्वरक होता है। श्री युस्टुस आधुनिक कृषि के जनक कहे जाते हैं। उनकी खोज के आधार पर हुए शोध से यह भी पता चल चुका था कि दो और उर्वरक पौधों के लिए बड़े विशेष होते हैं। ये हैं फॉसफोरस और पोटैसियम। ये दोनों ही खनिजों में मिलते हैं। इन सब में सबसे ज्यादा कठिनाई नाइट्रोजन पाने में होती थी। यों नाइट्रोजन की हवा में भरमार है, लेकिन किसी के पास ऐसा तरीका नहीं था जो उसे हवा से खींच कर ऐसे रासायनिक रूप में लाए जिसे खेती में इस्तेमाल किया जा सके।

नाइट्रोजन के उर्वरक पाने के लिए युरोप दुनिया के कोने-कोने खंगाल रहा था। इसका एक स्रोत था दक्षिण अमेरिका के पश्चिमी छोर से थोड़ी दूरी पर, प्रशांत महासागर के द्वीपों पर। इसे 'गुआनो' कहा जाता है और असल में यह चिड़िया की बीट है। इन निर्जन द्वीपों पर न जाने कब से ऐसे पक्षियों का वास रहा था जो समुद्र से मछली और दूसरे प्राणियों का शिकार करते हैं। उनके बीट के माध्यम से समुद्र के श्रेष्ठ उर्वरक इन द्वीपों पर जम जाते थे। इनमें नाइट्रोजन की मात्रा भी खूब होती थी। कुछ सौ वर्षों में यहां बीट के पहाड़ खड़े हो गए थे। इस इलाके में बारिश इतनी कम होती है कि ये पहाड़ जैसे-के-तैसे बने रहे, इनके उर्वरक धुल कर पानी में वापस घुले नहीं। कल्पना करना भी कठिन होता है पर कुछ जगह तो ऐसे पहाड़ 150 फुट से भी ऊंचे थे।

समुद्र में कम बारिश वाले निर्जन द्वीपों पर चिड़ियों की बीट पहाड़ों का रूप ले लेती है। यह बेशकीमती खाद 'गुआनो' कहलाती है और 19वीं शताब्दी में युरोप के देश इस पर बहुत निर्भर थे। इसके लिए देशों में युद्ध तक हुए हैं। जेम्स बॉन्ड श्रृंखला की पहली फिल्म 'डॉक्टर नो' का खलनायक गुआनो का ही व्यापार करता है।

दक्षिण अमेरिका के देश पेरू में गुआनो का उपयोग खेती में खाद की तरह कोई 1,500 साल पहले से होता रहा है। इंका साम्राज्य के समय समारोहों में इस बीट का दर्जा सोने के बराबर था। गुआनो शब्द की व्युत्पत्ति ही पेरू के 'केचूअ' समाज के एक शब्द, 'हुआनो' से है। एक जर्मन अन्वेषक ने सन् 1803 में गुआनो के गुण वहां जा कर जाने। उन्होंने इस विषय पर खूब लिखा, जिसके कारण युरोप का परिचय चिड़िया की बीट से निकलने वाली इस विलक्षण खाद से हुआ। 19वीं शताब्दी में गुआनो की

जरूरत ही दक्षिण अमेरिका में युरोपीय देशों की रुचि का खास कारण बन गई, या यों कहें कि वहां की गुलामी का कारण बनी। युरोपीय लोगों के कब्जे के बाद गुआनो का खनन और निर्यात बहुत तेजी से हुआ। 1840 के दशक में गुआनो का व्यापार पेरू की सरकार की आमदनी का सबसे बड़ा स्रोत बन गया था।

गुआनो की कहानी कई समुद्रों, कई महाद्वीपों को जोड़ने और तोड़ने लगी। अब विशाल जहाजों में लाद कर गुआनो युरोप के खेतों में डालने के लिए लाया जाता था। दुनिया के कई और हिस्सों से इसका निर्यात युरोप में होने लगा। इसे निकालने के लिए चीन से अनुबंधित मजदूर पेरू लाए गए। गुआनो पर नियंत्रण रखने के लिए कई संधियां हुईं, कई कानून पारित हुए, कई अनुबंधों पर दस्तखत हुए। इन संधियों के टूटने पर युद्ध भी लड़े गए। जैसे एक समय भारत से मसालों का व्यापार करने निकले युरोप के अन्वेषकों ने अमेरिका का रास्ता खोज लिया था, कुछ वैसे ही गुआनो के व्यापार की वजह से प्रशांत महासागर में युरोप की उपस्थिति बढ़ी। गुआनो की महत्ता के संकेत सन् 1958 तक मिलते हैं, जब इयन फ्लेमिंग नामक अंग्रेज लेखक ने अपने एक उपन्यास के खलनायक जूलियस नो को गुआनो के व्यापारी के तौर पर चित्रित किया था, जिसे इंग्लैंड का जासूस जेम्स बॉन्ड मार गिराता है। इस उपन्यास के आधार पर सन् 1962 में 'डॉक्टर नो' शीर्षक की पहली जेम्स बॉन्ड फिल्म बनी थी।

जैसे एक समय भारत से मसालों का व्यापार करने निकले युरोप के अन्वेषकों ने अमेरिका का रास्ता खोज लिया था, कुछ वैसे ही गुआनो के व्यापार की वजह से प्रशांत महासागर में युरोप की उपस्थिति बढ़ी। विशाल जहाजों में लाद कर गुआनो युरोप के खेतों में डालने के लिए लाया जाता था। गुआनो पर नियंत्रण के लिए कई संधियां हुईं, इनके टूटने पर युद्ध भी लड़े गए।

गुआनो के लिए सन् 1850 के आसपास जब युद्ध लड़े जा रहे थे तब उसकी टक्कर का एक और पदार्थ दक्षिण अमेरिका से युरोप आने लगा था। पेरू और उसके पड़ोसी देश चिली में ही 'सॉल्टपीटर' यानी पोटैसियम नाइट्रेट के खनिज मिल गए थे। सॉल्टपीटर युरोप के लिए खाद का ही नहीं, विस्फोटक बनाने के लिए कच्चे माल का स्रोत भी था, पर युद्ध और खाद के नाइट्रोजन संबंध की बात बाद में।

गुआनो और सॉल्टपीटर को पानी के जहाजों पर लाद कर युरोप ले जाना बहुत खर्चीला सौदा था। इधर धीरे-धीरे गुआनो के पहाड़ खोदते-खोदते खत्म होने लगे थे। इसीलिए 19वीं सदी के अंत में युरोप में होड़ लगी नाइट्रोजन का कोई सस्ता स्रोत खोजने की, खाद के लिए और विस्फोटक बनाने के लिए भी। कई वैज्ञानिक इस पर शोध कर रहे थे।

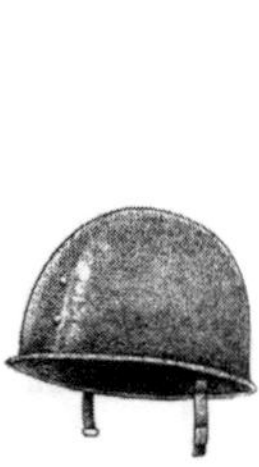

सन् 1909 में आ कर जर्मन रसायनशास्त्री फ्रिट्ज हाबर ने हवा से नाइट्रोजन खींच के अमोनिया बना कर दिखाया। सन् 1913 तक इस प्रक्रिया को बड़े औद्योगिक स्तर पर चलाने का तरीका सिद्ध करने वाले थे बी.ए.एस.एफ. नाम के एक जर्मन उद्योग में

काम कर रहे कार्ल बॉश। प्रसिद्ध इंजीनियर और गाड़ियों में डलने वाले स्पार्क प्लग के आविष्कारक रॉबर्ट बॉश के वे भतीजे थे। आज भी कई तरह की मशीनों पर चाचा बॉश का नाम चलता है। भतीजे बॉश ने जो प्रक्रिया तैयार की उसे दोनों वैज्ञानिकों के नाम पर 'हाबर-बॉश' प्रक्रिया कहा गया।

इस समय युरोप में राष्ट्रवाद का बोलबाला था। जर्मनी और इटली जैसे देश कई छोटी रियासतों के विलय से बहुत ताकतवर बन चुके थे। राष्ट्रवाद की यह धौंस ही सन् 1914 में पहले विश्वयुद्ध का कारण बनी। इंग्लैंड की नौसेना ने जर्मनी की नाकेबंदी कर दी थी। इससे जर्मनी को दक्षिण अमेरिका से आने वाला गुआनो और सॉल्टपीटर मिलना बंद हो गया था। तब हवा से नाट्रोजन खींच कर अमोनिया बनाने वाली हाबर-बॉश प्रक्रिया से न केवल जर्मनी में बनावटी खाद बनने लगी, बल्कि युद्ध में इस्तेमाल होने वाला असलहा और विस्फोटक भी इसी अमोनिया से बनने का रास्ता खुल गया। ऐसा कहा जाता है कि अमोनिया बनाने का यह तरीका अगर जर्मनी के पास न होता तो पहला विश्वयुद्ध चार साल चलने की बजाए दो-एक साल में ही खत्म हो जाता।

विश्वयुद्ध के बाद श्री फ्रिट्ज को पहले तो युद्ध अपराधी का दर्जा दिया गया। लेकिन इसके बाद उनकी इस ऐतिहासिक खोज के लिए उन्हें रसायनशास्त्र का नोबेल पुरस्कार सन् 1918 में मिला। इसमें कोई विरोधाभास नहीं था, क्योंकि स्वीडन के जिन अलफ्रेड नोबेल के नाम से यह पुरस्कार दिया जाता है उन्होंने डाएनामाइट ईजाद किया था और बोफोर्स नाम की कंपनी को इस्पात बनाने से हटा कर हथियार और विस्फोटक के उत्पादन में लगाया था। अपने आविष्कार से निकली हिंसा की उन्हें ग्लानि थी, जिस वजह से उन्होंने अपनी अकूत संपत्ति का बड़ा हिस्सा दुनिया भर में विज्ञान, साहित्य और शांति पर काम करने वाले उत्कृष्ट लोगों को पुरस्कार देने के लिए छोड़ा था। सन् 1896 में उनकी मृत्यु के बाद जब उनकी वसीयत खुली तो उनके परिवार ने इस दरियादिली का विरोध किया। कुछ राजनेताओं ने इसे राष्ट्रविरोधी बताया, क्योंकि ये पुरस्कार केवल स्वीडन के लोगों के लिए नहीं थे।

रसायनशास्त्र का नोबेल पुरस्कार पाते समय श्री फ्रिट्ज ने अपने भाषण में कुछ मीठी बातें कहीं। जैसे यह कि उनके आविष्कार के पीछे ध्येय था उस नाइट्रोजन को मिट्टी में वापस पहुंचाना जो फसल के साथ जमीन से बाहर निकल आती है। लेकिन उनका एक और ध्येय सभी को पता था। प्रतिक्रियाशील रूप में नाइट्रोजन से विस्फोटक भी बनता है। श्री फ्रिट्ज का कट्टर राष्ट्रवाद जगजाहिर था। उन्होंने पहले कभी कहा भी था कि शांति के समय वैज्ञानिक सभी लोगों के भले के लिए काम करता है, पर युद्ध के समय वह केवल अपने देश का होता है।

जर्मनी के एक देश, एक राष्ट्र बनने में ऐसे कई लोगों का उत्कट राष्ट्रवाद लगा था। जर्मन भाषा बोलने वाली रियासतों में सबसे बड़ी थी प्रशिया। सन् 1871 में प्रशिया

ने फ्रांस के साथ युद्ध लड़ा और जीता। इस 'फ्रैंको-प्रशियन युद्ध' के साथ युरोप के इतिहास ने नाटकीय मोड़ ले लिया था। जर्मन भाषा बोलने वाली अन्य रियासतें और देश भी प्रशिया के झंडे के नीचे एक साम्राज्य के रूप में जुड़ गए और जर्मन राष्ट्र का उदय हुआ था। इकट्ठे हुए इन जर्मन राज्यों में राष्ट्रवाद की लहर दौड़ रही थी। श्री फ्रिट्ज भी इससे अछूते नहीं थे। उनका शोध केवल हवा से नाइट्रोजन खींचने तक सीमित नहीं था। उन्हीं की एक और ईजाद थी युद्ध में इस्तेमाल होने वाली जहरीली गैस। वे ऐसा हथियार ईजाद करना चाहते थे जो कैसे भी उनके देश को जल्दी-से-जल्दी जीत दिला दे।

श्री फ्रिट्ज को रासायनिक हथियारों का जनक भी कहा जाता है। क्लोरीन गैस उनका तैयार किया ऐसा ही हथियार था। सबसे पहले लड़ाई के दौरान जहरीली गैस का सफल उपयोग पहले विश्वयुद्ध में 22 अप्रैल 1915 को हुआ। इस प्रक्रिया के निर्देशन के लिए श्री फ्रिट्ज खुद बेल्जियम आए। घर वापस लौटने पर उनकी घोर बहस हुई उनकी पत्नी क्लैरा से, जो रासायनिक हथियारों को अमानवीय और अक्षम्य मानती थीं। इस कड़वी बहस के बाद उनकी पत्नी ने अपने पति की पिस्तौल अपने ही ऊपर दाग ली और अपने 13 साल के बेटे हरमन की गोदी में प्राण त्याग दिए। राष्ट्रवादी श्री फ्रिट्ज इतनी बड़ी त्रासदी से जरा भी विचलित नहीं हुए। वे अगले ही दिन रासायनिक हथियारों को रूस की सेना पर इस्तेमाल करवाने के लिए लड़ाई के मोर्चे पर चले गए।

सन् 1918 में जर्मनी की हार के साथ विश्वयुद्ध खत्म हुआ। इधर श्री फ्रिट्ज ने दूसरी शादी की, पर वे खुश नहीं रह पाए। इस दौरान जर्मन राष्ट्रवाद ने एडॉल्फ हिटलर की नाजी पार्टी का रूप ले लिया था। नाजी शासन की रासायनिक हथियारों में अत्यधिक रुचि थी। उसने श्री फ्रिट्ज के सामने शोध के लिए धन और सुविधाओं का नया प्रस्ताव रखा, जिसे उन्होंने स्वीकार किया। इस दौरान यहूदियों के प्रति राष्ट्रवादी नाजी पार्टी की नफरत उजागर हो चुकी थी। कई प्रसिद्ध यहूदी वैज्ञानिक जर्मनी छोड़ कर इंग्लैंड और अमेरिका जा रहे थे। श्री फ्रिट्ज ने बहुत पहले ही ईसाई धर्म कबूल कर लिया था, लेकिन सब जानते थे कि वे पैदाइशी यहूदी थे। उनका राष्ट्रवाद उन्हें सन् 1933 में जर्मनी से भागने से रोक नहीं पाया। वे इंग्लैंड में केम्ब्रिज आ गए। वहां से वे फिलिस्तीन की ओर निकले ताकि यहूदियों को दी गई उस जमीन पर ही अपने प्राण त्यागें, जहां सन् 1948 में इस्राइल नाम का नया देश बना था। वे उस भूमि तक नहीं पहुंच पाए। रास्ते में ही स्विट्जरलैंड में उनका निधन हो गया।

लेकिन उनके राष्ट्रवाद की कहानी अभी खत्म नहीं हुई थी। उनकी मृत्यु के बाद उनका परिवार जर्मनी छोड़ कर भागा। उनकी दूसरी पत्नी और दो बच्चे इंग्लैंड भाग आए। उनका और सुश्री क्लैरा का बेटा हरमन अमेरिका चला गया, जहां सन् 1946 में उसने आत्महत्या कर ली। अपनी मां की ही तरह उसके मन में भी श्री फ्रिट्ज

के रासायनिक हथियार बनाने की शर्मिंदगी थी, अपराध बोध था। दूसरी तरफ जहरीली गैस पर श्री फ्रिट्ज के शोध को नाजी सरकार ने बहुत आगे बढ़ाया। उसी से 'जाएक्लॉन-बी' नाम की गैस बनी, जिसका इस्तेमाल नजरबंदी शिविरों में लाखों यहूदियों को 'सस्ते' में मारने के लिए होता था। ऐसा माना जाता है कि श्री फ्रिट्ज के कई रिश्तेदार इन शिविरों में मारे गए।

खाद्य सुरक्षा की थल सेना

हाबर-बॉश प्रक्रिया को ईजाद हुए आज 100 साल से अधिक हो गए हैं और अभी भी विस्फोटक बनाने का आधार यही प्रक्रिया बनी हुई है। एक वैज्ञानिक अनुमान कहता है कि इससे बने हथियारों ने दुनिया भर के सशस्त्र संघर्षों में सीधे-सीधे 10-15 करोड़ लोगों की जान ली है। अगर अतिवादी राष्ट्रवाद दूसरे विश्वयुद्ध का प्रधान कारण था, तो हाबर-बॉश प्रक्रिया का भी इसमें बड़ा योगदान था। पहले विश्वयुद्ध के बाद इसे हर कहीं अपना लिया गया था और विस्फोटक बनाने के लिए अमोनिया के कई कारखाने युरोप और अमेरिका के देशों में खुल गए थे।

दूसरा विश्वयुद्ध समाप्त होने के बाद इन कारखानों को बंद नहीं किया गया। इन कारखानों में बने अमोनिया से तैयार यूरिया को बनावटी खाद की तरह इस्तेमाल किया जाने लगा। इसी दौरान मक्का और गेहूं की ऐसी फसलें भी ईजाद हुईं जो इस बनावटी खाद को मिट्टी से ग्रहण करने में सक्षम थीं। ये फसलें बहुत तेजी से बढ़ती थीं और इनमें अनाज की पैदावार बहुत ज्यादा थी। इन फसलों और अमोनिया के उर्वरकों के संयोग से खेती में उत्पादन इतना बढ़ गया जितना पहले कभी नहीं बढ़ा था। इन फसलों को ईजाद करने वाले कृषि वैज्ञानिक नॉर्मन बोरलॉग को भी नोबेल पुरस्कार दिया गया।

हमारे किसानों में यूरिया का नशा घटने के बदले बढ़ ही रहा है।

दुनिया भर का बनावटी नाइट्रोजन उत्पादन 1960 से 1980 के बीच आठ गुना बढ़ा। जितनी जमीन से पहले दो लोगों की जरूरत पूरी होती थी उससे अब चार, कुछ जगह तो दस लोगों को पाला जा सकता है। यही वह हरित क्रांति थी जिससे हमारे जैसे देश खाद्यान्न उत्पादन में आत्मनिर्भर हो पाए। आज दुनिया भर में कुल जितनी नाइट्रोजन की खाद खेतों में डाली जाती है उसमें लगभग

आधी बनावटी होती है। हवा से नाइट्रोजन खींचने के लिए बहुत तेज तापमान और दबाव में पानी से हाइड्रोजन निकाला जाता था। इतना दबाव और गर्मी बनाने के लिए बहुत सी ऊर्जा खर्च होती थी। आज इस पद्धति को और कारगर बनाया गया है। पानी की जगह प्राकृतिक गैस का इस्तेमाल होने लगा है।

श्री फ्रिट्ज के आविष्कार ने दुनिया बदल दी है। एक विख्यात वैज्ञानिक का अनुमान है कि आज दुनिया की कुल आबादी का 40 फीसदी इसी पद्धति से उगा खाना खाता है। फसलों की भरमार और जानलेवा बीमारियों के इलाज की खोज होने से मनुष्य जाति को इतनी शक्ति मिली जितनी कभी नहीं मिली थी। 20वीं शताब्दी की शुरुआत में मनुष्य की आबादी 160 करोड़ थी। आज यह साढ़े-चार गुना हो गई है, 740 करोड़। कई वैज्ञानिक पिछली सदी की सबसे महत्वपूर्ण वैज्ञानिक खोज फ्रिट्ज हाबर का अमोनिया बनाने का तरीका ही बताते हैं। गुआनो और सॉल्टपीटर को दक्षिण अमेरिका से लाने पर हुए युद्ध अब भुलाए जा चुके हैं। बनावटी खाद के कारखाने हर कहीं पाए जा सकते हैं।

नाइट्रोजन पेड़-पौधों की जरूरत का सबसे महत्वपूर्ण तत्व तो है, लेकिन अकेले नाइट्रोजन से ही काम नहीं बनता। फॉसफोरस और पोटैसियम भी जरूरी हैं। इन तीन तत्वों के बिना धरती पर कैसा भी जीवन संभव नहीं है। मनुष्य के ही शरीर के कुल भार में औसतन 650 ग्राम फॉसफोरस होता है, जिसमें ज्यादातर हड्डियों में रहता है। औसतन हर व्यक्ति को भोजन में हर रोज एक ग्राम फॉसफोरस की जरूरत होती है। आधुनिक खेती के हिसाब से एक व्यक्ति का साल भर का भोजन पैदा करने के लिए 22.5 किलोग्राम फॉसफेट चट्टानों का खनन करना पड़ता है।

फॉसफोरस और पोटैसियम को नाइट्रोजन की तरह हवा से खींचा नहीं जा सकता। ये खनिज कुछ विशेष जगहों पर, कुछ खास चट्टानों में मिलते हैं। भूगर्भ में इन पत्थरों को बनने में लाखों-करोड़ों साल लगते हैं। मनुष्य इन्हें बना नहीं सकता, केवल भूगर्भ से खनन के द्वारा निकाल सकता है। पोटाश की चट्टानें तो आमतौर पर बहुत गहराई में मिलती हैं। इन खनिजों का मिलना लॉटरी लगने की तरह है। जिन देशों में ये खनिज पाए जाते हैं उनकी तूती बोलती है। जहां नहीं मिलते वे आयात-निर्यात के बाजार में खड़े मिलते हैं।

हमारे देश में फॉसफेट और पोटाश के खनिज आसानी से नहीं मिलते हैं। अमोनिया बनाने के लिए जितनी प्राकृतिक गैस की जरूरत होती है वह भी हमारे यहां नहीं मिलती। भारत और ब्राजील जैसे घनी आबादी वाले देश बनावटी खादों के सबसे बड़े आयातक हैं। चीन के पास पोटाश के भंडार हैं, लेकिन वह फिर भी आयात ज्यादा करता है क्योंकि इससे उसके अपने भंडार बचे रहते हैं। फिर दूसरे देशों में खनन किया पोटाश सस्ता भी है। दुनिया भर में पोटाश पैदा करने वाले खनिज इतने हैं कि कई सौ

साल तक बनावटी उर्वरक का उत्पादन होता रहेगा। लेकिन यह उत्पादन हर कोई नहीं कर सकता। इस खनिज भंडार का 81 फीसदी केवल दो देशों के पास है, कनाडा और रूस। ये दोनों पोटाश के सबसे बड़े उत्पादक भी हैं और निर्यातक भी।

फॉसफेट के खनिज भी समानता से वितरित नहीं हैं। आसानी से निकलने वाली फॉसफेट की चट्टानों का 83 प्रतिशत केवल चार देशों के पास है, चीन, अमेरिका, दक्षिण अफ्रीका और मोरक्को। चीन और अमेरिका अपने यहां पैदा हुए फॉसफोरस को केवल घरेलू इस्तेमाल के लिए रखते हैं, उसका ज्यादा निर्यात नहीं करते। आज इसका सबसे महत्वपूर्ण निर्यातक मोरक्को है, जिसके पास दुनिया भर के फॉसफोरस भंडार का लगभग 40 फीसदी खनिज है। भारत और युरोपीय देशों के खेतों में छिड़का जाने वाला फॉसफोरस मोरक्को से ही आता है। वहां पर 17वीं सदी से एक ही राजशाही परिवार की सरकार चल रही है, जिसका वहां के फॉसफोरस खनिजों पर एकाधिकार है। मोरक्को फॉसफोरस का सऊदी अरब कहलाता है। जैसी राजनीतिक क्रांति मोरक्को के पड़ोसी देश लीबिया, तुनिशिया और मिस्र में हुई, वैसी अगर मोरक्को में हो गई, तो फॉसफोरस के अंतर्राष्ट्रीय व्यापार का क्या होगा, कोई नहीं जानता।

जो भंडार हैं उनकी मियाद भी लंबी नहीं है। अमेरिका का लगभग दो तिहाई फॉसफोरस एक ही खदान से आता है जो कोई 40 साल में चुक जाएगी। दुनिया भर में फॉसफोरस के खनिजों के भंडार कोई बहुत बड़े नहीं हैं और ये हमेशा चलते रह नहीं सकते। कुछ अनुमान बताते हैं कि 70 से 130 साल में फॉसफोरस के खनिजों के भंडार खाली हो जाएंगे। तब तक मनुष्य की आबादी अंदाजन 1,000 करोड़ से ज्यादा हो जाएगी। इतने लोगों की जरूरत के लिए तो और भी फॉसफोरस चाहिए होगा। फिर कहां से आएगा यह?

श्री फ्रिट्ज के आविष्कार ने दुनिया बदल दी है। एक विख्यात वैज्ञानिक का अनुमान है कि आज दुनिया की कुल आबादी का 40 फीसदी हिस्सा इसी पद्धति से उगा खाना खाता है। 20वीं शताब्दी की शुरुआत में मनुष्य की आबादी 160 करोड़ थी। आज यह चौगुनी हो गई है: 720 करोड़। कई वैज्ञानिक पिछली सदी की सबसे महत्वपूर्ण वैज्ञानिक खोज फ्रिट्ज हाबर का अमोनिया बनाने का तरीका ही बताते हैं।

कोई नहीं जानता। कुछ लोग ऐसा मानते हैं कि समस्या जब सिर पर आएगी तब उसके समाधान भी मिल जाएंगे। उनका कहना है कि इतिहास में ऐसी कई मुश्किलें आई हैं और मनुष्य ने युक्ति लगा कर आगे चलने का रास्ता खोजा है। ऐसी बातचीत में याद दिलाया जाता है कि भारत 1960 के दशक में भुखमरी के कगार पर था और फिर हरित क्रांति की बदौलत हमने इतना अनाज उगा लिया है कि आज वह गोदामों में सड़ रहा है। यह भी कहा जाता है कि जब आसानी से खनन होने वाला फॉसफोरस खत्म हो जाएगा, तब कठिन खनिजों को निलालने के सस्ते तरीके निकल आएंगे। तंगी की बात करने वालों को मनहूस और निराशावादी बताते हुए ऐसे लोग विश्वास जताते हैं कि वैज्ञानिक शोध से नए रास्ते खुल जाएंगे।

दूसरे पक्ष के लोग ध्यान दिलाते हैं कि सन् 1909 की फ्रिट्ज हाबर की खोज के बाद से अब तक उतनी महत्वपूर्ण खोज और कोई नहीं हुई है, जबकि विज्ञान की दुनिया तब की तुलना में अब बहुत व्यापक हो चुकी है और गहरी भी। आज लाखों वैज्ञानिक हैं, हजारों प्रयोगशालाएं हैं, अनेक तरह से शोध हो रहा है समाधान खोजने के लिए। लेकिन दिन-ब-दिन जो तस्वीर सामने आ रही है, वह उर्वरकों के एक और पक्ष की ओर इशारा करती है, नाइट्रोजन और फॉसफोरस से होने वाले प्रदूषण की ओर। इसका असर मिट्टी पर है, पानी पर है, हवा पर भी है। पहले जमीन की बात।

मिट्टी का कोई भी वैज्ञानिक आपको बता सकता है कि बनावटी उर्वरकों की एक छोटी मात्रा ही फसलें सोख पाती हैं। इसके कारणों की बात थोड़ा आगे, पहले समस्या। एक वैज्ञानिक ने गणित लगाया है कि आज दुनिया भर में जो 10 करोड़ टन बनावटी नाइट्रोजन खेती में इस्तेमाल होता है, उसमें से लोगों के भोजन में केवल 1.7 करोड़ टन वापस आता है। बाकी 8.3 करोड़ टन नाइट्रोजन पर्यावरण में छूट जाता है। इसका एक हिस्सा तो स्थिर हो कर धरती में रुका रहता है, लेकिन एक हिस्सा भूजल में रिस कर पानी को दूषित करता है। एक और हिस्सा हवा का प्रदूषण करता है। इसके कुछ रासायनिक रूप बहुत प्रतिक्रियाशील होते हैं और वे उपजाऊ मिट्टी का स्वभाव तेजाबी बना देते हैं। इस तरह की मिट्टी रेतीली हो जाती है, उसमें उपजाऊ दरदरापन चला जाता है। रेतीली मिट्टी में पानी भी नहीं टिकता।

हमारे देश में ही इसे समझ सकते हैं। नाइट्रोजन सोखने की फसलों की क्षमता हरित क्रांति के समय से आधी से भी कम हो चुकी है। इस वजह से पहले की तुलना में नाइट्रोजन की बनावटी खाद दोगुनी डालनी पड़ती है, जिसकी वजह से बरबाद होने वाले नाइट्रोजन की मात्रा भी दोगुनी हुई है। हमारी सरकार कई सालों से यूरिया की खाद पर जितना अनुदान देती रही है उतना पोटाश और फॉसफेट पर नहीं देती है। वैसे भी हमारे यहां इस्तेमाल होने वाले कुल यूरिया का आधे से ज्यादा हमारे यहां ही तैयार होता है, लेकिन पोटाश और फॉसफेट ज्यादा कर के आयात होते हैं। सस्ता यूरिया किसान जरूरत से ज्यादा छिड़कते हैं। भारत सरकार की ही रपटें कई सालों से कह रही हैं कि हम नाइट्रोजन से अघा रहे हैं, हमारी खेती की जमीन बिगड़ रही है।

यूरिया का दाम भी सरकार ने ही सस्ता रखा है, अनुदान यानी सब्सिडी दे कर। 2008-09 के वित्तीय साल में यह सब्सिडी 1,00,000 करोड़ रुपये तक पहुंच गई थी। अनाज पर दी जाने वाली सब्सिडी के बाद उर्वरक पर दिया जाने वाला अनुदान दूसरे नंबर पर आता है। पेट्रोलियम की सब्सिडी को भी इसमें मिला लें तो हमारे सरकारी खजाने में सबसे बड़े छेद साफ दिखने लगते हैं। आज सरकार पर बहुत दबाव है यह खर्च घटाने का। लेकिन हर सरकार, चाहे वह किसी भी दल की हो, इस सब्सिडी को कम करने से डरती है। सन् 2015-16 में यह अनुदान 72,000 करोड़

नदियों के मुहानों पर उर्वरकों से दूषित पानी का असर समुद्री जीवों पर बुरा ही होता है। सागर के बड़े–बड़े हिस्सों में प्राणवायु खतम हो जाती है। मछलियां और दूसरे प्राणियों का घोर विनाश होता है।

रुपये था।

पिछले कुछ सालों में सरकार बनावटी उर्वरक को दिए जाने वाले अनुदान को बदलने की कोशिश कर रही है ताकि यूरिया का बेवजह इस्तेमाल कम हो और किसान यूरिया के नशे से उबरें। इसलिए भी कि पोटाश और फॉसफेट के दाम कम हों और मिट्टी का संतुलन बने। पर इन दोनों का हमारे यहां उत्पादन लेश मात्र होता है, ज्यादा तो ये आयात ही होते हैं। इनका अंतर्राष्ट्रीय दाम घटता-बढ़ता रहता है और पेट्रोलियम के दाम से जुड़ा हुआ है। इसके खनन में ढेर सारा ईंधन लगता है, पानी के जहाजों में खनिज लाद कर लाने में तो लगता ही है। हर बार जब पेट्रोलियम का दाम बढ़ता है तो पोटाश और फॉसफेट और महंगे हो जाते हैं। इन सब लागतों को रुपये नहीं, डॉलर में चुकाना होता है। जब कभी अंतर्राष्ट्रीय मुद्रा बाजार में रुपये का भाव गिरता है तब बनावटी उर्वरकों के आयात की कीमत भी बढ़ जाती है। ऐसे में सरकार को सब्सिडी और बढ़ानी पड़ती है।

किसानों का सरकार पर हमेशा जोर रहता है कि अनुदान का अनुपात और बढ़ा कर वह किसानों का बोझ हलका करे। हर साल अनुदान की मात्रा को ले कर किसानों का मोर्चा लगता है, क्योंकि किसानों को यूरिया का नशा हो गया है। वे अच्छी फसल की उम्मीद में हर साल पिछले साल से ज्यादा यूरिया डालने लगे हैं, फिर चाहे वह उधारी का ही क्यों न हो। 1960 के दशक में हरित क्रांति के आरंभिक दिनों से सरकार किसानों से यूरिया के जादू का गुणगान करती आ रही है। किसानों ने सरकार पर भरोसा भी किया। सरकार ने जैसा कहा, किसानों ने वैसी खेती शुरू कर दी। उन्हें मुनाफा भी हुआ, अच्छी फसलें भी मिलीं, देश अनाज के मामले में आत्मनिर्भर हो

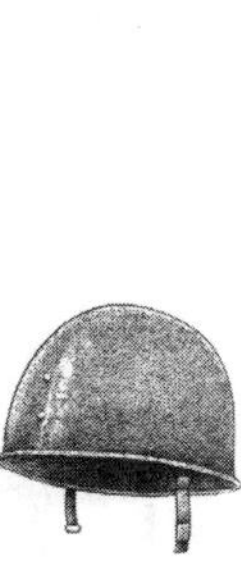

गया। लेकिन कहानी यहां खत्म नहीं होती हैं।

अब फसल उगाना बहुत महंगा सौदा हो गया है और खर्च के बाद भी फसल उतनी नहीं होती। किसान सरकार का मुंह ताक रहे हैं, पर सरकार के पास अब कोई जादू की पुड़िया नहीं है। उल्टा सरकार उन्हें उन उर्वरकों का इस्तेमाल घटाने की सलाह दे रही है जिनसे पहले जादू हुआ था। पिछले कुछ वर्षों में सरकार बनावटी उर्वरकों की नीति लगातार बदलती जा रही है। लेकिन खेत की मिट्टी से ले कर वित्त मंत्रालय के कागजों तक, इन उर्वरकों का संसार एक दलदल बन गया है। किसी भी दल की सरकार हमें इस दलदल से निकाल नहीं पा रही है। राजनीतिक माहौल में यह संभावना ही नहीं है कि कोई भी सरकार हिम्मत दिखा कर कड़वा घूंट पीए, कुछ विवेकशील निर्णय ले।

दूसरे विश्वयुद्ध के बाद जब बनावटी नाइट्रोजन का उपयोग शुरू हुआ, तब किसी को अंदाजा भी नहीं था कि उसके प्रभाव ऐसे होंगे। आज तक दुनिया भर में जितना बनावटी नाइट्रोजन धरती पर इस्तेमाल हुआ है, उसमें से अधिकांश पिछले 25-30 सालों में ही हुआ है। एक प्रसिद्ध वैज्ञानिक ने इसे पृथ्वी के रासायनिक स्वभाव के साथ हो रहा एक विराट और खतरनाक प्रयोग बताया है।

यह किस्सा तो बनावटी नाइट्रोजन के केवल उस हिस्से का है जो मिट्टी में बचा रह जाता है। हवा-पानी का किस्सा अलग है। वैसे तो यूरिया हवा से नाइट्रोजन खींच कर ही बनता है, इसलिए उसका हवा हो जाना अपने घर लौटने की तरह माना जा सकता है। हमारे वायुमंडल की सबसे व्यापक गैस नाइट्रोजन ही है, 79 फीसदी। इसका रासायनिक रूप बहुत स्थिर होता है, इसीलिए तो इसे खींचने में इतनी कवायद करनी पड़ती है। लेकिन यूरिया के मिट्टी में टूटने से नाइट्रस ऑक्साइड गैस भी बनती है। इसका रासायनिक स्वभाव स्थिर नहीं, खूब प्रतिक्रियाशील होता है। हमारे वायुमंडल के ऊपरी हिस्से में ओजोन गैस की एक परत है जो हमें सूरज से आने वाली खतरनाक किरणों से बचाती है। नाइट्रस-ऑक्साइड इस सुरक्षा परत को क्षीण कर देती है। सूरज से आने वाली गर्मी को यह गैस सोखती भी है। जिस कार्बन डाइऑक्साइड के उत्सर्जन की वजह से पृथ्वी पर जलवायु परिवर्तन हो रहा है, नाइट्रस ऑक्साइड उससे 200 गुना ज्यादा गर्मी सोखती है।

दूसरे विश्वयुद्ध के बाद जब बनावटी नाइट्रोजन का उपयोग शुरू हुआ, तब किसी को अंदाजा भी नहीं था कि उसके प्रभाव ऐसे होंगे। आज तक दुनिया भर में जितना बनावटी नाइट्रोजन धरती पर इस्तेमाल हुआ है, उसमें से अधिकांश पिछले 25-30 सालों में ही हुआ है। वैज्ञानिक मानते हैं कि 3.5 करोड़ टन से ज्यादा प्रतिक्रियाशील नाइट्रोजन से प्रकृति का बारीक संतुलन बिगड़ सकता है। पर आज मनुष्य हर साल कोई 12 करोड़ टन स्थिर नाइट्रोजन को हवा से निकाल कर, उसका प्रतिक्रियाशील रूप पर्यावरण में डाल रहा है। इसमें खेती में इस्तेमाल होने वाला 10 करोड़ टन शामिल है।

एक प्रसिद्ध वैज्ञानिक ने इसे पृथ्वी के रासायनिक स्वभाव के साथ हो रहा एक

विराट और खतरनाक प्रयोग बताया है।

खाद्य सुरक्षा की थल सेना

इसका साकार रूप मिट्टी या हवा से अधिक पानी में दिखता है। खेतों से बह कर यह या तो भूजल में रिस जाता है, या तालाबों और नदियों को दूषित करता है। नाइट्रेट से दूषित पानी का स्वास्थ्य पर असर ठीक से अभी समझा नहीं गया है। फिर भी इससे कुछ तरह के कैंसर होने का संदेह वैज्ञानिकों को है। लेकिन जल स्रोतों के स्वास्थ्य पर नाइट्रोजन के प्रकोप को लेकर कोई शक नहीं है।

भारत में तो सीवर के पानी से ही जल स्रोत प्राणविहीन हो चले हैं। पर युरोप और अमेरिका की साफ दिखने वाली नदियों में भी नाइट्रेट की मात्रा बहुत अधिक रहती है। पानी में नाइट्रोजन के कई स्रोत हैं। खेतों से बह कर आया यूरिया, पशुपालन केंद्रों से आने वाला मवेशियों का गोबर भी। नई तरह की डेरियों में गोबर का उपयोग खाद या जलाने के कंडे बनाने के लिए नहीं होता। उसे सीधा नाली में बहा दिया जाता है, जहां से तमाम तरह का नाइट्रोजन समुद्र पहुंचता है।

समुद्र की सतह पर इतने उर्वरक होने से कई तरह की विषैली काई और शैवाल फूट पड़ते हैं। ये शैवाल जब मरते हैं तब उनके सड़ने से पानी में ऑक्सीजन बचती ही नहीं। पानी जीवनहीन हो जाता है, मछलियां और दूसरे प्राणी दम तोड़ देते हैं। पानी के ऐसे हिस्सों को 'डेड जोन' यानी मरा पानी कहा जाता है। नदियों के मुहाने और समुद्री तट के पास यह शैवाल कई सौ एकड़ में फैल जाते हैं।

जमीन से निकला फॉसफोरस कई प्राणियों के शरीर से होता हुआ वापस जमीन में पहुंचता है। एक अनुमान है कि फॉसफोरस औसतन 46 बार जमीन के प्राणियों के शरीर से वापस जमीन में लौट आता है। इसके बाद धुल कर नदियों के रास्ते समुद्र पहुंचता है। समुद्री जीवों के शरीरों में यह औसतन 800 बार घूमता है। फिर समुद्र तल पर जम जाता है। भूचाल से वापस ऊपर भी आता है।

पानी में फॉसफोरस का प्रकोप किसी भी तरह नाइट्रोजन से कम नहीं है। वैज्ञानिक तो यहां तक कहते हैं कि समुद्र ही नहीं, नदियों और तालाबों के प्रदूषण को रोकने के लिए भी फॉसफोरस को पानी में बहने से रोकना जरूरी है। कुछ तरह की काई और बैक्टीरिया को अगर फॉसफोरस मिल जाए, तो नाइट्रोजन को वे हवा से खींच लेते हैं। दूसरे प्राणी इस फॉसफोरस को इतनी तेजी से पचा नहीं सकते जितनी जल्दी समुद्री शैवाल और काई इसे पचा कर फलने-फूलने लगते हैं। बनावटी उर्वरक बनाने के लिए करीब दो करोड़ टन फॉसफोरस हर साल दुनिया भर में खोद कर निकाला जा रहा है, और उसमें से लगभग आधा जल स्रोतों से होता हुआ समुद्र में पहुंच रहा है। आधुनिक खेती और सीवर व्यवस्था फॉसफोरस को ताबड़तोड़ समुद्र में पहुंचा रही है, जहां से उसे निकाला नहीं जा सकता।

यह 'कुचक्र' प्रकृति के उस फॉसफोरस चक्र से बहुत भिन्न है जो लाखों साल और कई लोकों में फैला है। जमीन पर फॉसफोरस कई प्राणियों के शरीर से होता हुआ वापस जमीन में पहुंचता है, प्राणियों के मल-मूत्र से और मरने के बाद उनके शरीर

से। एक वैज्ञानिक का अनुमान है कि फॉसफोरस औसतन 46 बार जमीन पर रहने वाले प्राणियों के शरीर से वापस जमीन में लौट आता है। इसके बाद ही यह कटाव की वजह से बारिश के पानी में घुल कर नदियों के रास्ते समुद्र पहुंचता है। समुद्री जीवों के शरीर में यह औसतन 800 बार घूमता है, पुनः चक्रित होता है, तरह-तरह के प्राणियों और पौधों के भोजन के रास्ते।

हमारे यहां कुछ गांवों में ऐसे दृश्य आज भी दिखते हैं। किसान सुबह दिशा–मैदान जाने वालों को खैनी–बीड़ी का प्रलोभन दे कर अपने खेत में मलत्याग करने के लिए आमंत्रित करते हैं।

इसके बाद यह समुद्र के तल पर जम जाता है और भूगर्भ में समा जाता है। लेकिन इस जल समाधि से फॉसफोरस के चक्र का अंत नहीं होता। बहुत धीरे-धीरे, भूचाल के जरिए ही यह खनिज बन कर फिर निकलता है, लाखों-करोड़ों साल के बाद। जब फॉसफेट की चट्टानें ऊपर आती हैं तो सूरज की धूप, हवा और पानी के कटाव से फॉसफोरस छूट जाता है और पौधे इसे सोख लेते हैं।

यहां से यह चक्र फिर शुरू हो जाता है। इस विशाल लीला में 'काल' की कल्पना हमारे साल-दो-साल के कैलेंडरों से बहुत बड़ी हो जाती है। इसमें 'देश' का विस्तार भी हमारी कल्पनाशक्ति की सीमाओं से एकदम परे है। इस व्यापक देशकाल में फॉसफोरस का खेल समझना हो तो दुनिया की सबसे ऊंची पर्वतमाला की ओर नजर डाली जा सकती है।

एक शोधक का अनुमान है कि कोई चार करोड़ साल पहले ढेर सारा फॉसफोरस पर्यावरण में छूटा था, जिससे घने जंगल उग आए थे। इन जंगलों के फलते-फूलते असंख्य पेड़-पौधों ने वायुमंडल से इतना कार्बन डाइऑक्साइड सोख लिया था कि उससे पृथ्वी के वायुमंडल का तापमान ठंडा हो गया था। आज जैसा जलवायु परिवर्तन हो रहा है, उसका ठीक उल्टा तब हुआ। लेकिन इतना फॉसफोरस आया कहां से कि उसने हमारे ग्रह का नक्शा तक बदल दिया?

यह फॉसफोरस समुद्रतल से निकला था, हिमालय के ऊपर उठने की वजह से। उस समय आए बहुत ही भयंकर भूचाल ने समुद्र तल को चार किलोमीटर ऊपर उठा दिया था। आज यही तिब्बत है, दुनिया का सबसे ऊंचा पठार। आज भी यह फॉसफोरस हिमालय से बह कर आने वाली नदियों की कांप में मिलता है। यह गाद फसलों के लिए अच्छी इसीलिए होती है क्योंकि उसमें फॉसफोरस जैसे खनिज उर्वरक होते हैं।

इन नदियों के किनारे दुनिया की सबसे घनी आबादी वाले इलाके बसे हुए हैं। बल्कि हमारे यहां ही क्या, दुनिया भर में जहां कहीं मानव सभ्यता का उदय हुआ है वहां नदियों से लोगों को पानी ही नहीं, गाद से बेशकीमती उर्वरक भी खेती के लिए मिलते रहे हैं, फिर चाहे वह मेसोपोटेमिया रहा हो या मिस्र या चीन या सिंधु घाटी।

हर जीव फॉसफोरस की इस विशाल लीला का पात्र होता है। सभी प्राणियों को फॉसफोरस का महत्व सहज ही पता होता है। जहां फॉसफोरस वहां वनस्पति, जहां वनस्पति वहां शाकाहारी प्राणी, जहां शाकाहारी प्राणी वहां मांसाहारी भी। मनुष्य भी इस लीला की एक छोटी सी इकाई है। परंतु इस लीला का मर्म मनुष्य भूल चला है क्योंकि फॉसफोरस आज बाजार में बोरियों में बिकने लगा है, नालियों में बहने लगा है। 19वीं शताब्दी में, जिस समय युरोप में आधुनिक सीवर प्रणाली बननी शुरू हुई थी, आधुनिक कृषि के जनक युस्टुस फॉन लीबिह जीवित थे। उन्होंने सीवर प्रणाली को उर्वरकों की आपराधिक बरबादी बताया था।

लंदन का सीवर बनने के बाद उसमें बहने वाले मल-मूत्र के उर्वरकों की सालाना कीमत उन्होंने तब 40 लाख पाउंड आंकी थी। उस समय का 40 लाख पाउंड आज की कीमतों के हिसाब से कितने लाख करोड़ पाउंड होगा, यह हिसाब लगाना बेकार ही होगा। श्री युस्टुस ने कहा था कि देशों की समृद्धि, सभ्यता और संस्कृति का विकास इस पर निर्भर होगा कि सीवर के प्रश्न का उत्तर कैसे खोजा जाता है। आज अगर हम आसपास देखें तो इस सवाल के भयावह जवाब पाएंगे।

आज सीवर से जुड़ा शौचालय होना मूल अधिकार माना जाता है। आधुनिक कृषि के जनक की आंखों से देखें तो इसे फॉसफोरस और दूसरे उर्वरकों को बरबाद करने का 'अधिकार' भी कहा जा सकता है। श्री युस्टुस की दृष्टि में और आज की सीवर मानसिकता में एक मूल अंतर है। मनुष्य के शरीर का मिट्टी से संबंध उनके लिए सहज था। उनके पास उतनी वैज्ञानिक जानकारी नहीं थी जितनी आज, उनके मरने के करीब 150 साल बाद, हमारे पास है। परंतु उन्हें यह पता था कि मनुष्य का अस्तित्व उसके पर्यावरण से अलग नहीं है। आज हम अपने आसपास जैसी व्यवस्था बना रहे हैं उसमें हम खुद को प्रकृति से अलग और ऊपर रख कर देखते हैं।

इस दृष्टिदोष को समझने के लिए एक बार फिर सूक्ष्म जीवों के संसार में लौटना होगा। नाइट्रोजन को हवा से खींच कर यूरिया बनाने का काम पानी और मिट्टी में रहने वाले जीवाणु न जाने कब से करते चले आ रहे हैं। जैसे मनुष्य की आंत में अनगिनत पालतू जीवाणु भोजन को सुपाच्य बनाते हैं, ठीक वैसे ही पौधे भी अपनी जड़ों में अनगिनत छोटे या सूक्ष्म प्राणी पालते हैं। इनमें से कई हवा से नाइट्रोजन खींचते हैं और उसे ऐसे रूप में बदलते हैं कि पौधों की जड़ें उसे सोख सकें।

जीवविज्ञान में जड़ों को पौधों की आंत ही कहा जाता है। अगर हमारे पाचन तंत्र ने

जीवाणुओं से मित्रता कर ली है तो पौधों ने भी मनपसंद जीवाणु ढूंढ़ लिए हैं। लेकिन हमारी आंत का वातावरण बंद होता है, जीवाणुओं को यहां सुरक्षित घर मिल जाता है। मिट्टी में रहने वाले जीवाणुओं के पास यह सुविधा नहीं होती। फिर ये रहते कहां हैं? ये अपना घर बनाते हैं मरे हुए प्राणियों और पौधों के अवशेषों में, जिसे हम खाद कहते हैं। बनावटी उर्वरकों की खाद नहीं, गोबर जैसी जैविक माल वाली खाद, जिसमें कार्बन होता है। एक बार 'मकान' मिल जाए तो रोटी-कपड़े का इंतजाम तो जीवाणु खुद कर लेते हैं। पौधों की जड़ें इन जीवाणुओं का ठीक वैसे ही पोषण करती हैं जैसे हमारी आंत मित्र जीवाणुओं का करती हैं।

आधुनिक खेती और हरित क्रांति के सदियों पहले से हमारी खेती जीवाणुओं के भरोसे ही चलती आई है। किसानों को जीवाणु दिखते नहीं थे, लेकिन वे हमेशा उनके रहने के 'मकान' खाद के रूप में खेत में डालते आए हैं। जमीन को लगातार जोतने और उर्वर रखने का और कोई तरीका पहले नहीं था। एशिया के देशों में इस सिद्धांत का अभ्यास सदियों से हो रहा है।

इसका एक प्रसिद्ध अध्ययन सन् 1908 में हुआ जब अमेरिकी सरकार के कृषि भूमि प्रबंधन विभाग के मुखिया फ्रैंकलिन किंग ने चीन, जापान और कोरिया का दौरा किया। मिट्टी को उपजाऊ रखने के किसानों के जतन देख कर वे अचंभित रह गए। अपने अनुभव के आधार पर उन्होंने एक किताब लिखी, जो सन् 1911 में उनकी मृत्यु के बाद उनकी पत्नी ने छपवाई। शीर्षक था 'फार्मर्स ऑफ फॉर्टी सेंचुरीज', यानी 40 सदियों के किसान।

इस किताब में उन्होंने पूर्वी एशिया में मनुष्य के मल-मूत्र के खाद के रूप में उपयोग का वर्णन भी किया है। एक उदाहरण है शांघाई शहर का, जहां सन् 1908 में एक ठेकेदार ने 31,000 डॉलर के सोने के सिक्के दे कर शहर से 78,000 टन मल-मूत्र इकट्ठा करने का एकाधिकार खरीद लिया था। यह मल-मूत्र आसपास के गांवों में खाद के रूप में बिकता था। चीन के शहर मल-मूत्र साफ करने के लिए धन खर्च नहीं करते थे, बल्कि उसे बेच कर अपना खजाना भरते थे। मल-मूत्र को खरीदने वाले उसकी कीमत सोने में चुकाते थे। उनके लिए असली सोना मल-मूत्र की उर्वरता में था।

श्री फ्रैंकलिन ने चीन की खेती की तुलना अमेरिका के खेतों से की थी, जहां अच्छी उर्वरक भूमि भी 100 साल की खेती में ही खस्ता होने लगी थी, खनन से निकले बनावटी उर्वरकों के ढेर इस्तेमाल के बाद भी। इन उर्वरकों के खतरे श्री फ्रैंकलिन ने सन् 1911 में ही बतला दिए थे। उन्होंने खेद जताया कि युरोप और अमेरिका के लोग हर साल कितने करोड़ टन उर्वरक समुद्र में बहा देते हैं। यही नहीं, उन्हें आश्चर्य हुआ कि जिस सीवर प्रणाली से इतने उर्वरक बरबाद होते हैं, उसे युरोप और अमेरिका के लोग सभ्यता के प्रति अपना सबसे बड़ा योगदान मानते हैं।

खाद्य सुरक्षा की थल सेना

अपने देश के लोगों की बात करते हुए श्री फ्रैंकलिन ने लिखा कि मनुष्य बेशकीमती साधनों को कूड़ा बनाने वाला सबसे तेज प्राणी है। पता नहीं कितनी शताब्दियों की जीवन लीला से बने उर्वरक समुद्र में बहाना ऐसी फिजूलखर्ची है जिसकी कीमत दूसरे प्राणी तो चुकाएंगे ही, मनुष्य भी चुकाएगा। उन्होंने कई तथ्यों और सुंदर उपमाओं से पूर्वी एशिया की इस प्रवृत्ति की तारीफ की, जिसमें समस्याओं का समाधान आसपास ही ढूंढ़ा जाता है, बजाए कोई दूर की कौड़ी लाने के, जैसे दक्षिण अमेरिका से गुआनो और सॉल्टपीटर लाना। यही कारण था कि अमेरिका की तुलना में आधी खेतिहर जमीन की उपज से ही चीन के किसान अपनी घनी आबादी का भरण-पोषण कर रहे थे।

सन् 1908 में चीन के शांघाई शहर में एक ठेकेदार ने 31,000 डॉलर के सोने के सिक्के दे कर शहर से 78,000 टन मल-मूत्र इकट्ठा करने का ठेका लिया था। यह मैला आसपास के गांवों में खाद के रूप में बिकता था। चीन के शहर मल-मूत्र साफ करने के लिए धन खर्च नहीं करते थे, बल्कि उसे बेच कर अपना खजाना भरते थे। मल-मूत्र को खरीदने वाले उसकी कीमत सोने में चुकाते थे। उनके लिए असली सोना तो मिट्टी की उर्वरता थी।

चीन में लोग शौच जाने के बाद धोने कि बजाए पोंछते थे। सूखे शौचालयों के नीचे मल-मूत्र के ऊपर पानी नहीं गिरता था, तो कीचड़ नहीं होता था। इसलिए उसे इकट्ठा करना कठिन नहीं था। पूर्वी एशिया के देशों में तो किसान सड़क पर शौचालय बना कर छोड़ देते थे। आने-जाने वालों से मनुहार होती थी उनका शौचालय इस्तेमाल करने की। किसान मल-मूत्र इकट्ठा कर अपने खेत में डालते थे। लेकिन मनुष्य के मल-मूत्र का सीधे खेतों में इस्तेमाल बीमारियों का कारण भी था। इसी वजह से पूर्वी एशिया के देशों में कच्ची सब्जी या फल खाने का चलन नहीं रहा। पानी उबाल के पीने की आदत का भी कारण यही माना जाता है।

हिमालय के इस तरफ, दक्षिण एशिया में भी कई जगह किसान अपने मल-मूत्र का खाद की तरह उपयोग करते रहे हैं, जैसे लद्दाख। महाराष्ट्र के कुछ इलाकों में मनुष्य मल से बनी खाद की उपमा सोने से की जाती है और उसे 'सोनखत' कहा जाता है। कई किसान समाजों में मलत्याग करने के लिए लोग अपने खेत में ही जाते थे। गांवों में इस तरह के किस्से आज भी सुनने को मिलते हैं, जिसमें मलत्याग के साथ खुरपी जैसे यंत्र भी जुड़े हैं। हमारे यहां खेती में गोबर की खाद का चलन ज्यादा रहा है, क्योंकि गाय-बैल भी हमारे यहां खूब रहे हैं।

यह व्यवहार का विषय था, शोध का नहीं, इसलिए इस पर शास्त्रीय जानकारी आसानी से नहीं मिलती है। इस पर पहला आधुनिक अध्ययन किया अंग्रेज कृषि वैज्ञानिक एलबर्ट हावर्ड ने, जिन्हें आज जैविक खेती का अगुआ और मार्ग प्रदर्शक कहा जाता है। श्री एलबर्ट सन् 1905 में भारत सरकार के वनस्पति वैज्ञानिक नियुक्त हुए थे। कुछ संस्थानों के निदेशक और कुछ रजवाड़ों के सलाहकार के रूप में भी उन्होंने काम किया। इस दौरान उनका इंदौर शहर में रहना हुआ, जहां उन्होंने किसानों

का हुनर और व्यवहार समझने की कोशिश की। सन् 1943 में उन्होंने अपने अनुभव एक अंग्रेजी किताब में लिखे, जिसका शीर्षक था 'एन एग्रीकल्चरल टेस्टामेंट'। आज यह किताब जैविक खेती की दुनिया में गीता जैसी साख रखती है।

जिन किसानों से सीख कर श्री एलबर्ट ने यह किताब लिखी थी वे अपनी खेती के लिए जैविक जैसा कोई विशेषण नहीं लगाते थे। वे ठीक वैसी ही खेती कर रहे थे जैसी उन्होंने अपने पुरखों से सीखी थी। उनका ज्ञान और खेती का हुनर व्यावहारिक था, सहज था। वह किसी और की खेती के तरीके बदलने या अपने तरीकों का प्रचार करने के लिए नहीं बना था। वह तो खेती करने के लिए ही था बस।

श्री एलबर्ट की खास रुचि थी खेत की मिट्टी और उसके उपजाऊपन में। भारत में तबादले के पहले वे दुनिया के कई और हिस्सों में वैज्ञानिक आंखों से खेती का परीक्षण कर चुके थे। श्री फ्रैंकलिन की ही तरह उन्हें भी युरोप और अमेरिका में खेती के तरीकों में कई कमियां दिखी थीं। इसमें खास था बनावटी उर्वरकों का इस्तेमाल, जो पहले विश्वयुद्ध के बाद बने अमोनिया के कारखानों से आ रहा था। किसान सस्ता यूरिया, फॉसफेट और पोटाश जी भर कर मिट्टी में डाल रहे थे। इस मानसिकता के पीछे श्री एलबर्ट बनावटी उर्वरक बनाने वालों का बाजारू शिकंजा देखते थे।

हमारे यहां पशुपालकों का संबंध किसानों से बहुत पुराना रहा है। यह सहज लेन–देन सिर्फ मवेशियों का नहीं था, उर्वरता बचाना–बढ़ाना इसमें निहित था। आज भी यह संबंध कुछ जगहों पर साक्षात दिखता है।

इस नई खेती के दो और लक्षण उन्होंने बतलाए। मशीनों के आने के बाद खेतों से जानवर गायब हो गए थे और मुनाफे के लिए बड़े-बड़े खेतों में एक ही फसल उगाई जाने लगी थी। इसकी तुलना में श्री एलबर्ट ने भारत और चीन में होने वाली खेती को समय-सिद्ध बतलाया। उन्होंने यह पाया कि इस तरह की खेती में उर्वरता घूमकर वापस मिट्टी में वैसे ही पहुंचती है जैसे जंगल में उर्वरकों का कुदरती चक्र चलता है। जैसे जंगल में तरह-तरह की वनस्पतिया मिट्टी में उर्वरकों का संतुलन बना कर रखती हैं, ठीक वैसे ही किसान फसल बदल-बदल कर खेतों की उर्वरता भी बचाते रहे हैं। श्री एलबर्ट को पता था कि एक ही खेत में कई फसलें उगाने से मिट्टी का स्वभाव अच्छा रहता है, जैसे जंगल में कई तरह के पौधों के रहने से होता है।

इसे श्री एलबर्ट ने दलहन की खेती से समझने की कोशिश की। उन्हें दिखा कि फलीदार दलहन को अनाज की फसलों के साथ उगाने से दोनों को लाभ होता है। उन्होंने लिखा कि विज्ञान को ठीक से पता नहीं है कि यह संबंध काम कैसे करता है। आज हम सब जानते हैं कि दलहन की फसलों की जड़ों में ऐसे जीवाणु पलते हैं जो हवा से नाइट्रोजन खींचते हैं।

श्री फ्रैंकलिन और श्री एलबर्ट, दोनों ने ही लिखा है कि युरोप के कृषि वैज्ञानिक

यह मानने को तैयार नहीं थे कि दलहन की फसल उगाने से हवा से नाइट्रोजन मिट्टी में आती है। तीस साल की बहस के बाद सन् 1888 में जब यह सिद्ध हुआ, उसके बाद ही युरोप के वैज्ञानिकों ने इसे माना। दोनों लेखक कहते हैं कि एशिया के किसान यह बात सदियों से सहज ही जानते रहे हैं। यह भी कि प्राकृतिक खाद के इस्तेमाल से मिट्टी में पानी पकड़ कर रखने का बूता बढ़ जाता है और भारी बारिश में मिट्टी का कटाव भी कम होता है।

पालतू पशुओं का मोल भी श्री एलबर्ट को समझ में आया। जंगली पशुओं के गोबर से जमीन के उर्वरक वापस वन की जमीन में पहुंच जाते हैं। मवेशियों का गोबर खेती में कुछ वैसा ही काम करता है। हमारे यहां आज भी कुछ जगहों पर किसान फसल कटने के बाद घुमंतू गड़रियों को बुलाते हैं, उनसे आग्रह करते हैं कि पुआल पर वे अपने पशुओं को चराएं। जानवरों को चारा मिल जाता है और किसानों को उनकी मेंगनी, गोबर। जहां खेत पर पुआल या डंठल जरूरत जितने नहीं होते, वहां किसान गड़रियों को खेत पर उनके जानवर 'बैठाने' के लिए नगद रकम भी देते हैं। यह संबंध पहले बहुत गहरा हुआ करता था। किसानों और खानाबदोश लोगों में बहुत आपसदारी हुआ करती थी। बंजारा समाज मवेशियों की मजबूत नस्लें तैयार करते थे, खास तौर से ताकतवर बैलों की। वे घूम-घूम कर इनका व्यापार करते थे। इस लेन-देन से जमीन की उर्वरता का चक्र भी सहज ही घूमता रहता था, न जाने कब से। खानाबदोश लोग उर्वरता के व्यापारी भी थे। हमारी खेती की जमीन न जाने कितनी पीढ़ियों से उर्वरता के इस अनुदान से समृद्ध रही है, फर्टीलाइजर सब्सिडी के आने के बहुत पहले से।

कुछ समृद्ध कहे जाने वाले इलाकों के किसान अब फसल काटने के बाद पुआल को जलाने लगे हैं, क्योंकि मशीनों से होने वाली खेती में पुआल का कोई इस्तेमाल नहीं बचा है। एक अनुमान कहता है कि हर साल हमारे यहां पुआल के रूप में कोई 50 करोड़ टन फसलों के अवशेष बचते हैं। इनमें से 8-14 करोड़ टन जला दिए जाते हैं। इससे उर्वरकों की बरबादी होती है, वायु प्रदूषण भी।

श्री एलबर्ट की 70 साल पहले लिखी किताब पढ़ते हुए लगता है कि वे युरोप और अमेरिका में तब होने वाली खेती की ही आलोचना नहीं कर रहे हैं, बल्कि भारत में जैसी खेती आज फैलती जा रही है उसकी समस्याओं की रूपरेखा भी खींच रहे हैं। युरोप और अमेरिका में तो अब खेती पूरी तरह कृषि उत्पाद बेचने वाली कंपनियों के इशारों पर चलती है। वहां खेती इतनी महंगी हो चुकी है कि खरबों के सरकारी अनुदान के बिना वह हो ही नहीं सकती। सन् 2012 में ऐसे विकसित देशों ने 258 अरब डॉलर का सीधा अनुदान अपने किसानों को दिया था। यह राशि किसानों से होती हुई कृषि उत्पाद बेचने वाली कंपनियों तक जाती है। असल में यह अनुदान खेती के बदले इन कंपनियों का धंधा चलाने का ही काम करता है।

चीन और भारत भी इसी अनुदान वाली खेती की ओर जा रहे हैं। चीन में सूखे

शौचालय अब पिछड़ेपन के चिह्न बन चुके हैं। जो शहर अपना मल-मूत्र बेचकर धन कमाते थे, वे आज करोड़ों खर्च कर मैला बहाने वाले सीवर बनाते हैं। भारत में अब गोबर की खाद मिलना उतना आसान नहीं रहा। इसके कारण हैं चूल्हा जलाने के लिए गोबर के कंडों का इस्तेमाल और फसलों का बदला जाना। पहले ज्वार और बाजरा, दलहन और तिलहन जैसी फसलों का चलन ज्यादा था, जिनसे मवेशियों का चारा भी निकल आता था। सरकार की अनाज खरीदने और उसे राशन की दुकानों पर बेचने की नीतियों से धान और गेहूं ने दूसरी फसलों को उजाड़ा है। फिर संकर किस्म की जिन फसलों पर हरित क्रांति टिकी है वे बौनी होती हैं। उनसे चारा भी कम ही निकलता है।

कुछ समृद्ध कहे जाने वाले इलाकों के किसान अब फसल काटने के बाद पुआल को जलाने लगे हैं, क्योंकि मशीनों से होने वाली खेती में पुआल का कोई इस्तेमाल नहीं बचा है। पंजाब और हरियाणा में ऐसा कई सालों से हो रहा है। अब यह चलन मध्य प्रदेश के गेहूं वाले विदिशा जैसे क्षेत्रों में भी आ गया है। एक वैज्ञानिक अनुमान कहता है कि हर साल हमारे यहां पुआल के रूप में कोई 50 करोड़ टन फसलों के अवशेष बचते हैं। इनमें से 8-14 करोड़ टन जला दिए जाते हैं। इससे उर्वरकों की बर्बादी तो होती ही है, वायु प्रदूषण भी होता है। अक्टूबर के आसपास, कटाई के मौसम में दिल्ली जैसे शहरों के ऊपर हर साल एक धुएं की चादर सी आ जाती है, जो पंजाब और हरियाणा में पुआल जलाने का नतीजा है।

ऐसे में जिन पशुपालकों के पास साधन हैं, वे बाजार से खरीद कर मवेशियों को बाड़े में ही खली खिलाते हैं। जिनके पास ये साधन नहीं हैं उनके मवेशी शामिलाती चारागाह में चरते हैं। गांव-गांव में ऐसी सार्वजनिक जमीन या तो कई सालों की घोर चराई के कारण बिगड़ गई है, या सरकारों ने इसे भूमिहीनों को बांट दिया है। ऐसी जमीन पर शक्तिशाली लोगों के कब्जे भी आम बात है। गांव के समाज का टूटना सार्वजनिक साधनों के बिगड़ने से सीधा जुड़ा हुआ है, चाहे वे जल स्रोत हों या चारागाह। गांव-गांव घूमने वाले कृषि वैज्ञानिक ही बताते हैं कि जितने जतन से पहले गोबर की खाद तैयार की जाती थी, वैसा अब नहीं होता। किसान बनावटी उर्वरकों के जादू का इंतजार करते हैं।

हमारे समाज का एक हिस्सा यह मानता है कि ये सब पुरानी बातें हैं और इन्हें ले कर रोना-धोना बेकार है। इसका कहना है कि बदलाव शाश्वत है और हम नई दुनिया की ओर बढ़ रहे हैं। जोर दे कर कहा जाता है कि इस बदलाव की हवा ने ही हमें हरित क्रांति दी थी। चाहे विदेशों से खरीदे उर्वरकों के दम पर ही हो, लेकिन हम अनाज उगाने में आत्मनिर्भर हो गए हैं। यह बात कुछ इलाकों के बारे में सही भी है। पंजाब और तटवर्ती आंध्र जैसे इलाकों में नहरों की सिंचाई और बनावटी उर्वरक इस्तेमाल करने से पैदावार खूब बढ़ी थी। किसानों की आमदनी भी।

लेकिन आज इन इलाकों में माहौल वैसा नहीं है जैसा 30 साल पहले था। आज सिंचाई नहरों की हालत बिगड़ती जा रही है। सिंचाई भूजल से ही होती है, जिसका स्तर और गुणवत्ता गिर रही है। हरित क्रांति से आई पंजाब की खुशहाली का रंग फीका पड़ने की कहानी भी अब पुरानी हो चली है। लेकिन जिन सरकारी कृषि शोध संस्थानों की मदद से यह हरित क्रांति आई, वे आज भी अपनी पुरानी सफलता का ही खम ठोक रहे हैं। आज की समस्याओं से निपटने का उनके पास कोई विचार, कोई युक्ति नहीं है।

कृषि वैज्ञानिक ही नहीं, किसान भी किसी जादुई खोज का इंतजार कर रहे हैं। 'एक नई हरित क्रांति', या 'सदाबहार हरित क्रांति' का। या फ्रिट्ज हाबर के हवा से नाइट्रोजन खींचने के नुस्खे जैसे ही किसी और आविष्कार का। यह चमत्कार कहां से आएगा, यह दिख नहीं रहा है। यह सकारात्मकता आशा से निकली है या विज्ञान में अंधविश्वास से, यह भी यकीन से नहीं कहा जा सकता है।

बात-बात में उपज और बढ़ाने की मांग की जाती है, यह दुहाई दे कर कि हर किसी को भोजन देने का एकमात्र तरीका महंगी तकनीक और प्रौद्योगिकी में ही है। हालांकि संयुक्त राष्ट्र का 'फूड एंड एग्रीकल्चर ऑर्गनाइजेशन' कई साल से कह रहा है कि दुनिया में कुल जितना भोजन पैदा किया जाता है, उसका एक-तिहाई फेंक कर बरबाद किया जाता है अमीर देशों में। कुछ अनुमान तो कहते हैं कि कुल पैदावार का आधा फेंका जाता है। अगर इस बरबादी को कम किया जाए तो पैदावार बढ़ाने की कोई जरूरत ही न रहे। लेकिन इस बरबादी को रोकने में किसी की रुचि नहीं है। उससे व्यापार और उद्योग को कोई लाभ नहीं होता।

हमारे कृषि विज्ञान तंत्र किसी जादुई खोज का इंतजार कर रहे हैं। 'एक नई हरित क्रांति', या 'सदाबहार हरित क्रांति' का। कुछ कृषि वैज्ञानिक खुल कर कहते हैं कि हमारी कृषि विज्ञान व्यवस्था अब हमारे किसानों के काम की नहीं रही। यह तब तक ठीक काम करती है जब तक विदेश में हुआ शोध यहां सीधा लागू हो सके। जिन पुस्तकों से हमारे वैज्ञानिक पढ़ते हैं, वो विदेशों में, वहां के हालात के हिसाब से लिखी गई किताबें हैं।

कुछ कृषि वैज्ञानिक खुल कर कहते हैं कि हमारी कृषि विज्ञान व्यवस्था अब हमारे किसानों के काम की नहीं रही। उनका कहना है कि हमारी व्यवस्था तब तक ठीक काम करती है जब तक विदेश में हुआ शोध यहां सीधा लागू हो सके। जिन पुस्तकों से हमारे वैज्ञानिक पढ़ते हैं, वो विदेशों में, वहां के हालात के हिसाब से लिखी गई किताबें हैं। जो बातें इधर और उधर एक सी हैं, वे तो उन्हें ठीक पता रहती हैं। पर यहां के खास लक्षण उन किताबों से नहीं समझे जा सकते, क्योंकि हमारी परिस्थितियों के हिसाब से किताबें लिखी ही नहीं गई हैं। उन बातों को अनुभवी किसानों से समझा जा सकता है। लेकिन हमारे कृषि विज्ञान तंत्र का स्वभाव ही कुछ ऐसा है कि वह किसानों को बेवकूफ मानता है और उनके 'उद्धार' को अपना कर्तव्य बताता है।

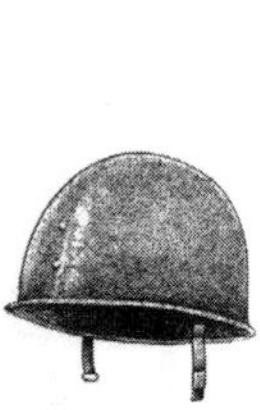

भारत सरकार के कृषि शोध संस्थान आज भी इसी पर अनुसंधान कर रहे हैं कि अगली हरित क्रांति कैसे आए। कृषि विज्ञान का हर पहलू बनावटी उर्वरक, भूजल के दोहन और महंगे संकर बीजों पर केंद्रित है। खेती का और कोई तरीका इस मानसिकता में है ही नहीं। सरकारी कार्यक्रमों के विफल होने पर हमारे कृषि वैज्ञानिक निजी कंपनियों का मुंह ताक रहे हैं। सबसे ज्यादा उम्मीद है फसलों की आनुवंशिकी बदल कर बनाए गए 'जेनेटिक इंजीनियरी' के बीजों से। इनसे खेती के नए चमत्कार निकलेंगे ऐसी उम्मीद चारों तरफ है। अगरचे इनमें से कोई जादू की पुड़िया निकल आई तो भी यह तय है कि वह बहुत महंगी होगी। हमारे किसानों की सबसे बड़ी समस्या खेती में लगने वाले माल की बढ़ती लागत है। ऐसे में और महंगा सामान कितना कारगर होगा समझना मुश्किल नहीं है। मुनाफे की दौड़ में सोने के अंडे देने वाली हमारी मिट्टी की बलि चढ़ रही है।

मिट्टी की यह नई पढ़ाई नए बनावटी उर्वरक बनाने और बेचने पर केंद्रित है। इसमें फसल के कीड़ों का अध्ययन नए कीटनाशक बेचने के लिए ही होता है। किसानों को भी इसकी आदत पड़ रही है। हर नया कीटनाशक, हर नया उर्वरक, हर नया बीज हड़बड़ी में खरीदा जाता है। लेकिन 'मृदा' कही जाने वाली मिट्टी की उपजाऊ ऊपरी परत सदियों में बनती है। इसे नया बना कर बेचा नहीं जा सकता।

मिट्टी की उर्वरता केवल भौतिक या रसायन विज्ञान या भूगोल का विषय नहीं है। कई वैज्ञानिक मिट्टी को केवल जीवधारी तंत्र ही नहीं, खुद एक प्राणी मानते हैं। जैसे मिट्टी की उर्वरता से उसके ऊपर फसल पैदा हो जाती है ठीक वैसे ही खुद मिट्टी के भीतर भी असीमित जीवन पनपता है।

धरती की सतह तरह-तरह की चट्टानों से बनती है। समय के साथ चट्टानें टूटती हैं। हवा-पानी के कटाव और धूप की गर्मी से ठोस चट्टानें भुरभुरी होती जाती हैं, उनका रूप बजरी जैसा बनने लगता है। फिर बजरी से रेत बनती है, और रेत से गाद। इसका सबसे महीन रूप चिकनी मिट्टी है। एक इलाके की चट्टानें बनने के समय उसका जैसा रासायनिक स्वभाव रहा हो, कुछ वैसा ही स्वभाव उस जगह की मिट्टी का बनता है। अगर कहीं फॉसफेट की चट्टानें रही हों तो वहां कि मिट्टी में कुदरती फॉसफोरस होता है।

मिट्टी की ऊपरी परत में हर तरह के प्राणी के अवशेष गल कर, सड़ कर मिलते रहते हैं। इन जैविक अवशेषों पर कई तरह के छोटे और सूक्ष्म जीव-जीवाणु जीते हैं। सांस लेने और मल विसर्जन करने के दौरान ये जीव सहज ही मिट्टी में मौजूद उर्वरकों और जैविक अवशेषों को ऐसे रूप में बदल देते हैं जो पौधे अपनी जड़ों से सोख सकें। अगर मिट्टी में उर्वरता कम भी हो तो जीवाणुओं की वजह से यह पौधों को सरलता से मिल जाते हैं। अगर जीवाणु कम हों तो ढेर से उर्वरक भी फसल के काम के नहीं रहते, उल्टा अनपचे उर्वरक मिट्टी बिगाड़ते ही हैं।

मिट्टी की उर्वरता केवल भौतिक या रसायन विज्ञान या भूगोल का विषय नहीं है।

कई वैज्ञानिक मिट्टी को केवल जीवधारी तंत्र ही नहीं, खुद एक प्राणी मानते हैं। जैसे मिट्टी की उर्वरता से उसके ऊपर जंगल उग आता है या फसल पैदा हो जाती है ठीक वैसे ही खुद मिट्टी के भीतर भी असीमित जीवन पनपता है। जीवन की इस भूमिगत विविधता का असर मिट्टी के ऊपर दिखता है जब पेड़-पौधे इस जीवन के सागर में अपनी जड़ें डाल कर थोड़ा सा रस खींच लेते हैं।

भारत जैसे भूमध्य रेखा के आसपास के गर्म इलाकों की मिट्टी, दूर ध्रुवों के पास के शीतोष्ण इलाकों की मिट्टी से अलग होती है। फिर चाहे उनकी चट्टानों का स्वभाव एक सा ही क्यों न रहा हो। भूमध्य के पास सूरज की किरणें सीधी पड़ती हैं। गर्मी में मिट्टी से पानी सूख जाता है और जैविक अवशेष गलने या सड़ने की बजाए टूट कर बिखर जाते हैं। फिर उनमें जीवन पनपने की उम्मीद नहीं रहती और रेगिस्तान बन जाता है। यही कारण है कि गर्म देशों की मिट्टी में जैविक माल कम होता है। इसकी तुलना में शीतोष्ण इलाकों की मिट्टी में पड़े जैविक तत्व का पानी सूखता नहीं है। वह मिट्टी में बहुत समय तक रहता है, मिट्टी की उर्वरता को बांध कर रखता है।

खाद का एक विशाल स्रोत है हमारा मल-मूत्र, जिसे हम ताजे पानी में डाल कर बहा देते हैं, नदियों और तालाबों को दूषित करने के लिए। हमारे मल में कार्बन की भरमार होती है और ऐसे जीवाणुओं की भी, जो इस कार्बन को पचा कर मिट्टी के लायक बना सकें। हमारा पेशाब फॉसफोरस का एक बेशकीमती जरिया है।

कृषि विज्ञान की हमारी किताबें शीतोष्ण देशों में हुए निरीक्षण और प्रयोगों से बनी हैं। उनमें यह एक लानत की तरह लिखा जाता है कि हमारी मिट्टी में जैविक तत्व, यानी कार्बन कम है। बात तो यह सही है, लेकिन इस जानकारी का कोई लाभ नहीं है। हम अपना वातावरण तो बदल नहीं सकते। इन किताबों में यह नहीं सिखाया जाता कि अगर पानी और सूक्ष्म जीवों का ठीक तालमेल बैठ जाए, तो जैसा घना और विविध जीवन गर्म इलाकों में पनपता है वैसा कहीं भी और नहीं पनप सकता।

भूमध्य रेखा के वर्षावन इसका सबसे प्रचुर उदाहरण हैं। जैसे शीतोष्ण के जंगल कई सौ किलोमीटर तक एक से पेड़ों के होते हैं वैसे ही वहां के खेतों में भी दूर-दूर तक एक ही फसल दिखती है। इसके विपरीत गर्म इलाकों के अच्छे खेत यहां के जंगलों की तरह विविध और सबरंगी होते हैं। यहां पर शीतोष्ण इलाकों जैसी एक समान खेती करना समझदारी कतई नहीं है। फिर भी नहर से सींची हुई ठंडे देशों की औद्योगिक खेती का सपना हमारे किसानों को दिखाया जाता है।

हमारे कृषि अनुसंधान संस्थानों में 'मृदा विज्ञान' के प्रति गहरी दृष्टि कतई नहीं है। कुछ कृषि वैज्ञानिक खुद बताते हैं कि मिट्टी का अध्ययन केवल बनावटी उर्वरकों को बेचने की पढ़ाई बन कर रह गया है, कि किस फसल के लिए कितना यूरिया, कितना फॉसफेट और कितना पोटाश लगाना चाहिए। वैज्ञानिकों के संबंध किसानों की बजाए

उर्वरक और दूसरे रसायन बेचने वाली कंपनियों के साथ ज्यादा गाढ़े होते हैं।

इसमें उन उर्वरकों पर ध्यान नहीं गया है जिनकी जरूरत फसलों को कम मात्रा में होती है, लेकिन जिनके बिना फसल की सेहत कमजोर रह जाती है। इन उर्वरकों का बाजार नहीं है इसलिए इनकी बिक्री में मुनाफा भी नहीं है। जाहिर है, इन पर शोध भी कम ही हुआ है। ऐसे कोई 30 तत्व हैं जो वनस्पतियों को किसी-न-किसी मात्रा में चाहिए होते हैं। इनमें 18 जरूरी हैं, जैसे लोहा, जस्ता और ताम्बा। कोई 12 ऐसे हैं, जिनकी जरूरत बस नाममात्र होती है। ऐसा माना जाता है कि इनकी सूक्ष्म मात्रा न होने पर बाकी तत्वों का असर कम होता जाता है।

खाद्य सुरक्षा की थल सेना

इन उर्वरक तत्वों को फसल के लायक बनाने का प्राकृतिक स्रोत है मिट्टी में जैविक खाद का होना। यही खाद हमारी असली थल सेना को पालती है। जीवाणुओं की उस सेना को जो मिट्टी में रह कर हमारी खाद्य सुरक्षा का काम करती है। इस सेना को विदेश से खरीदे हथियार या आयात किए हुए बनावटी उर्वरकों की जरूरत नहीं होती। उसे तो बस जैविक खाद ही चाहिए।

इस खाद का एक विशाल स्रोत है हमारा मल-मूत्र, जिसे हम ताजे पानी में डाल कर बहा देते हैं, नदियों और तालाबों को दूषित करने के लिए। हमारे मल में कार्बन की भरमार होती है और ऐसे जीवाणुओं की भी जो इस कार्बन को पचा कर मिट्टी के लायक बना सकें। मिट्टी में रहने वाले जीवाणुओं को ऊर्जा के लिए कार्बन चाहिए होता है और प्रोटीन बनाने के लिए नाइट्रोजन।

अगर मिट्टी में कार्बन वाले जैविक तत्व का अनुपात नाइट्रोजन की तुलना में बीस से तीस गुना न हो, तो मिट्टी में कितना भी नाइट्रोजन और फॉसफोरस हो, फसल को बहुत लाभ नहीं होता। बल्कि उर्वरकों की बरबादी ही होती है। जब फसल कटती है तो मिट्टी के उर्वरक बाहर निकाल दिए जाते हैं। दस साल पुराना एक अनुमान कहता है कि हर तरह के उर्वरकों को खेतों में छिड़कने के बावजूद, भारत की उपजाऊ मिट्टी से हर साल कोई एक करोड़ टन उर्वरक का शुद्ध घाटा होता है। यह संख्या एक बार दोहराने लायक है। एक करोड़ टन।

इन उर्वरकों के एक हिस्से को वापस मिट्टी में डालने का एक उम्दा तरीका है मनुष्य का पेशाब। इसे सीवर और जल स्रोतों में बहाने की बजाए अगर ठीक तरीके से खेतों में पहुंचा दिया जाए तो फॉसफोरस का यह बेशकीमती जरिया है। मनुष्य का शरीर कुल जितना फॉसफोरस त्यागता है उसका आधा पेशाब के रास्ते निकलता है। दुनिया भर की आबादी में कोई 30 लाख टन फॉसफोरस एक साल में घूमता है। फिर पेशाब में नाइट्रोजन भी खूब होता है।

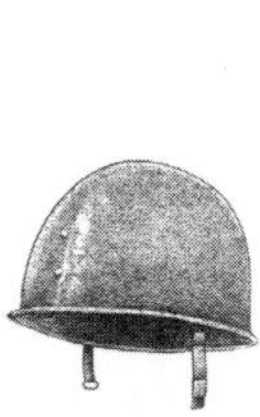

फॉसफोरस पर अनुसंधान करने वाले एक वैज्ञानिक ने पृथ्वी को एक अंतरिक्षयान की उपमा दी है। ऐसा यान जिसमें एक निश्चित मात्रा में उर्वरक और दूसरे प्राकृतिक

साधन हैं। वे कहते हैं कि इन साधनों को साधना के साथ इस्तेमाल करना चाहिए, कचरा मान कर फेंकना नहीं चाहिए। उनकी बात आगे बढ़ा कर देखें, तो इन उर्वरकों को किफायत के साथ वापस खेत तक पहुंचाने के लिए कुछ वैसा ही माहौल चाहिए जैसा कारखानों में होता है, यानी खूब सारे लोगों का मल-मूत्र एक ही जगह पर एक साथ मिल जाए। जैसा शहरों में मिल सकता है।

जरूरत ऐसी व्यवस्थाओं की है जो इस उर्वरक को थोक में इकट्ठा कर के, निर्दोष बना कर, खेतों में पहुंचाएं, कुछ वैसे ही जैसे पूर्वी कोलकाता की जलभूमि तक शहर का मैला पहुंचता है। लेकिन हर शहर का भूगोल कोलकाता जैसा नहीं होता, जिसमें मैला पानी ढाल के सहारे ठीक जगह पहुंच सके। इसके कई समाधान हो सकते हैं। दुनिया के कई हिस्सों में ऐसे लोग हैं जो इस पुराने, प्राकृतिक तरीके से शुचिता की व्यवस्था करने की कोशिश कर रहे हैं। भारत में भी।

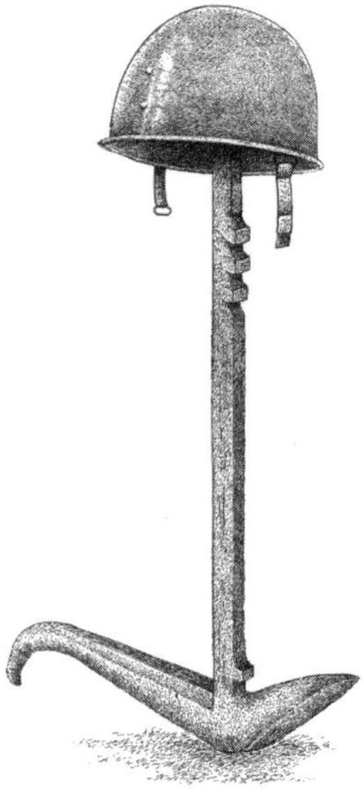

ये लोग हर शरीर को उर्वरता के स्रोत की तरह देखते हैं। छोटी चीजों को ध्यान से देखने वाली इस दृष्टि में कुदरत की विराट लीलाएं साकार हो उठती हैं। ऐसे काम में पुराने, समय-सिद्ध विचारों की भी जगह है और वैज्ञानिक अनुसंधान से निकलने वाले नए शोध की भी।

'सोनखत' की ही तरह अंग्रेजी का वह पुराना शब्द लीजिए जो जैविक खाद के लिए इस्तेमाल होता है, 'मैन्योर'। फ्रांसिसी भाषा से आए इस शब्द का पुराना अर्थ हैः हाथ से किया जाने वाला काम। इसका मतलब यह भी है कि गोबर को अपने हाथ से जमीन में डालना। दुनिया भर के किसानों को पता था कि खाद को अपने हाथ से जमीन में डालना होता है। हमारे इस सीवर के जमाने में भी ऐसे कई लोग हैं जो यह काम कर रहे हैं।

वे लोग जो मल को जल में नहीं डालते। उसे वापस उसके घर, थल में पहुंचाते हैं।

मल का थल विसर्जन

लद्दाख को दुनिया की छत कहते हैं। तिब्बत के पठार का यह दक्षिण-पूर्वी हिस्सा जम्मू-कश्मीर राज्य में आता है। समुद्रतल से यहां की ऊंचाई औसतन तीन किलोमीटर से ज्यादा है, यानी 10,000 फुट से अधिक। दो किलोमीटर या करीब 7,000 फुट की ऊंचाई पर हवा का दबाव घटने लगता है, जिसकी वजह से ऑक्सीजन फेफड़ों में आसानी से घुलती नहीं है। लद्दाख जाने पर नए लोगों को अमूमन सांस लेने में तकलीफ होती है, क्योंकि उनके शरीर को यह मुश्किल सहने की आदत नहीं होती। कुछ लोग तो बीमार ही पड़ जाते हैं।

हिमालय के उस पार होने के कारण चौमासे के बादल यहां तक पहुंचते ही नहीं हैं। बारिश बहुत कम होती है, उसका भी बड़ा हिस्सा पहाड़ों पर बर्फ के रूप में गिरता है। यहां की जलवायु किसी गर्म रेगिस्तान से भी कठिन है। यहां पेड़-पौधे और पशु-पक्षी बहुत कम मिलते हैं। जीवन की इस कमी का सीधा असर लद्दाख की मिट्टी पर पड़ता है। अगर मिट्टी में प्राकृतिक उर्वरक हों तो भी उन्हें बांधने वाला जैविक तत्व नहीं होता।

इस ठंडे रेगिस्तान में केवल वे विलक्षण प्राणी ही रह सकते हैं, जिनमें ऑक्सीजन की कमी में रहने की शक्ति हो। विलक्षण गुण कठिन परिस्थिति में ही निखरते हैं। न जाने कितनी औषधीय जड़ी-बूटियां हिमालय की कठिन ऊंचाई पर ही पाई जाती हैं। थार के गरम रेगिस्तान में खेजड़ी जैसा पेड़ और ऊंट जैसा प्राणी मिलता है। दोनों ही बहुत कम पानी-भोजन में जी लेते हैं।

लद्दाख ऐसी ही जमीन है। यहां के लोगों में भी कुछ विशेष गुण रहे हैं, तभी उन्होंने न जाने कितनी पीढ़ियों पहले यहां रहना तय किया। वरना उनके व्यापार संबंध तो कई ऐसी जगहों से थे जहां जीवन यहां की तुलना में कहीं आसान है। वे वहीं जा कर बस जाते। पर उन्होंने ऐसा नहीं किया। उन्होंने इस जमीन को अपनाया, इससे सहज प्यार किया, इस कठिन प्रांत में रहने के सरल तरीके खोजे।

साल भर में यहां केवल एक फसल ही उगाई जा सकती है, गर्मी के मौसम में। लेकिन खाद मिलना हमेशा ही मुश्किल होता है। ऊपरी मिट्टी बिना खाद के पानी नहीं पकड़ती, और पानी की कमी तो इस ठंडे रेगिस्तान में सदा ही रहती है। इसलिए पानी या किसी भी तरह के जैविक माल की बरबादी लद्दाखी के किफायती स्वभाव में रही ही नहीं है। लद्दाखी लोग अपने मल-मूत्र को इकट्ठा कर उससे खाद बनाते आ रहे हैं।

आज भी कई पुराने लद्दाखी घरों के बाहर एक कमरे का दो-तला ढांचा दिखता है। इसे लद्दाखी में 'छागरा' कहते हैं। भूतल एक बंद कोठार सा होता, पीछे की तरफ एक किवाड़ रहता है। आगे की तरफ से सीढ़ियां ऊपरी तल तक जाती हैं। ऊपर के कमरे के ठीक बीच में एक छेद होता है, जिसके चारों ओर सूखी मिट्टी और राख पड़ी रहती है। इस के ऊपर बैठ कर मलत्याग किया जाता है। मल-मूत्र नीचे के कोठार में गिरता है। शौच के बाद मल पर मिट्टी फेंकी जाती है, जिससे बदबू चली जाती है। कालांतर में मल-मूत्र गल कर मिट्टी जैसी खाद बन जाता है। गर्मी आते ही इस खाद को निकाल कर खेत में डाला जाता है। इस सबमें काफी मेहनत लगती है। वैसे भी लद्दाख में खेती कड़े परिश्रम का काम है। इसीलिए यहां किसानी सब मिलजुल कर करते रहे हैं, एक-दूसरे के खेत पर हाथ बंटा कर, सामाजिक उल्लास और उत्सव के साथ।

लद्दाखियों को अपने मल से खाद बनाना खेती का स्वाभाविक अंग लगता है। यहां के किसान खाद पाने के लिए आने-जाने वालों से अपना छागरा इस्तेमाल करने की मनुहार करते रहे हैं। यह रवैया वैसी जगहों से एकदम भिन्न है जहां फ्लश से चलने वाले शौचालय पर ताला लगाया जाता है, ताकि उसे कोई अनजान व्यक्ति इस्तेमाल न कर सके। इस दूसरी दृष्टि में शौचालय व्यक्तिगत अधिकार बन जाता है, उसके पीछे भावना उपभोग और होड़ की होती है। इसके ठीक विपरीत छागरा पद्धति में दूसरे लोग भी साधन बन जाते हैं। मलत्याग करना अधिकार का विषय नहीं, एक सामाजिक प्रयोजन बन जाता है।

जिन लोगों को छागरा की ही आदत होती है, उन्हें नए किस्म के पानी वाले कमोड से घिन आती है। उन्हें यह समझ ही नहीं आता कि लोग कैसे पीने लायक पानी और खेती लायक खाद को यूं ही मिला कर बहा देते हैं। छागरा समय-सिद्ध व्यवस्था है। स्वच्छ भारत अभियान वालों को यह इलाका बहुत कुछ सिखा सकता है। लद्दाख के लोगों ने शुचिता का काम किसी सरकारी प्रचार के दबाव में आ कर नहीं किया है।

लद्दाख की कठिन परिस्थितियों में हर तरह के साधन का ठीक मूल्यांकन हुआ है। यहां न जाने कब से मनुष्य के मल-मूत्र को ध्यान से इकट्ठा करके खेती में उपयोग किया जाता है। यह काम गांव-गांव में किसान मिल-जुल कर करते थे।

लेकिन बदलाव की हवाएं हिमालय पार कर लद्दाख की ऊंचाई तक पहुंच चुकी हैं। जिला मुख्यालय लेह पर्यटन का गढ़ बन चुका है। पैसे से सुविधा खरीदने वाले पर्यटक लद्दाख की सुंदरता का भोग तो करना चाहते हैं, लेकिन उन्हें मलत्याग करने की सुविधा बिल्कुल वैसी ही चाहिए जैसी उनके घर पर होती है। इसके असर में लेह की शौचालय व्यवस्था भारत के दूसरे शहरों की तरह ही चौपट होती जा रही है। अब होटलों और अतिथिघरों में फ्लश वाले कमोड लगते हैं। इनकी नाली जाती है हर कहीं खोद कर बने हुए सेप्टिक टैंक में। इससे वे भूमिगत झरने दूषित हो रहे हैं जिनसे रेगिस्तान में बसे इस शहर को पानी मिलता है। फिर पर्यटन से नया धन भी आया है, खासकर लेह शहर में। पर्यटकों की देखादेखी नई पीढ़ी के लोगों को भी फ्लश कमोड की ही आदत पड़ रही है। उसे छागरा पिछड़ेपन का प्रतीक लगने लगा है।

नए लोग वैसे भी खेती से उखड़ रहे हैं। यहां खेती करने में जितना जतन और खर्च लगता है, उससे कहीं सस्ते में सरकारी राशन मिल जाता है। जो लोग इसके बावजूद खेती करते हैं, उन्हें सरकारी अनुदान से सस्ते बनावटी उर्वरक मिल जाते हैं। ऐसे उर्वरक से यहां की रेतीली मिट्टी और खराब हो चली है। पर मिट्टी की उर्वरता की चिंता अब लोगों में कम है। मजबूत युवकों को गांव में रहने की बजाए फौज में भर्ती होना बेहतर लगता है। सेना की भर्ती की वजह से लद्दाखी गांवों में युवक कम ही दिखते हैं। काम करने वालों की कमी से यहां दिहाड़ी मजदूरी इतनी महंगी हो गई है कि मजदूरी

करने लोग दूर बिहार से आने लगे हैं। खेती नागवार हो गई है। खाद्य सुरक्षा की नई व्यवस्था लद्दाख से खेती मिटा रही है।

लेह शहर के पुराने इलाकों में छागरा पद्धति के शौचालय आज भी हैं। उनमें कुछ तो आसपास के किसानों को बुला कर खाद दे देते हैं और बदले में शौचालय की पहली मंजिल पर मिट्टी डलवाते हैं। पर कुछ जगह ऐसे भी छागरे हैं जो साफ नहीं होते। इन जगहों का पता दूर से ही चल जाता है, सड़ते मल की बदबू से। इसकी वजह से छागरों को हटाने का माहौल बनने लगा है। लेकिन आधुनिक सुविधाएं नई दुविधाएं भी खड़ी कर रही हैं। एक निर्मल और आत्मनिर्भर समाज अब हर किसी बात पर सरकार और बाजार का मुंह ताकने लगा है। शुचिता को व्यवहार में उतारने वाला एक समाज आज अपने मल-मूत्र को अंधेरे कुओं में डालने लगा है।

लेह शहर की तरह ये हर जगह संभव नहीं है कि सेप्टिक टैंक लगा कर मल-मूत्र को भुला दिया जाए। इतनी जमीन हर कहीं नहीं होती है। हिमालय के इस पार, लेह शहर से 3,700 किलोमीटर दक्षिण में एक शहर है तिरुचिरापल्ली, तमिलनाडु राज्य के ठीक बीच में। समुद्रतल से यहां की ऊंचाई केवल 85 मीटर है, यानी लेह से कोई 3,500 मीटर नीचे। यहां के मूसिरी ब्लॉक के कुछ गांवों में पिछले दस साल में ऐसे कई शौचालय बने हैं, जिनके पीछे सिद्धांत ठीक वही है जिससे लद्दाख का छागरा बनता है। मूसिरी को भारत में शुचिता का आदर्श कहा जाने लगा है और यहां की पंचायत को कई तरह के पुरस्कार मिले हैं। लद्दाख से यहां बड़ा अंतर यह है कि इस तरह के शौचालय बनाने की यहां कोई परंपरा नहीं रही है। लेकिन लद्दाख की ही तरह यहां ऐसे शौचालय बनाने की एक बड़ी मजबूरी रही है, जिसे समझने के पहले हमारी कहानी को थोड़ा पीछे जाना होगा।

1980 के दशक में तिरुचिरापल्ली नगर में 'स्कोप' नाम की एक सामाजिक संस्था आसपास के गांवों में कुछ विकास परियोजनाएं चला रही थी। संस्था के निदेशक माराची सुब्बूरामन को गांवों में घूमते हुए यह पता लगा कि लोग कमाई का खासा हिस्सा बीमारियों के इलाज में खर्च कर रहे थे। सबसे भीषण प्रकोप उन बीमारियों का था जिनको फैलाने वाले रोगाणु मनुष्य के मल से पीने के पानी में पहुंच जाते हैं। श्री सुब्बूरामन को सस्ते घर बनाने का अनुभव तो था ही। उन्होंने सस्ते शौचालय बनाने की कोशिश शुरू कर दी। सन् 1990 में केंद्रीय ग्रामीण शुचिता कार्यक्रम यहां पहुंचा और जिला प्रशासन को 50 'लाभार्थियों' के लिए शौचालय बनाने का लक्ष्य मिला। श्री सुब्बूरामन ने प्रशासन को मनाया कि इसका असर देखना हो तो सारे शौचालय एक ही गांव में बनाए जाएं।

स्कोप का काम प्रशासन की नजर में आ गया था। सन् 1997 में जब कार्यक्रम की मरम्मत करने के लिए एक समिति बनी तो उसमें इस संस्था को बुलाया गया। दो साल

बाद 'टोटल सैनिटेशन कैंपेन' शुरू हुआ तो उसमें सरकारी और गैरसरकारी संस्थाओं ने स्कोप को शौचालय बनवाने की जिम्मेदारी सौंपी। मूसिरी ब्लॉक में स्कोप कई सालों से काम कर रही थी और यहां रहने वालों से उसके संबंध भी थे। तो यहीं पर काम शुरू हुआ। अगले चार साल में तिरुचिरापल्ली के गांवों में 20,000 शौचालय बने और 14 गांवों को निर्मल ग्राम पुरस्कार मिला।

इन शौचालयों के नीचे सेप्टिक टैंक थे जिन्हें बनाने की पद्धति स्कोप ने ठीक समझ ली थी। पर कुछ गांवों में ऐसे टैंक बनाना भारी पड़ रहा था। ये गांव कावेरी नदी या उसकी सिंचाई नहरों के किनारे बसे हुए थे। रिस कर आने वाले पानी से यहां का भूजल स्तर बहुत ऊंचा था। सेप्टिक टैंक में पानी भर आता था और मल उसमें ऊपर तैरने लगता था। खासकर बारिश के बाद के छह महीने तो शौचालय का इस्तेमाल मुश्किल हो जाता था। इसी दौरान संयुक्त राष्ट्र संघ की संस्था 'यूनिसेफ' के एक अधिकारी ने श्री सुब्बुरामन को शौचालय बनाने के एक नए तरीके के बारे में बताया। इस पद्धति को अंग्रेजी में 'इकोलॉजिकल सैनिटेशन' कहा जाता है। संक्षिप्त में 'इकोसैन'।

इस पद्धति के मूल में है शरीर से निकले मल-मूत्र को पानी की बजाए जमीन में वापस पहुंचाना, प्रकृति के उर्वरक चक्र के अनुसार। वैसे तो यह विचार बहुत पुराना है और कई सभ्यताओं ने आदिकाल से इसका पालन किया है, पर पिछले 100-150 साल में सीवर की नालियां ही शुचिता का एकमात्र तरीका मान ली गई हैं। इस पुराने विचार का सही आकलन कोई ऐसा व्यक्ति ही कर सकता है जिसे आधुनिक सीवर व्यवस्था की कमजोरियां पता हों।

कुछ गांवों में सेप्टिक टैंक बनाना भारी पड़ रहा था। ये गांव कावेरी नदी या उसकी सिंचाई नहरों के किनारे बसे हुए थे। रिस कर आने वाले पानी से यहां का भूजल स्तर बहुत ऊंचा था। सेप्टिक टैंक में पानी भर आता था और मल उसमें ऊपर तैरने लगता था। यहां किसी और तरह के शौचालय की जरूरत थी।

ऊनो विनब्लाड ऐसे ही व्यक्ति हैं। स्वीडन में सन् 1932 में जनमे श्री ऊनो वास्तुकार और शहरों के योजनाकार हैं। उनकी विशेष समझ उनके जन्म के ठंडे, ध्रुवीय इलाके की नहीं है। उन्होंने उष्णकटिबंध के देशों के वास्तु की पढ़ाई की थी। सन् 1970 में अफ्रीका के इथियोपिया देश में उन्हें शहरी बस्तियों की रूपरेखा बनाने का काम मिला। उन्हें समझ में आने लगा था कि शहर के आधुनिक, युरोपीय ढांचे में कुछ मूल कमियां हैं जिनकी वजह से वह हर तरह की बस्ती और भूगोल में आदर्श नहीं है। सीवर की नालियों की तरफ उनका ध्यान गया। सन् 1978 में उन्होंने एक किताब लिखी जिसका शीर्षक था 'सैनिटेशन विदाउट वॉटर', या बिना पानी के स्वच्छता। इसके बाद श्री ऊनो शौचालयों के विशेषज्ञ बनते गए।

उनके साथ काम कर चुके एक अंग्रेज समुद्री इंजीनियर हैं पॉल कैलवर्ट। वे हर साल सर्दी के मौसम में केरल की राजधानी तिरुअनंतपुरम के पास मछुआरों के साथ

काम करते हैं। गांव के लोग तट पर खुले में मलत्याग करने के लिए विवश थे। मछुआरों के घरों में शौचालय थे लेकिन भूजल स्तर ऊपर होने से वे उनका इस्तेमाल नहीं करते थे। श्री पॉल ने तटवर्ती गांवों के लिए इकोसैन पद्धति के शौचालय बनाए जो जमीन से थोड़ा ऊंचे थे और जिनमें मल नीचे बने खाने में सूखा ही इकट्ठा हो जाता था। पर जैसे इकोसैन शौचालय उन्होंने युरोप में देखे थे उनका यहां काम करना कठिन था। युरोप में लोग मलत्याग करने के बाद गुदा कागज से पोंछते हैं, जबकि भारत में शौच के बाद पानी इस्तेमाल होता है। पानी और मल अगर एक ही जगह जाए तो वहां कीचड़ हो जाता है और मल को गल कर निर्दोष बनने में बहुत ज्यादा समय लगता है।

श्री पॉल ने इसका समाधान निकाला शौचालय की डिजाइन बदल कर। कमोड की जगह उन्होंने एक ऐसा तसला लगाया जिसमें तीन अलग निकास थे। इस डिजाइन के बीच में था एक बड़ा छेद, जिसके ऊपर बैठ कर मलत्याग किया जाता है। मल इसके ठीक नीचे एक खाने में जमा हो जाता है। वहां पड़ा-पड़ा यह गल कर खाद बनता है। बैठक के आगे उन्होंने ढाल दे कर पेशाब के अलग बह जाने का इंतजाम किया, जहां से उसे एक पाइप के जरिए किसी डब्बे में इकट्ठा किया जा सकता था। शौच के बाद धोने के लिए इस सबसे अलग उन्होंने ऐसी जगह बनाई जहां आसानी से खिसका जा सके। ऐसे तसले बनवा कर उन्होंने शौचालयों में लगवाए और यह कामयाब भी हुए। उस गांव में तट पर खुले में मलत्याग कम हो गया।

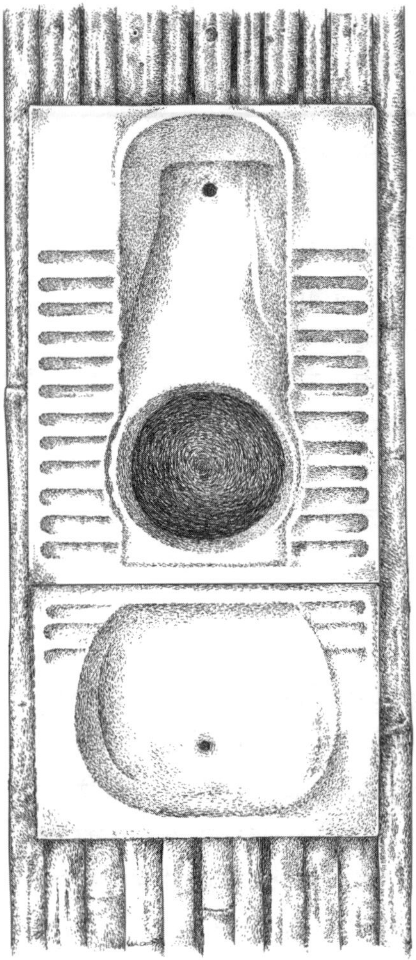

पॉल कैलवर्ट का बनाया इकोसैन शौचालय का तसला। इसकी खूबी यह है कि इसमें मल और मूत्र अलग-अलग खानों में जाते हैं, और धोने का पानी भी। इससे मल सूखा रहता है। प्राकृतिक उपचार के बाद मल मिट्टी बन जाता है जो खेतों के लिए बहुत अच्छी खाद होती है।

श्री पॉल का परिचय उस यूनिसेफ अधिकारी ने श्री सुब्बूरामन को दिया। स्कोप भी मूसिरी के गांवों में कुछ ऐसी ही समस्या से जूझ रहा था। श्री पॉल को एक कार्यक्रम में इकोसैन पद्धति समझाने के लिए तमिलनाडु बुलाया गया। वहां राज्य की ग्रामीण विकास सचिव शांता शीला नायर भी मौजूद थीं। उन्हें और श्री सुब्बूरामन को लगा कि ऊंचे भूजल के इलाके में शौचालय बनाने का समाधान उनके बनाए तसले से हो सकता है। एक से एक तार जुड़ते गए और कई संस्थाओं और लोगों की मदद से स्कोप ने ऐसे शौचालय बनाने शुरू किए जो मल को इकट्ठा कर के खाद तो बनाते ही हैं, पेशाब को अलग कर के खेती में इस्तेमाल होने वाला उर्वरक भी बनाते हैं।

अगर अच्छी खाद बनानी हो तो पेशाब और मल को अलग करना ठीक नहीं होता। दोनों साथ में गलें तो इसके बाद निकलने वाली खाद मिट्टी के लिए बहुत अच्छी होती

है। बढ़िया खाद बनाने के लिए कार्बन और नाइट्रोजन का मेलजोल जरूरी है। मल में कार्बन खूब होता है और मूत्र में नाइट्रोजन। ऐसी खाद जिन गड्ढों में बनती है उनमें दूसरी तरह की जैविक चीजें भी डाली जाती हैं। जैसे सब्जी के बेकार हिस्से, जो हमारे शहरों में कचरे के ढेर बनाते हैं। इस पद्धति से शौचालय बनाने वाले लोग दुनिया भर में हैं। पर एक ही गड्ढे में पेशाब और मल डालना हर कहीं ठीक नहीं है।

हमारी कई बस्तियों की समस्या खाद की कमी नहीं, गंदगी है। जरूरत है ऐसे शौचालयों की जो मल से रोगाणुओं को फैलने से रोकें। फिर मलत्याग के बाद धोने के पानी से कीचड़ बढ़ता है, जिसे बंद रखना कठिन हो जाता है। अगर यह कीचड़ लोगों के संपर्क में आ जाए तो बीमारी फैलने का खतरा बढ़ता है। इसलिए भारत में इकोसैन शौचालय बनाने वाले लोग मल को मूत्र और पानी से अलग रखने का इंतजाम करते हैं। उनके लिए मल को सुखा कर निर्दोष बनाना प्राथमिक है।

कई तरह के प्रयोगों के बाद उपयुक्त तसलेनुमा खाके तैयार किए गए हैं। ये खाके श्री पॉल के ईजाद किए तसले पर ही आधारित हैं। पेशाब एक पाइप से होता हुआ एक अलग टंकी में इकट्ठा होता है, मल सीधे नीचे एक कोठी में गिर कर धीरे-धीरे सूखता है, और शौच का पानी अलग रास्ते से होता हुआ नाली में बहा दिया जाता है या जमीन में डाल दिया जाता है। पेशाब में जीवाणु बहुत कम होते हैं। इसे सीधा पौधों में डाला जा सकता है, हालांकि इसके ताकतवर उर्वरक पौधों को जला भी सकते हैं। इसे पानी में घोल कर डालना बेहतर होता हैः एक हिस्सा मूत्र में तीन हिस्सा पानी।

मल नीचे की कोठी में पड़ा रहता है। इस के ऊपर एक ढक्कन हमेशा रहता है जिसे केवल मलत्याग करने के समय हटाया जाता है। यह कोठी सब तरफ से बंद रहती है, मल में मौजूद रोगाणुओं को फैलने से रोकने के लिए। केवल कोठी के पीछे की तरफ एक खिड़की रहती है जिसे गारा-चूना लगा कर हवाबंद कर दिया जाता है। मल को गल कर मिट्टी और खाद बनने में कुछ महीने तक लग सकते हैं। तब तक मल का खाना भर जाए तो? इसीलिए दो इकोसैन शौचालय साथ में लगाए जाते हैं। ऊपर से शौचालय का कमरा एक ही होता है, लेकिन नीचे अलग-अलग तसलों के नीचे मल की कोठी भी अलग होती हैं। एक कोठी भरने के बाद उसके ऊपर का तसला बंद कर दिया जाता है और दूसरे तसले का इस्तेमाल शुरू हो जाता है। जब तक दूसरी कोठी भरती है तब तक पहली कोठी का मल निर्दोष खाद में बदल जाता है। इसे खाली कर के इसका तसला खोल दिया जाता है और दूसरा तसला हो जाता है बंद। दोनों तसलों के पेशाब और शौच के पानी की नालियां जुड़ी होती हैं।

शहरों के फ्लश कमोड और सीवर लोगों को मल के संपर्क से दूर रखने का काम पानी से करते हैं, जिससे मैला बढ़ जाता है। इकोसैन में मल-मूत्र बढ़ने की बजाए घटता है। मल अगर किसी बंद स्थान पर तीन-चार महीने पड़ा रहे तो उसमें मौजूद

रोगाणु धीरे-धीरे खत्म हो जाते हैं। दूसरे जीवाणु भी उन्हें मारने का काम करते हैं, और गलते हुए मल के ढेर का तापमान इतना बढ़ जाता है कि रोगाणुओं का बचना मुश्किल हो जाता है। इस प्राकृतिक उपचार के बाद निकली खाद निर्दोष होती है, हाथ से निकाली जा सकती है। इसमे कोई बदबू नहीं होती है, एकदम मिट्टी जैसी दिखती है।

इकोसैन पद्धति में जमीन से निकले उर्वरक वापस जमीन में पहुंचते हैं, जल स्रोतों का प्रदूषण नहीं करते। अगर व्यापक स्तर पर इस पद्धति का उपयोग हो तो इससे बनावटी उर्वरक की खपत कम हो सकती है, खेती की लागत कम हो सकती है। इसमें महंगी सीवर की नालियां भी नहीं चाहिए होतीं, तो उनके रुकने का सवाल ही खड़ा नहीं होता, सो सफाई कर्मचारियों को नाली के भीतर के नर्क में उतरना भी नहीं पड़ता। पानी की बर्बादी तो रुकती ही है क्योंकि फ्लश की जरूरत ही नहीं होती है।

स्कोप संस्था दो हजार से ज्यादा इकोसैन शौचालय आज तक बना चुकी है। श्री सुब्बूरामन को उनके काम के लिए कई पुरस्कार और सम्मान मिले हैं। वे देश भर में घूम-घूम कर इस पद्धति के बारे में लोगों को समझाते हैं और शौचालय बनाने के तरीके सिखलाते भी हैं। उनकी सहज बातचीत में शौचालय का आकार-प्रकार, ढांचा, कीमत और फायदे की चर्चा भी होती ही रहती है। जैसे किसी भी कारीगर की बातचीत उसके हुनर के संदर्भों से ही बनती है। उन्हें बहुत खेद होता है कि भारत में सिविल इंजीनियरी की पढ़ाई में शौचालय और सीवर पर ध्यान नहीं दिया जाता। उनके अनुभव में इंजीनियरों के काम में आम तौर पर कमी रहती है, चाहे वह शौचालय की रूपरेखा हो, सेप्टिक टैंक की डिजाइन, या सीवर गैस निकालने वाले पाइप की जगह।

श्री सुब्बूरामन ने शौचालय के कई तरह के प्रारूप समझे तो हैं ही, उन्हें अपने हिसाब से ढाला भी है। अलग-अलग जगह की विशेषताओं के हिसाब से कम लागत में शौचालय बनाने की उनके पास अब 25 रूपरेखाएं हैं। इनमें से कुछ डिजाइनों के नाम तमिलनाडु योजना आयोग की उपाध्यक्ष रहीं शांता शीला नायर के नाम पर रखे हैं, जो रिटायर होने के पहले एक लोकप्रिय सरकारी अफसर थीं और जिनके कार्यकाल में इकोसैन को सरकारी बढ़ावा और सहारा मिला।

स्कोप के सहारे और प्रेरणा से कई सामाजिक संस्थाएं इकोसैन शौचालय बना रही हैं। सन् 2004 की सूनामी में तमिलनाडु के जिन तटवर्ती इलाके को समुद्र लील गया था वहां का भूजल स्तर ऊपर आ गया था। कई संस्थाओं ने इस पद्धति के शौचालय वहां बनाए हैं। ऐसे प्रयासों की वजह से ही सन् 2010 में इकोसैन पद्धति को केंद्र सरकार ने निर्मल भारत अभियान के अंतर्गत अपना लिया। इस काम में स्कोप ने कई तरह के मित्र बनाए, जिनमें मूसिरी की नगर पंचायत भी है। अब स्कोप का काम अलग-अलग घरों में नहीं है। यह काम नगर पंचायत ने उठा लिया है। इसका सबसे चमकता नतीजा है मूसिरी के सालियार मार्ग का सार्वजनिक शौचालय।

एक समय यहां 15 साल पुराना ऐसा शौचालय था जैसा कि देश के कई हिस्सों में दिखता है। गंदगी इतनी रहती थी कि इसे लोग मजबूरी में ही इस्तेमाल करते थे। शौचालय की नाली से निकला मल-मूत्र बगल की सिंचाई नहर में बहता था। गर्मी में जब नहर सूख जाती थी तो मैले की बदबू असहनीय होती थी। बरसात में कीचड़ होता था। आसपास के सेप्टिक टैंक भी इसी नहर में खाली होते थे। स्कोप ने पंचायत से कहा कि वह इसी जगह पर इकोसैन पद्धति का सार्वजनिक शौचालय बनाए। श्री सुब्बूरामन के अनुभव में ऐसा काम कहीं नहीं हुआ था, कोई उदाहरण नहीं था। अपने तजुर्बे के हिसाब से उन्होंने भारत का पहला सार्वजनिक इकोसैन शौचालय बनाया।

आज यह शौचालय नगर पंचायत की शान है। इसे देखने दूर-दूर से लोग आते हैं, क्योंकि इसकी प्रसिद्धि ऐसे शौचालय के रूप में हुई जिसे इस्तेमाल करने वाले को फीस में एक रुपया दिया जाता था। सुलभ शौचालय जैसी व्यवस्थाओं के विपरीत, जहां लोगों को शौचालय इस्तेमाल करने का मोल देना पड़ता है। यह फीस शुरू में लोगों की इकोसैन में रुचि बढ़ाने के लिए थी। अब यह फीस बंद हो चुकी है। पर शौचालय में साफ-सफाई कम नहीं हुई है। इसकी तुलना किसी भी बढ़िया सार्वजनिक शौचालय से की जा सकती है। सात शौचालय महिलाओं के लिए हैं और सात ही पुरुषों के लिए। मलत्याग करने के बाद मल पर डालने के लिए राख यहां रखी रहती है, जिसकी वजह से बदबू न के बराबर रहती है। समय-समय पर इससे खाद मिलती है। शौच का पानी एक तरफ इकट्ठा हो कर एक खास नाली में डाला जाता है, जिसमें पत्थर और कुछ पौधे लगे हैं, जिनसे यह पानी निर्दोष हो कर केले के पेड़ों में जाता है।

14 तसलों से आने वाले मूत्र को कोयले के एक फिल्टर में साफ कर के एक टंकी में इकट्ठा किया जाता है, जहां से यह खेतों तक ले जाया जाता है। इससे उर्वरक बनाने के प्रयोग किए जा रहे हैं। तिरुचिरापल्ली में राष्ट्रीय केला शोध केंद्र ने पेशाब का फसल पर असर बारीकी से समझा है। उन्होंने पाया कि मूत्र के छिड़काव से हर हेक्टेयर फसल में 45,000 रुपये का अतिरिक्त लाभ हुआ। इसमें 36,000 रुपये पैदावार बढ़ने से मिले और 9,000 रुपये बनावटी उर्वरकों पर हुई बचत से। इससे एक छोटी सी झलक मिलती है कि अगर देश भर में मूत्र इकट्ठा कर के फसल में लगाया जाए तो किसानों को कितना लाभ हो सकता है। बनावटी उर्वरकों पर सरकार का अनुदान बचे, सो अलग। कुछ कृषि वैज्ञानिकों ने इस संभावना के प्रति उत्साह दिखाया है।

बेंगलुरु की सामाजिक संस्था 'अर्घ्यम' के साथ मिल कर राज्य कृषि विश्वविद्यालय ने एक स्कूल के पेशाबघर से निकले मूत्र में उर्वरकों की संभावना पर अनुसंधान किया है। उनका शोध बतलाता है कि हमारे देश की कुल आबादी का पेशाब से हर साल कोई 78 लाख टन नाइट्रोजन, फॉसफोरस और पोटैसियम मिल सकता है। मक्का की फसल में उन्हें बनावटी उर्वरकों के इस्तेमाल से अधिक पैदावार पेशाब से सींची फसल

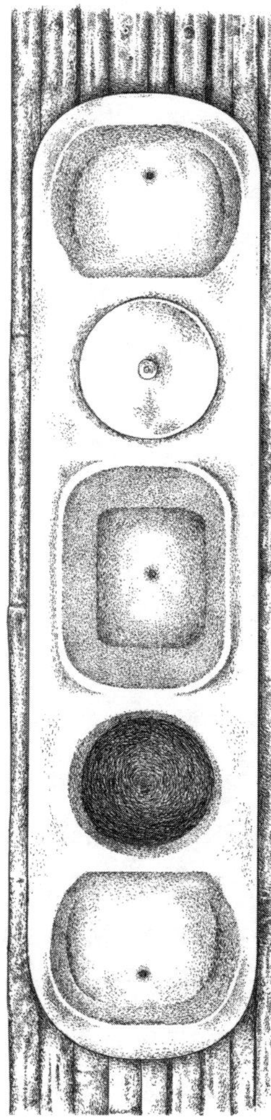

श्री सुब्बूरामन ने सूखे शौचालयों के लिए ऐसे तसले तैयार किए हैं। इनमें यह सुविधा रहती है कि जब मल की एक कोठी भर जाए, तो उसे ढंक कर छोड़ दिया जाता है, उसके प्राकृतिक उपचार के लिए। उसी तसले के दूसरी तरफ छेद के नीचे दूसरी कोठी खाली होती है।

में मिली। यही नहीं, हर हेक्टेयर में उन्हें दो हजार रुपये से ज्यादा की बचत भी हुई। केले की फसल में औसत से बड़े फल तो निकले ही, फलों के गुच्छे भी पेशाब से पोसे पौधों में ज्यादा निकले। टमाटर, शिमला मिर्च और खरबूजे की फसलों में उन्होंने मूत्र से निकले उर्वरक का उपयोग किया और लगभग हर फसल में उसका असर अच्छा था। बनावटी उर्वरकों की बचत तो थी ही।

कई संस्थानों में पेशाब को सीवर की नालियों से हटाने पर काम चल रहा है। कोई उससे उर्वरक बना रहा है, कोई बिना पानी के काम करने वाले मूत्रालय ईजाद कर रहा है, कोई पेशाब को सुखा कर पाउडर बना रहा है क्योंकि उसका उपयोग तीन हफ्तों में न हो तो उसमें उर्वरक उड़ कर खत्म हो जाते हैं। इकट्ठा किया हुआ पेशाब को संभालना भी आसान है, क्योंकि उससे रोगाणुओं के संक्रमण का वैसा खतरा नहीं रहता जैसा मल से होता है। हमारे देश में ही कई लोगों को यह भान हो चुका है कि शुचिता का विचार सीवर की नालियों के बाहर भी बहता है।

इकोसैन किसी भी परिस्थिति के हिसाब से ढल सकता है। मूसिरी की नगर पंचायत और स्कोप ने दिखाया है कि यह पद्धति घनी बस्ती में भी काम कर सकती है। रेगिस्तान में इकोसैन से पानी की बचत हो सकती है। तटवर्ती और बाढ़ग्रस्त इलाकों में सेप्टिक टंकी दूभर हो जाती है, वहां तो इससे बेहतर कोई शौचालय नहीं हो सकता। पथरीले इलाके में इसका लाभ यह होता है कि इसके कमरे बनाने के लिए नींब नहीं डालनी पड़ती, गहरा खोदना नहीं पड़ता। पहाड़ी इलाकों में इसे साधारण रूप से मिलने वाली सामग्री से भी बनाया जा सकता है। जहां किसान बढ़िया प्राकृतिक खाद चाहते हों वहां यह पद्धति मिट्टी की उर्वरता बढ़ाने में काम आती है। हर तरह की हालत में इकोसैन के कई लाभ हैं।

मूसिरी नगर पंचायत ने अपना सार्वजनिक शौचालय इकोसैन पद्धति से बनाया है। इसे इस्तेमाल करने के लिए शुरू में लोगों को एक रुपया दिया जाता था, ऐसे शौचालयों के विपरीत जिनमें जाने का शुल्क देना पड़ता है। इन 14 तसलों में इकट्ठे किए गए मूत्र से केले की फसल सींची जाती है। फलों का स्वाद मुनाफे से और भी मीठा हो गया है।

शहर के गांव से संबंध भी बेहतर हो सकते हैं इकोसैन से। गांव की उर्वरता खेतों की पैदावार के रास्ते शहर पहुंचती है। शहरी लोगों के भोजन करने के बाद यह उर्वरता सीवर की नाली में बह कर जल स्रोतों को दूषित करती है। अगर शहर अपने मल-मूत्र की खाद बना कर वापस गांव भेज सकें तो यह उर्वरता बचाने का तरीका तो बन ही सकता है, जल प्रदूषण को भी थाम सकता है। इकोसैन में अनंत संभावनाएं हैं। लेकिन इसका चलन तेजी से बढ़ क्यों नहीं रहा?

कोई सरल जवाब नहीं है इसका। लेकिन एक नजर वहां डालने की जरूरत है जहां इस तरह के शौचालय कामयाब नहीं हुए हैं। ऐसी एक कहानी श्याममोहन त्यागी बता सकते हैं। उनका गांव असलतपुर उत्तर प्रदेश के गाजियाबाद जिले में आता है।

वहां 'फोदरा' नाम की दिल्ली की एक संस्था ने सन् 2006 में एक सार्वजनिक इकोसैन शौचालय बनाया। इसके लिए जमीन श्री श्याममोहन से किराए पर ली गई।

संस्था ने गांव में बातचीत कर के कोई 100 लोगों को राजी कर लिया हर रोज इस शौचालय का इस्तेमाल करने के लिए। शौचालय की साफ-सफाई के लिए संस्था ने ही एक कर्मचारी भी रखा। इससे निकलने वाले मूत्र और मल की खाद का उपयोग श्री श्याममोहन के खेत में हुआ। दो साल के भीतर ही उनकी एक बीघा जमीन पर पहले से बेहतर धान की फसल लहलहा रही थी और उनकी 2,500 रुपये की बचत भी हुई थी, क्योंकि उन्हें बनावटी उर्वरक खरीदने नहीं पड़े थे। लेकिन संस्था यह काम एक समयबद्ध प्रोजेक्ट के अंतर्गत कर रही थी। प्रोजेक्ट पूरा होने पर धन आना बंद हो गया। सफाई कर्मचारी का वेतन बंद हुआ तो उसने काम करना छोड़ दिया।

कुछ हफ्तों के भीतर ही शौचालय भी बंद हो गया। आज श्री श्याममोहन के खेत के बगल में उस शौचालय के अवशेष खड़े हैं। प्रोजेक्ट के अंत के बाद इस शौचालय को चलाने में किसी की रुचि नहीं रही। इसका एक मतलब तो यह है कि गांव में लोगों ने इस शौचालय को किसी और की जिम्मेदारी माना, इसे अपनाया नहीं। दूसरा यह कि इस पद्धति में लगने वाली मेहनत इससे होने वाले लाभ के लायक नहीं लगी।

फोदरा संस्था के सीताराम नायक ने इस प्रोजेक्ट पर काम किया था। उन्हें इकोसैन के विचार से लगाव है लेकिन इसे ले कर वे निराश हैं। उनका कहना है कि शहरों के आसपास के गांव में जमीन बहुत महंगी होती जा रही है। ऐसे प्रयोग करने के लिए किराए पर जमीन लेना मुश्किल हो गया है। अगर बड़े शहरों में इकोसैन शौचालय बने तो मल-मूत्र की खाद को शहर से बाहर ले जाने के लिए ट्रक किराए पर रखने पड़ेंगे और उससे कीमत बहुत बढ़ेगी। बाजार में इकोसैन की खाद सरकार के अनुदान से सस्ते हुए बनावटी उर्वरक का मुकाबला नहीं कर सकती है।

सीवर व्यवस्था भी इकोसैन के लिए अड़चन है। चूंकि शहर में रहने वाले लोग अपना मैला पानी साफ करने की असली कीमत नहीं चुकाते हैं, इसलिए उन्हें अपने मल-मूत्र को जल स्रोतों के हवाले करने में कोई हिचक नहीं होती। फ्लश में बहाने का पानी भी शहरों को सस्ते में मिल जाता है। ऐसे में इकोसैन पद्धति असुविधा ही नहीं, दुविधा भी मानी जाती है। बनावटी उर्वरक का अनुदान ही नहीं, सीवर और पानी पर दी गई परोक्ष सब्सिडी भी शुचिता के इकोसैन विचार को फैलने से रोकती है। श्री सीताराम को अब डर है कि इकोसैन पद्धति हमारे शहरों में काम कर ही नहीं सकती है।

फिर ऐसे भी जानकार हैं जो मानते हैं कि इकोसैन जैसा शहरों में काम करेगा वैसा कभी गांवों में नहीं कर सकता, क्योंकि इन शौचालयों में हर मनुष्य एक साधन है। शहरी आबादी का घनत्व पेशाब और मल की खाद को वाजिब बना देगा। जितने छोटे इलाके में जितने ज्यादा लोग होते हैं उतनी ही ज्यादा खाद बन सकती है। जहां साधन

ज्यादा हों वहां उससे मुनाफा कमाने वाले लोग भी जल्दी आ सकते हैं। जिन लोगों के पास पहले से शौचालय हैं उन्हें शायद इस पद्धति की ओर आकर्षण न हो। परंतु हमारे शहरों में ऐसे कई लोग हैं जिनके पास सीवर से जुड़े शौचालय नहीं हैं। आवश्यकता है कुछ वैसे प्रयोगों की जैसे मूसिरी नगर पंचायत ने किए हैं।

शहरों में इकोसैन के फैलने को सबसे बड़ा धक्का उस देश से लगा है जहां इस पद्धति की सफलता की संभावना सबसे ज्यादा मानी जाती है। चीन में सदियों से मल-मूत्र का उपयोग खेती में हो रहा है। दूसरे देशों से हट कर वहां मल को अत्यधिक घृणा से नहीं देखा जाता है। इसीलिए ओरदोस शहर में सन् 2003 में एक बड़ा प्रयोग किया गया। चीन के ठंडे उत्तरी प्रदेश इनर मंगोलिया के रेगिस्तानी पठार पर बसे इस शहर में पानी की कमी रहती थी। पर कोयले की खदानों के कारण बसाहट बढ़ने लगी।

इकोसैन पर काम करने वाला दुनिया का सबसे बड़ा संस्थान है स्वीडन का स्टॉकहोम एनवाएरमेंट इंस्टीट्यूट, जिसका ऊनो विनब्लाड से पुराना संबंध रहा है। इस संस्था ने स्वीडन और जर्मनी में कुछ छोटी-बड़ी बस्तियों में इकोसैन के शौचालय बनवाए हैं। लेकिन ओरदोस शहर इस पद्धति के बड़े स्तर पर प्रयोग का पहला उदाहरण था। संस्था ने ओरदोस की सरकार के साथ एक अनुबंध किया दुनिया की पहली आधुनिक इकोसैन शहरी बस्ती बनाने का। यहां 14 इमारतों के 830 फ्लैटों में कोई 3,000 लोगों के रहने का इंतजाम था। इनके शौचालयों में फ्लश कमोड नहीं थे। मल-मूत्र नीचे बनी कोठियों में सीधे गिरता था और उस पर लकड़ी का बुरादा डालने का प्रबंध था। नीचे से कोठियों को ट्रक के सहारे बाहर निकाला जाता था। अपेक्षा थी कि बिना सीवर के एक आधुनिक शहरी बस्ती खड़ी की जाए।

धीरे-धीरे लोगों ने इन फ्लैटों में अपने घर बसाए। फिर दिक्कतें शुरू हुईं। शौचालयों से बदबू आती थी। लकड़ी का बुरादा पाइप के सहारे ऊपर उड़ आता था। मंगोलिया में तापमान शून्य से 30 डिग्री सेल्सियस नीचे तक जाता है। ऐसी भीषण सर्दी में कितनी ही तरह की दिक्कतें आए दिन आने लगीं। वहां रहने वालों ने बार-बार शिकायत की। तंग आ कर सन् 2009 में जिला सरकार ने अपने खर्च पर इन फ्लैटों में फ्लश कमोड लगवाने शुरू कर दिए। 2010 के अंत तक सभी निवासियों ने फ्लश कमोड लगवा लिए जो सीवर से जुड़े थे।

यह एक ऐसे देश में हुआ जहां इस विचार की पुरातन परंपरा रही है। फिर इस योजना के पीछे एक ऐसी संस्था थी जो कई साल से इस विचार के पीछे मजबूती से खड़ी रही है। लेकिन फिर भी दुनिया का सबसे बड़ा शहरी इकोसैन प्रयोग नाकामयाब घोषित हो चुका था।

इसे चलाने वाले स्वीडन के विशेषज्ञों ने ईमानदारी से माना कि उनकी योजना में खामियां थीं। शौचालय में नीचे से आने वाली बदबू रोकने का ध्यान नहीं रखा गया

था। कार्यक्रम बनाते समय उन्होंने फ्लैटों में रहने वालों से बातचीत नहीं की थी, उनसे कोई सीधा संबंध नहीं बनाया था। उन्हें बने-बनाए फ्लैट बेचे गए, जिनमें वे उन्हीं सुविधाओं की अपेक्षा कर रहे थे जो दूसरे शहरों में सीवर के द्वारा मिलती हैं। प्रयोग शुरू होने के बाद ओरदोस शहर में अचानक समृद्धि आई, जिसके बाद लोगों को लगा की इकोसैन एक दकियानूसी विचार है। फिर योजना पूरी होते-होते ओरदोस में पानी की किल्लत मिट गई थी। हुआंग-हो नदी से पानी यहां तक आ गया था और बहुत गहरी बोरिंग से भूजल भी निकल आया था। निवासियों ने स्थानीय सरकार से कहा कि इस प्रयोग की कीमत वे नहीं चुका सकते। सरकार का जवाब था फ्लश कमोड।

इनर मंगोलिया के एक शहर में इकोसैन का दुनिया का सबसे बड़ा प्रयोग नाकामयाब घोषित हो चुका था। इसे चलाने वालों ने फ्लैटों में रहने वालों से कोई सीधा संबंध नहीं बनाया था। उनकी अपेक्षा थी फ्लश कमोड जैसी सुविधा की। जब हुआंग-हो नदी का पानी यहां आ पहुंचा तो लोगों ने सीवर से जुड़े शौचालयों की मांग की।

मूसिरी नगर और उसके गांवों की कहानी इससे बिल्कुल उल्टी है। एक तो वहां इतनी बड़ी योजना नहीं बनी थी। जिन संस्थाओं ने सूखे शौचालय बनाए उनका गांव में रहने वालों से पुराना संबंध था। नगर पंचायत का स्कोप संस्था से संबंध सहज और मधुर है। दोनों एक-दूसरे को खुले मन से श्रेय देते हैं। शौचालय बनाने के बाद जो समस्याएं आईं उन्हें बनाने वालों ने ठीक तो किया ही, अपनी डिजाइन की खामियां भी सुधारते गए। जो लोग फ्लश और सेप्टिक टंकी वाले शौचालय बनाना चाहते थे उनके लिए वही बनाए गए। स्कोप ने ध्यान रख कर ऐसी टंकियां बनाई हैं जिनसे भूजल का प्रदूषण कम-से-कम हो। इकोसैन के सूखे शौचालय उन लोगों ने लगवाए जिनके पास सेप्टिक टंकी लगाने का विकल्प नहीं था। जिन लोगों ने यह शौचालय लगाया है उनकी परिस्थिति अचानक बदली भी नहीं है। जिस मजबूरी से यह शुरू हुआ वह वैसी ही बनी हुई है। नहरों की वजह से यहां का भूजल स्तर आज भी ऊंचा ही है।

स्कोप के श्री सुब्बूरामन इकोसैन विचार के इतने कायल हैं कि उन्होंने तिरुचिरापल्ली में अपने नए घर की दूसरी मंजिल पर अपने उपयोग के लिए सूखा शौचालय बनाया है। लेकिन परिवार के दूसरे लोगों के लिए उन्होंने फ्लश के कमोड ही लगवाए हैं, क्योंकि उनके सिद्धांत अपने काम के लिए हैं, दूसरों पर थोपने के लिए नहीं। न ही स्कोप के बनाए शौचालय किराए की जमीन को भाड़े पर ले कर बनाए गए हैं। स्कोप उन लोगों को ढूंढ़ता है जो अपनी मदद करना चाहते हैं। श्री सुब्बूरामन अपनी जिद में किसी आदर्श व्यवस्था का पीछा नहीं कर रहे हैं। वे छोटे और कारगर उपाए ढूंढ़ते हैं। जिन लोगों के घरों में वे काम करते हैं उनसे उनके संबंध सरस रहते हैं। उनके लिए शुचिता एक सामाजिक मूल्य है।

शुचिता और इकोसैन का विचार किसी शून्य में नहीं, कई और विचारों के बीच

रहता है, उनसे लेन-देन रखता है। यह विचार किसी एक खांचे, किसी एक शौचालय, किसी एक अभियान में नहीं बांधा जा सकता। इस विचार का मोल हर गांव, हर शहर, हर बस्ती, हर घर को अपनी परिस्थिति के हिसाब से करना पड़ेगा। जिसे यह विचार आकर्षक लगता है वह इसे अपने जीवन में इस्तेमाल कर सकता है। जिसे न लगे उसके लिए कई और विचार हैं। आखिर पूर्वी कोलकाता की भेरियां तो सूखे शौचालयों से नहीं बनी है। पर वहां के मछुआरों की व्यवस्था में एक अंश सामाजिक शुचिता का भी है। डीवॉट्स पद्धति तो फ्लश कमोड से जुड़ी है। लेकिन उसमें मैला पानी जहां पैदा हो, वहीं उसका उपचार हो जाता है।

इकोसैन पर कई सालों से काम कर रहे लोगों का कहना है कि इस पद्धति को दूसरी पद्धतियों के साथ तोलना नहीं चाहिए। अगर इस विचार को शौचालय बनाने का एक जरिया भर मान लिया गया तो इसका भी वही होना निश्चित है, जो सरकारी अभियानों का हो रहा है। तब इसकी सुंदर सच्चाई शौचालय में बंद हो जाएगी। जिन मुश्किलों को यह पद्धति सरलता से सुलझाती हैं वे छुप जाएंगी।

मल-मूत्र का प्रबंध आमतौर से वहां बेहतर मिलता है जहां साधनों की कठिनाई होती है। कठिन समस्याओं के हल कठिन परिस्थिति में ही मिलते हैं। डी.आर.डी.ओ. के बायोडाइजेस्टर शौचालयों में अंटार्कटिका की बर्फीली ठंड में पल कर तैयार हुए बैक्टीरिया भी हैं और सियाचिन की कठिनाइयां भी। छागरा जैसे शौचालय की कीमत लद्दाख के रेगिस्तान की रेतीली मिट्टी में ही पता चलती है, कुछ वैसे ही जैसे प्राणवायु का मोल लद्दाख की कम ऑक्सीजन वाली जलवायु में ही पता चलता है।

जीवन की कहानी में कठिनाई पर विजय निहित है। पृथ्वी पर जीवन के खिलने के पीछे वायुमंडल में असहनीय ऑक्सीजन का बढ़ना भी है। यह कहानी यहां तक आ पहुंची है कि मनुष्य जैसे प्राणी के शरीर का दो-तिहाई वजन ऑक्सीजन का होता है।

कठिनाई को साधना अपने आपमें एक साधन है। शुचिता ऐसा ही उपाय है।

मलदर्शन

मल के सुगम प्रबंध की यह कहानी हमने सबसे छोटे जीव बैक्टीरिया से शुरू की थी, एक क्रांति के प्रलय में बदल जाने से। इस कथा के समापन के लिए हम शुचिता के सबसे विशाल उदाहरण तक जाएंगे, हमारी सृष्टि के सबसे विशाल जीव तक। पर उसके लिए हमें डुबकी लगानी होगी समंदर में। यह सागर ही है जो पृथ्वी के 72 प्रतिशत हिस्से पर फैला हुआ है। इसी में दुनिया के सबसे विशाल प्राणी व्हेल तैरते पाए जाते हैं। स्तनपायी व्हेल को सांस लेने के लिए पानी की सतह तक आना पड़ता है। सतह पर आ कर छोड़ी फुहार ही व्हेल की मौजूदगी का संकेत देती है।

मनुष्य की आंख में व्हेल के प्रति विस्मय आदिकाल से रहा है। समुद्र के किनारे बसी सभ्यताओं ने व्हेल का वर्णन पौराणिक साहित्य और उत्पत्ति कथाओं में किया है। मछुआरे समाजों ने उसी समय से व्हेल का शिकार भी किया है। व्हेल के शरीर के कई इस्तेमाल रहे हैं। खाने के लिए मांस, कई तरह के औजारों के लिए हड्डी, लेकिन व्हेल से निकलने वाली सबसे काम की चीज थी तेल। समंदर की गहराई में ठंड से बचने के लिए व्हेल की चमड़ी के नीचे चरबी की एक मोटी परत होती है। इसे निकाल कर तेल बनाया जाता था चिराग जलाने के लिए।

युरोप में औद्योगिक क्रांति के बाद बड़े-बड़े पानी के जहाज बनने लगे, जिनसे व्हेल का शिकार आसान हो गया। सन् 1900 के आसपास इतने विशाल जहाज भी बनने लगे जो असल में कारखाने थे। इनके आने के बाद व्हेल के शिकार में विस्फोटक तेजी

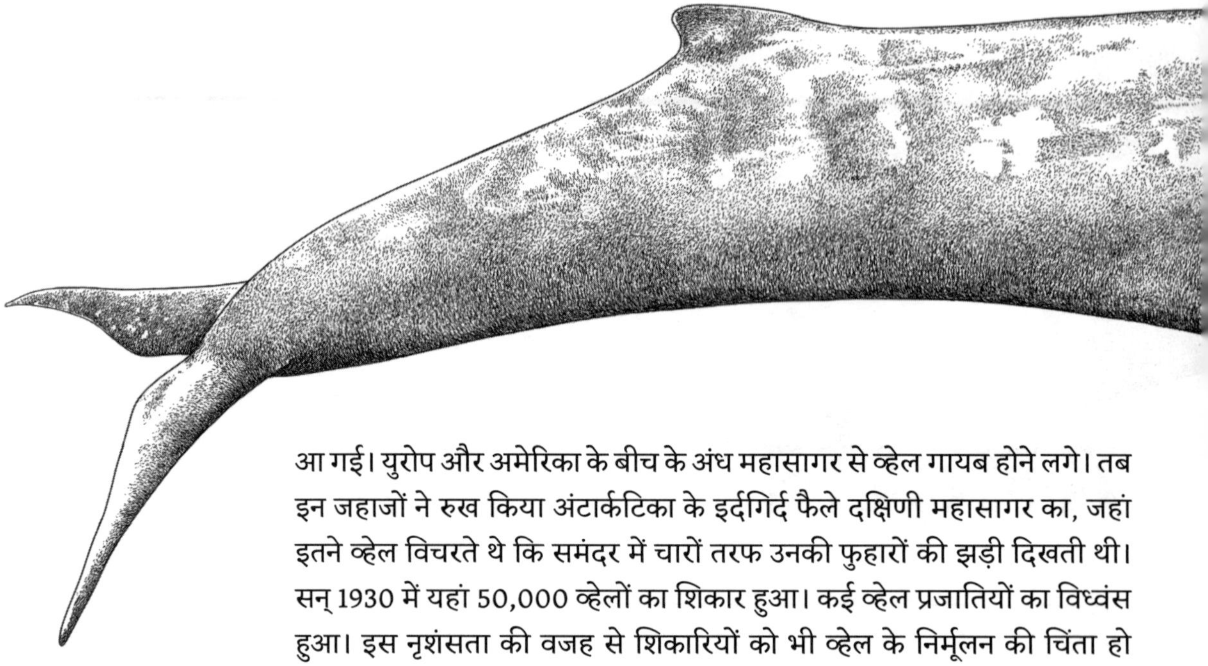

आ गई। युरोप और अमेरिका के बीच के अंध महासागर से व्हेल गायब होने लगे। तब इन जहाजों ने रुख किया अंटार्कटिका के इर्दगिर्द फैले दक्षिणी महासागर का, जहां इतने व्हेल विचरते थे कि समंदर में चारों तरफ उनकी फुहारों की झड़ी दिखती थी। सन् 1930 में यहां 50,000 व्हेलों का शिकार हुआ। कई व्हेल प्रजातियों का विध्वंस हुआ। इस नृशंसता की वजह से शिकारियों को भी व्हेल के निर्मूलन की चिंता हो चली। व्हेल के संहार पर नियंत्रण करने के लिए सन् 1946 में एक अंतर्राष्ट्रीय संधि हुई। सन् 1986 में व्हेल के शिकार पर प्रतिबंध लग गया।

अंटार्कटिका के आसपास ही व्हेल की सबसे बड़ी प्रजातियां पाई जाती हैं। यहां के समुद्र में भला ऐसा क्या है जो उन्हें ऐसा भीमकाय बनाता है? जवाब है 'क्रिल', उंगली बराबर झींगे जैसा जीव। दक्षिणी महासागर में क्रिल के जितने विशाल झुंड पाए जाते हैं उतने किसी और समुद्र में नहीं देखे गए हैं। व्हेल की सबसे बड़ी प्रजातियां क्रिल खाती हैं। व्हेल क्रिल के झुंड के पास आ कर अपना विशाल जबड़ा खोलते हैं। क्रिल समेत ढेर सारा पानी इसके भीतर समा जाता है। फिर ये किसी छोटी गाड़ी के आकार की अपनी जीभ को आगे दबाते हैं, कंघी जैसे अपने दांतों की ओर। पानी बाहर निकल जाता है, क्रिल मुंह में रह जाते हैं।

मनुष्य ने 20वीं सदी में व्हेल का जो महासंहार किया है उसका क्रिल को फायदा होना चाहिए था। मनुष्य ने क्रिल के शिकारी का शिकार किया था। अब तो क्रिल की आबादी बढ़नी चाहिए थी। समुद्र के जीवशास्त्रियों ने क्रिल की आबादी में आए बदलाव को नापना पिछले कुछ सालों में शुरू किया। उन्होंने इसका नतीजा ठीक उल्टा पाया। व्हेल के साथ-साथ क्रिल भी मिट रहे थे, उनकी आबादी 80 फीसदी तक घट गई थी। ऐसा कैसे हो सकता है कि शिकारी के लोप से शिकार का भी लोप हो जाए?

इस पहेली का जवाब हाल ही में मिला, और यह मिला है प्लवकों में, जिन्हें प्लैंकटन भी कहा जाता है। क्रिल का आहार प्लवक ही होते हैं। समुद्री पानी की सतह

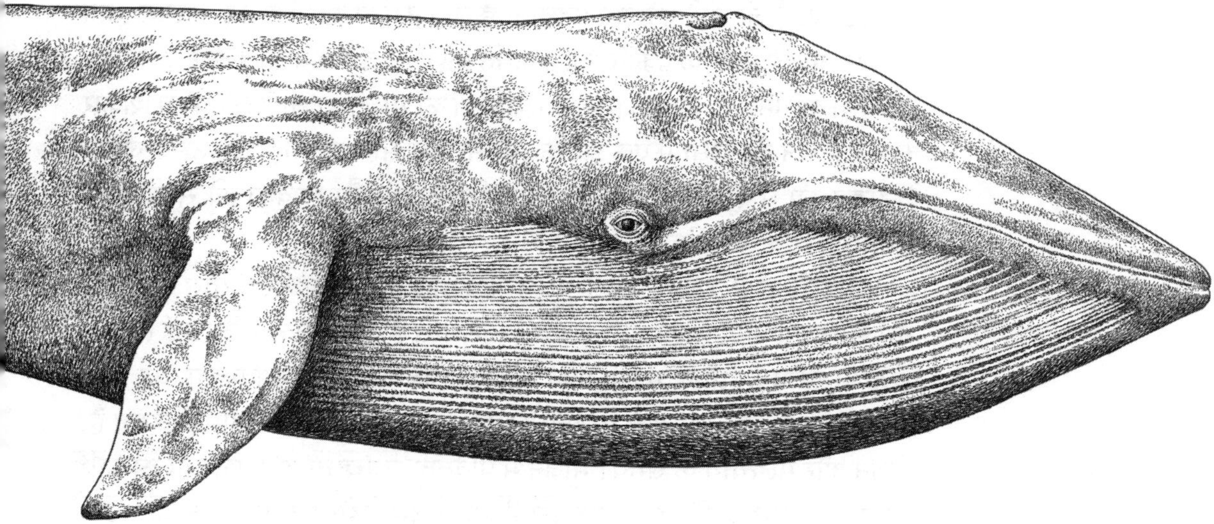

पर सूरज के प्रकाश में प्लवक पलते हैं। क्रिल ही नहीं, सागर के समस्त जीव प्लवकों पर निर्भर होते हैं। दक्षिणी महासागर में अगर क्रिल इतनी संख्या में पाए जाते थे तो स्वाभाविक है, प्लवक भी प्रचुरता में पलते होंगे। क्रिल की आबादी घटने का कारण प्लवकों की कमी थी। पर प्लवकों की आबादी क्यों घट रही थी?

वैज्ञानिकों को पता लगा कि समुद्र के पानी में दूसरे उर्वरक तो मिल जाते हैं, पर लोहा नहीं मिलता। जीवन के हर प्रकार को सूक्ष्म मात्रा में लोहा चाहिए। हमारे शरीर में लोहे की मात्रा घटने पर एनेमिया रोग हो जाता है। धरती पर लोहा सहज ही मिट्टी में मिल जाता है। पर समुद्री पानी में लोहे के अंश कतई घुलते नहीं हैं। सागर में इसका कोई स्रोत नहीं होता, जमीन से उड़ने वाली आंधी की धूल से ही लोहा वहां पहुंचता है। परंतु इन प्लवकों के लिए लोहा पहुंचाने वाली धूल दक्षिणी महासागर में भला कहां से आती? पूरा-का-पूरा अंटार्कटिका महाद्वीप तो बर्फ से ढंका रहता है।

यहां लोहे का स्रोत व्हेल का मल है। व्हेल के गोबर में भारी मात्रा में लोहा पाया जाता है। मलत्याग करने व्हेल सतह के पास आते हैं, क्योंकि समुद्र की गहराई में पानी का दबाव बहुत अधिक होता है और हर चीज भीतर धंसती है। सतह पर सूरज का उजाला रहता है। फिर भूमध्य रेखा से दूर, दक्षिण ध्रुव के पास के ठंडे पानी में ऑक्सीजन भी खूब घुली रहती है। प्लवकों के लिए यही जीवन है। वे फूट पड़ते हैं, फलने-फूलने लगते हैं। उन्हें खाने वाला क्रिल भी जी उठता है और व्हेल को पर्याप्त भोजन मिल जाता है, उसके विशाल आकार के अनुरूप।

केवल व्हेल की अपनी ही नहीं, प्लवक और क्रिल की खाद्य सुरक्षा भी व्हेल के मल पर टिकी है। सागर में महाकाय व्हेल लोहे का भिलाई-रूपी कारखाना तो है ही,

पृथ्वी पर ब्लू व्हेल से बड़ा प्राणी आज तक नहीं हुआ। इसके विशाल आकार के पीछे इसके अपने मल का हाथ है। व्हेल समुद्र में लौह उर्वरक का कारखाना भी है और उसके परिवहन के लिए मालगाड़ी भी। व्हेल के मल में कई समुद्री जीवों को पोषण मिलता है। उनसे व्हेल का भोजन बढ़ता है और आकार भी।

रेलगाड़ी भी है जो लोहे को वहां पहुंचाती है जहां उसकी सबसे ज्यादा जरूरत होती है। कोई आश्चर्य नहीं कि प्रकृति ने ऐसे कर्मठ प्राणी को इतना बड़ा आकार क्यों दिया है। व्हेलों का पनपना, आबाद होना उन प्राणियों को भी लाभ देता है जिनका वे शिकार करते हैं। व्हेल की हिंसा में एक झलक अहिंसा और सहयोग की भी है। उसके जीवन के सहज रूप में शुचिता निहित है। व्हेल की भव्यता और प्लवकों की सूक्ष्मता की नातेदारी में एक अंश दिव्यता का भी है।

कुदरत के शेयर बाजार में मल-मूत्र नायाब माल है। इस बाजार में सांस लेने वाला और मलत्याग करने वाला हर एक प्राणी मालधारी है, जिसका लेन-देन कई तरह के जीवों से रहता है। प्राणियों को अपने कचरे का प्रबंधन नहीं करना पड़ता, वह दूसरे प्राणियों का साधन बन जाता है। मनुष्य भी हर रोज इस संबंध का सामना करता है, भोजन और मलत्याग के समय। भोजन में पवित्रता, स्वच्छता और कृतज्ञता का भाव लगभग हर सभ्यता में रहा है, पर इस संबंध के दूसरे छोर पर, मल-मूत्र की तरफ, भाव कृतघ्नता और घृणा का ही रहा है।

जब मनुष्य की आबादी कम थी तब मल-मूत्र चिंता का विषय नहीं था। आज हमारी आबादी साढ़े सात अरब होने को आ रही है। इतने लोगों को पालने में तरह-तरह के संसाधन लगते हैं। न जाने कितनी नदियों और ट्यूबवेलों का पानी, अमोनिया कारखानों से यूरिया, मोरक्को जैसे देशों का फॉसफेट, खनिजों से निकले भिन्न-भिन्न प्रकार के बनावटी उर्वरक, इस सबकी ढुलाई के लिए ट्रक और रेल और पानी के जहाज, इन सबको चलाने के लिए बिजली और डीजल, बिजली बनाने के कारखाने और कोयले से उनका पेट भरने के लिए खदानें... इतने जतन से साढ़े सात अरब लोग भोजन पाते हैं। कुछ घंटों में ही यह भोजन मल-मूत्र बन जाता है।

व्हेल की तरह मनुष्य का मल-मूत्र निर्दोष नहीं होता, उसकी उर्वरता कई रोगाणुओं के साथ मिल कर आती है। हमारे देश की आधी से अधिक आबादी इस मल-मूत्र को त्यागने के लिए खुले में बैठती है, उस जगह जहां दूसरे लोगों का मल पास ही पड़ा होता है। इस तरह से फैलने वाली बीमारियां बच्चों के कमजोर और अविकसित शरीरों का खास कारण हैं। इतने लोगों के लिए शौचालय बनाना आसान नहीं है, जैसा कि सरकारी स्वच्छता अभियानों से दिख ही रहा है। शहरों और घनी बस्तियों में अपनी गरिमा ताक पर रख कर खुले में मलत्याग करने की विवशता बताती है कि लोगों का आपस में संबंध ठीक नहीं है। साधन-संपन्न लोग साधनहीन लोगों से सस्ती मेहनत-मजदूरी तो चाहते हैं, लेकिन उनके हालात से उनका कोई वास्ता नहीं है।

फ्लश की ढेकली घुमा कर अपना मल-मूत्र बहाने वाले लोगों का अपने जल स्रोतों से संबंध तो खराब है ही। इसके पीछे सीवर में गोता लगाने वाले सफाई कर्मचारियों के साथ होने वाला अन्याय भी है। जिसे हम स्वच्छता मान बैठे हैं उसमें घोर अनैतिकता

का मैला मिला हुआ है। हमारे देश में आज भी हजारों-लाखों लोग मल-मूत्र उठाने का काम करने के लिए बाध्य हैं, अपनी जाति की वजह से। इस अपमान की जिम्मेदारी उन लोगों पर तो है ही जो सूखे शौचालय इस्तेमाल करते हैं और उन्हें सफाई कर्मचारियों से खाली करवाते हैं। लेकिन राजनीतिक दल और सामाजिक संस्थाएं भी इस पाप की भागी हैं क्योंकि सफाई कर्मचारियों की मुक्ति का काम उन्हीं की जातियों के कुछ इने-गिने लोगों पर छोड़ दिया गया है। स्वच्छता के नाम पर तो बहुत से लोग इकट्ठे हो जाते हैं लेकिन सफाई कर्मचारियों की मुक्ति के काम में साथ बंटाने वाले कम ही हैं।

शहरों की सफाई का बोझा कई नदी-तालाब ढो रहे हैं। मैले पानी से अटे जल स्रोतों में दुर्गंध है ऐसे समाज की, जो अपनी सुविधा के लिए किसी भी हद तक जा सकता है। ऐसा शिक्षित वर्ग जो पानी का बिल कम करवाने के लिए संघर्ष और राजनीतिक आंदोलन कर सकता है, लेकिन दूर की नदियों का पानी छीन लेना अपना जन्मजात अधिकार मानता है। जो अपने मैले पानी को साफ करने की कीमत चुकाने को तैयार नहीं है। जिसका संबंध अपने जल स्रोतों से केवल दोहन का है।

चाहे हमारे पेट में हो या खेती की मिट्टी में, संरक्षक जीवाणुओं के प्रति हम लापरवाह हैं। इस संबंध की बारीकी हमें तब समझ आ रही है जब हम अपना स्वास्थ्य और अपनी खेती की जमीन व्यापारी कंपनियों को सौंपे जा रहे हैं। जमीन का उपजाऊ तत्व पानी में बहाने की व्यवस्था बहुत पुरानी नहीं है। यह कितने समय चल पाएगी, यह कहना कठिन है। खाद्यान्न में हमारे देश की आत्मनिर्भरता असल में बनावटी उर्वरकों के आयात पर निर्भर है।

व्हेलों का पनपना, आबाद होना उन प्राणियों को भी लाभ देता है जिनका वे शिकार करते हैं। व्हेल की हिंसा में एक झलक अहिंसा और सहयोग की भी है। उसके जीवन के सहज रूप में शुचिता निहित है। व्हेल की भव्यता और प्लवकों की सूक्ष्मता की नातेदारी में एक अंश दिव्यता का भी है।

चाहे जो भी दल सत्ता में हो, हमारी सरकारें अपने ही विभागों के जाल में फंसी हुई हैं। नदी साफ करने वालों का शौचालय बनाने वालों से कोई नाता नहीं है। उर्वरक नालियों में बहाने वाली नगरपालिकाओं का कृषि और उर्वरक मंत्रालयों से लेनादेना नहीं है, जो बनावटी खाद की सब्सिडी में अटके हुए हैं। इन सबका कोई संबंध सफाई कर्मचारियों की मुक्ति के लिए कानून बनाने वाले सामाजिक न्याय मंत्रालय से भी नहीं। एक विभाग उस समस्या का समाधान ढूंढ़ता है जिसे बनाने का काम दूसरे विभाग निरंतर करते रहते हैं। सरकारी प्रणाली में शुचिता के विचार के बहने की जगह नहीं होती है।

चमचमाते शौचालयों के पीछे मैली नदी का होना स्वच्छता नहीं दिखलाता। कोई व्यक्ति कितना भी साफ-सुथरा हो, उसका स्वास्थ्य दूसरे लोगों के शरीर और स्वास्थ्य से हमेशा जुड़ा रहता है। चाहे हमारे शहर साधनों और सुविधाओं के हिसाब से बंटे हों, लेकिन यह तय है कि गरीब बस्ती के रोगाणु, अमीर बस्ती के रोगाणुओं से किसी-

न-किसी जीवाणु सम्मेलन में आपस में मिलते होंगे। वे एक दूसरे से गुर सीखते होंगे, क्योंकि जीवाणुओं की दुनिया में वर्ग विभाजन शायद ही हो।

शुचिता की परख हमारे सामाजिक संबंधों की पड़ताल ही है। शुचिता के आधार पर मल-मूत्र का प्रबंध करने वाले लोगों के काम में सामाजिकता की खुशबू मिलती है। इकोसैन के शौचालय मनुष्य के शरीर को खेत से जोड़ कर देखते हैं। किसी भवन का मैला पानी वहीं पर 'डीवॉट्स' पद्धति से साफ करने वाले, जल स्रोतों के विनाश के अधर्म से बचते हैं। इन आधुनिक तरीकों को बनाने वालों के पास तरह-तरह की जानकारी है। उनके पास हिसाब है उन उर्वरकों का जो हमारे मल-मूत्र में और मिट्टी में भी मौजूद हैं। मैले पानी को निर्दोष बना कर उसकी गुणवत्ता नापने के तरीके भी हैं।

पूर्वी कोलकाता और मुदिअली के मछुआरों के तरीके ये बताते हैं कि पारंपरिक कारीगरी कैसे किसी नई समस्या का नया, मौलिक समाधान निकाल सकती है। लद्दाख के पारंपरिक 'छागरे' भी वही करते हैं जो तमिलनाडु के आधुनिक ईकोसैन शौचालयों में होता है। शुचिता का काम आधुनिकता और परंपरा की मुठभेड़ की थकी हुई बहस नहीं है। इसमें आधुनिकता और परंपरा को साथ रख कर, उनका परस्पर संबंध भी देखा जा सकता है।

इस दृष्टि में व्हेल का वृहद् आकार भी समा सकता है और उसके मल से पैदा होने वाले प्लवकों की सूक्ष्मता भी। कोलकाता की भेरियों में मैले पानी से छोटी-छोटी मछली पालने वाले मछुआरों का सामाजिक आकार व्हेल जैसा ही है, फिर चाहे खुद कोलकाता शहर में रहने वालों को यह आकार और यह नाता दिखे या न दिखे।

हर व्यक्ति की दुनिया भर से नाते-रिश्तेदारी उसके नीचे मल-मूत्र के रूप में हर रोज प्रकट होती है। उस मल और मूत्र में वायुमंडल की नाइट्रोजन होती है, भूगर्भ और पर्वतों का फॉसफोरस होता है, जीवाणुओं की अपार लीला भी होती है। कुछ पलों के लिए ही सही, लेकिन जल, थल और मल का निराकार प्रतीत होने वाला संबंध हर व्यक्ति के नीचे एकदम साकार हो जाता है। एक छोटी सी घटना, जो या तो किसी विराट क्रांति की सूक्ष्म इकाई बन जाती है, या किसी अकल्पनीय प्रलय की।

मलदर्शन की इस दैनिक कसौटी पर हर व्यक्ति के सामाजिक मूल्य आजमाए जाते हैं। मलत्याग करना नितांत ही निजी कर्म हो सकता है। लेकिन उससे जुड़ी शुचिता एक खालिस सामाजिक प्रसंग है।

संदर्भ

जल, थल और मल

विज्ञान की दुनिया पृथ्वी की उम्र लगभग 454 करोड़ साल आंकती है, कुछ उसी समय जब हमारा सौर मंडल बना था। जिस आकाशगंगा में यह सौर मंडल तैर रहा है, उसका सबसे पुराना तारा कोई 1,380 करोड़ साल पुराना है। ये आंकड़े चट्टानों में मौजूद तत्वों के रेडियोधर्मी विकिरण को नापने से निकलते हैं। हांलाकि इस विशाल कैलेंडर के कई पन्ने अभी मनुष्य की समझ में नहीं आए हैं, लेकिन ज्यादातर वैज्ञानिक इस काल क्रम को स्वीकार करते हैं। इस विषय पर पर्याप्त वैज्ञानिक साहित्य आसानी से मिल सकता है। अमेरिकी भूवैज्ञानिक सर्वेक्षण विभाग में वैज्ञानिक रहे जी. ब्रेंट डैलरिंपल ने इस विषय पर शोध भी किया है और दूसरों का शोध एकत्रित कर उसकी सटीक समीक्षा भी की है। कई तरह के वैज्ञानिक साहित्य में उनके लेखन का संदर्भ दिया जाता है। जो इस विषय पर गहराई से जानना चाहें वे उनकी एक प्रसिद्ध किताब[1] पढ़ सकते हैं।

पृथ्वी बनने के बाद के वायुमंडल में ऑक्सीजन लगभग न के बराबर थी। जीवन की उत्पत्ति इन्हीं परिस्थितियों में आज से कोई 370 करोड़ साल पहले आंकी जाती है। इसमें कुछ बीस-तीस करोड़ साल इधर-उधर होने की गुंजाइश है। इसके प्रमाण पर्याप्त हैं और तरह-तरह के वैज्ञानिक इसे मानते हैं। यह भी लगभग सभी स्वीकार करते हैं कि वायुमंडल में इतनी ऑक्सीजन हरे-नीले बैक्टीरिया के सांस लेने से बनी। एक तरह के जीवन से दूसरे तरह के जीवन का रास्ता खुलता गया। हमें सूरज के खतरनाक विकिरण से बचाने वाली ओजोन गैस की परत भी इसी का नतीजा है। इसे अंग्रेजी में 'द ग्रेट ऑक्सीजनेशन इवेंट' या 'ऑक्सीजन केटैस्ट्रॉफी' भी कहा जाता है। ऑक्सीजन का चंचल और प्रतिक्रियावादी स्वभाव तो सर्वविदित है, वह तो स्कूल की विज्ञान की किताब में भी मिल जाएगा। इस पर तरह-तरह की रोचक जानकारी एक सुलभ और आकर्षक किताब[2] से ली गई

1. किताब | लेखकः जी. ब्रेंट डैलरिंपल। सालः 1991 शीर्षकः 'द एज ऑफ द अर्थ'। प्रकाशकः स्टैनफोर्ड यूनीवर्सिटी प्रेस, पालो आल्टो, संयुक्त राज्य अमेरिका। कुल पन्नेः 492
2. किताब | निक लेन 2002, 'ऑक्सीजनः द मॉलिक्यूल दैट मेड द वर्ल्ड', ऑक्सफोर्ड यूनीवर्सिटी प्रेस, लंदन। कुल पन्नेः 374

है जिसके लेखक हैं निक लेन, यूनीवर्सिटी कॉलेज लंदन के जीव रसायन शास्त्री। वे जाने-माने वैज्ञानिक तो हैं ही, कई पुरस्कारों से सम्मानित लेखक भी हैं। वे जटिल से जटिल जानकारी को छान कर सरल बनाते हैं, बिना उसे उथला बनाए। यह किताब जीवन का स्वरूप समझने वालों के लिए रुचि की है।

वायुमंडल में मुक्त ऑक्सीजन कब बढ़ना शुरू हुई इसके एकदम पक्के प्रमाण अभी तक नहीं मिले हैं। कुछ सबूत हैं और उनके आधार पर कुछ अनुमान हैं। कुछ जाने-माने वैज्ञानिकों का अंदाजा है कि हरे-नीले बैक्टीरिया अपनी ही सांस में छोड़ी ऑक्सीजन के प्रलय का शिकार हुए। इनमें एक नाम है प्रसिद्ध अमेरिकी जीवशास्त्री लिन मारग्यूलिस। पिछले कुछ सालों में इस प्रचलित परिकल्पना पर सवाल खड़े हुए हैं और कुछ नए मत आए हैं। इस पर जानकारी हमने श्री हाएनरिख डी. हॉलैंड के शोध पत्रों[3] से ली है। वे अमेरिका के हार्वड विश्वविद्यालय में रसायन शास्त्री थे, जिन्होंने पृथ्वी के रासायनिक स्वभाव पर प्रामाणिक शोध किया था और दूसरे शोध करने वालों के काम की सटीक समीक्षा भी की थी। उनके शोध पत्र के संदर्भों में भी पृथ्वी के रसायन पर जानकारी का खजाना मिलता है।

पृथ्वी पर आज तक जितने भी जीव रहे हैं उनमें से 99 प्रतिशत प्रजातियां विलुप्त हो चुकने की बात हमें माइकल एल. मेकिनी के लेखन से मिली है। उन्होंने इस विषय पर 'द बायोलॉजी ऑफ रेयरिटी' शीर्षक की अकादमिक किताब में एक खंड लिखा है, जिसका शीर्षक है 'हाउ डू रेयर स्पीशीज अवॉएड एक्सटिंक्शन'। यह जानकारी इसी किताब के 110वें पन्ने पर है। मनुष्य की वजह से विलुप्त होते जीवों की जानकारी अमेरिका की 'न्यू यॉर्कर' पत्रिका की विज्ञान लेखिका एलिजाबेथ कोलबर्ट की किताब 'द सिक्स्थ एक्सटिंक्शन' से ली गई है।

हमारे ग्रह का वातावरण कितना दुःसाध्य रहा है इसके प्रमाण अंटार्कटिका महाद्वीप पर जमी बर्फ की परतों की रासायनिक जांच से मिले हैं। वैज्ञानिक सुराख बना कर बर्फ की लाठ कुछ ऐसे निकाल लेते हैं जैसे कुल्फी से सींक निकाली जाती है। इस लाठ में सालों-साल की बर्फ जमी मिलती है। उसका परीक्षण करने से लाखों साल पहले के वातावरण पर कुछ पक्की जानकारी मिलती है। ऐसे कई परीक्षण हुए हैं। सन् 1999 में[4] ऐसे ही एक विश्लेषण ने पिछले सवा चार लाख साल की जलवायु पर प्रकाश डाला। पता लगा कि पिछले 11,500 साल से पृथ्वी की जलवायु मनुष्य के लिए अनुकूल बनी हुई है। यह अनुकूलता अभूतपूर्व है। इस दौर को वैज्ञानिक 'हॉलोसीन' कहते हैं। मनुष्य की संपन्नता के प्रमाण जो भी मिले हैं, वे इस दौर के शुरू होने के बाद के ही हैं। खेती भी इसी दौर में शुरू हुई और शहरी बस्तियां भी।

दुनिया भर में कितने घरों में शौचालय है, इसकी गिनती नामुमकिन है। राष्ट्रीय सरकारें इस विषय पर अपने आंकड़े इकट्ठे

3. शोध पत्र | लेखकः हाएनरिख डी. हॉलैंड 2006। शोध पत्र का शीर्षकः 'द ऑक्सीजनेशन ऑफ द ऐटमसफेअर एंड ओशनस'। विज्ञान पत्रिकाः 'फिलोसॉफिकल ट्रांसैक्शनस ऑफ द रॉयल सोसाएटी बी'। प्रकाशकः द रॉयल सोसाएटी, लंदन। खंड 361, पन्नेः 903-915

4. शोध पत्र | जे.आर. पेतीत व अन्य 1999, 'क्लाइमेट एंड एटमॉस्फेरिक हिस्ट्री ऑफ द पास्ट 420,000 इअर्स फ्रॉम द वॉस्तोक आइस कोर अंटार्कटिका', 'नेचर', नेचर पब्लिशिंग ग्रुप, लंदन, खंड 399, पन्नेः 429-436

कर के 'जॉएंट मॉनिटरिंग प्रोग्राम' को देती हैं, जिसे विश्व स्वास्थ्य संगठन और संयुक्त राष्ट्र संघ की संस्था यूनिसेफ चलाते हैं। यह कार्यक्रम सन् 2000 में हुए संयुक्त राष्ट्र के सहस्राब्दी शिखर सम्मेलन के बाद बना था। इसका मकसद था पेयजल और स्वच्छता के लिए जो उद्देश्य 'मिलेनियम डेवलेपमेंट गोल्स' में तय हुए थे उनकी प्रगति पर नजर रखना और उन्हें पूरा करने में मदद देना। इस कार्यक्रम की सालाना रपट पेयजल और स्वच्छता पर हर देश की तरक्की का ब्यौरा देती है। इसका उद्देश्य था सन् 2015 तक मनुष्य आबादी के आधे से ज्यादा लोगों तक पेयजल और स्वच्छ शौचालय की व्यवस्था पहुंचाना। इस पर अलग-अलग देशों के साथ काम करने के लिए एक और संस्था है जिसका नाम संयुक्त राष्ट्र के दूसरे विभागों की ही तरह बहुत कठिन है। वॉटर सप्लाइ एंड सैनिटेशन कोलैबोरेटिव काउंसिल। इसकी वेबसाइट[5] पर सचमुच मनों, टनों जानकारी मिल सकती है। मन भरेगा कि नहीं, कहा नहीं जा सकता।

संयुक्त राष्ट्र की बाकी बातों की ही तरह स्वच्छता पर भी कई आदर्श हैं, हर किसी तक सुविधाएं पहुंचाने की प्रतिबद्धता भी है। पर स्वतंत्र शोधकर्ताओं ने बहुत पहले ही कह दिया था कि स्वच्छता का उद्देश्य जो 'मिलेनियम डेवलेपमेंट गोल्स' में लिखा है, वह सिद्ध नहीं होगा। हमने अपनी जानकारी ऐसे ही एक शोध पत्र[6] से ली है जो जनवरी 2013 में एक प्रसिद्ध विज्ञान पत्रिका में छपा था। शौचालयों पर इस शोध पत्र के आंकड़े कई माने में संयुक्त राष्ट्र के आंकड़ों से ज्यादा विश्वसनीय हैं। इस शोध पत्र पर आधारित लेख कई पत्र-पत्रिकाओं में भी छपे थे।

हर साल फसल कटने के साथ मिट्टी से निकलने वाले एक करोड़ टन उर्वरक के घाटे का अनुमान हमने भारतीय कृषि अनुसंधान परिषद के दो वैज्ञानिकों के भाषणों[7] से लिया है, जो उन्होंने संयुक्त राष्ट्र की संस्था एफ.ए.ओ. की चीन में हुई एक बैठक में दिए थे।

शौचालय से निकले कुछ विचार

भारतीय रेल पर जानकारी हमें कई रेलवे अधिकारियों के साथ बातचीत से मिली। उनके पद की मर्यादा के कारण उनका नाम नहीं दिया जा सकता। रेलवे के जन सूचना विभाग के अधिकारियों ने भी मदद की। 'रेलवे इयरबुक' जैसे कुछ सार्वजनिक दस्तावेज भी इसमें काम आए। इस तरह की बहुत सी जानकारी पत्र-पत्रिकाओं में छपती भी रही है। हमें जानकारी जोड़ने में तीन पत्रकारों से मदद मिली। दिल्ली से छपने वाली 'डाउन टु अर्थ' पत्रिका के अंकुर पालीवाल और सुष्मिता सेनगुप्ता, और 'इंडिया वॉटर पोर्टल' के सिराज केसर के लेखों से और उनसे हुई चर्चाओं से मदद मिली। रेलवे को दुनिया का सबसे बड़ा शौचालय कहने वालों में पूर्व ग्रामीण विकास मंत्री जयराम रमेश भी शामिल हैं।

ग्वालियर में डी.आर.डी.ओ. की प्रयोगशाला[8] में 25 साल के

---

5. वेब | www.wssinfo.org और www.wsscc.org

6. शोध पत्र | रेचल बॉम व अन्य 2013,'सैनिटेशनः अ ग्लोबल एस्टिमेट ऑफ स्युअरेज कनेक्शनस विदाउट ट्रीटमेंट एंड द रिजल्टिंग इंपैक्ट ऑन एम.डी.जी. प्रोग्रेस', 'इन्वाएर्नमेंटल साइंस एंड टेक्नोलोजी', अमेरिकन केमिकल सोसाएटी, वॉशिंगटन, डी.सी., संयुक्त राज्य अमेरिका। खंड 47, पन्नेः 1994-2000

7. भाषण | ए. सुब्बा राव और सामी रेड्डी 2006,'इंटीग्रेटिड न्यूट्रिएंट मैनेजमेंट विस-अ-विस क्रॉप प्रोडक्शन/प्रोडक्टिविटी, न्यूट्रिएंट बैलेंस, फारमर लाइवलीहुड एंड एनवाएरमेंट', फूड एंड एग्रीकल्चर ऑर्गनाइजेशन के 12-16 दिसंबर 2005 में बीजिंग में हुए सम्मेलन में सभा की कार्यवाही, पन्नाः 26

8. पता | निदेशक, जीव विज्ञान विभाग, रक्षा अनुसंधान एवं विकास स्थापना, झांसी रोड, ग्वालियर, मध्य प्रदेश - 474002 । ईमेलः director.drde@gmail.com । फोनः 0751-2341148

अनुसंधान से बायोडाइजेस्टर शौचालय को सिद्ध करने का काम जीवशास्त्री लोकेंद्र सिंह ने किया है। वे वहां के निदेशक हैं।

प्रकृति में मल-मूत्र खाद कैसे बनता है, इसके व्यावहारिक विवरण के लिए अगल-बगल के किसी माली या किसान से बात करें। अगर आपका कौतुहल आपको शास्त्रीय जानकारी की ओर ले जाता है तो किसी भी जीवविज्ञानी से पूछ लें। इस विषय पर ढेर सारी वैज्ञानिक खोज हुई है। लेकिन ऐसे लोग बहुत कम हैं जिन्होंने इस पर गहन वैज्ञानिक जानकारी इकट्ठी की है और फिर उसे साधारण, व्यावहारिक भाषा में लिखा है। फिर भी दो अंग्रेजी किताबें विशेष हैं। पहली लिखी है कनाडा में रहने वाले रोग वैज्ञानिक और पशुचिकित्सक डेविड वॉल्टनर-टाउस[9] ने।

श्री डेविड की विज्ञान की समझ गहरी है, लिखाई सरल है। उन्होंने कई तरह की किताबें और शोध पत्र लिखे हैं। दूसरी किताब के लेखक जीन लॉग्स्डन[10] ने भी कई किताबें लिखी हैं, लेकिन वे वैज्ञानिक नहीं, किसान हैं। अमेरिका के ओहायो प्रदेश में खेती करते हैं। उनके लेखन में कुछ वैसी पारिवारिक गंध है जैसी किसी अनुभवी किसान के साथ उसके खेत की मुंडेर पर बैठ कर बतियाने से आती है। उनकी लिखाई में जैविक खेती की कसम खाने वालों का आदर्शवाद कम है, व्यावहारिकता थोड़ी अधिक है।

बच्चों में दूषित पानी से होने वाली बीमारियों के आंकड़े संयुक्त राष्ट्र संघ[11] की दो संस्थाओं की रपट से लिए गए हैं, जो इंटरनेट पर उनकी वेबसाइट पर मिल सकती है।

नगरपालिकाओं की कमजोर माली हालत पर शोध भारत में कम ही हुआ है। इस विषय को समझने के लिए हम ओमप्रकाश माथुर के पास गए। वे प्राध्यापक हैं और उनका संबंध नई दिल्ली के नेशनल इंस्टीट्यूट ऑफ पब्लिक फाइनेंस एंड पॉलिसी और नेशनल इंस्टीट्यूट ऑफ अर्बन अफेअर्स से रहा है।

'केंद्रीय ग्रामीण स्वच्छता कार्यक्रम' से 'टोटल सैनिटेशन कैंपेन', 'निर्मल भारत अभियान' और फिर 'स्वच्छ भारत मिशन' की यात्रा का वृत्तांत कई सरकारी और गैरसरकारी दस्तावेजों से मिल जाता है। हमने इसके लिए योजना आयोग की ग्यारहवीं पंचवर्षीय योजना 2007-12 के मध्यावधि मूल्यांकन[12] का उपयोग किया है (पन्ने 268-274)। कुछ सामाजिक संस्थाओं[13,14] ने भी इन सरकारी योजनाओं का मूल्यांकन किया है। निर्मल ग्राम पुरस्कार के खोखलेपन की कहानी भी इन्हीं रपटों से सामने आती है।

ग्रामीण लोग खुले में मलत्याग करना क्यों पसंद करते हैं इसके कुछ कारण एक विशाल सर्वेक्षण[15] से निकल कर आए जो बिहार, उत्तर प्रदेश, मध्य प्रदेश, राजस्थान और हरियाणा में किया गया

9. किताब | डेविड वॉल्टनर-टाउस 2013, 'द ओरिजिन ऑफ फिसिज', ई.सी.डब्ल्यू. प्रेस, ओंटारिओ, कनाडा। कुल पन्नेः 200
10. किताब | जीन लॉग्स्डन 2010, 'होली शिटः मैनेजिंग मॅन्योर टू सेव मैनकाइंड', चेलसी ग्रीन पब्लिशिंग, व्हाइट रिवर जंकशन, वेरमॉन्ट, संयुक्त राज्य अमेरिका। कुल पन्नेः 204
11. रपट | यूनिसेफ और एफ.ए.ओ. 2013, 'वॉटर इन इंडियाः सिचुएशन एंड प्रॉस्पेक्ट्स', संयुक्त राष्ट्र संघ, नई दिल्ली। पन्नाः 20
12. रपट | अनाम 2013, 'इवैल्युएशन स्टडी ऑन टोटल सैनिटेशन कैंपेन', कार्यक्रम मूल्यांकन संस्था, योजना आयोग, नई दिल्ली। कुल पन्नेः 186
13. रपट | इंदिरा खुराना व रोमित सेन (संपादक) 2008, 'फीलिंग द पल्सः अ स्टडी ऑफ द टोटल सैनिटेशन कैंपेन इन फाइव स्टेट्स', वॉटर एड इंडिया, दिल्ली। कुल पन्नेः 100
14. रपट | सुरेश बाबू एस.वी. 2010, 'स्टेप बाए स्टेपः अचीविंग सस्टेनेबल सैनिटेशन', अर्घ्यम, बेंगलुरु। कुल पन्नेः 63
15. शोध पत्र | डायेन कॉफी व अन्य 2014, 'रिवील्ड प्रेफरेंस फॉर ओपन डेफेकेशन', 'इकोनॉमिक एंड पोलिटिकल वीकली', समीक्षा ट्रस्ट, मुंबई। खंड 49, अंक 38। पन्नेः 43-55

था। इसे सात लोगों के दल ने किया, जिसमें भारत और अमेरिका के विश्वविद्यालयों के प्राध्यापक और शोधकर्ता थे। अपने निष्कर्षों पर उन्होंने कुछ शोध पत्रिकाओं में लेख भी लिखे थे।

क्या निर्मल भारत अभियान के अंतर्गत बनाए शौचालयों से संक्रमित बीमारियां रुक रहीं हैं? इस पर तीन साल का एक गहन अध्ययन[16] भारत, अमेरिका और इंग्लैंड के 14 वैज्ञानिकों के एक दल ने 2010-2013 में ओडीशा राज्य में किया। उनके शोध निष्कर्ष बताते हैं कि केवल शौचालय बनाना ही समाधान नहीं है।

जनगणना से केंद्रीय मंत्रालय के आंकड़ों के झूठ का पता चलने पर कोलकाता के दैनिक अखबार 'द टेलीग्राफ' ने 18 अप्रैल 2012 को एक रपट छापी थी, जिसका शीर्षक था 'टॉएलेट स्कैम लीप्स आउट ऑफ द क्लॉसेट'। संवाददाता का नाम था बसंत कुमार महंती। रपट अखबार की वेबसाइट पर अभी भी पढ़ी जा सकती है।

ओडीशा में काम करने वाली संस्था ग्राम विकास[17] के निदेशक जो मडिअथ सरलता से मिलने-जुलने वाले व्यक्ति हैं।

'कम्यूनिटि लेड टोटल सैनिटेशन' की जानकारी हमें सी.एल. टी.एस. फाउंडेशन के अध्यक्ष कमल कार[18] से मिली। इस पर ढेर सा साहित्य उनकी संस्था की वेबसाइट पर मिल सकता है। अंतर्राष्ट्रीय विकास संस्थाओं में सी.एल.टी.एस. पद्धति के सबसे जाने-माने अधिवक्ता हैं लंदन के इंस्टीट्यूट ऑफ डेवेलपमेंट स्टडीज के रॉबर्ट चेंबर्स। 83 बरस के श्री रॉबर्ट से संपर्क की जानकारी सरलता से इंटरनेट पर मिल सकती है।

सी.एल.टी.एस. पद्धति से काम करते हुए की गई ज्यादतियों पर बहुत कम लिखा गया है। स्वच्छता का प्रचार-प्रसार इतना है कि इस तरह की बातों पर ध्यान ही नहीं जाता। कई सामाजिक कार्यकर्ताओं को लगता है कि अच्छे काम की बुराई नहीं करनी चाहिए। लेकिन सी.एल.टी.एस. एक नई पद्धति है और इसके गुण और अवगुण, दोनों की बातचीत जरूरी है। कर्नाटक के गांवों में इसके दुष्प्रभाव की जानकारी हमें लंदन के अखबार 'द गार्डियन' की वेबसाइट पर 9 जून 2011 को पढ़ने मिली थी। लेख अभी भी अखबार की वेबसाइट पर पढ़ा जा सकता है। शीर्षक है 'टाइम टू एकनॉलेज द डर्टी टूथ बिहाइंड कमयूनिटी लेड सैनिटेशन'। लेखिका एलिजाबेथ 'लिज' चैटर्जी उस समय ऑक्सफोर्ड विश्वविद्यालय में शोध छात्रा थीं। वे चार लोगों के एक दल का हिस्सा थीं जिसे यूनिसेफ ने कर्नाटक के गांवों में स्वच्छता की योजनाओं में हुए काम का मूल्यांकन करने भेजा था। वहां उन्होंने जो देखा उसमें काफी कुछ आपत्तिजनक भी था। कई दूसरे सामाजिक कार्यकर्ता भी ऐसे भयावह किस्से सुनाते हैं।

घृणा के स्वभाव और इतिहास पर जानकारी कुछ किताबों[19,20] और कुछ वैज्ञानिक शोध पत्रों[21,22,23] से इकट्ठी की गई है। इसमें पॉल रोजिन और वैलेरी कर्टिस की लिखाई मुख्य है। पिछले कुछ सालों में शोधकों ने इस विषय पर बहुत कुछ मालूम किया है। जैसे 'फिल्थ' नाम की किताब में भारत में स्वच्छता पर आधुनिक

---

16. शोध पत्र | टॉमस क्लासेन व अन्य 2014, 'इफेक्टिवनेस ऑफ अ रूरल सैनिटेशन प्रोग्राम ऑन डायरिया, सॉएल-ट्रांसमिटेड हेलमिंथ इनफेक्शन, एंड चाइल्ड मैलन्यूट्रीशन इन ओडीशा', 'द लांसेट ग्लोबल हेल्थ', लंदन, युनाइटेड किंगडम। खंड 2, अंक 11, पन्नेः इ645-इ653

17. पता | ग्राम विकास, मोहूदा, बेरहामपुर, ओडीशा 760002
वेबसाइट | http://gramvikas.org । फोनः 0680-2261866

18. पता | सी.एल.टी.एस. फाउंडेशन, सी.बी. 88, सॉल्ट लेक सिटी, कोलकाता 700064 फोनः 033-40651168
ईमेलः cltsfoundation@gmail.com

19. किताब | विनफ्रीड मेनिंगाउस 2003, 'डिसगस्टः थिअरी एंड हिस्टरी ऑफ अ स्ट्रांग सेंसेशन', स्टेट यूनीवर्सिटी ऑफ न्यू यॉर्क प्रेस, एल्बनी, संयुक्त राज्य अमेरिका। कुल पन्नेः 471

20. अध्याय | पॉल रोजिन व अन्य 2008, 'डिसगस्ट', जेम्स लुइस व अन्य (संपादक), 'हैंडबुक ऑफ इमोशंस', गिलफर्ड प्रेस, न्यू यॉर्क, संयुक्त राज्य अमेरिका। पन्नेः 757-776

21. शोध पत्र | वॅलेरी कर्टिस और ऐडम बीरन 2001, 'डर्ट, डिसगस्ट एंड डिजीजः इज हाएजीन इन अवर जीन्स', 'पर्सपेक्टिवस इन बायोलॉजी एंड मेडिसिन', जॉनस हॉप्किंस यूनीवर्सिटी प्रेस, बॉल्टिमोर, मेरिलैंड, संयुक्त राज्य अमेरिका। खंड 44, अंक 1, पन्ने 17-21

22. शोध पत्र | वैलेरी कर्टिस व अन्य 2004, 'एविडेंस दैट डिसगस्ट इवॉल्वड टू प्रोटेक्ट फ्रॉम रिस्क ऑफ डिजीज', 'प्रोसीडिंग्सः बायोलॉजिकल साइंसिस', द रॉयल सोसाएटी, लंदन। खंडः 271, सप्लिमेंटः 4, 7 मई। पन्नेः एस131-एस133

23. शोध पत्र | ट्रेवर आई. केस व अन्य 2006, 'माए बेबी डजंट स्मेल ऐज बैड ऐज योर्जः द प्लास्टिसिटी ऑफ डिसगस्ट', 'ऐवोल्यूशन एंड ह्यूमन बिहेवियर', फिलेडेलफिया, संयुक्त राज्य अमेरिका। खंडः 27, पन्नेः 357-365

बातचीत कैसे बनती है इस पर विलियम कुपिन्स का एक रोचक लेख है जिसका शीर्षक है 'द इंडियन सब्जेक्ट ऑफ कोलोनिअल हाइजीन'। लेकिन सार्वजनिक बातचीत में घृणा पर बात नहीं के बराबर होती है। यह एक बड़ा कारण है कि स्वच्छता की बातचीत या तो पर-उपदेश की भावना से होती है या बिना सत्य को स्वीकर किए। घिन की बात खुले वातावरण में कम ही होती है। शोधकों की लिखाई ऐसी भाषा में होती है जिसे साधारण लोगों को समझना कठिन लगता है। ऐसे वैज्ञानिक और शोधकर्ता बहुत कम हैं जो विज्ञान की दुनिया में उसकी भाषा और बाकी दुनिया में साधारण भाषा इस्तेमाल करते हैं। यह बातचीत लगभग सारी अंग्रेजी या किसी और युरोपीय भाषा में ही होती है। हिंदी में इस तरह की लिखाई हमें बहुत कम मिली।

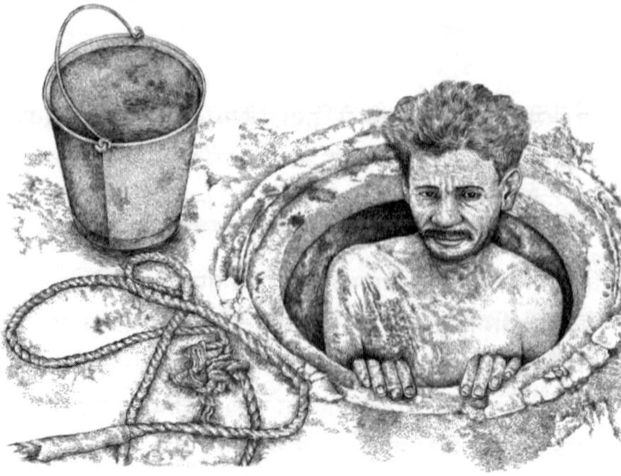

सफाई के मंदिर में बलि प्रथा

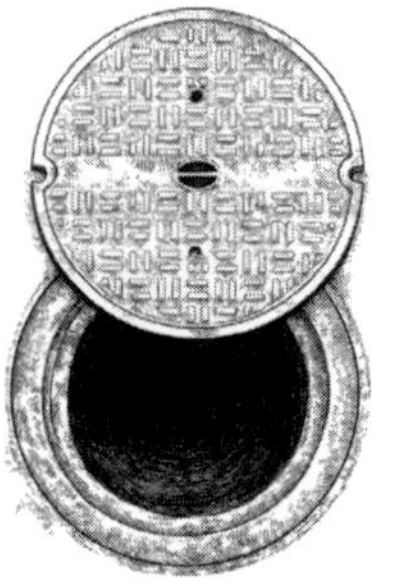

दिल्ली उच्च न्यायालय में सन् 2007 में कुछ सामाजिक संस्थाओं ने मिल कर एक जनहित याचिका दायर की थी सफाई कर्मचारियों के अधिकार दिलाने और उनकी सुरक्षा का इंतजाम करने के लिए। उस समय शुरू हुआ मुकदमा इस पुस्तक के छपने तक चल रहा है। न्यायालय ने सुधार का निरीक्षण करने के लिए एक कमेटी भी बनाई है। इस अभियोग में सफाई कर्मचारियों का पक्ष रखने में कानूनी मदद मिलती है 'ह्यूमन राइट्स लॉ नेटवर्क' से। दिल्ली में अभियान का संचालन करती हैं हेमलता कंसोटिया। उनके अभियान ने इस विषय पर एक पुस्तिका[24] भी निकाली है।

सीवर में घुस कर उसे साफ करने वालों पर बहुत कम लिखा गया है। मजदूरों के साथ काम करने वाली दिल्ली की एक संस्था ने सन् 2006 में एक विस्तृत रपट[25] तैयार की थी ऐसे मजदूरों के स्वास्थ्य पर, जिसमें मुख्य भूमिका डॉक्टर आशीष मित्तल की थी। हिंदी और अंग्रेजी, दोनों में छपी यह रपट तैयार करने के पहले संस्था और चिकित्सक ने एक सर्वेक्षण किया था। इस भयानक प्रचलन पर ऐसे गंभीर और गहरे दस्तावेज कम ही हैं, पर इसकी प्रतियां मिलना आसान नहीं है। सन् 2014 में श्री आशीष ने कुछ और संस्थाओं के साथ मिल कर सीवर में उतरने वाले कर्मचारियों के स्वास्थ्य का अध्ययन किया। इसकी अंग्रेजी रिपोर्ट[26] 'प्रैक्सिस' नामक संस्था की वेबसाइट से मिल सकती है। पत्रकार विद्या वेंकट चेन्नई में 'द हिंदू' अखबार में काम करती हैं और इस विषय पर लगातार लिखती रही हैं। उनकी रपट के आधार पर मद्रास हाइ कोर्ट में इस अन्याय पर एक मामला भी चला था। उनकी लिखी रपटें अखबार की वेबसाइट पर मिल जाएंगी।

सफाई कर्मचारी आंदोलन से जुड़े कार्यकर्ता कई राज्यों और शहरों में हैं। उनका संचालन दिल्ली से बेजवाड़ा विलसन[27] करते हैं। कर्नाटक में मैला ढोने वाली एक जाति में जनमे श्री विलसन ने अपनी व्यथा को दूसरों की व्यथा से जोड़ कर देखा है और एक लंबी कानूनी लड़ाई भी लड़ी है। उनकी साधना और अथक प्रयासों

24. पुस्तिका | सरिता भोई (संपादक) 2011, 'डिग्निटी एंड राइट्स ऑफ द सुअरेज एंड एलाइड वर्करस्', ह्यूमन राइट्स लॉ नेटवर्क, नई दिल्ली। कुल पन्नेः 103
पता | 9908, आहता ठाकुर दास, सराए रोहिल्ला रेलवे स्टेशन के पास, दिल्ली 110085। फोनः 9278038806, ईमेलः leds.jaipur@gmail.com

25. सर्वेक्षण रपट | आशीष मित्तल व प्रांजल ज्योति गोस्वामी 2006, 'दिल्ली में सीवेज मजदूरों के स्वास्थ्य एवं सुरक्षा की स्थिति', सेंटर फॉर एजुकेशन एंड कम्यूनिकेशन, नई दिल्ली। कुल पन्नेः 48

26. सर्वेक्षण रपट | प्रैक्सिस इंस्टिट्यूट फॉर पारटिसिपेटरी प्रैक्टिसिस 2014, 'डाउन द ड्रेन', प्रैक्सिस, नई दिल्ली। कुल पन्नेः 58

27. पता | 36/13 ईस्ट पटेल नगर, निचली मंजिल, नई दिल्ली 110008 । फोनः 011-25863166, ईमेलः skandolan@gmail.com, वेबसाइटः www.safaikarmachariandolan.org

से प्रेरणा पा कर कुछ और लोग भी सफाई कर्मचारियों की मुक्ति का काम सामाजिक भाव से कर रहे हैं। उन्हें साधुवाद।

मैला ढोने वाली जातियों की दर्दनाक परिस्थितियों पर लिखी तीन किताबें[28,29,30] देश भर में इस प्रथा के प्रचलन के बारे में बताती हैं। इनमें पहली दो किताबों अंग्रेजी में हैं और तीसरी हिंदी में। तीनों किताबों में देश भर से विस्तृत रिपोर्ताज है शोध और ढेर से संदर्भ भी हैं।

केंद्र के सामाजिक न्याय मंत्रालय के बताए आंकड़े हमें ऐनी जैदी के लिखे लेख से मिले जो 22 सितंबर 2006 की 'फ्रंटलाइन' पत्रिका में छपा था। शीर्षक था 'इंडियाज शेम'। लोक सभा की सामाजिक न्याय और सशक्तिकरण की स्थायी कमेटी की फरवरी 2013 में जारी हुई 32वीं रपट संसद की वेबसाइट से है।

मैला ढोने वाली जातियों पर विस्तार से लिखने वालों में समाजशास्त्री श्याम लाल का नाम आता है। उनका जन्म ऐसी ही एक जाति में हुआ था। वे जोधपुर के जय नारायण व्यास विश्वविद्यालय के उपकुलपति भी रहे। उन्होंने लगातार इन जातियों का अध्ययन किया और कई किताबें[31] लिखीं।

मुंबई के दो सामाजिक कार्यकर्ताओं ने 1990 के दशक में मैला ढोने वाली जातियों में घूम-घूम कर एक सर्वेक्षण किया। इसके आधार पर सन् 1996 में उन्होंने एक संवेदनशील किताब मराठी और हिंदी[32] में निकाली। यह किताब अब मिलती नहीं है, इसका पहला संस्करण पूरी तरह बिक चुका है और दूसरा संस्करण निकला नहीं है। इसे लिखने वाले सामाजिक कार्यकर्ता मोहम्मद खड़स के पास भी मराठी संस्करण की प्रति ही थी, हिंदी की नहीं। श्री खड़स से फोन पर संपर्क किया जा सकता है, उनका मुंबई का नंबर 022-24050980 है। राधाकृष्ण प्रकाशन का आभार कि उन्होंने बड़े जतन से हमें एक प्रति अपने गोदाम से ढूंढ़ कर दी।

1990 के दशक में समाजशास्त्र में डॉक्टरेट की पढ़ाई के दौरान इतिहासकार विजय प्रशाद ने दिल्ली के वाल्मिकि समाज और पंजाब की चूड़ा जाति के लोगों के साथ खूब समय बिताया था। लेखागार और ऐतिहासिक अभिलेखों में से संदर्भ भी विभिन्न प्रकार के इकट्ठे किए थे। उस शोध प्रबंध में से छपी एक अद्वितीय किताब[33] का एकमात्र संस्करण पूरा बिक चुका है। यह अब पुस्तकालयों में ही मिलती है। श्री विजय अब अमेरिका में इतिहास, राजनीतिशास्त्र और समाजशास्त्र के प्राध्यापक हैं।

भारत में अकाल की मार को असहनीय बनाने में इंग्लैंड की साम्राज्यवादी सरकार की आर्थिक नीतियों का विस्तृत वर्णन जाने-माने अमेरिकी इतिहासकार माइक डेविस की किताब[34] से लिया गया है। साम्राज्यवाद और पूंजीवाद ने मिल कर किस तरह पुराने और समृद्ध देशों को दरिद्र बनाया, यह श्री डेविस गहराई और प्रामाणिकता के साथ बतलाते हैं।

28. किताब | मारी मारसेल ठेकेकारा 2003, 'एंडलेस फिल्थः द सागा ऑफ द भंगीज', बुक्स फॉर चेंज, बेंगलुरु। कुल पन्नेः 110

29. किताब | गीता रामास्वामी 2005, 'इंडिया स्टिंकिंगः मैनुअल स्कैवेंजर्स इन आंध्र प्रदेश एंड देअर वर्क', नवयान पब्लिशिंग, नई दिल्ली। कुल पन्नेः 108

30. किताब | भाषा सिंह 2012, 'अदृश्य भारतः मैला ढोने के बजबजाते यथार्थ से मुठभेड़', पेंगुइन बुक्स, नई दिल्ली। कुल पन्नेः 211

31. किताब | श्याम लाल 1999, 'द चेंजिंग भंगीज ऑफ इंडियाः अ स्टडी ऑफ कास्ट एसोसिएशन', सबलाइम पब्लिकेशन्स, जयपुर। कुल पन्नेः 207

32. किताब | अरुण ठाकुर और मोहम्मद खड़स 1996, 'नरक सफाईः भंगियों की दुर्दशा का इतिहास', राधाकृष्ण प्रकाशन, नई दिल्ली। कुल पन्नेः 155

33. किताब | विजय प्रशाद 2000, 'अनटचेबल फ्रीडमः अ सोशल हिस्ट्री ऑफ अ दलित कम्यूनिटी', ऑक्सफोर्ड यूनीवर्सिटी प्रेस, नई दिल्ली। कुल पन्नेः 176

34. किताब | माइक डेविस 2001, 'लेट विक्टोरिअन हॉलोकास्ट्सः एल नीनो फैमिनस् एंड द मेकिंग ऑफ द थर्ड वर्ल्ड', वरसो प्रकाशन, लंदन। कुल पन्नेः 464

ईस्ट इंडिया कंपनी द्वारा 18वीं शताब्दी में भारत में पैर जमाते ही अंग्रेज शासकों ने भारत को समझने की कोशिश शुरू कर दी थी। आगे चल कर इस समझ ने भारत को ढाला भी और भारतीय लोगों की खुद अपनी समझ पर भी इसकी छाप पड़ी। इस पर प्रभावशाली अनुसंधान अमेरिकी मानवशास्त्री बरनार्ड कोह्न ने 1950 और 1960 के दशक में किया। श्री बरनार्ड की ख्याति एक इतिहासकार के नाते अधिक है। अपने अनुसंधान के आधार पर उन्होंने कई शोध पत्र लिखे, जिनके तीन संकलन किताब के रूप में छपे हैं। इनमें से दो किताबों[35,36] से हमें मदद मिली। ब्रिटिश हुकूमत का भारत के इतिहास पर ही नहीं, हमारे जनमानस पर भी जो असर पड़ा उसे समझने के लिए दोनों किताबें अनमोल हैं। इनसे यह भी पता लगता है कि जाति व्यवस्था बदली कैसे।

जाति को समझने की तरह-तरह की कोशिशों का व्यापक अध्ययन बरनार्ड कोह्न के छात्र इतिहासकार निकोलस डर्क्स ने किया है। जाति की आधुनिक समझ कैसे बनी है यह उनकी किताब 'कास्ट्स ऑफ माइंड'[37] में बखूबी समझाया गया है। इसमें जाति को समझने और उस पर लिखने वाले कई महत्वपूर्ण लोगों के काम की सटीक समीक्षा भी की गई है। सन् 2013 में श्री निकोलस यूनीवर्सिटी ऑफ कैलिफोर्निया इन बर्कले के कुलाधिपति नियुक्त हुए। इतिहासकार सुमित गुहा की 2013 की एक पुस्तक[38] भी जाति की अवधारणा और उसके बदलते स्वरूप को बखूबी दिखलाती है। वे अमेरिका में यूनीवर्सिटी ऑफ टेक्सस इन ऑस्टिन में प्राध्यापक हैं। दोनों ही किताबों के भारतीय संस्करण दिल्ली के परमानेंट ब्लैक प्रकाशन से निकल चुके हैं।

एक स्वावलंबी खेतिहर समाज के चमार जाति में बदलने पर इतिहासकार रामनाराण सिंह रावत ने प्रामाणिक शोध किया है। इसके पीछे ताकतवर जातियों और ब्रिटिश हुकूमत की भूमिका पर उनकी किताब[39] पढ़ने योग्य है।

संस्कृत साहित्य समझने में सहायता के लिए बिहार में गया के रवींद्र कुमार पाठक का आभार है। वे मगध विश्वविद्यालय के कॉलेज में पाली भाषा पढ़ाते रहे हैं और संस्कृत भी। पुराणों और आगम शास्त्रों पर उनका अध्ययन रहा है। कई तरह के देशी-विदेशी शास्त्रज्ञों के साथ उन्होंने काम किया है। श्री रवींद्र लोक विद्याओं और ग्रामीण समाज के भी अच्छे जानकार हैं। उनके फोन 9431476562 पर उनसे संपर्क किया जा सकता है।

शरीर से नदी की दूरी

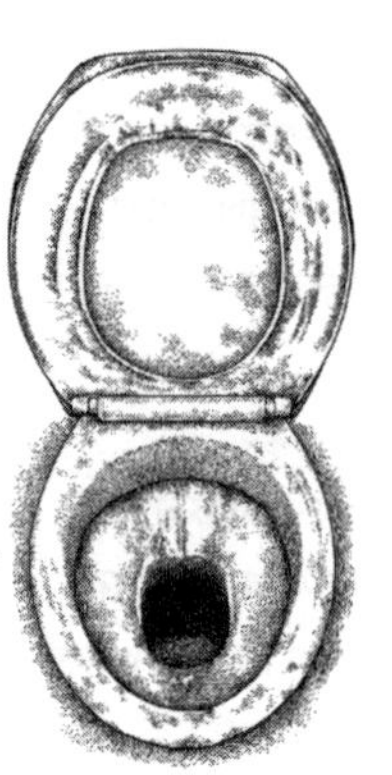

'द ग्रेट स्टिंक' पर जानकारी के कई स्रोत[40] सरलता से मिलते हैं। हमने कुछ किताबें[41] और कुछ शोध पत्र इस्तेमाल किए हैं। इंग्लैंड की पत्रकार रोज जॉर्ज की एक किताब[42] और एक दूसरी किताब में लिखे अध्याय[43] से खूब मदद मिली, जानकारी भी और संदर्भ भी। दुनिया की कई प्रसिद्ध पत्र-पत्रिकाओं में लिखने वाली सुश्री रोज की भाषा सरल और आकर्षक है।

मल से जुड़ी दुनिया भर की जानकारी का एक विशाल संग्रह 125 साल पहले अमेरिकी सेना में कैप्टन रहे जॉन ग्रेगरी बर्क ने किया

35. किताब | बरनार्ड कोह्न 1987, 'एन ऐंथ्रोपॉलोजिस्ट अमंग हिस्टॉरियंस एंड अदर एसेज', ऑक्सफोर्ड यूनीवर्सिटी प्रेस, नई दिल्ली। कुल पन्नेः 682

36. किताब | बरनार्ड कोह्न 1996, 'कोलोनियलिज्म एंड इट्स फॉर्मस ऑफ नॉलेज', प्रिंसटन यूनीवर्सिटी प्रेस, न्यू जर्सी, संयुक्त राज्य अमेरिका। कुल पन्नेः 189

37. किताब | निकोलस डर्क्स 2001, 'कास्ट्स ऑफ माइंड', प्रिंसटन यूनीवर्सिटी प्रेस, न्यू जर्सी, संयुक्त राज्य अमेरिका। कुल पन्नेः 372

38. किताब | सुमित गुहा 2013, 'बियांड कास्टः आइडेंटिटी एंड पावर इन साउथ एशिया, पास्ट एंड प्रेसेंट', ब्रिल प्रकाशन, लेइडन, द निदरलैंड्स। कुल पन्नेः 236

39. किताब | रामनाराण सिंह रावत 2012, 'रीकन्सिडरिंग अनटचेबिलिटीः चमार एंड दलित हिस्टरी इन नॉर्थ इंडिया', इंडियाना यूनीवर्सिटी प्रेस, ब्लूमिंगटन, इंडियाना, संयुक्त राज्य अमेरिका। कुल पन्नेः 272

40. वेबसाइट | www.choleraandthethames.co.uk

41. अध्याय | डेविड एस. बार्नस 2005, 'कनफ्रंटिंग सेंसरी क्राइसिस इन द ग्रेट स्टिंक्स ऑफ लंदन एंड पेरिस', पन्नेः 103-129, किताबः 'फिल्थः डर्ट, डिसगस्ट, एंड मॉडर्न लाइफ', विलियम कोहेन व रायन जॉन्सन (संपादक), यूनीवर्सिटी ऑफ मिनेसोटा प्रेस, मिनियैपोलिस, संयुक्त राज्य अमेरिका। कुल पन्नेः 317

42. किताब | रोज जॉर्ज 2008, 'द बिग नेसेसिटी', पोर्टोबेलो बुक्स, लंदन। कुल पन्नेः 326

43. अध्याय | रोज जॉर्ज 2011, 'द ब्लू गर्लः डर्ट इन द सिटी', पन्नेः 133-167, किताबः 'डर्टः द फिल्थी रिऐलिटी ऑफ एवरीडे लाइफ', प्रोफाइल बुक्स, लंदन

था। उनकी किताब[44] खूब चर्चा में रही है, इतने सालों बाद भी है। यह किताब इंटरनेट पर आसानी से मिलती है।

जॉन श्लैडवाइलर अमेरिका के एरिजोना राज्य के वॉटर एसोसिएशन के आधिकारिक इतिहासकार हैं। उन्होंने दुनिया भर से शौचालयों, सीवर की नालियों और मैले पानी के निस्तार की जानकारी और दस्तावेज इकट्ठे किए हैं। इसमें से बहुत सी जानकारी एक सादी और आकर्षक वेबसाइट[45] पर डाली गई है, जिसे कोई भी पढ़ सकता है। लिखाई सरल और रोचक है, जानकारी के सारे संदर्भ सामने रखे होते हैं। उनकी वेबसाइट पर ऐसे बेशकीमती दस्तावेज भी मुफ्त में मिलते हैं जिन्हें पढ़ने के लिए दूसरी जगहों पर भुगतान करना पड़ता है।

युरोप के महलों और समाज में गंदगी पर जर्मन समाजशास्त्री नॉर्बर्ट एलियास ने विस्तार से लिखा है। 1939 में छपी उनकी किताब 'द सिविलाइजिंग प्रोसेस' बहुत चर्चित रही है। सीवर के इतिहास के लिए हमने कई स्रोतों से जानकारी ली है। इनमें दो विशेष हैं। कनाडा में कानून प्राध्यापक जेमी बेनिडिकिंसन ने एक ग्रंथ[46] तैयार किया था। इसमें कनाडा, अमेरिका और इंग्लैंड की सीवर व्यवस्था का आधिकारिक इतिहास है। यह ग्रंथ कई उदाहरण देता है और बहुत बारीकी से सीवर व्यवस्था का कानूनी विवेचन भी करता है। इस विषय में गहरी रुचि रखने वालों के लिए यह किताब अनमोल है, खासकर सरकारी नीति लिखने वाले और उसका विश्लेषण करने वालों के लिए। लेकिन साधारण पाठकों के लिए यह पढ़ने में सरल नहीं है क्योंकि इतने गहरे गोते लगाते हुए डूबने का डर लगने लगता है। दूसरा स्रोत भी एक अमेरिकी कानून प्राध्यापक हैं। उनका शोध पत्र[47] तो शुद्ध अकादमिक ही है।

वॉशिंग्टन के सीवरों की जानकारी सोपान जोशी के एक लेख से ली गई है जो 'द वॉशिंग्टन पोस्ट' अखबार में 26 सितंबर 2008 को छपा था। शीर्षक था 'अ मैंडेटरी सीवेज प्लैन इन सर्च ऑफ फेडरल फंडिंग'। लेख अखबार की वेबसाइट पर मिल सकता है।

इटली के मिलान और बेलजियम के ब्रसल्स शहर के सीवर तंत्र की जानकारी रोज जॉर्ज की पुस्तक 'द बिग नेसेसिटी' के छठवें पन्ने से ली गई है। कार्ल मार्क्स का लिखा हमने उनकी किताब 'कैपिटल' के तीसरे खंड के पहले हिस्से में पांचवे अध्याय के चौथे भाग से ले कर अनुवाद किया है। टेड रोजेवेल्ट का कहा हमने विलियम एंड्रीन के ऊपर दिए शोध पत्र के 174वें पन्ने से लिया है।

मैले पानी की सफाई के कारखानों के काम करने के सिद्धांत आसानी से कहीं भी मिल सकते हैं। लेकिन यह जानकारी अकादमिक भाषा में होती है। इसे समझने में हमारी मदद मुंबई के रसायनशास्त्री जॉए मंगलानी ने की। वे इंडियन इंस्टीट्यूट ऑफ टेक्नॉलोजी में पढ़ाते हैं। 'स्लज' के इस्तेमाल पर होने वाली बहस पर रोज जॉर्ज ने अपनी पुस्तक में बहुत गहराई और सफाई से 169-193 पन्नों पर लिखा है। मैले पानी के कारखानों की गहरी समझ रखने वालों में पारिस्थितिकी-विज्ञान के प्राध्यापक

44. किताब | जॉन ग्रेगरी बर्क 1891, 'स्कैटोलॉजिक राइट्स ऑफ ऑल नेशंस', मार्टीनो पब्लिशिंग, मैंनस्फील्ड सेंटर, कनेटीकट, संयुक्त राज्य अमेरिका। कुल पन्नेः 496

45. वेबसाइट | www.sewerhistory.org

46. किताब | जेमी बेनिडिकिंसन 2007, 'द कल्चर ऑफ फ्लशिंगः अ सोशल एंड लीगल हिस्टरी ऑफ सीवेज', यूनीवर्सिटी ऑफ ब्रिटिश कोलंबिया प्रेस, वैनकूवर, कनाडा। कुल पन्नेः 404

47. शोध पत्र | विलियम एंड्रीन 2003, 'द इवोल्यूशन ऑफ वॉटर पल्यूशन कंट्रोल इन द युनाइटेड स्टेट्स', 'स्टॅनफोर्ड एनवाएर्नमेंटल लॉ जरनल', लीलेंड स्टॅनफोर्ड जूनियर यूनीवर्सिटी, मैसेचूसेट्स, संयुक्त राज्य अमेरिका। खंड 22, पन्नेः 145-294

डैनियल श्नाइडर का नाम आता है। उनकी किताब 'हाइब्रिड नेचर'[48] इस नई दुनिया का करीबी अध्ययन और चित्रण है।

19वीं सदी में दिल्ली में सीवर की नालियां बनाने को ले कर हुई बहस इतिहासकार अवधेंद्र शरण के एक शोध पत्र[49] से मिली है। श्री अवधेंद्र ने जाति और अस्पृश्यता पर भी शोध किया है। सन् 2014 में इस विषय पर उनकी किताब[50] भी प्रकाशित हुई, जिसमें दिल्ली के पर्यावरण का 150 साल का इतिहास दिखाया गया है। वे दिल्ली की सी.एस.डी.एस. संस्था में सहभागी प्राध्यापक हैं।

गोदी में खेलती हैं इसकी हजारों नालियां

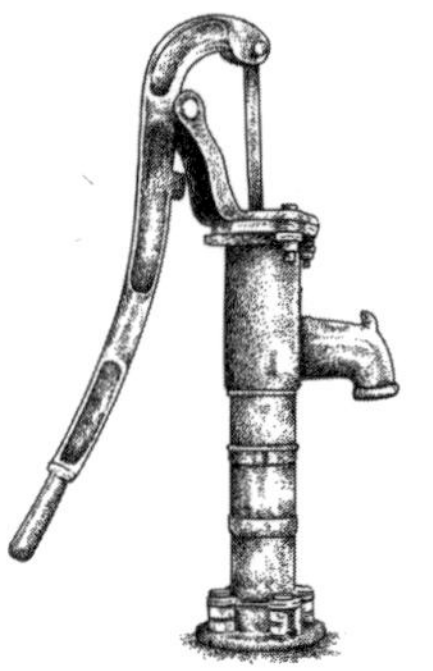

हमारे गांवों और शहरों की परिकल्पना और इंद्र के पुरंदर रूप का परिचय हमें दिल्ली में गांधी शांति प्रतिष्ठान के अनुपम मिश्र से मिला। जल प्रबंधन पर श्री अनुपम 30-40 साल से काम कर रहे हैं। इस पर उनकी दो चर्चित किताबें और कुछ लेख भी हैं। इंद्र के इस रूप पर उन्होंने स्थापत्य की एक पत्रिका में लेख[51] लिखा था। इस लेख से दिल्ली के पुराने जल प्रबंध पर भी जानकारी मिली।

हमारे शहर कितना मैला पानी पैदा करते हैं इसका पहला ठीक अंदाजा सन् 1999 में किए गए एक सर्वेक्षण से लगा था। इसे करवाया था शहरी विकास मंत्रालय की संस्था केंद्रीय जन स्वास्थ्य एवं पर्यावरण अभियांत्रिकी ने। करने की जिम्मेदारी मिली थी नैशनल इंस्टीट्यूट फॉर अर्बन अफेअर्स को। 301 शहरों का सर्वे करने के बाद रपट[52] छापने में छह साल लगे। जून 2005 में छपी यह रपट वैसे तो सरकारी दस्तावेज है और तकनीकी विषय पर लिखा गया है, फिर भी यह भारी भरकम रपट पढ़ने लायक है। कुछ हिस्सों में इसकी भाषा पठनीय भी है। इंटरनेट पर इसकी प्रति उपलब्ध है।

भारत सरकार की बनाई स्वायत्त शोध संस्था 'इक्रिअर' ने सन् 2011 में शहरों में बुनियादी सेवाओं पर एक रपट जारी की थी जिसका शीर्षक है 'रिपोर्ट ऑन इंडियन अर्बन इंफ्रास्ट्रक्चर एंड सर्विसेज'। सीवेज पर जानकारी इसके 51वें पन्ने से ली गई है। रपट संस्था की वेबसाइट[53] पर आसानी से मिल सकती है।

दिल्ली के केंद्रीय प्रदूषण नियंत्रण बोर्ड ने सन् 2005 के नवंबर में सीवेज ट्रीटमेंट की स्थिति पर एक रिपोर्ट[54] जारी की थी। सन्

48. किताब | डैनियल श्नाइडर 2011, 'हाइब्रिड नेचरः सीवेज ट्रीटमेंट एंड द कॉन्ट्राडिक्शन्स ऑफ द इंडस्ट्रियल इकोसिस्टम', मैसेचूसेट्स इंस्टीट्यूट ऑफ टेक्नॉलॉजी प्रेस, केंब्रिज, मैसेचूसेट्स, संयुक्त राज्य अमेरिका। कुल पन्नेः 338

49. शोध पत्र | अवधेंद्र शरण 2011, 'फ्रॉम सोर्स टू सिंकः ऑफिशियल एंड इंप्रूव्ड वॉटर इन डेल्ही, 1868-1956', 'द इंडियन इकोनॉमिक एंड सोशल हिस्टरी रिव्यू', सेज पब्लिकेशन्स, दिल्ली। खंड 48, अंकः 3, पन्नेः 425-462

50. किताब | अवधेंद्र शरण 2014, 'इन द सिटी, आउट ऑफ प्लेसः न्यूसेंस, पल्यूशन, एंड ड्वेलिंग इन डेल्ही 1850-2000', ऑक्सफर्ड यूनीवर्सिटी प्रेस, नई दिल्ली। कुल पन्नेः 288

51. लेख | अनुपम मिश्र 2012, 'यमुना की दिल्ली', 'एल.ए. जर्नल ऑफ लैंडस्केप आर्किटेक्चर', दिल्ली। अंकः 35, अप्रैल-जून 2012, पन्नेः 30-35

52. रपट | नैशनल इंस्टीट्यूट फॉर अर्बन अफेयर्स 2005, 'स्टेटस ऑफ वॉटर सप्लाए, सैनिटेशन एंड सॉलिड वेस्ट मैनेजमेंट इन अर्बन एरियाज', रिसर्च स्टडी सीरिज नं. 88, शहरी विकास मंत्रालय, भारत सरकार, नई दिल्ली। कुल पन्नेः 871

53. वेबसाइट | www.icrier.org

54. रपट | बी. सेनगुप्ता व अन्य 2005, 'स्टेटस ऑफ सीवेज ट्रीटमेंट इन इंडिया', केंद्रीय प्रदूषण नियंत्रण बोर्ड, दिल्ली। कुल पन्नेः 101

2009 के दिसंबर में बोर्ड ने एक और रपट[55] छापी जिसमें पीने के पानी के साथ मैले पानी की सफाई की स्थिति का भी जाएजा लिया गया था। बोर्ड ने मैले पानी के देश भर में फैले कारखानों की कार्यकुशलता पर सन् 2013 में एक रपट[56] निकाली। इसके दो साल बाद एक विस्तृत सूची[57] छापी गई जिसमें ऐसे सभी 822 कारखानों का लेखा-जोखा मौजूद है, जिनमें केवल 522 काम करते हुए पाए गए थे। इन रपटों की छपी हुई प्रति के लिए बोर्ड से संपर्क करें। रपटें इंटरनेट पर बोर्ड की वेबसाइट से मिल सकती हैं, यहां प्रदूषण की स्थिति पर ताजे आंकड़े भी जारी होते हैं।

सरकारी शोध और प्रकाशन करने वाली संस्थाओं की मजबूरी होती है कि वे उस सवाल से ज्यादा इधर-उधर नहीं देख सकती हैं जो उनसे पूछा जाता है। स्वायत्त संस्थाओं को यह मुश्किल आड़े नहीं आती। भारत में पानी की आपूर्ति और मैले पानी के उपचार पर गहरा और प्रामाणिक शोध किया है दिल्ली की गैरसरकारी संस्था 'सेंटर फॉर साइंस एंड एनवाएरमेंट', या 'सी.एस.ई' ने। जल प्रदूषण पर सी.एस.ई पिछले कोई 30 साल से काम कर रही है। सन् 2011 में संस्था ने दो खंडों में एक भारी-भरकम अध्ययन[58] जारी किया जिसे खूब सराहना मिली। भारत के कई शहरों की दशा परखता पहला खंड हमारे शहरों की पानी की हवस और जल स्रोतों का प्रदूषण विस्तार से समझाता है। दूसरे खंड में 71 शहरों का गहराई से किया सर्वेक्षण है। दिल्ली, गुड़गांव और बेंगलुरु जैसे शहरों में पानी और मैले पानी की स्थिति पर बहुत सी जानकारी हमने इन सर्वेक्षणों से ही ली है।

बेंगलुरु के 'हनीसकर' ट्रकों की जानकारी हमें सबसे पहले विश्वनाथ श्रीकंटैय्या ने दी। वे जल प्रबंधन के अच्छे जानकार तो हैं ही, शुचिता पर देश में सबसे जानकार लोगों में गिने जाते हैं। अपनी पत्नी चित्रा विश्वनाथ के साथ वे बेंगलुरु में सुरुचिपूर्ण और सहज सामान से बने घरों के स्थापत्य का काम करते हैं। साथ ही शौचालयों के व्यावहारिक ढांचों पर जानकारी इकट्ठा करते हैं और

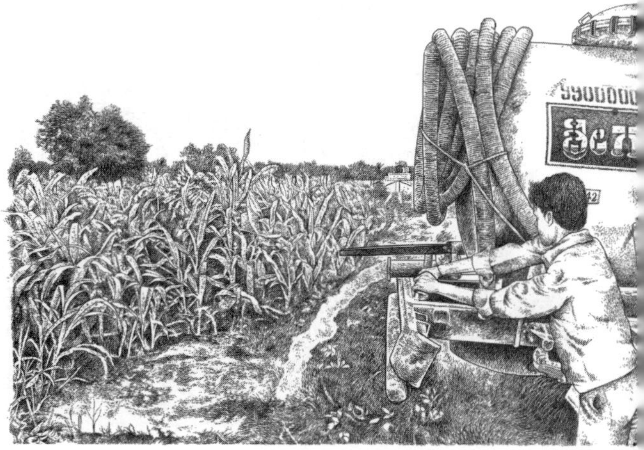

उन्हें बनावाते भी हैं। शुचिता पर समझदारी से काम करने वाले लोगों को सहारा और मार्गदर्शन भी देते हैं। उनसे संपर्क आदि की जानकारी उनकी वेबसाइट[59] पर मिल सकती है।

इस तरह के ट्रक चलाने वालों के संपर्क 'जस्ट डाएल' जैसी वेबसाइट पर आसानी से मिल जाते हैं और इनके ट्रक शहर की सड़कों पर दिखते भी हैं। उन पर मोबाइल फोन नंबर होते हैं जिनसे इनसे संपर्क किया जा सकता है। हमें यह जानकारी मिली पाएनिअर एजेंसीज नाम की ऐसी ही एक कंपनी के मालिक आनंदराज बॉस्को से। वे बेंगलुरु में 'हनीसकर' ट्रक चलाने वाले शुरुआती लोगों में रहे हैं और इस व्यापार के अच्छे जानकार हैं। किसी भी ट्रक के साथ जा कर उन किसानों से भी मिला जा सकता है जो इनसे निकलने वाला मैला पानी अपने खेतों में डलवाते हैं।

दिल्ली में यमुना पुश्ते पर से सन् 2003-2006 में झोपड़ियां हटाने की मुहिम पर कई पत्र-पत्रिकाओं में लेख छपे थे। इनमें से कई अभी भी इंटरनेट पर मिलते हैं। इस विषय पर वास्तुविद् और नागरिक शास्त्री गीता दीवान वर्मा[60] गहरी जानकारी रखती हैं। सुश्री गीता ने सन् 2003 में हमारे यहां झुग्गियों में रहने वालों के

55. रपट | अनाम 2009, 'स्टेटस ऑफ वॉटर सप्लाए, वेस्टवॉटर जनरेसन एंड ट्रीटमेंट इन क्लास-I सिटीज़ एंड क्लास-II टाउनस ऑफ इंडिया', केंद्रीय प्रदूषण नियंत्रण बोर्ड, दिल्ली। कुल पन्नेः 93

56. रपट | जे.एस. काम्योत्रा व अन्य 2013, 'परफॉर्मेंस इवैल्युएशन ऑफ सीवेज ट्रीटमेंट प्लांट्स अंडर एन.आर.सी.डी.', केंद्रीय प्रदूषण नियंत्रण बोर्ड, दिल्ली। कुल पन्नेः 124

57. रपट | अनाम 2015, 'इनवेंटराइजेशन ऑफ सीवेज ट्रीटमेंट प्लांट्स', केंद्रीय प्रदूषण नियंत्रण बोर्ड, दिल्ली। कुल पन्नेः 81

58. किताब | सुनीता नारायण व अन्य 2011, 'एक्सक्रीटा मैटर्स', सेंटर फॉर साइंस एंड एनवाएरमेंट, नई दिल्ली। कुल पन्नेः 286 (पहला खंड) और 486 (दूसरा)

59. पता | 264, 6वां मेन, 6वां ब्लॉक, बी.इ.एल. लेआउट, विद्यारण्यपुरा, बेंगलुरु 560097, कर्नाटक। फोनः 080-41672790। वेबसाइट | www.biome-solutions.com

60. पता | 1356, डी-1, वसंत कुंज, दिल्ली 110070। ईमेलः mpisgplanner@yahoo.com

हालात और अधिकारों पर एक अंग्रेजी किताब लिखी है, 'स्लमिंग इंडिया', जिसका प्रकाशन पेंगुइन बुक्स ने किया है।

जापान में मैले पानी के उपचार के बारे में हमें श्रीनिवासन रंगनाथन कुलशेखरन ने बताया। वे भूजल के विशेषज्ञ हैं और मैले पानी के उपचार पर गहरी जानकारी रखते हैं। दिल्ली में 'प्लैन इंडिया' नाम की संस्था में वे स्वच्छता को बढ़ावा देने के कई तरह के काम करते हैं। जापान में मैले पानी के उपचार को उन्होंने अपनी एक यात्रा के दौरान देखा और समझा है। उनसे संपर्क उनके दफ्तर 011-46558484 पर फोन से किया जा सकता है।

'जोकासो' बनाने वाली जापान की सबसे बड़ी कंपनी 'फूजी क्लीन' के जनरल मैनेजर तोशीरो ओतोवा[61] से हमें इस पद्धति की जानकारी मिली। वे अब यही काम दूसरे देशों में करना चाहते हैं।

डीवॉट्स पद्धति पर शोध और प्रयोग करने वालों में जर्मनी की संस्था 'बोर्डा' का नाम खूब आता है। कई तरह की संस्थाओं की बोर्डा ने मदद की है और इस विषय पर जानकारी भी ढेर रखती है, जो उनकी वेबसाइट पर है। बोर्डा बेंगलुरु की सी.डी.डी. संस्था के साथ भी काम करती है। इस पद्धति के वैज्ञानिक पहलुओं पर इंजीनियरिंग के एक विशेषज्ञ की किताब[62] भी बोर्डा ने छापी है।

सी.डी.डी. संस्था का दफ्तर[63] बेंगलुरु में है, लेकिन उसका काम देश के कई हिस्सों में, कई सहयोगी संस्थाओं के साथ चल रहा है। इसके निदेशक हैं राजेश पाई और सुष्मिता सिन्हा।

हमारे देश में सिंचाई के लिए मैले पानी के उपयोग पर शोध कम ही हुआ है। श्रीलंका में स्थित अंतर्राष्ट्रीय जल प्रबंधन संस्थान ने इसके अध्ययन पर एक रपट[64] जारी की है।

मैले पानी का सुनहरा सच

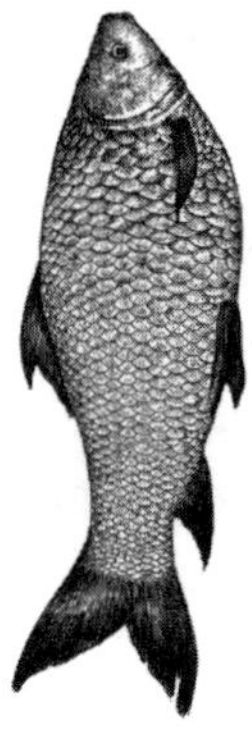

नदी में किसी एक जगह से उसके मुहाने तक की दूरी नापना जटिल प्रश्न है, क्योंकि नदियों के सागर से मिलने के कई मुहाने होते हैं और कई धाराएं भी। नदियों के मुहाने पर पानी के साथ बह कर आई गाद का बहुत महत्व होता है। इससे धाराएं बदलती रहती हैं, नए द्वीप बनते हैं और पुराने द्वीप मिटते भी हैं। कोलकाता से हुगली के मुहाने की दूरी का 140 किलोमीटर का आंकड़ा हमें भारतीय अंतर्देशीय जलमार्ग प्राधिकरण के कोलकाता दफ्तर से मिला, जिसके लिए पत्रकार शायंतन बेड़ा के प्रति आभार।

कोलकाता में मैले पानी का निकास कैसे और कहां होता है उसका हिसाब हमें सी.एस.ई. की 2011 की किताब 'एक्सक्रीटा मैटर्स' के दूसरे खंड के कोलकाता वाले अध्याय से मिला (पन्ने 390-401)।

61. ईमेल | toshiro_otowa@fujiclean.co.jp। वेबसाइट | www.fujiclean.co.jp

62. किताब | लुडविग सासे 1998, 'डीवॉट्सः डीसेंट्रलाइज्ड वेस्टवॉटर ट्रीटमेंट इन डेवेलपिंग कंट्रीज', बोर्डा, ब्रेमेन, जर्मनी। कुल पन्नेः 159। वेबसाइट | www.borda-net.org

63. पता | सी.डी.डी., सर्वे नंबर 205, बीड़ी कामगार कॉलोनी के सामने, कोम्माघट्टा सड़क, बंदेमठ, कंगेरी सैटेलाइट टाउन, बेंगलुरु 560060, कर्नाटक। फोनः 080-28486700, ईमेलः bangalore@cddindia.org, वेबसाइटः www.cddindia.org

64. रपट | पी. अमरसिंघे व अन्य 2013, 'अर्बन वेस्टवॉटर एंड एग्रीकल्चरल रीयूज चैलेंजिज इन इंडिया', आई.डब्ल्यू.एम.आई. रिसर्च रिपोर्ट नंबर 147, इंटरनैशनल वॉटर मैनेजमेंट इंस्टीट्यूट, कोलंबो, श्रीलंका। कुल पन्नेः 36

पूर्वी कोलकाता की भेरियों के बनने की कहानी ध्रुबोज्योति घोष की किताब[65] से मिली है। श्री ध्रुबोज्योति से ज्यादा यहां पर अध्ययन किसी ने नहीं किया है। इन भेरियों को बचाने का श्रेय भी उन्हीं को जाता है। वे सरकारी सेवा से निवृत्त होने के बाद भी यहां आते-जाते रहे। बहुत सी जानकारी और समझ हमें श्री ध्रुबोज्योति से बात कर के मिली, कुछ उनके लेखों से भी। फरवरी 2018 में उनका निधन हो गया। उन्हें हमारी श्रद्धांजलि। अब उनका काम उनकी छात्रा ध्रुबा दास गुप्ता[66] संभाल रही हैं।

मैले पानी में शैवाल कैसे पनपते हैं, इस पर पहला आधिकारिक शोध पत्र[67] सन् 1951 में छपा। तब तक पूर्वी कोलकाता में शैवालों को पैदा कर मछलीपालन का काम चल निकला था।

पूर्वी कोलकाता की भेरियों पर एक सटीक और जीवट डॉक्यूमेंटरी फिल्म अभिजय कार्लेकर ने सन् 1989 में बनाई थी। इस 45 मिनट की अंग्रेजी फिल्म का शीर्षक है 'द फ्यूचर ऑफ अवर सिटीज'। फरवरी 1990 में इसका प्रसारण दूरदर्शन पर हुआ था। श्री अभिजय कोलकाता के फिल्म जगत में उनके प्यार के नाम 'जोजो' से जाने जाते हैं। उनसे 033-24663693 पर फोन से संपर्क किया जा सकता है। उनकी फिल्म में कई अद्भुत बातें दिखती हैं, खासकर एक ऐसा क्षण जब एक मछुआरा पानी की स्थिति जानने के लिए उसे अपने चुल्लू में लेता है और फिर चख कर देखता है। कुछ लोगों को यह व्यवहार साफ न लगे तो ध्यान रखना चाहिए कि ये लोग ऐसा कुछ पीढ़ियों से करते आ रहे हैं और उनके स्वास्थ्य पर इसका कोई दुष्प्रभाव नहीं दिखता है। यह सब वे अपनी मर्जी से करते हैं, वे मजबूर नहीं होते उन सफाई कर्मचारियों की तरह जिन्हें गोता लगा कर सीवर की नालियां खोलनी पड़ती हैं। इन भेरियों पर छोटी-बड़ी कई और फिल्में भी बनी हैं, जिन्हें इंटरनेट पर, यूट्यूब पर देखा जा सकता है।

कई अखबारों और पत्रिकाओं में यहां की भेरियों पर 1980 के दशक से ही लेख आ रहे हैं। इस विषय पर सबसे पहले लिखने वाले पत्रकारों में उमेश आनंद का नाम आता है। वे दिल्ली से 'सिविल सोसाइटी' नामक एक पत्रिका निकालते हैं। उसके जुलाई 2008 के अंक में उन्होंने श्री ध्रुबोज्योति पर एक लेख लिखा था। दिल्ली से निकलने वाली विज्ञान और पर्यावरण की पत्रिका 'डाउन टु अर्थ' कई सालों से पूर्वी कोलकाता की भेरियों पर लगातार रपटें और लेख छापती रही है।

अरिजीत बैनर्जी पूर्वी कोलकाता जलभूमि प्रबंधन प्राधिकरण[68] के मुख्य तकनीकी अफसर रहे हैं। श्री अरिजीत यहां की भेरियों को किसी भी विशेषज्ञ की तरह जानते हैं, इस विषय पर तरह-तरह का शोध साहित्य भी रखते हैं। वेटलैन्डस् इंटरनैशनल नामक संस्था के साथ प्राधिकरण एक सूचनापत्र भी निकालता हैं।

भेरियों में पैदा की गई मछलियों में जहरीले रसायनों और भारी धातुओं की मात्रा जांचने के लिए पश्चिम बंगाल के पर्यावरण विभाग ने एक वैज्ञानिक अध्ययन[69] करने की जिम्मेदारी एक सरकारी संस्था को सन् 2006 में दी थी। इस अध्ययन में

65. किताब | ध्रुबोज्योति घोष 2005, 'इकॉलोजी एंड ट्रेडीशनल वेटलैंड प्रैक्टिसः लेसन्स फ्रॉम वेस्टवॉटर यूटिलाइजेशन इन द इस्ट कोलकाता वेटलैंडस्', वर्ल्डव्यू, कोलकाता। कुल पन्नेः 120

66. पता | ध्रुबा दास गुप्ता, 4-डी./2, धरमतला मार्ग, कोलकाता 700039, पश्चिम बंगाल। ईमेलः dhruba_2020@yahoo.com

67. शोध पत्र | हारवे एफ. लुडविग व अन्य 1951, 'ऐलजी सिंबायोसिस इन ऑक्सीडेशन पॉन्डस्', 'सीवेज एंड इंडस्ट्रियल वेस्टस्', वॉटर एनवाएरमेंट फेडरेशन, ऐलेक्सांड्रिया, वर्जिनिया, संयुक्त राज्य अमेरिका। खंडः 23, अंकः 11, पन्नेः 1337-1355

68. पता | डी.डी. - 24, पहली मंजिल, सेक्टर 1, सॉल्ट लेक सिटी, कोलकाता 700064, पश्चिम बंगाल। फोनः 033-23343003, ईमेल ctoekwma@gmail.com

69. प्रयोगशाला रपट | ताराशंकर बंध्योपाध्याय व अन्य 2006, 'स्टडीज ऑन द डिस्ट्रीब्यूशन ऑफ टॉक्सिक मेटलस् इन फिश ग्रोन इन सीवेज फेड फिशरिज इन धापा-बांताला एरिया', इंस्टीट्यूट ऑफ एनवाएर्नमेंटल स्टडीज एंड वेटलैंड मैनेजमेंट, अंतिम रपट, पर्यावरण विभाग, पश्चिम बंगाल सरकार, कोलकाता

मछलियों की जांच प्रयोगशाला में हुई। खुलासा यह हुआ कि खतरनाक रसायनों और विषैले तत्वों की मात्रा खतरे से नीचे थी। तब से कई और वैज्ञानिक अध्ययन भी हुए हैं। कुछ में विषों के स्तर ज्यादा भी निकले हैं।

कई शोध अध्ययन हो चुके हैं अब तक पूर्वी कोलकाता की भेरियों पर। दो शोध पत्रों[70,71] में इनका साहित्य मिल सकता है और संदर्भों में तमाम दूसरे अध्ययनों की सूची भी।

भेरियों में मौजूद जीवाणुओं की सूची बनाने में कई विश्वविद्यालयों के विभाग लगे हैं। उन्हें यहां जीवाणुओं का खजाना दिखता है। इसमें एक अहम शोध प्रबंध[72] पश्चिम बंगाल यूनीवर्सिटी ऑफ टेक्नॉलॉजी के दो वैज्ञानिकों ने किया था।

पुतले हम माटी के

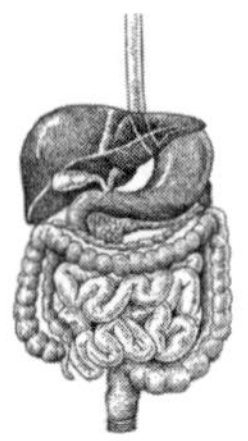

जैन परंपरा में निगोद की जानकारी जैन धर्म के किसी भी जानकार से मिल सकती है। जैन 'आगम शास्त्र' में एक 'प्रज्ञापना' आगम में निगोद का वर्णन मिलता है। हमें बीकानेर से निकलने वाली 'जैन भारती' पत्रिका के संपादक शुभू पटवा से यह साहित्य समझने में मदद मिली।

जीवाणुओं पर शुरुआती खोज करने वालों की जानकारी का एक रोचक स्रोत पॉल डे क्राइफ की सन् 1926 में लिखी प्रसिद्ध किताब[73] 'माइक्रोब हंटर्स' है। श्री पॉल खुद एक सूक्ष्म जीवविज्ञानी तो थे ही, लोकप्रिय लेखक भी थे। किताब में एंटनी

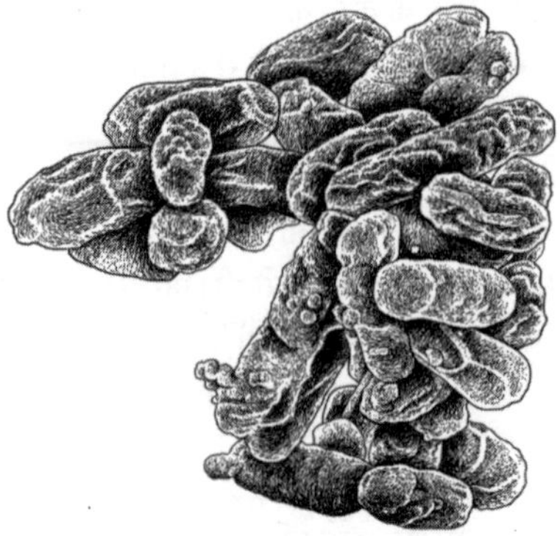

वान लिउनहुक से ले कर पॉल एयरलिख तक सूक्ष्म जीवविज्ञान के 14 सबसे महत्वपूर्ण वैज्ञानिकों का निजी और सजीव वर्णन मिलता है। विज्ञान के इतिहास की ढेर सी जानकारी भी यहां मिलती है।

लंदन पर हैजे की बार-बार मार और उसके निदान पर लेखक और पत्रकार स्टीवन जॉनसन ने मार्मिक और सटीक लिखाई की है। उनकी किताब 'द घोस्ट मैप'[74] रोगविज्ञान की एक अहम घटना को समझने के लिए ही नहीं, विलक्षण चिकित्सक जॉन स्नो का योगदान जानने के लिए भी पढ़ी जा सकती है। किताब एक साधारण व्यक्ति की असाधारण खोज का बारीक और गहराई से लिखा गया विवरण है।

मल में मौजूद रोगाणुओं की जानकारी और बीमारियों से मरने वाले लोगों की संख्या संयुक्त राष्ट्र संघ की संस्थाओं की रपटों से ली गई है। इन बीमारियों को समझने में वैसे तो विज्ञान की कई धाराएं और कई वैज्ञानिक लगे रहे हैं, लेकिन एक 1991 के शोध प्रबंध[75] का खास जिक्र होता है, जो कई जगह, कई रूप में छपा है और जिस पर आज की हमारी रोग संक्रमण की समझ काफी हद

70. शोध पत्र | शाओन राय चौधरी व अन्य 2012, 'ईस्ट कोलकाता वेटलैंड्स: अ मल्टीफंक्शनल नीश ऑफ इंटरनैशनल इंपॉरटेंस', 'ऑनलाइन जरनल ऑफ बायोलॉजिकल साइंसिज', साइंस पब्लिकेशन्स, न्यू यॉर्क, संयुक्त राज्य अमेरिका। खंडः 12, अंकः 2, पन्नेः 80-88

71. शोध पत्र | स्टुअर्ट डब्ल्यू बंटिंग व अन्य 2010, 'वेस्टवॉटर फेड अक्वाकल्चर इन ईस्ट कोलकाता वेटलैंड्स् इंडियाः ऐनाक्रॉनिज्म ऑर आर्कीटाइप फॉर रेजिलिएंट इकोकल्चर्स', 'रिव्यूज इन अक्वाकल्चर', ब्लैकवेल पब्लिशिंग एशिया, कार्लटन साउथ, विक्टोरिया, ऑस्ट्रेलिया। खंडः 2, पन्नेः 138-153

72. शोध पत्र | शाओन राय चौधरी व ए.आर. ठाकुर 2006, 'माइक्रोबियल रिसोर्स मैपिंग ऑफ ईस्ट कैलकटा वेटलैंड्स्', 'करेंट साइंस', करेंट साइंस एसोसिएशन, बेंगलुरु। खंडः 91, अंकः 2, पन्नेः 212-217

73. किताब | पॉल डे क्राइफ 1926, 'माइक्रोब हंटर्स', हाउटन मिफ्लिन हारकोर्ट, बॉस्टन, मैसेचूसेट्स, संयुक्त राज्य अमेरिका। कुल पन्नेः 357

74. किताब | स्टीवन जॉनसन 2006, 'द घोस्ट मैप', रिवरहेड बुक्स, लंदन। कुल पन्नेः 300

75. शोध पत्र | डी.डी. मारा और रिचर्ड फीकेम 1999, 'वॉटर एंड एक्सक्रीटा रिलेटिड डिजीजेजः यूनिटरी एनवाएरमेंटल क्लासिफिकेशन'। 'जरनल ऑफ एनवाएरमेंटल इंजीनियरिंग', अमेरिकन सोसाएटी ऑफ सिविल इंजीनियर्स, रेस्टन, वर्जिनिया, संयुक्त राज्य अमेरिका। अंकः अप्रैल 1999, पन्नेः 334-339

तक टिकी हुई है। इसे किताब रूप में सन् 1983 में पहले ही छापा गया था। शीर्षक था 'सैनिटेशन एंड डिजीजः हेल्थ आस्पेक्टस् ऑफ एक्सक्रीटा एंड वेस्टवॉटर मैनेजमेंट'। इसके लेखकों में प्रमुख थे रिचर्ड फीकेम। वे जाने-माने रोगवैज्ञानिक हैं और संयुक्त राष्ट्र में कई बड़े पदों पर काम कर चुके हैं।

जीवाणुओं पर जानकारी कई विज्ञान पत्रिकाओं में छपे लेखों और शोध पत्रों से ली गई है। अनंत संदर्भ पढ़ने के बजाए कुछ खास पत्रिकाओं के जीवाणुओं पर विशेषांक देखे जा सकते हैं। 'साइंस' पत्रिका का 25 मार्च 2005 का विशेषांक 'द इनर ट्यूब ऑफ लाइफ' के शीर्षक से छपा था। इसी पत्रिका का 8 जून 2012 का विशेषांक 'द गट माइक्रोबायोटा' के शीर्षक से छपा था। 'नेचर' नामक विज्ञान पत्रिका का 13 सितंबर 2012 का विशेषांक 'गट माइक्रोब्स एंड हेल्थ' के शीर्षक से छपा था। हमने इन विशेषांकों से जानकारी ली है, लेकिन अब इस तरह की जानकारी सरलता से इंटरनेट पर कई पत्र-पत्रिकाओं की वेबसाइट से मिल सकती है।

जीव विज्ञान की दुनिया में मार्टिन ब्लेजर की खूब ख्याति है। सन् 1996 में श्री मार्टिन ने पेट में रहने वाले एक रोगाणु 'हेलिकोबैक्टर पाइलोरी' के बारे में परिकल्पना[76] रखी कि इससे पेट के रासायनिक वातावरण में कई लाभ भी मिलते हैं। वे अंतर्राष्ट्रीय 'ह्यूमन माइक्रोबायोम प्रोजेक्ट' के सबसे बड़े नामों में गिने जाते हैं।

'प्रोपिओनिबैक्टीरिअम ऐक्नीज' नामक रोगाणु से मुहांसे होते हैं। इसे मारने वाले वाएरस की जानकारी हमें 14 वैज्ञानिकों के एक लेख से मिली जो 'एमबायो' नामक पत्रिका के 25 सितंबर 2012 के अंक में छपा था। मुख्य लेखिका हैं लॉरा जे. मेरिनेली। जीवाणु हमारे स्वभाव पर ही नहीं, सामाजिकता और संस्कृति पर भी जो प्रभाव डालते हैं उस पर खूब अनुसंधान हुआ है। मिसाल के तौर पर टॉक्सोप्लाज्मा गौन्डाई नामक बैक्टीरिया[77] के बारे में पढ़ें, जो बिल्ली से मनुष्य तक की कमाल यात्रा करता है।

समुद्रतल के नीचे पाए जाने वाले सूक्ष्म जीवों की जानकारी अमेरिका से छपने वाली 'डिसकवर' पत्रिका के मार्च 2004 के अंक की आवरण कथा थी। शीर्षक था '20,000 लीग्स अंडर द सी' और लेखक थे रॉबर्ट कुनजिग। लेख पत्रिका की वेबसाइट पर अभी भी मौजूद है। 25 करोड़ साल पहले जो महाप्रलय आया था उसे विज्ञान की दुनिया में 'परमियन-ट्रायेसिक एक्सटिंक्शन इवेंट' कहा जाता है। जिस शोध के बल पर इसका कारण कार्बन उगलने वाले बैक्टीरिया में मिला उसकी जानकारी हमें 'नेचर' पत्रिका में 31 मार्च 2014 को छपे एक लेख से मिली। इसका शीर्षक था 'आर्किगेडॉनः हाउ गैस बेल्चिंग माइक्रोब्स कुड हैव कॉज्ड मास एक्सटिंक्शन'। लेखिका थीं चेलसी वाल्ड, जिन्होंने कुछ वैज्ञानिकों के शोध पत्र पर अपनी टीका की थी। एक शोध पत्र[78] पर आधारित यह लेख अभी भी पत्रिका की वेबसाइट पर है।

पाचन तंत्र वह जगह है जहां हमारा शरीर बाहर की दुनिया से मिलता है। पाचन तंत्र की बारीकियों को सजीव अंदाज में बताने वाली एक किताब[79] हाल ही में छपी है। अमेरिकी पत्रकार और विज्ञान लेखिका मेरी रोच की यह किताब हमारे शरीर से हमारा मनोरंजक साक्षात्कार कराती है।

कोलाइटिस बीमारी के रोगी के इलाज के लिए किसी स्वस्थ व्यक्ति के मल को उसकी आंत में पहुंचाने के परीक्षण करने वालों

76. शोध पत्र | मार्टिन ब्लेजर और डेनिस करशनर 2007, 'द इक्वीलिब्रिआ दैट अलाओ बैक्टीरिअल परसिस्टेंस इन ह्यूमन होस्ट्स', 'नेचर', नेचर पब्लिशिंग ग्रुप, लंदन। खंड 399, अंकः 7164, पन्नेः 843-849

77. शोध पत्र | केविन डी. लैफर्टी 2006, 'कैन द कॉमन ब्रेन पैरासाइट टॉक्सोप्लाज्मा गॉन्डाई इंफ्लूएंस ह्यूमन कल्चर?', 'प्रोसीडिंग्स् ऑफ द रॉयल सोसाएटी बी', द रॉयल सोसाएटी, लंदन। खंड 273, पन्नेः 2749-2755

78. शोध पत्र | डैनियल एच. रॉथमैन व अन्य 2014, 'मिथानोजेनिक बर्सट इन द एंड परमियन साइकल', 'प्रोसीडिंग्स ऑफ द नैशनल अकेडेमी ऑफ साइंसिस ऑफ द युनाइटेड स्टेट्स ऑफ अमेरिका', वॉशिंग्टन, डी.सी., संयुक्त राज्य अमेरिका। खंड 111, अंकः 15, पन्नेः 5462-5467

79. किताब | मेरी रोच 2013, 'गल्पः एडवेंचर्स ऑन द ऐलिमेंट्री कनाल', वनवर्ल्ड पब्लिकेशन्स, लंदन। कुल पन्नेः 340

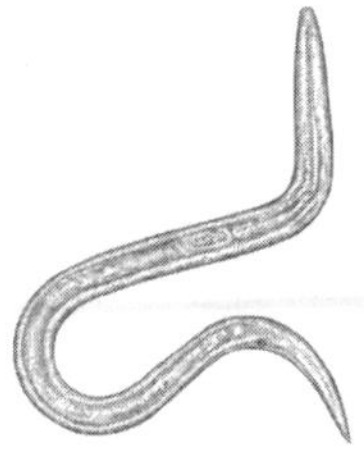

में डॉक्टर योहान बैकन का नाम आता है। इस विषय पर वे कई शोध पत्र[80] लिख चुके हैं। कोलाइटिस का अपेंडिक्स से संबंध पता चला अमेरिका के न्यूयॉर्क शहर के लौंग आएलैंड में विनथॉर्प यूनीवर्सिटी हॉस्पिटल में हुए अनुसंधान से। हमें इसकी जानकारी 'साइंटिफिक अमेरिकन' पत्रिका में 14 फरवरी 2012 को छपी एक रपट से मिली। लेखक हैं रॉब डन और शीर्षक था 'योर अपेंडिक्स कुड सेव योर लाइफ'। अपेंडिक्स के मित्र जीवाणुओं की पौधशाला जैसे व्यवहार पर शोध किया है ड्यूक यूनीवर्सिटी स्कूल ऑफ मेडिसिन के विलियम पारकर[81] ने।

साइनस में रहने वाले मित्र जीवाणु और रोगाणु की जानकारी 16 सितंबर 2012 को विज्ञान पत्रिका 'साइंस ट्रांस्लेशनल मेडिसिन' में छपे एक शोध पत्र से ली गई है।

मां के दूध पर नए सिरे से शोध करने वाले वैज्ञानिकों में नाम आता है ब्रूस जर्मन[82] का, जो अमेरिका की यूनीवर्सिटी ऑफ कॅलिफोर्निया इन डेविस में भोजन के रसायनशास्त्री हैं। औलिगोसैक्कराइड पर हुई तहकीकात का ब्यौरा उनके शोध पत्र से लिया गया है जो 'जरनल ऑफ ऐग्रीकल्चरल एंड फूड केमिस्ट्री' के 59वें खंड (पन्नेः 4255-4263) में 9 मार्च 2011 को छपा था। उन्हीं के विश्वविद्यालय के सूक्ष्म जीवशास्त्री डेविड मिल्स[83] भी इस विषय पर अनुसंधान कर रहे हैं। दोनों वैज्ञानिकों की शोध ग्रंथावली उनके विश्वविद्यालय की वेबसाइट पर दी हुई है।

सीवेज ट्रीटमेंट संयंत्र में पैदा होने वाले महारथी रोगाणुओं पर शोध अमेरिका की यूनीवर्सिटी ऑफ मिनेसोटा के सिविल इंजीनियरिंग विभाग के टिमथी लापारा[84] ने किया है।

नाइजीरिया में रोगप्रतिरोध तंत्र की बीमारियां नहीं होने के बारे में बी.एम. ग्रीनवुड नामक चिकित्सक का लेख 'द लांसेट' विज्ञान पत्रिका के 17 अगस्त 1968 के अंक में छपा था। शीर्षक था 'ऑटोइम्यून डिजीज एंड पैरासिटिक इंफेक्शन्स इन नाइजीरियन्स'। हुकवर्म और दमा पर शोध करने वाले डेविड प्रिचर्ड रोगप्रतिरोध तंत्र के विशेषज्ञ हैं और इंग्लैंड की यूनीवर्सिटी ऑफ नॉटिंघम में पढ़ाते हैं। वे इस विषय पर कई सालों से अनुसंधान कर रहे हैं और कई शोध पत्रों[85] के लेखक हैं। जोएल वाइनस्टॉक[86] अमेरिका के बॉस्टन नगर के टफ्ट्स यूनीवर्सिटी स्कूल ऑफ मेडिसीन में जठरातंत्र विभाग के अध्यक्ष हैं।

बड़े परिवारों में और पशुओं के आसपास पले-बढ़े बच्चों में पराग के कणों से होने वाला बुखार कम होने की बात सन् 1989 में एक इंग्लैंड के वैज्ञानिक ने पता की थी। उनका लेख[87] छपने के बाद 'हाइजीन हाइपोथिसिस' की चर्चा[88] शुरू हुई। उनके शोध के बाद कई तरह के वैज्ञानिक हमारे रोगप्रतिरोध तंत्र के परजीवियों से संबंध पर शोध कर रहे हैं।

---

80. शोध पत्र | योहान बैकन 2009, 'फीकल बैक्टीरियोथेरेपी फॉर रिकरेंट क्लॉस्ट्रोडियम डिफ्फिसिल इंफेक्शन', 'ऐनएरोब', ऐनएरोब सोसाएटी ऑफ द अमेरिकास्, लॉस एंजलेस, संयुक्त राज्य अमेरिका। खंडः 15, पन्नेः 285-289

81. शोध पत्र | मिचेल लॉरिन, मेरी लू एवरेट और विलियम पारकार 2011, 'द सीकल अपेंडिक्सः वन मोर इम्यून कोंपोनेंट विद अ फंकशन डिस्टर्बड बाए पोस्ट इंडस्ट्रियल कल्चर', 'द ऐनाटॉमिकल रेकॉर्ड', अमेरिकन एसोसिएशन ऑफ ऐनाटॉमिस्टस्, बेथेस्डा, मेरिलैंड, संयुक्त राज्य अमेरिका। खंडः 294, पन्नेः 567-579

82. शोध पत्र | केटी हाइंड और ब्रूस जर्मन 2012, 'फूड इन एन एवोल्यूशनरी कॉन्टेक्स्टः इनसाइट्स फ्रॉम मदर्स मिल्क', 'जरनल ऑफ द साइंस ऑफ फूड एंड एग्रीकल्चर', अमेरिकन केमिकल सोसाएटी, वॉशिंगटन, डी.सी., संयुक्त राज्य अमेरिका। खंडः 92, अंकः 21 जून 2012, पन्नेः 2219-2223

83. शोध पत्र | लार्स बोड 2012, 'ह्यूमन मिल्क औलिगोसैच्चराइडस्: एवरी बेबी नीड्स ए शुगर मामा', 'ग्लाइकोबायोलॉजी', सोसाएटी फॉर ग्लाइकोबायोलॉजी, बेथेस्डा, मेरिलैंड, संयुक्त राज्य अमेरिका। खंडः 22, अंकः 9, पन्नेः 1147-1162

84. शोध पत्र | टिमथी लापारा 2011, 'टर्शरी ट्रीटेड म्यूनिसिपल वेस्टवॉटर इज अ सिग्निफिकेंट पाइन्ट सोर्स ऑफ एंटीबायोटिक रेजिस्टेंट जीन्स इंटू डूलुथ सुपीरियर हार्बर', 'इन्वाएर्नमेंटल साइंस एंड टेक्नोलोजी', अमेरिकन केमिकल सोसाएटी, वॉशिंगटन, डी.सी., संयुक्त राज्य अमेरिका। खंडः 45, पन्नेः 9543-9549

85. शोध पत्र | डेविड प्रिचर्ड और अन्य 2011, 'पैरासिटिक वर्म थेरेपी फॉर एलर्जीः इज दिस इनकॉन्ग्रुअस ऑर अवांत-गार्द मेडिसिन?', 'क्लिनिकल एंड एक्सपेरिमेंटल एलर्जी', ब्रिटिश सोसाएटी फॉर एलर्जी एंड क्लीनिकल इम्यूनोलॉजी, लंदन। खंडः 42, पन्नेः 505-512

86. लेख | जोएल वाइनस्टॉक 2012, 'द वर्म रिटर्न्स', 'नेचर', नेचर पब्लिशिंग ग्रुप, लंदन। खंड 491, पन्नेः 183-185, 8 नवंबर 2012

87. शोध पत्र | डेविड स्ट्रैकन 1989, 'हे फीवर, हाईजीन एंड हाउजहोल्ड साइज', 'बीएमजेः ब्रिटिश मेडिकल जरनल', बीएमजे पब्लिशिंग ग्रुप, लंदन। खंडः 299, पन्नेः 1259-1260

88. शोध पत्र | मातिल्डा वेरसीनी व अन्य 2015, 'अनरैवलिंग द हाइजीन हाएपोथिसिस ऑफ हेलमिंथ्स एंड ऑटोइम्यूनिटीः ओरिजिन्स, पैथोफिसियोलॉजी, एंड क्लीनिकल एप्लीकेशन्स', 'बी.एम.सी. मेडिसिन', बायोमेड सेंट्रल, लंदन। खंड 13, अंक 21

खाद्य सुरक्षा की थल सेना

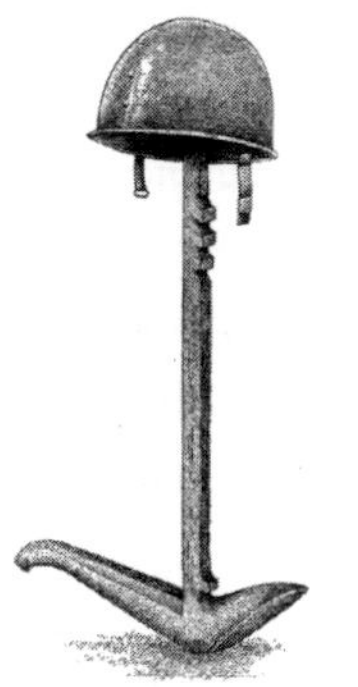

गुआनो पर जानकारी दो किताबों और कुछ लेखों से ली गई है। सन् 2012 में इतिहासकार ग्रेगरी टी. कुशमैन की लिखी किताब है 'गुआनो एंड द ओपनिंग ऑफ द पैसिफिक वर्ल्ड'। यह प्रशांत महासागर की संस्कृति और पर्यावरण बदलने का इतिहास है। चिड़िया की बीट का औद्योगिक क्रांति और दो विश्व युद्धों पर क्या असर था, यह जानने के लिए यह किताब जानकारी से भरी तो है ही, रोचक भी है। गुआनो पर गहन जानकारी के लिए जीवशास्त्री जॉर्ज एवलिन हचिंसन का सन् 1950 में लिखा ग्रंथ[89] विशेष है।

फ्रिट्ज हाबर के आविष्कार के 100 साल सन् 2009 में पूरे हुए। उन पर कई तरह के स्मारक ग्रंथ और लेख छपे थे। उन पर जानकारी के स्रोतों में अहम हैं वास्लाव स्मिल[90], कनाडा की यूनीवर्सिटी ऑफ मैनितोबा के 'डिस्टिंगुइश्ड् प्रॉफेसर एमेरिटस', जो ऊर्जा, पर्यावरण और कृषि उत्पादन पर 25 से ज्यादा किताबें और बीसियों शोध पत्र लिख चुके हैं। वे नाइट्रोजन[91] और फॉसफोरस के प्राकृतिक चक्रों के विशेषज्ञ भी हैं। श्री वास्लाव उन विरले वैज्ञानिकों में हैं जिनकी लिखाई विज्ञान की दुनिया में भी चर्चित है और उससे बाहर भी। जब वे जनसाधारण के लिए लिखते हैं तो उनके लेखन में सरलता और रस होता है। उनके शोध संकलनों के संदर्भ बहुत से वैज्ञानिकों के काम में मिलते हैं। श्री फ्रिट्ज पर उन्होंने 'एनरिचिंग द अर्थ' शीर्षक से किताब लिखी है।

हाबर-बॉश पद्धति से बने विस्फोटकों से मरने वालों की संख्या का अनुमान हमें विज्ञान पत्रिका 'नेचर जीयोसांइस' के पहले खंड के अक्टूबर 2008 के अंक से मिला (पन्नाः 637)। जिस विशेष लेख में यह आंकड़े छपे थे उसका शीर्षक था 'हाउ अ सेंचुरी ऑफ अमोनिया सिंथेसिस चेंज्ड द वर्ल्ड'। लेख इस पद्धति का इतिहास पर असर तो बतलाता ही है, नाइट्रोजन चक्र पर उसके दुष्परिणामों पर भी प्रकाश डालता है। इसके पांच लेखकों में पहला नाम यान विलेम एरिसमैन का है। ऐसा ही एक लेख वास्लाव स्मिल ने 'सांइटिफिक अमेरिकन' पत्रिका के जुलाई 1997 के अंक में लिखा था। शीर्षक था 'ग्लोबल पॉपुलेशन एंड द नाइट्रोजन साइकल' (पन्नेः 76-81)। दो और लेखों से भी हमें जानकारी मिली है।[92,93]

विज्ञान और पर्यावरण पर लिखने वालों में सबसे विश्वसनीय नामों में से एक हैं इंग्लैंड के पत्रकार फ्रेड पीअर्स, जो कई साल तक 'न्यू साइंटिस्ट' नामक लोकप्रिय विज्ञान पत्रिका में संपादक थे। नाइट्रोजन और फॉसफोरस के विज्ञान, व्यापार और असर पर श्री फ्रेड कई सालों से लिखते रहे हैं। हमने उनके दो लेखों से जानकारी भी ली है और उनका विश्लेषण भी। पहला विशेष लेख छपा था 5 नवंबर 2009 को, शीर्षक था 'द नाइट्रोजन फिक्सः ब्रेकिंग अ

89. विशेष निबंध | जॉर्ज एवलिन हचिंसन 1950, 'सर्वे ऑफ एग्जिस्टिंग नॉलेज ऑफ बायोजीयोकेमिस्ट्री', 'बुलेटिन ऑफ द अमेरिकन नैशनल म्यूजियम ऑफ नैचुरल हिस्टरी', न्यू यॉर्क, संयुक्त राज्य अमेरिका। खंडः 96, कुल पन्नेः 554

90. विशेष निबंध | वास्लाव स्मिल 1999, 'डेटोनेटर ऑफ द पॉपुलेशन एक्सप्लोजन', 'नेचर', नेचर पब्लिशिंग ग्रुप, लंदन। खंड 400, पन्नाः 415

91. शोध पत्र | वास्लाव स्मिल 1999, 'नाइट्रोजन इन क्रॉप प्रोडक्शनः एन अकाउंट ऑफ ग्लोबल फ्लोज', 'ग्लोबल बायोजीयोकेमिकल साइकल्स', अमेरिकन जीयोफिजिकल यूनियन, वॉशिंगटन, डी.सी., संयुक्त राज्य अमेरिका। खंडः 13, अंकः 2, पन्नेः 647-662

92. लेख | निकोला नोसेंगो 2003, 'फर्टिलाइज्ड टू डेथ', 'नेचर', नेचर पब्लिशिंग ग्रुप, लंदन। खंड 425, पन्नेः 894-895

93. टिप्पणी | मार्क सटन 2011, 'टू मच ऑफ अ गुड थिंग', 'नेचर', नेचर पब्लिशिंग ग्रुप, लंदन। खंड 472, पन्नेः 159-161

कॉस्टली एडिक्शन'। दूसरा 7 जुलाई 2011 को छपा था, और शीर्षक था 'फॉसफेटः अ क्रिटिकल रिसोर्स मिसयूज्ड एंड नाउ रनिंग लो'। दोनों लेख इंटरनेट पर आसानी से मिल सकते हैं और विज्ञान की दुनिया से बाहर के हर उस व्यक्ति के लिए पठनीय हैं जो कुदरत की इन विराट लीलाओं को सरस तरीके से समझना चाहता है।

फॉसफोरस पर हमारी जानकारी के तीन खास स्रोत हैं। अमेरिकी वैज्ञानिक डेविड वक्कारी इंजीनियरिंग पढ़ाते हैं। लेकिन केवल सिविल नहीं, पर्यावरण और समुद्र की भी। 'सांइटिफिक अमेरिकन' पत्रिका के जून 2009 अंक में उन्होंने ' फॉसफोरसः अ लूमिंग क्राइसिस' शीर्षक से लेख लिखा था (पन्नेः 54-59)। जनसाधारण के लिए लिखा गया यह लेख आज भी चर्चाओं और संदर्भों में आता है। फॉसफोरस पर हुए शोध का संकलन कर के उस पर सटीक और विस्तृत शोध समीक्षा पत्र[94] वास्लाव स्मिल ने सन् 2000 में लिखा था, जिसका संदर्भ हर तरह के वैज्ञानिक साहित्य में मिलता है। तीसरा स्रोत हैं स्वीडन के स्टॉकहोम एनवाएरमेंट इंस्टीट्यूट के वैज्ञानिक आर्नो रोजमरिन, जो फॉसफोरस के संसाधनों और व्यापार पर कई सालों से शोध कर रहे हैं और इस विषय पर कई लेख और किताबें लिख चुके हैं। उनके लेख उनकी संस्था की वेबसाइट पर भी मिल सकते हैं और कई पत्र-पत्रिकाओं में भी।

भारत में बनावटी उर्वरक और यूरिया के अतिशय उपयोग के दुष्परिणाम जानने के लिए अगर आप के परिचय में कोई किसान परिवार न हो, तो योजना आयोग की खेती पर कोई भी रपट उठा कर पढ़ सकते हैं। जितना यूरिया हमारे चारों तरफ फैला है, उतना ही उसके नुकसान बताने वाले शोध पत्र भी हैं। इस विषय पर लंबे समय से अध्ययन करने वालों में अहमदाबाद के भारतीय प्रबंध संस्थान के कृषि अर्थशास्त्री विजय पॉल शर्मा का नाम आता है।

भारत में उर्वरकों की नीति पर जानकारी हमे केंद्रीय रसायन और उर्वरक मंत्रालय और फर्टीलाइजर एसोसिएशन ऑफ इंडिया की वेबसाइट से मिली है। मिट्टी की उर्वरता पर बुनियादी जानकारी एक पाठ्य पुस्तक[95] से मिली है।

हमारे यहां किसानों और खेती की स्थिति पर सरकारी जानकारी एकतरफा होती है। कृषि के हर पहलू पर जानकारी, सामग्री और संदर्भ ढूंढ़ने में हमें बड़ी मदद मिली हैदराबाद के रामांजनेयुलू जी.वी. से, जिन्हें उनके मित्र प्यार से रामू पुकारते हैं। भारत में खेती के सबसे गहरे जानकारों में श्री रामू की गिनती होती है। वे कृषि विज्ञान में डाक्टरेट की उपाधि पाने के बाद मिली सरकारी नौकरी छोड़ कर किसानों के साथ काम करने वाली एक सामाजिक संस्था[96] चलाते हैं।

मिट्टी में रहने वाले जीवाणुओं पर जानकारी तो बहुत है लेकिन उसे ठीक से समझाने वाले लोग आसानी से नहीं मिलते। कृषि वैज्ञानिक ओम प्रकाश रूपेला का आभार सदा रहेगा कि उन्होंने यह जटिल विषय हमें समझाया, प्यार और धीरज से। सूक्ष्मजीव वैज्ञानिक श्री ओम प्रकाश की पढ़ाई, अध्यापन और शोध उन्हें सहज ही मिट्टी की ओर ले गया। कई सालों तक अंतर्राष्ट्रीय संस्थाओं के हैदराबाद में बनाए संस्थान 'इक्रीसैट' में उन्होंने काम किया। फिर औपचारिक कृषि विज्ञान से घबरा कर उन्होंने वह दुनिया छोड़ दी और देश भर में छोटी-बड़ी संस्थाओं और किसानों के साथ काम करने लगे। मिट्टी की उर्वरता और जीवाणुओं पर सुलभ साहित्य[97] भी लिखते रहे। न जाने कितने लोगों का जीवन

94. शोध पत्र | वास्लाव स्मिल 2000, ' फॉसफोरस इन द एनवाएरमेंटः नैचुरल फ्लोज एंड ह्यूमन इंटरफेयरेंसिस', 'ऐनुअल रिव्यू ऑफ एनर्जी एंड द एनवाएरमेंट', ऐनुअल रिव्यूज, पालो आल्टो, कॅलिफोर्निया, संयुक्त राज्य अमेरिका। खंडः 25, पन्नेः 53-88

95. किताब | एन.एन. गोस्वामी व अन्य (संपादक) 2012, 'फंडामेंटल्स ऑफ सॉएल साइंस', इंडियन सोसाएटी फॉर सॉएल साइंस, पूसा, नई दिल्ली। कुल पन्नेः 728

96. पता | सेंटर फॉर सस्टेनेबल एग्रीकल्चर, 12-13-445, सड़क नंबर 1, तारनाका, सिकंदराबाद, 500017, तेलंगाना। ईमेलः ramoo@csa-india.org

97. पुस्तिका | ओम प्रकाश रूपेला व अन्य 2011, 'ऑफ सॉएल, सब्सिडीज एंड सरवाइवलः अ रिपोर्ट ऑन लिविंग सॉएल्स', ग्रीनपीस इंडिया सोसाएटी, बेंगलुरु। कुल पन्नेः 60

उन्होंने अपनी साधना और सरलता से छुआ, सुधारा भी। अक्टूबर 2015 में उनकी आकस्मिक मृत्यु हो गई। उन्हें हमारी श्रद्धांजलि।

जीवाणुओं के खेती पर प्रभाव की जानकारी हमें कुछ किताबों से भी मिली। इनमें दो पुस्तकें[98,99] मुख्य हैं।

फ्रैंकलिन किंग[100] और एलबर्ट हावर्ड[101] की किताबें सरलता से इंटरनेट पर भी उपलब्ध हैं।

भारत में फसलों के अवशेष जलाने की जानकारी नई दिल्ली के पूसा स्थित नैशनल एकेडेमी ऑफ एग्रीकल्चरल साइंसिस के एक नीति पत्र[102] से ली गई है।

मल का थल विसर्जन

लद्दाख के पारंपरिक शौचालय की जानकारी सोपान जोशी और ताशी मोरुप की एक विशेष रपट से ली गई है जो नई दिल्ली से छपने वाली पत्रिका 'डाउन टु अर्थ' के 30 नवंबर 2003 अंक में छपी थी। शीर्षक था 'लद्दाखः ऑल स्टोन्स टर्न्ड'।

माराची सुब्बूरामन तमिल भाषा में ही काम करते हैं और कामचलाऊ अंग्रेजी जानते हैं। तिरुचिरापल्ली[103] में उनके काम पर कुछ जानकारी एक पुस्तिका से मिली जो चेन्नई के पत्रकार

विश्वनाथन गणपति ने लिखी है और स्कोप ने ही छापी है। शीर्षक है 'द अनचार्टेड पाथः स्कोप्स जर्नी इन सैनिटेशन एंड इकोसैन'।

ऊनो विनब्लाड स्वीडन के स्टॉकहोम एनवाएरमेंट इंस्टीट्यूट के वरिष्ठ सलाहकार हैं। कई पत्र-पत्रिकाओं में उनके लेख और साक्षात्कार छपते रहे हैं। उन्हें कुछ लोग इकोसैन का जनक भी कहते हैं। सन् 1978 में लिखी उनकी किताब खूब बिकी। उसकी सामग्री का इस्तेमाल करते हुए 2004 में एक सचित्र किताब[104] निकाली गई जो निःशुल्क बांटी जाती है और इंटरनेट पर भी निशुल्क उपलब्ध है। अंग्रेजी में छपी यह किताब उन लोगों के बहुत काम की है जो इस पद्धति पर हर तरह की बुनियादी जानकारी एक जगह चाहते हैं।

ब्रिटेन निवासी पॉल केलवर्ट हर सर्दी में केरल[105] में आ कर रहते हैं। उनका काम और प्रभाव कई जगह दिखता है, कई लोग उनका आभार मानते हैं। पर श्री पॉल एकांतप्रिय और संकोची व्यक्ति हैं और अपने काम में मग्न रहते हैं। उनसे मिलना या बात करना आसान नहीं होता। हमारी उनसे बात फोन पर ही हुई।

---

98. किताब | डेविड सी. कोलमेन व अन्य (संपादक) 2004, 'फंडामेंटल्स ऑफ सॉएल इकॉलॉजी', एलसेविअर एकेडेमिक प्रेस, बरलिंगटन, मैसेचूसेट्स, संयुक्त राज्य अमेरिका। कुल पन्नेः 386

99. किताब | ऐलेक्जैंड्रा बोत और होजे बेनितेज 2005, 'द इंपॉर्टेंस ऑफ सॉएल ऑर्गेनिक मैटर', 'एफ.ए.ओ. सॉएल्स बुलेटिनः 80', फूड एंड एग्रीकल्चर ऑर्गनाइजेशन, रोम, इटली। कुल पन्नेः 78

100. किताब | एफ. एच. किंग 1911, 'फार्मर्स ऑफ फॉरटी सेंचुरीज', प्रोजेक्ट गूटनबर्ग, सॉल्ट लेक सिटी, यूटाह, संयुक्त राज्य अमेरिका

101. किताब | एलबर्ट हावर्ड 1943, 'एन एग्रीकल्चरल टेस्टामेंट', ऑक्सफोर्ड यूनीवर्सिटी प्रेस, लंदन

102. नीति पत्र | हिमांशु पाठक व अन्य 2012, 'मैनेजमेंट ऑफ क्रॉप रेजिड्यूज इन द कॉन्टेक्स्ट ऑफ कॉन्सर्वेशन एग्रीकल्चर', पॉलिसी पेपर 58, नैशनल अकेडेमी ऑफ एग्रीकल्चरल साइंसिज, नई दिल्ली

103. पता | सोसाएटी फॉर कम्यूनिटी ऑर्गनाइजेशन एंड पीपल्स एजुकेशन, प्लॉट नंबर 40, रामलिंग नगर, II स्ट्रीट, वेस्ट एक्सटेंशन, तिरुचिरापल्ली 620003, तमिलनाडु। फोन नंबर है 0431-2774144, ईमेल scopeagency1986@gmail.com

104. किताब | ऊनो विनब्लाड व मेलिंग सिमसन हेबर्ट 2004, 'इकोलॉजिकल सैनिटेशन', स्टॉकहोम एनवाएरमेंट इंस्टीट्यूट, स्टॉकहोम, स्वीडन। कुल पन्नेः 141

105. पता | 'पुलारी', 49 आसन नगर, वल्लकडवु, तिरुअनंतपुरम 695008, केरला। फोनः 0471-2502622 और वेबसाइट www.eco-solutions.org

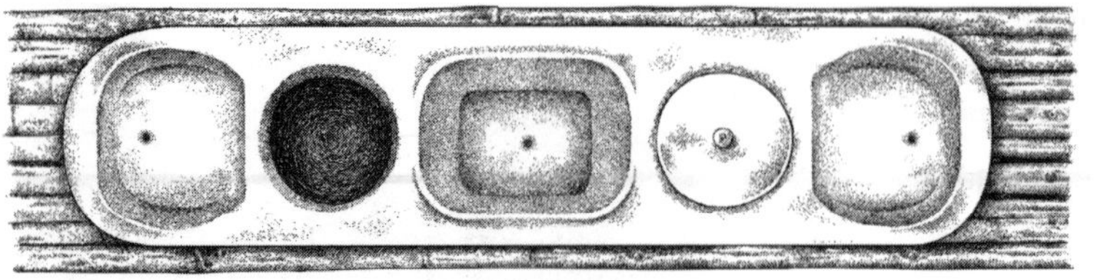

था कृषि विश्वविद्यालय में मिट्टी के विज्ञान और रसायन पर शोध करने वाले विभाग के साथ मिल कर पेशाब के उर्वरकों का हिसाब लगाना। इस शोध के मुख्य वैज्ञानिक हैं सी.ए. श्रीनिवासमूर्ति। इकोसैन जैसे विचारों पर काम करने के लिए अर्घ्यम देश भर में कई तरह की संस्थाओं को सहयोग और सहारा देती है।

मल से खाद बनाने पर ही नहीं, शुचिता पर लिखी सबसे महत्वपूर्ण किताबों में जोसेफ जेंकिंस की किताब 'द ह्यूमेन्योर हैंडबुक' है। सरल और रोचक भाषा में लिखी यह किताब हंसी-हंसी में गहरी बातें बताती है। श्री जोसेफ की किताब इसलिए भी दूसरों से भिन्न हैं क्योंकि वे यह कतई नहीं कहते कि दूसरे लोगों को क्या करना चाहिए। किताब उनके खेती के अनुभवों से निकली है। उन्होंने इस विषय पर गहन वैज्ञानिक जानकारी जुटाई है। पर उनकी लिखाई एकदम व्यावहारिक है और प्रेरणादायक भी, सामग्री के लिए ही नहीं, लिखाई के लिए भी। शुचिता पर काम करने वाले सभी लोग इसे उपयोगी पाएंगे। इस विषय पर बहुत सी रोचक जानकारी और किताब का 1995 का पहला संस्करण उनकी वेबसाइट पर निःशुल्क मिल सकता है। उन पर एक लेख दिल्ली के गांधी शांति प्रतिष्ठान की पत्रिका 'गांधी मार्ग' में सन् 2012 में छपा था, जिसे पढ़ कर पत्रिका के एक पाठक ने उनसे अनुमति ले कर इस किताब का भारतीय संस्करण[106] इंदौर से छापा है।

शौचालयों की रूपरेखा पर एक यादगार किताब[107] अमेरिकी वास्तुकार और शिक्षक, सिम फान डेर रिन ने लिखी है। इसमें विशेषज्ञों के लिए ढेर सारी जानकारी है और शौचालय खुद बनाने के लिए तरह-तरह के चित्र भी। हिंदी में ऐसी ही एक किताब[108] 1957 में छपी थी जिसका नया संस्करण सन् 2015 में निकला है।

बेंगलुरु की संस्था अर्घ्यम[109] जल संग्रह और शुचिता को बढ़ावा देने के लिए कई तरह के काम करती है। इन्हीं कार्यक्रमों में से एक

नेपाल में पेशाब में मौजूद उर्वरकों को सुखा कर 'स्टूवाइट' पाउडर बनाने पर अनुसंधान हुआ है। पाउडर इसलिए कि उसे एक जगह से दूसरी जगह ले जाना आसान है और पेशाब में उर्वरक बहुत समय टिकते नहीं हैं। इस संबंध में कुछ शोध पत्र[110] भी छपे हैं।

श्याम मोहन त्यागी से उनके फोन 9873275805 पर संपर्क कर सकते हैं। फोदरा संस्था में काम करने वाले सीताराम नायक से संपर्क करने के लिए उन्हें इस पते पर ईमेल लिख सकते हैं: sitaramnayak@yahoo.co.in

ओरदोस शहर में इकोसैन के प्रयोग की विफलता पर कई पत्र-पत्रिकाओं में लेख छपे और कुछ शोधकर्ताओं ने उस पर लिखा भी। इस विफलता पर पहला लेख 30 जुलाई 2012 को इंटरनेट पर जारी हुआ था और लंदन के 'द गार्डियन' अखबार ने भी इसे छापा था। शीर्षक था 'वर्ल्डस बिगेस्ट इको-टॉएलेट प्रोजेक्ट एंड्स

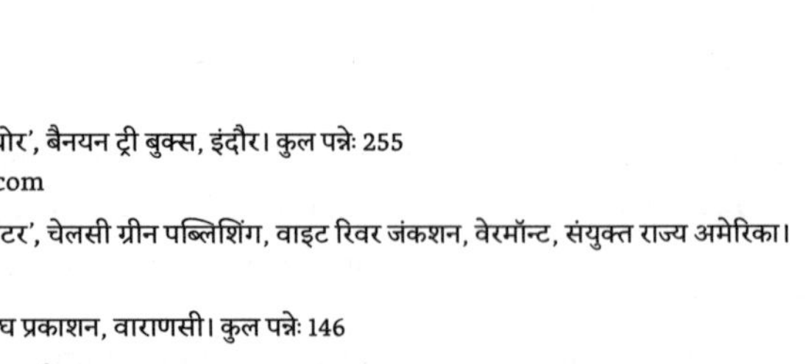

106. किताब | जोसेफ जेंकिंस 2005, 'द ह्यूमेन्योर हैंडबुकः अ गाइड टू कोंपोस्टिंग ह्यूमन मेन्योर', बैनयन ट्री बुक्स, इंदौर। कुल पन्नेः 255 प्रकाशकः दिनेश कोठारी, फोनः 9425904428 ईमेलः banyantreebookstore@gmail.com

107. किताब | सिम फान डेर रिन 1978, 'द टॉएलेट पेपर्सः रीसाएक्लिंग वेस्ट एंड कंसर्विंग वॉटर', चेलसी ग्रीन पब्लिशिंग, वाइट रिवर जंकशन, वेरमॉन्ट, संयुक्त राज्य अमेरिका। कुल पन्नेः 124

108. किताब | वल्लभस्वामी 1957, 'सफाई विज्ञान और कला', अखिल भारतीय सर्व सेवा संघ प्रकाशन, वाराणसी। कुल पन्नेः 146

109. पता | #599, 12वा मेन, एच.ए.एल. सेकंड स्टेज, इंदिरानगर, बेंगलुरु 560008, कर्नाटक। वेबसाइटः www.arghyam.org

110. शोध पत्र | बास्टिएन एटर व अन्य 2011, 'लो-कॉस्ट सटूवाइट प्रोडक्शन यूजिंग सोर्स-सेपरेटिड यूरीन इन नेपाल', 'वॉटर रिसर्च', इंटरनैशनल वॉटर एसोसिएशन, लंदन। खंडः 45, पन्नेः 852-862

इन फेलियर' और लेखक हैं वू शान। स्टॉकहोम एनवाएरमेंट इंस्टीट्यूट के आर्नो रोजमेरिन ने एक विस्तृत लेख लिख कर बताया था कि ओरदोस में इकोसैन चलाने में क्या गलतियां हुईं। शीर्षक था 'इज अर्बन सैनिटेशन पॉसिबल? लेसन्स फ्रॉम ओरदोस, चाइना'।

www.ecosanres.org और www.susana.org ऐसी दो वेबसाइट हैं जहां इकोसैन पर ढेर सी जानकारी निःशुल्क मिलती है। इन पर विशेषज्ञों के पते और उनसे संपर्क करने के दूसरे तरीके भी हैं और शोध संकलन भी। इकोसैन पर उनकी निकाली सटीक 'फैक्टशीट' पढ़ने लायक हैं।

मलदर्शन

व्हेल के गोबर में मौजूद लोहे के बारे में जानकारी हमें विक्टर स्मेटाचेक से मिली। वे प्रसिद्ध जीवशास्त्री हैं और उनकी विशेषता समुद्री जीवन में है। उत्तराखंड राज्य के भीमताल में जनमें श्री विक्टर स्कूल की पढ़ाई के बाद जर्मनी चले गए थे। वहां पढ़ाई पूरी करने के बाद वे शोध और अध्यापन में लग गए, और ब्रेमरहावन नगर में स्थित विख्यात संस्थान 'अलफ्रेड वेगनर इंस्टीट्यूट फॉर पोलर एंड मरीन रिसर्च' से जुड़े गए। समुद्र में लोहे की कमी की बात उन्हें एक जाने-माने अमेरिकी समुद्रशास्त्री जॉन मार्टिन के काम से मिली। श्री जॉन ने इस संदर्भ में अपनी मौलिक परिकल्पना ही रखी थी। उनकी मृत्यु के बाद उनके मित्रों ने एक विशाल प्रयोग के सहारे इसे सिद्ध किया। दक्षिणी महासागर में श्री विक्टर के शोध के दौरान उनको दिख रहा था कि व्हेल के विनाश के साथ ही क्रिल भी मिटने लगे हैं। तब उनके मन में सवाल उठा कि कहीं व्हेल ही तो यहां लोहे का स्रोत नहीं हैं। इसके बाद वे इस शोध में जुट गए। धीरे-धीरे उन्होंने ऐसे कई प्रमाण इकट्ठा किए जो दक्षिणी महासागर में लोहे की मौजूदगी को व्हेल के गोबर से जोड़ते हैं। व्हेलों की आबादी बढ़ाने का सबसे सीधा तरीका है लोहे वाली मिट्टी को समुद्र की सतह पर फैलाना, जिससे प्लवक और क्रिल की आबादी बढ़े और व्हेलों को भोजन प्राप्त हो। इसका एक और बड़ा फायदा होने का अनुमान उन्हें है। प्लवकों पर जीने वाले कई जीव अपना जीवन चक्र पूरा करने के बाद समुद्र में डूब जाते हैं। उनके शरीर का कार्बन समुद्र के तल पर जमा हो जाता है। यह कार्बन प्लवक वायुमंडल से ही निकालते हैं, कार्बन डाइऑक्साइड गैस के रूप में। प्लवकों की संख्या में वृद्धि वायुमंडल से कार्बन घटा कर जलवायु परिवर्तन को रोकने में सहायक हो सकती है। भारत और जर्मनी की सरकारें मिल कर इसे सिद्ध करने के लिए कई प्रयोग कर रही हैं। श्री विक्टर इन प्रयोगों के अगुआ हैं। कई तरह की जानकारी और दृष्टिकोण हमें उनसे मिलते रहे हैं। इस सहयोग के लिए उनके प्रति आभार सदा ही रहेगा।

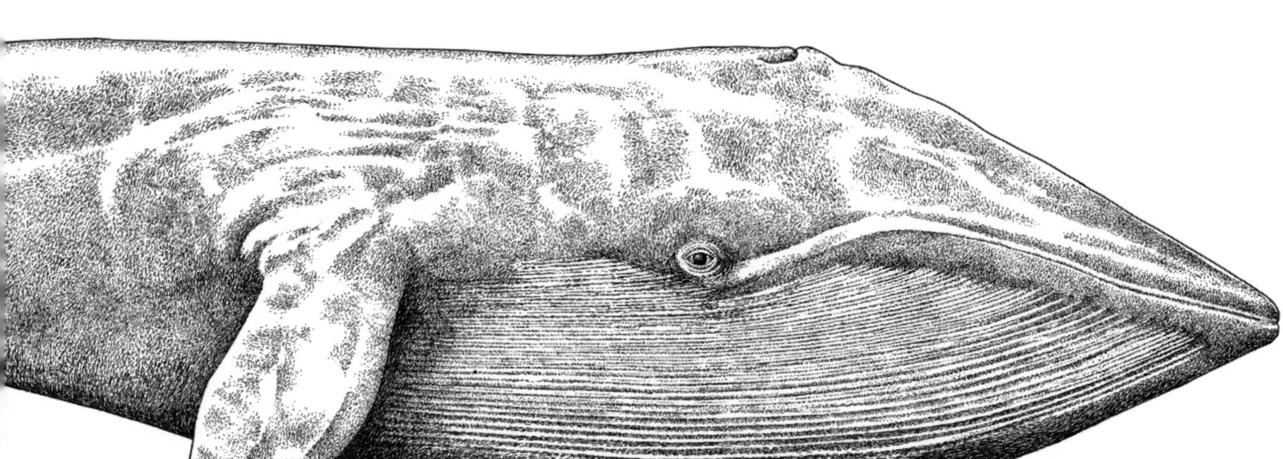

शब्द सूची